研究 创新 发展

——天津市"十三五"教育科研课题优秀研究成果采撷

刘健 徐之泓 ◎主编

东北大学出版社
Northeastern University Press
·沈阳·

ⓒ 刘健 徐之泓 2022

图书在版编目（CIP）数据

研究 创新 发展：天津市"十三五"教育科研课题优秀研究成果采撷 / 刘健，徐之泓主编. -- 沈阳：东北大学出版社，2022.9

ISBN 978-7-5517-3136-2

Ⅰ. ①研… Ⅱ. ①刘… ②徐… Ⅲ. ①教育研究—科技成果—汇编—天津 Ⅳ. ① G40-03

中国版本图书馆 CIP 数据核字（2022）第 172592 号

出 版 者：东北大学出版社
　　　　　地址：沈阳市和平区文化路三号巷 11 号
　　　　　邮编：110819
　　　　　电话：024-83687331（市场部）　83680181（研发部）
　　　　　传真：024-83680180（市场部）　83687332（社务部）
　　　　　网址：http://www.neupress.com
　　　　　E-mail: neuph@neupress.com
印 刷 者：武汉鑫佳捷印务有限公司
发 行 者：东北大学出版社
幅面尺寸：170 mm × 240 mm
印　　张：39.5
字　　数：586 千字
出版时间：2022 年 9 月第 1 版
印刷时间：2023 年 2 月第 1 次印刷
责任编辑：杨 坤
责任校对：刘新宇
封面设计：三仓学术
责任出版：唐敏志

ISBN 978-7-5517-3136-2　　　　　　　　　定 价：198.00 元

前　言

　　教育科学研究是教育理论创新与发展的必要手段，是教育知识与观念更新的前沿阵地，是教育机构改革与发展的强大动力，是教师成长与发展的强大武器。重视教育科研工作，有助于更新教育理念、树立科学的素质教育观；有助于提高科学育人、科学管理的水平；有助于推动教育教学改革、教育创新；有助于促进教师的专业化发展。

　　"十三五"期间，天津市学前教育学会广大会员有 400 多个课题在中国学前教育研究会和天津市学前教育学会获得立项。经过五年的研究与实践，这些立项课题取得了丰硕的成果。这本《研究 创新 发展——天津市"十三五"教育科研课题优秀研究成果采撷》是从已结题课题中精选出的部分研究成果，内容包括安全与健康教育，幼儿园课程与教学，幼儿园管理与文化建设，家庭与幼儿园协同育人，游戏、观察和评估，学前教育教师发展，幼儿园信息技术的应用研究，幼儿园教育质量评估八方面，应该说涵盖了幼儿园改革与发展的各方面。这些课题研究具有较好的问题意识，内容翔实，提出了可操作性的路径和建议，具有较强的实用性和推广性，也体现了天津市学前教育学会在课程研究管理中较好的学术引领和质量监管作用。

　　学前教育科学研究是一项永无止境的事业，其非常重要的价值在于应用与实践，优秀的课题研究成果只有转化为教育实践才能发挥更大的作用。在此，希望通过本书的出版，将这些优秀研究成果在更广泛的区域辐射、推广以及运用，为更多的一线教师提供指引，也激励更多的学前人投身于研究之中，获取研究的快乐。同时希望广大的学前教育工作者站在更新、更高的起点，勇于创新、敢于尝试、大胆实践，及时发现学前教育的真实问题，挖掘出更多有价值的研究课题，通过研究，实现从"提高教育教学技术"到"生成教育教学智慧"的转变，让学前教育的明天更加美好！

广西师范大学 侯莉敏

2021 年 4 月 27 日

目　录

第三篇 幼儿园管理与文化建设

第四篇　家庭与幼儿园协同育人

第五篇　游戏、观察和评估

第一篇　安全与健康教育

方案教学在幼儿园安全演练活动中的应用研究

（天津市学前教育学会立项课题 课题编号：SXH135GL075）

天津市教育科学研究院 康梓钰

【摘要】幼儿园定期开展安全演练活动是实施安全教育不可或缺的内容。我们以解决幼儿园安全演练活动中存在的问题为目的，以方案教学的理论为基础，探讨体现幼儿主体性的幼儿安全演练活动的实践策略，进一步提高幼儿应对突发事件的能力，提高幼儿园安全演练活动的实效性。

【关键词】方案教学；幼儿园；安全演练活动；应用研究

一、问题提出背景

保证幼儿生命安全是幼儿园的首要任务，学会当自然灾害与意外发生时的应对方法，能避免对生命的威胁与伤害。安全演练活动作为幼儿园安全教育的重要内容受到国家的高度重视，从国家层面有一系列文件对安全及安全演练活动提出了要求，《3—6岁儿童学习与发展指南》"健康"领域的教育建议提出："教给幼儿简单的自救和求救的方法……幼儿园应定期进行火灾、地震等自然灾害的逃生演习。"《幼儿园工作规程》提出："幼儿园应当把安全教育融入一日生活，并定期组织开展多种形式的安全教育和事故预防演练。"这些都强化了幼儿园管理者对安全教育的重视，保证了安全演练活动的开展。尤其是 2014 年 2 月教育部办公厅印发了《中小学幼儿园应急疏散演练指南》，对中小学幼儿园的安全工作提出了更具体化的要求，使我们对安全演练活动的认知更加清晰。

通过对幼儿园安全演练活动的实地观察，笔者发现存在以下问题：

一是幼儿存在着态度上的"游戏化"或者"恐惧化"的现象；

二是以安全演练为载体的教育活动主体缺失，幼儿在安全演练中盲目而被动；

三是幼儿园安全演练活动研究的实践性不足。

基于上述问题，我们以方案教学模式为切入点，突出方案教学的根本特色——探索，幼儿与教师共同讨论、共同开始、一起解决问题，完成探索活动，提高幼儿应对突发事件的能力，为幼儿园安全演练教育活动提供实践策略。

二、核心概念界定

（一）方案教学

方案教学是译名，源自意大利瑞吉欧教育实践，也可译为"项目""设计"等。方案教学是指让幼儿采取一连串的"行动"，以培养解决各种"问题"的能力为宗旨的一种教学方式。包含的要素：步骤性的学习过程、学习活动对幼儿的意义、关注幼儿在学习活动中的行为和思考，"解决问题"是每一个方案的终极目标。

（二）安全演练活动

安全演练活动是指对幼儿生活中容易出现的安全问题通过演习的方式进行操练，使幼儿掌握逃生的方法，明确教师掌握应急预案中所规定的职责和程序，提高指挥决策和协同配合能力。

本课题研究聚焦于幼儿园的安全演练活动，在研究过程中，突出方案教学的根本特色——探索，幼儿与教师共同讨论、共同开始、一起解决问题，完成探索活动，从而达到提高幼儿园安全演练活动的有效性。

三、基于方案教学的幼儿园安全演练活动的实践策略

方案教学是幼儿参与的、范畴深入而广泛的探索活动。我们采用方案教学的模式开展安全演练教育活动，充分调动幼儿的多种感官以获取信息、组织建构活动经验。

（一）明确方案教学的特点，形成安全演练活动的阶段

方案教学是一种师生共同合作计划的活动，是以一个问题为中心，充分体现幼儿探索的活动。活动立足于幼儿亲身感受、动手操作，在这一过程中促进幼儿去感受、思考、探究与发现。

1. 理解方案教学的特点，体现问题引领式学习

结合对方案教学相关理论的学习，深刻认识与理解方案教学的特点，提出体现幼儿学习方式的三个阶段：

第一阶段：发起阶段。通过幼儿一日生活中的随机事件、事实热点事件等引发幼儿对防震、防火话题的关注，并进行初步探讨。如结合防震演练活动，在我国"5·12"防灾减灾日时，幼儿园滚动播放幼儿能理解的有关地震内容的视频，引发幼儿对地震这一自然现象的关注与讨论。

第二阶段：发展阶段。通过实地探访、参观、操作、实践等方式，引

导幼儿现场感受科学防震、防火的重要性。如在"防震"单元活动中，家长带孩子走进地震体验馆，走近抗震纪念碑，体验、认识地震这种自然现象，在听地震局专业人员介绍地震相关知识、阅读图画书中，认识地震这一自然现象，理解抗震精神，激发爱国情感。在寻找、认识幼儿园的安全疏散图时，经过讨论明确安全疏散图的作用与设计要求，并应用到绘制家庭的安全疏散图活动中。这一系列活动，将认知与生活结合，增强了幼儿对地震这一自然现象的认识。

第三阶段：活动展示。通过故事创编、绘画、角色扮演等方式展示幼儿在防震、防火活动中所获得的经验与能力。如幼儿创编防震儿歌、绘制逃生方法宣传单，师生一起布置防震常识展板等，邀请家长参观并向家长进行宣讲，使幼儿将防震知识转化为经验，做到知行合一。

在安全演练活动中，三个阶段的确立有效地帮助幼儿主动建构经验。

2. 尊重幼儿学习方式，体现幼儿学习的过程

结合研究的实践过程，将幼儿园安全演练教育活动的开展进行了梳理，现以表格的形式呈现（以"防火"单元活动与内容为例）。

表 1　"防火"单元活动与内容

	单元	活动地点	园外考察	园内活动	活动准备
第一阶段：发起阶段	激发兴趣	消防队	（1）通过到消防队参观消防车，引发幼儿对防火这一话题的关注与讨论（2）观察消防车里的设备，了解它们的用途	（1）讲述消防车是什么样子（2）参观后，印象最深或者感触最多的是什么（3）关于防火还有什么想了解的	（1）家园共育主题单——参观消防队（2）图画书《119火警我们出发了》《快爬，云梯消防车》等

表1（续）

	单元	活动地点	园外考察	园内活动	活动准备
第二阶段：发展阶段	为什么会引发火灾	家庭；幼儿园	介绍家庭中可能引发着火的不同情况	（1）了解引发火灾的不同原因 （2）理解火灾带来的危害	（1）家园共育主题单——家中防火知多少 （2）《大红狗当消防员》等图画书、防火科普视频
	认识逃生路线图和消防标志	商场、医院等公共场所；幼儿园	观察、记录不同场所的消防标志和逃生路线图，理解它们的用途	（1）观察幼儿园的消防标志和疏散路线图 （2）绘制不同场所的消防标志	（1）家园共育主题单——认识消防标志和逃生路线图 （2）相关的制作工具与材料
	着火了怎么办	家庭；幼儿园	熟悉家庭地址、家庭附近的标志性建筑或场所	（1）知道报警电话"119" （2）讨论拨打电话"119"时与接线员说什么，并进行模拟练习 （3）讨论着火时正确的逃生方法，并模拟练习	（1）家园共育主题单——家庭地址我知道 （2）与"119"接线员对话的录音、正确的逃生视频
第三阶段：活动展示	消防工具展	幼儿园	邀请家长到幼儿园参观消防工具展览	（1）幼儿制作消防车、灭火器、消防水枪等工具 （2）布置展览室	相关的制作工具与材料
	表演剧《我是小小消防员》	幼儿园	邀请家长到幼儿园观看表演	（1）创编消防主题剧本——《我是小小消防员》 （2）进行表演剧编排，制作表演道具、服装 （3）在幼儿园进行表演展示	（1）家园共育主题单——小小消防员 （2）相关的制作工具与材料
	"奔跑吧！消防员"消防大闯关活动	幼儿园	家长入园观看活动	（1）设计活动程序 （2）绘制幼儿园逃生路线图 （3）进行"消防大闯关"游戏	相关的制作工具与材料

　　我们借鉴方案教学的活动特点和思路，对幼儿园"防震"和"防火"演练教育活动进行了实践，突出幼儿在活动过程中的亲身感受、动手操作，有利于幼儿内化演练活动经验，不断提高逃生避险能力。

　　（二）发挥教师的多元角色，促进幼儿积极建构经验

　　1.教师引领方向，幼儿在积极参与中建构经验

　　教师在引领中充分尊重、顺应幼儿的学习方式与需求，在幼儿的积极参与中建构经验。如在防火演练活动过程中，幼儿提出要制作消防车，教

师通过对活动进行讨论认为，这一想法能够使幼儿对消防车的认知经验展示出来，于是出现了"消防工具展"这个活动单元。

为了让每个幼儿都参与到活动中去，让充满求知欲的孩子们有针对性地了解消防车内部构造、消防工具的构造和使用方法等他们特别感兴趣的知识，教师与孩子们进行热烈讨论，最终决定成立"消防队"。在接下来制作消防车时，将一个大空调包装箱裁剪拼接成消防车的模型，抬到三楼自己的"消防队"，并涂上红色，制作出他们心目中的"消防车"。又从美工区找来了白乳胶、纸筒、报纸等，用他们的想象力开始制作各种各样的消防工具并取得了成功。

通过这个项目活动过程，我们能够感受到教师作为支持者在关键节点上起到的推动作用，教师的启发是作为活动的一员自然而然地生发出来的，教师与幼儿处于一个共建经验的场域中，幼儿的经验无形中实现了自主建构。

2.共同进行模拟演练，幼儿主动内化经验

在持续的防火项目活动中，幼儿对消防知识、消防工具以及逃生方法都有了一定的了解。"消防大闯关"活动是第三阶段中的单元。结合孩子们的兴趣点，进行消防大闯关的体验实践活动。孩子仿照他们喜欢看的电视节目《奔跑吧！兄弟》，给消防大闯关活动起了个响亮的名字——"奔跑吧！消防员"。

游戏的玩法充满了创意，是教师与幼儿共同设计的。每一位消防队员都会拿到一张任务卡，任务卡上标明被困人员所处位置，消防队员需要按照被困人员所在地点设计出营救路线，并解答"逃生方法""消防工具"等消防知识进行闯关，进而继续前行进行营救。

孩子们在体验游戏的过程中，主动内化安全演练经验，理解了消防与自己生活的关系、对保护生命安全的意义，对幼儿来说消防成为一种记忆深刻的体验。

3. 多元角色转换，发挥隐性支持作用

在项目活动中，教师的作用是隐性的，但却是巨大的，通过方案教学的实践过程，教师逐渐实现了多元角色的转换。

一是活动的组织者和参与者。教师带着防火、防震这一主题价值的构想和对于幼儿的期待进入活动的设计、准备、促进和转换之中，扮演着幼儿的同伴、活动方向的引领和幼儿学习的资源的角色，为幼儿开展活动提供相应的支架和服务。

二是活动的指导者、支持者与合作者。教师将幼儿的兴趣、需求与期待积聚在活动过程之中，适时适度地进行引导，参与幼儿的讨论，捕捉幼儿兴趣点，进而实现深入地探究。

三是欣赏者、理解者与评价者。教师尊重幼儿的观察，欣赏幼儿的作品，通过与幼儿的交流、问题的提出等对幼儿进行积极的评价，从而促进幼儿更深入地学习。

（三）家园协同，形成安全演练活动教育共同体

家长与教师是教育孩子的共同体。结合安全演练教育活动的开展，教师及时与家长沟通活动的进展，向家长提供多个单元的"家园共育主题单"，为家园共育活动提供支持。

1. 家长与孩子共同探究，经历学习的过程

项目活动需要孩子实地参观，结合项目活动的开展参观抗震纪念碑、参观自然博物馆等，并且这些活动要由家长带领完成。如家长利用公休日带孩子参观抗震纪念碑，与孩子共同收集资料，教师带领孩子一起把这些

信息整理出来，布置在活动室里，孩子们互相讲述自己了解到的抗震纪念碑的知识。

通过实地观察、查阅资料、整理信息等，家长与孩子一起经历了学习的过程。

2. 尊重幼儿的理解，共同建构经验

家长参与项目活动，通过亲子活动展现防火、防震的经验。如在消防经验建构中，教师尊重幼儿提出的绘制消防书的需求，开展了"会说话的消防书"项目活动。活动中充分调动家长参与的积极性，如在书目版块内容方面，通过家长园地、班级微信群等途径向家长发出了亲子自制的倡议，家长们利用休息时间，与孩子们一起将对消防知识的认知通过绘画表现出来，并记录孩子们的语言。

同时，不断扩展幼儿的消防经验，如逛商场、入住酒店时，带领孩子寻找安全疏散图、逃生门等设施，将安全教育做到生活化、经常化。

四、未来研究的方向

基于方案教学在幼儿园安全演练中的实践研究，有效地帮助幼儿建构安全演练前期经验，提高幼儿园安全演练活动的成效。但是，还存在着不足，如有的教师因专业水平所限，在实践中还存在着指导较多、讲解较多的现象。今后，还需要教师持续转变观念，重视幼儿自身的经验、兴趣和需要，相信幼儿是有能力的学习者，实现让幼儿按照自己的速度与方式进行学习。

由于研究的资源较为有限，研究者的理论和实践水平还有待提升，安全演练教育的活动范畴还应继续扩大和深入，以提升幼儿园安全演练活动的成效。

【参考文献】

[1] 中华人民共和国教育部 .3—6 岁儿童学习与发展指南 [M]. 北京 : 首都师范大学出版社 ,2012.

[2] 丽莲·凯兹 , 西尔维亚·查德 . 开启孩子的心灵世界 : 项目教学法 [M]. 胡美华 , 译 . 南京 : 南京师范大学出版社 ,2007.

[3] 裘迪·哈里斯·赫尔姆 , 丽莲·凯兹 . 小小探索家 : 幼儿教育中的项目课程教学 [M]. 林育玮 , 等译 . 南京 : 南京师范大学出版社 ,2004.

幼儿园快乐健康教育实施策略的实践研究

（中国学前教育研究会立项课题　课题编号：K20160582）

天津市和平区第九幼儿园　冯丽　李俐

【摘要】快乐是人精神上的愉悦、心灵上的满足。快乐健康教育是通过满足幼儿兴趣需要并获得愉快体验的活动内容与方式，让幼儿在接受和养成健康行为及生活方式的过程中萌发健康意识。正确、有序、科学、合理的健康行为习惯，独立、自信、自主、愉快的心理表现皆是幼儿身心健康的主要内容。关注幼儿健康行为习惯的养成，使其萌发健康生活的意识，培养其良好的情绪情感，是探究实施快乐健康教育的有效策略。促进幼儿健康、自主、自由快乐地发展，是本课题的研究初衷。

【关键词】健康教育；快乐运动；愉悦生活；身心健康；实施策略

快乐是人类精神上的愉悦，是心灵上的满足。健康教育即通过有计划、有组织、有系统的社会教育活动，使人们自觉地采取有益于健康的行为和生活方式，减轻或消除影响健康的危险因素，预防疾病，促进健康，提高生活质量，并对教育效果做出评价。

综上所述，天津市和平区第九幼儿园快乐健康教育应是通过满足幼儿兴趣需要并使幼儿获得愉快体验的活动内容与方式，让幼儿在接受和养成健康行为及生活方式的过程中萌发健康意识，养成健康行为习惯，增强运动能力，感受健康活动的乐趣，进而获得健康发展。以下是我们要研究的主要内容。

一、在快乐运动中发展幼儿健康体能

本课题提出了"让健康运动成为习惯，让健康心理成为品质"的健康教育目标。为了不断推动天津市和平区第九幼儿园的健康教育沿着基本动作—身体素质—身心健康—健全人格的脉络发展，我们在《3—6岁儿童学习与发展指南》精神引领下，积极开展区域体育活动以及各种材料的"一物多玩"民间游戏等的探究，以多样、有效的体育活动为突破口，创设科学合理的户外体育环境，不断优化体育活动过程，让幼儿在愉快自主的体育活动中发展基本动作、提高基本技能、增强身体素质，进而形成良好的心理品质。

（一）在体育活动中，发展基本动作

体育活动过程是以锻炼幼儿体质，增强幼儿动作的协调性、灵活性为目的，并能培养幼儿的多种能力和品质。教师时刻做到心中有目标，有计划地组织和指导幼儿体育活动，关注幼儿动作技能的发展，关注幼儿情绪、能力、品格的培养。幼儿在活动过程中克服不同程度的恐惧心理，大胆挑战自我，体验成功的喜悦，有助于自信心的培养。我们根据不同年龄班幼儿的动作发展水平，对各年龄班幼儿的走、跑、跳、钻、爬等多方面动作进行规范与练习。

（二）在体育游戏中，增强幼儿体质

（1）在体育游戏中，鼓励幼儿创编出新玩法，不断激发幼儿想象力与创造热情，逐渐增强游戏兴趣。我们根据场地的情况，合理安排、规划活动区域，创设游戏环境，根据幼儿的兴趣设计游戏，在区域体育游戏中锻炼幼儿走、跑等多方面协调性与力量。在自主游戏中，不仅能促进幼儿与各种材料互动，激发幼儿的想象力与创新意识，还能培养幼儿责任感、任务意识、交往能力以及遇到问题解决问题等多方面的能力。

（2）利用"纸板""小凳子""报纸""万能工匠"等材料，引导幼儿挑战不同难度，创新各种玩法。在不同材料、不同玩伴、不同玩法中，享受游戏的乐趣。在自由自主的游戏环境中，面对新鲜与挑战，这样环境下成长的孩子一定是具有创新意识、创新智慧和勇敢的人。

（3）民间游戏，长期以来肩负着传承与发扬中华传统文化的重大责任，并有其独有的特点和教育价值，我园还充分利用晨间活动、户外体育活动等时间开展形式多样的民间体育活动，如跑旱船、滚铁环、丢沙包、跳皮筋、踢毽子、踩高跷、打陀螺等，让幼儿充分感受传统游戏的趣味所在。同时，对幼儿身体各部位进行针对性的练习。如"跳绳"游戏可以锻炼手脚协调；"老鹰捉小鸡"可以提升灵活度及手臂、腿部肌肉；"踩高跷"使手部动作、腿部力量得到了锻炼和提高。此类游戏能促进幼儿骨骼肌肉的发育，锻炼幼儿的运动技能和技巧，增强体质、发展智力，培养幼儿合作与交往的能力。

二、在愉快生活中养成幼儿健康行为

一日生活皆教育，幼儿园的生活课程即让幼儿在真实的生活情境中自主、自觉地发展各种生活自理能力，形成健康的生活习惯和交往行为，同时在集体环境中能够健康、安全、愉悦地成长。

（一）开展食育，打造舌尖上的健康

饮食文化在幼儿园的各项工作中尤为重要，开展食育使幼儿养成良好的饮食习惯，促进其身心各方面素质综合发展，是幼儿健康成长的前提与要素。我园以自然认知、身体发展、文化传承为核心，以常态饮食文化、食育主题课程、区域游戏、远足实践等活动为途径有效开展教育，促进幼儿身心全面发展。在主题游戏活动"种子博物馆"中，孩子们通过各种探究活动，了解了各种各样的种子，体验了种植与收获的喜悦；在"小小烘焙室"游戏中，孩子们体验着自制营养月饼、营养豆浆、营养茶饮的乐趣；在秋季远足活动中，孩子们观察各种农作物，知道了它们的生长过程，饱尝了收获的喜悦；在"开心自助餐"活动中，孩子们懂得了餐桌礼仪，学会了爱惜粮食，养成了良好的饮食习惯和文明的进餐行为。

"民以食为天"，在幼儿园膳食中，我们本着"吃出营养、吃出健康、吃出品位"的思想，扎扎实实开展健康饮食的研究。力争做到"粗粮细作，细粮精作"，保证幼儿营养均衡，促进幼儿的健康发展。近年来，我园开展了"四季营养菜""百种营养粥""特色小面点"的食材开发与研究，结合季节变化每周推出"大厨时令菜"，促进了幼儿健康发展，形成了我园的饮食文化。

（二）在真实生活情境中，形成健康生活习惯

在日常活动中开展多样的健康教育，帮助幼儿建立健康生活方式。利用生活中的各个健康日，如爱牙日、爱眼日、节水日、地球日等宣传健康知识，进行健康教育。在洗手、饮水、进餐、睡眠等日常生活环节习得健康的生活方式，养成正确洗手、饮水、睡眠及饮食等方面良好的生活习惯，

增强健康的意识。以幼儿为本，让每一个孩子欢乐地享受与其年龄段相适应的健康生活，满足其个体的生理、心理发展需求，在安全、和谐、健康的环境中获得发展。

三、在多元学习中形成幼儿健康品质

在多元化教育活动中渗透健康教育，通过体育活动、情绪情感、卫生保健、生活能力、安全教育等方面打造健康课程，挖掘健康教育资源，促进幼儿各方面的发展，不仅锻炼了身体，建立了健康理念，而且萌发了健康意识和健康的生活态度。

（1）利用身边的资源——阅读室。通过绘本阅读帮助幼儿建立健康的理念与认知。幼儿的认知来源于环境与教育，绘本教学可以通过浅显的故事和生动的画面来阐述幼儿平时很难理解的知识内涵，《揭秘身体》《宝宝从哪里来》给予幼儿生命教育，幼儿会更深入细微地了解人的身体，提升认知从而珍视生命；成长的心灵需要关怀，《我要爱上吃饭》《我要变勇敢》《双味情绪》等绘本以丰富多彩的绘图，给孩子们带来视觉的享受。在长期阅读中，能潜移默化地提高幼儿的语言、思维、审美能力，以及对情感的点化、健康的启迪、视野的开阔起到了重大的作用，实际上也是健康教育的一个综合素质的培养。

（2）结合陈鹤琴先生的"活教育"思想，带领孩子们走进大自然，走进社区。我们开展了春秋季远足活动，在大自然中进行亲子运动。开展社区共建活动，进行垃圾分类、清理沿河小路的街道、红歌传唱等。

（3）选择了"比比"课程，对幼儿进行情绪情感管理与疏导，使幼儿从不同方面理解、感悟生活中的人或事，积累解决问题的策略，提升解决问题的能力。

四、在自主游戏中发展幼儿健康身心

幼儿园应坚持以游戏为基本活动，如何发挥"游戏的独特价值促进幼儿的发展"已成为学前教育改革的重要命题之一。为此，我们依据《3—6岁儿童学习与发展指南》精神，逐渐将视角聚焦到幼儿游戏上来，开展了多形式、多内容的主题游戏活动。

在此过程中，教师不断地充实自身的知识和经验，开阔视野，储备知识经验。探索新理念指导下的主题游戏模式，通过主题游戏活动的开展，教师观察、分析和解读幼儿的能力不断提升，并与幼儿形成了积极有效的师幼互动，实现教育理论向教育行为的新转变。从思想意识上把教师无形的指挥棒彻底丢掉，进一步明确游戏应是幼儿自编、自导、自演的活动，应是幼儿自主、自由、自愿、快乐的、高自主的活动，教师应将游戏的主动权真正交给孩子。

幼儿的高自主对教师的专业化水平提出了更高的要求、更大的挑战。主题游戏课程是师生共同生成的，幼儿感兴趣的、发散的、深入的、系列的主题活动。教师们越来越关注幼儿的学习兴趣及发展需求，越发善于听取幼儿的意见和想法，激发全体幼儿对主题的关注和参与兴趣，并能够追随幼儿的学习和发展足迹，不断地将主题游戏推向深入。

（1）在大班主题游戏"我们的运动会"中，当孩子们在自己设计、组织、开展游戏的过程中不断收获经验和惊喜，感受成功的喜悦之时，教师们深深地感受到主题游戏给孩子们带来的新体验。她们惊喜地发现：幼儿能正确地认识自己和他人；认同规则；设计班牌、奖牌、运动器械有美感；在自发的练习中，基本动作掌握得更灵活协调了；自己能创编啦啦操了；语言表达能力提高了；更能客观科学地思考问题了。孩子们自主、主动地发展，这正是主题游戏的真正意义所在。

（2）建立健康的生活理念对于幼儿具有重要意义，在中班主题游戏"我是健康小主人"中，幼儿在教师的引导下，围绕健康进行了发散式的哲学思考，在自主探究及拓展中生成了"健康小讲堂""养生小厨房""中医小百科"等主题游戏。在亲子知识的搜集、讲述自制绘本、应季养生食品的制作等游戏过程中，幼儿自主感知到了健康的意义，不单是身体没有疾病、情绪状态良好，更加重要的是，让自己的身体具有战胜各种疾病的抵抗能力。同时，幼儿从游戏中收获了看似简单，实际需在日常生活中坚持并形成良好习惯的健康行为，初步形成了健康的生活理念，并为幼儿身心健康发展打下了良好的根基。

五、整合家长及社会资源，共促幼儿发展

我们秉承开放办园的原则，整合家长和社会资源，为幼儿的健康教育提供资源保障。家园协作有利于健康教育理念的传播及健康生活品质的形成。

（1）在丰富多彩的亲子活动中，促进幼儿健康发展。邀请家长参加亲子运动会、亲子踏青郊游、阳光健康自助餐等活动。家长孩子其乐融融，他们相互配合默契，相互关心，增进了亲子间的亲情关系。我们还在"幼儿足球队"的基础上成立了"爸爸足球队"，父子间的对抗成为园中一景。

（2）发挥家长的作用，调动家长参与教育的积极性，挖掘家长的资源与专业特长，组织家长助教，为孩子的发展服务。如：在冬季雾霾期，邀请当医生的家长，为幼儿介绍雾霾天气的危害，为幼儿讲解戴口罩的正确方法等。

（3）与社区、医科大学构成联动教育，与学生志愿者联合开展健康类主题活动，例如：爱眼护眼、爱牙护牙等活动。作为天津医科大学的实验基地，携手开展"泰迪熊医院"活动，让幼儿在游戏中感受医生、患者不同角色的情绪及心理，从而改善对生病看医生的恐惧心理，调节幼儿情绪情感。培养幼儿健康情绪。

六、创新做法

（一）足球特色活动的开展

邓小平曾经提出"足球要从娃娃抓起""足球不从娃娃搞起，是上不去的"。为此，我园积极挖掘活动场地，开展了幼儿足球特色活动，并成为"全国首批足球特色幼儿园"及"全国足球特色幼儿园示范园"。

我们还邀请外籍教练和拥有国家 C 级、D 级教练员证书的专业教练员，定期来园开展足球教育活动。在小、中、大三个年龄班开展每周一次的足球兴趣体验活动。近年来惠及近 1200 名幼儿，其中多名毕业生入选和平区区队、各学校校队。在此过程中，幼儿园足球队成员还赴北京，并到韩国参加该年龄组的足球邀请赛。相关报道在各媒体中发表。

我园男教师和教练本着"寓教于乐"的教育理念，精心设计每一个足球活动方案，激发幼儿的足球兴趣，培养幼儿的足球精神。足球活动的开展不仅锻炼了幼儿的健康体能，同时培养了幼儿勇敢、坚强的意志品质，活动中孩子们学会了团结与合作、友谊与竞争，足球热情日益高涨，活动的开展也得到了家长和社会的高度赞扬！

（二）"泰迪熊医院"特色活动

"泰迪熊医院"是一个全球性的概念。在"泰迪熊医院"游戏中，天津医科大学的学生们利用自身资源，在医院环境、就医环节、医疗器具等方面下足功夫，在保障安全的基础上，尽可能地贴近现实，为幼儿提供真实和有意义的体验。

我园也派出教师走进大学讲台，为志愿者们进行幼儿知识的培训与指导，使志愿者们了解幼儿的年龄特点、兴趣需求，以便在活动中能更好地与幼儿互动。伴随着游戏活动的开展，幼儿对"泰迪熊医院"产生了浓厚的兴趣，幼儿在玩中逐渐降低了自己对医院的恐惧程度，在游戏中逐渐了解了自己的身体结构，知道了如何做好疾病预防等知识储备，增强了健康意识。

目前，我园的快乐健康教育实践研究进入收尾阶段，我们梳理、总结、归纳、整理、反思这一段时间的研究成果，发现在研究过程中，一些细微环节还存在着不足。教师们思想观念还没有完全转变，还没真正"活"起来，部分内容受到局限，没能更深入地研究。收集的材料还可以再翔实、丰富些。很多内容都是实际研究过、实践过，但未能及时留下痕迹。另外，在师资力量上，还应广泛吸收更多经验型教师及年轻教师加入研究中来，以增进研究氛围，碰撞出新的火花。

今后，我们要在已有经验的基础上，继续巩固研究成果。同时，还将继续为下一个研究课题的确立明确思路，在健康教育实践基础上，推广有效经验，继续开展"大带小"区域体育活动、"亲子晨间区域体育活动"等实践研究，继续向社区延伸等。让快乐健康深入人心，让健康运动成为习惯，让健康心理成为品质。

【参考文献】

[1] 李季湄,冯晓霞.《3—6岁儿童学习与发展指南》解读[M].北京：人民教育出版社,2013:16-27.

[2] 中华人民共和国教育部.3—6岁儿童学习与发展指南[M].北京：首都师范大学出版社,2012:2-3.

绘本主题活动背景下
幼儿养成健康生活方式的研究

（中国学前教育研究会立项课题 课题编号：K20160630）

天津市和平保育院（天津市卫生健康委员会幼儿园） 王茜 于颖

【摘要】学前阶段是养成健康生活方式的最佳时机。作为幼教工作者，帮助幼儿养成健康的生活方式对于幼儿的健康成长乃至一生的健康都具有重要而深远的意义。本课题主要以培养健康生活方式为目标，除了在一日生活中注重养成教育外，还尝试通过筛选符合健康价值的绘本生成多层面、多角度的主题探索活动，在这个实践背景下，将健康的生活方式的理念和行为融入幼儿园及其家庭中，促进幼儿树立健康、积极的人生观和价值观，从而养成健康的生活方式。

【关键词】健康生活方式；幼儿健康生活方式；绘本主题活动

一、问题的提出

学前阶段是养成健康生活方式的最佳时机。我园在多年幼儿健康教育丰富实践和研究成果的基础上，借鉴南京师范大学教育科学学院教授顾荣芳（2009）对幼儿健康生活方式的分类，以幼儿兴趣和需要为生成点，通过绘本开展多层面、多角度的健康主题探索活动，并以质性研究和量化研究相结合的方式，通过实践，将新型、健康的生活方式融入幼儿及其家庭中，促进幼儿树立健康、积极的人生观和价值观，从而养成健康的生活方式。

二、研究结果与分析

（一）研究结果

1. 个人清洁

本研究参考问卷网中"中班幼儿清洁卫生习惯的调查问卷""幼儿园幼儿个人卫生问卷"以及"幼儿园小班幼儿洗手调查问卷"，并结合本幼儿园幼儿的实际清洁情况，编制出"学前儿童生活卫生习惯调查问卷"。通过信效度的检测，表明该自制问卷具有良好的信效度，可以进行统计与分析。实验前两个小班幼儿在卫生清洁习惯包括刷牙、洗澡、洗发三方面的频率无显著性差异。

表1　小班幼儿卫生清洁习惯前后测差异比较结果

变量	班级	n	M	SD	t
每天刷牙次数	对照班	78	2.48	0.56	−0.33**
	实验班	75	2.51	0.51	
洗发频率	对照班	78	2.64	0.99	−0.80**
	实验班	75	2.82	1.01	

注：** 为 $p < 0.01$，下同。

从表1可以看出，实验前后两个小班幼儿在每天刷牙次数和洗发的频率上有明显差异，表明绘本主题教育活动是促进幼儿养成良好卫生清洁习惯的一种途径与方法。

2. 规律生活

本研究选取万颖编制的"幼儿生活习惯状况家长评定问卷"。根据规律生活习惯实验前测同质性检验结果，研究者在我园的大班年龄段选择 2 个幼儿规律生活习惯发展水平基本一致的班级，进行为期 4 个月的实验研究。实验前对实验组和对照组进行了同质性检验，两个班级前测的平均数未达到显著水平（$p > 0.05$），没有显著差异。

表 2　实验班和对照班后测规律生活习惯发展水平差异检验

变量	班级	n	M	SD	t
总分	实验班	25	91.24	7.07	5.69***
	对照班	25	78.88	8.24	

注：*** 为 $p < 0.001$，下同。

从表 2 可以看出，实验班和对照班在后测总分平均数分别为 91.24 和 78.88，实验班与对照班在后测的平均数达到显著水平（$p < 0.001$），即幼儿生活习惯发展实验班显著优于对照班，说明绘本主题活动能够有效促进幼儿规律生活习惯的养成。

3. 平衡膳食、按时进餐

本研究选取王亚静编制的"健康饮食行为（KAP）调查问卷"。实验前，实验班和对照班幼儿在健康饮食的三个维度即认知、情感和行为前测得分上没有显著性差异。

表 3　实验班与对照班健康饮食后测的比较

健康饮食维度	班级	n	M	SD	t
认知	实验班	78	26.46	3.35	4.05 ***
	对照班	75	24.00	4.14	
情感	实验班	78	29.58	4.97	3.14 **
	对照班	75	27.16	4.53	
行为	实验班	78	31.91	5.87	2.85 **
	对照班	75	29.21	5.81	
总分	实验班	78	87.95	12.21	3.86 ***
	对照班	75	80.23	12.51	

从表3可以看出，对小班幼儿进行绘本主题活动干预后，实验班幼儿与对照班幼儿在情感和行为两个维度差异显著，认知维度差异极其显著。

4. 锻炼身体

实验对象为随机抽取的2个大班。实验前后，依据《国民体质测定标准》对2个班的幼儿进行测试。实验时间总共为8个月。实验前，实验班和对照班体质状况没有显著性差异（$p > 0.05$），基本达到幼儿体质测定评价标准的中等水平。

表4 实验后实验班和对照班体质发展变化比较

体质测试内容	班级	n	M	SD	t
10米折返跑	实验班	34	4.02	0.58	2.44***
	对照班	34	3.67	0.42	
网球掷远	实验班	34	3.45	0.51	0.41*
	对照班	34	3.38	0.50	
走平衡木	实验班	34	3.55	0.76	1.38***
	对照班	34	3.20	0.64	
坐位体前屈	实验班	34	3.85	0.27	4.78*
	对照班	34	3.42	0.12	
双脚连续跳	实验班	34	3.99	0.77	2.70*
	对照班	34	3.30	0.61	

注：* 为 $p < 0.05$，下同。

从实验结果（表4）可以看出，以绘本为载体，设计以体育锻炼相关内容为主题活动对实验班的体质产生了积极的影响。

5. 自我保护

本研究采用"儿童自我保护能力的培养调查问卷"，对幼儿自我保护能力进行调查研究，选取大班140名幼儿为研究对象。在实验前，对实验班和对照班进行同质性检验，实验班和对照班在四个维度上均不呈现显著差异。

表 5　实验班与对照班各维度上的后测差异比较

项目	班级	n	M	SD	t
幼儿园安全	实验班	70	62.67	3.15	12.88***
	对照班	70	57.57	2.71	
家庭安全	实验班	70	38.89	1.31	8.18***
	对照班	70	36.64	1.75	
公共安全	实验班	70	45.41	1.52	9.71***
	对照班	70	42.43	2.14	
身体安全	实验班	70	56.11	1.68	13.00***
	对照班	70	52.51	1.97	

研究结果显示，实验班在绘本主题活动的干预下，在自我保护意识方面，每个维度均得到了显著性提高。

6. 配合健康检查

本研究采用自编"幼儿配合健康检查家长调查问卷"，随机抽取 150 名小班幼儿作为研究对象，并对家长进行问卷调查。绘本主题活动干预实验为期 8 个月。所研究内容如表 6 至表 8 所示。

表 6　绘本主题活动干预前后幼儿健康检查时情绪波动

幼儿情绪波动	测试	n	M	SD	t
情绪愉快，积极配合	前测	142	0.89	0.32	−0.74***
	后测		0.92	0.28	
紧张不安，身体僵硬	前测	142	0.06	0.25	0.75**
	后测		0.03	0.18	
开始很高兴，看到抽指血后，激烈挣扎	前测	142	0.11	0.31	0.77**
	后测		0.07	0.25	
听到去检查就大喊"我不要去医院"	前测	142	0.08	0.05	8.75*
	后测		0.01	0.08	

表 7　绘本主题活动干预前后家长对幼儿健康检查的态度

家长态度	测试	n	M	SD	t
幼儿定期健康检查	前测	142	1.00	0.00	−4.27***
	后测		1.11	0.32	
能正确对待健康检查	前测	142	0.47	0.50	−1.34***
	后测		0.54	0.50	

表8 绘本主题活动干预前后家长及幼儿对健康检查的了解程度

了解程度	测试	n	M	SD	t
幼儿对健康检查的了解程度	前测	142	1.18	0.39	4.77**
	后测		1.49	0.50	
家长对健康检查的了解程度	前测	142	1.16	0.37	2.67**
	后测		1.32	0.47	

研究结果显示，绘本活动干预后幼儿情绪波动方面有一定的改善，绘本主题活动干预对幼儿健康检查中的幼儿情绪有较可观的改善。在家长态度方面，绘本活动干预有利于家长重视幼儿健康检查。

7. 适度表达情绪

本研究选取"中班幼儿情绪调节发展状况调查问卷"，抽取130名中班幼儿作为研究对象，并对家长进行问卷调查。实验前，实验班和对照班情绪调节发展方面无显著差异。

表9 中班幼儿情绪调节发展的差异检验

变量	班级	n	M	SD	t
认识理解基本情绪	对照班	65	4.04	0.62	−3.38*
	实验班	65	4.41	0.30	
认识理解复杂情绪	对照班	65	3.67	0.80	−2.88*
	实验班	65	4.08	0.46	
情绪的表达	对照班	65	3.91	0.69	−5.21**
	实验班	65	4.51	0.26	
情绪的自控	对照班	65	3.89	0.63	−3.79**
	实验班	65	4.30	0.28	
情绪的他控	对照班	65	3.68	0.56	−8.21**
	实验班	65	4.47	0.25	
情绪的运用	对照班	65	3.86	0.72	−5.61**
	实验班	65	4.55	0.31	

从表9中可见，实验后中班幼儿在情绪调节发展的六个维度上有一定程度上的提高，均达到较好的水平，尤其是相对于实验前中班幼儿在情绪表达和情绪运用两方面有很大的提高。

8. 关心环境卫生

本研究采用自编的"幼儿环保行为调查问卷"，根据实验前测的同质性检验结果，实验对象为随机抽取的 2 个大班幼儿，每班人数为 25 人，进行为期 4 个月的实验研究。在实验前，对实验班幼儿和对照班幼儿的环保行为在总分上进行同质性差异检验，两个班级前测的平均数未达到显著水平（$p > 0.05$）。

表 10　实验班和对照班后测幼儿环保行为差异检验

变量	班级	n	M	SD	t
总分	实验班	25	87.44	5.62	2.245*
	对照班	25	83.48	6.80	

研究结果说明，以环保主题绘本为依托能够有效促进幼儿环保行为的形成与发展。

（二）分析

本课题研究利用绘本主题活动对养成幼儿健康生活方式的新尝试，经过实践和前后测数据显示，多数健康生活方式的内容还是取得了明显的效果。其中按时进餐、注意安全、规律生活、配合健康检查和锻炼身体这五项内容对实验班幼儿的测量数据显示明显优于对照班幼儿，个人清洁中每天刷牙次数、洗发频率和关心环境卫生通过绘本主题活动的影响也有一定的提高。但是个人清洁中的每天刷牙时间和洗澡频率未达到显著差异，分析原因为关于刷牙时间，是因为幼儿还不具备时间概念，刷牙时间不稳定；关于洗澡频率，除了幼儿意愿外还受到家长意愿的影响，每个家庭的标准也不一致。适度表达情绪的自我安慰、被动应付、情绪发泄和攻击行为这四个维度有显著差异，认知重建、问题解决、寻求支持和替代活动四个维度未达到显著差异，分析其原因是教师会对幼儿明显的负面情绪给予关注和引导，提供更多教育干预，收效会明显。另外，幼儿情绪有多变性、复杂性、不稳定性的特点，对于有的情绪类别在测量时也会受到幼儿当时情绪的影响。

在对比实验研究阶段结束后，我园无论实验班还是对照班均全面开展了健康主题教育活动，保障每名幼儿发展的全面性和均衡性。

三、研究经验与成果

基于养成幼儿健康生活方式的目的，课题组建构了绘本主题活动的"四步模式"，即将绘本主题活动分为"理解—体验—建构—养成"四个步骤，在每个步骤中分别采用适宜的策略，支持幼儿养成健康生活方式（如图1所示）。

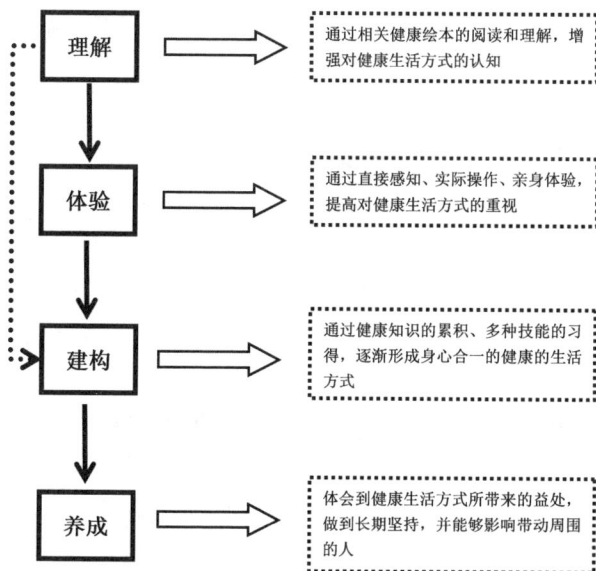

图1　健康生活方式养成绘本主题活动"四步模式"图

（一）理解步骤中的支持性策略

1. 多样导入

包括情境导入、趣味导入、演示导入、经验导入，引发幼儿进入健康生活方式内容中来思考。

2. 观察赏析

通过欣赏封面、书名展开想象和联想，促进幼儿对健康生活方式的初步认知。

3. 有效提问

包括画面提问、猜想式提问、渐进式提问、假设性提问，问中求懂，理解内容，挖掘内涵。

4. 合理联想

幼儿通过角色替代、换位思考置身其中，更好地感受和识别。

5. 自主表达

通过创设开放性、个别化的交流环境，自制健康绘本等形式分享交流，表达幼儿自己对健康生活方式的所思、所感、所想。

（二）体验步骤中的支持性策略

1. 亲历感知

在健康生活方式的多样体验中，支持幼儿在与多元资源的接触中，积累有益的直接经验和感性认知。

2. 统合感官

在多元化的资源体验中，有效地调动幼儿的视、听、嗅、触觉，使幼儿的感官受到信息的刺激，有助于幼儿全方位去感受、体验。

3. 实践求证

幼儿的思维特点是以具体形象思维为主，把健康的生活理念物化在多样化的探索活动中，让幼儿在系列化的健康生活体验中通过实际操作真正感受健康生活的真谛。

4. 促思内化

在亲身体验、充分感知的基础上，幼儿自然地将一些健康生活行为方式，纳入自己的认识之中，进而逐步形成自己的行动指南，成为指导自己生活的内在力量。

（三）建构步骤中的支持性策略

1. 情景再现

在幼儿较好地理解与体验健康生活方式的基础上，对表演主题、故事线索、情节冲突等进行构思，把自己的感受和理解通过表演的形式呈现出来。

2. 应用共享

支持幼儿将日常生活中亲身体验的健康观念，通过多种形式大胆实践、宣传，真正实现知行合一的学习与成长。

3. 家园协同

通过多种形式向家长传播健康理念，影响带动家长参与到幼儿健康生活方式的教育工作中，形成合力。

4. 固化行为

健康行为方式的巩固是长期连续的，幼儿在适宜的环境中，潜移默化地从陌生到熟悉、从熟练到自由化，不断体验、理解、接受，反复重建已有的健康经验，逐步转化为幼儿自觉的健康行为态度和行为方式。

（四）养成步骤中的支持性策略

养成健康生活方式的核心是坚持践行良好的生活习惯。幼儿在对健康生活方式的重要性取得认同后，还需要成人有意识、有目的、一惯性地鼓励、支持、引导，实现幼儿"知道"和"做到"的统一。

1. 拓展教育对象范畴

在养成幼儿健康生活方式中，教育对象要从幼儿拓展到家庭成员。

2. 坚持正面强化，反馈促进

对于幼儿表现出的好的行为习惯，要进行肯定和适当奖励；对于幼儿表现出来的不健康行为，要及时提醒纠正，并且持之以恒。

3. 将养成教育融入生活方方面面

让幼儿在耳濡目染、潜移默化的大环境中受到熏染、得到启发。

4. 培育幼儿自我养成的意识

让幼儿在自主活动中自我管理，提高自信，逐渐从他律向自律进行过渡。

经过反复寻找、筛选，我们制作出《幼儿养成健康生活方式绘本目录册》（见附录一），分别按照健康生活方式的八方面做出整理，绘本目录册中包含绘本名称、作者、作者国籍、出版社、出版时间以及适合年龄班。这个成果有一定的创造性，易于操作，便于推广，可以为广大幼教同行所借鉴和使用，提高工作效率和效能。

我们还开发了相应的绘本主题活动，经过设计、实施、完善、整理，形成保持个人清洁篇、规律生活篇、平衡膳食与按时进餐篇、锻炼身体篇、注意安全篇、适度表达情绪篇、关心环境卫生篇、配合健康检查篇八个幼儿健康生活方式养成课程纪实案例。

【参考文献】

[1] 李季湄，冯晓霞.《3—6岁儿童学习与发展指南》解读 [M]. 北京：人民

教育出版社 .2013:16–27.

[2] 中华人民共和国教育部 .3—6 岁儿童学习与发展指南 [M]. 北京 : 首都师
范大学出版社 ,2012:2–3.

[3] 顾荣芳 .学前儿童健康教育论 [M]. 南京 : 江苏教育出版社 ,2009.

[4] 顾荣芳 .幼儿饮食行为与健康教育 [M]. 北京 : 人民教育出版社 ,2015.

[5] 柳倩 ,周念丽 ,张晔 .学前儿童健康学习与发展核心经验 [M]. 南京 : 南
京师范大学出版社 ,2016.

[6] 奚新梅 .蓬生麻中 : 幼儿健康生活方式培养研究 [M]. 上海 : 上海教育出
版社 ,2014.

[7] 张秋萍 .幼儿园食育课程的建构与实施 [J]. 学前教育研究 ,2018(8):70–72.

附录一

《幼儿养成健康生活方式绘本目录册》适度表达情绪类图画书索引表 ①

序号	书名	作者	作者国籍	出版社	出版时间	适合年龄班
1	阿文的小毯子	凯文·汉克斯	美国	河北教育出版社	2007 年	小、中班
2	床底下的怪物	珍妮·威利斯	英国	河北少年儿童出版社	2014 年	中、大班
3	魔法亲亲	潘恩	美国	明天出版社	2008 年	小、中班
4	豌豆不好惹	凯文·亨克斯	美国	新蕾出版社	2014 年	小、中班
5	敌人派	得瑞克·莫森	美国	湖北少年儿童出版社	2009 年	大班
6	我的情绪小怪兽	安娜·耶纳斯	西班牙	明天出版社	2017 年	小、中班
7	我好害怕	斯贝蔓	美国	电子工业出版社	2007 年	小、中班
8	我好生气	黄雪妍	中国	电子工业出版社	2009 年	小、中班
9	我有友情要出租	方素珍	中国台湾	中国和平出版社	2006 年	小、中班
10	城里狗和乡下蛙	莫·威廉斯	美国	新星出版社	2013 年	中、大班
11	我好担心	亨克斯	美国	河北教育出版社	2009 年	小、中班

---

① 完整的《幼儿养成健康生活方式绘本目录册》见天津市卫生健康委员会幼儿园微信公众号。

因地制宜开展体育游戏活动的实践研究

（中国学前教育研究会立项课题　课题编号：K20160565）

天津市河北区第一幼儿园　李宝华

【摘要】幼儿期是建立人的全面发展的身体素质和健康行为方式的关键期。根据幼儿的年龄和生理特点，要发展幼儿的身体素质、增强幼儿的体质，其关键就是应该充分利用活动场地，为幼儿尽可能多地提供丰富多彩的体育游戏活动，吸引幼儿积极主动参与锻炼，且教师在此过程中给予幼儿适当的指导和帮助。所以，在幼儿园中要因地制宜地开展体育游戏活动，促进幼儿积极的健康情感和身体、心理的全面发展。

【关键词】因地制宜；体育游戏活动；不同场地区块；特殊天气

一、课题提出的背景与意义

幼儿期是建立人的全面发展的身体素质和健康行为方式的关键期。在个体的发展历程中，生命的健康存在是保证人的全面发展的物质基础，人的认识、情感和行为诸方面的发展都必须建立在这个物质基础上。因此，个体要生存并获得社会化发展，首先必须要有健康的身体。

幼儿的生理特点表明，其身体各个器官的生理机能尚未发育成熟，身体素质相当薄弱，是生长发育十分迅速、新陈代谢极为旺盛的时期。根据幼儿的年龄和生理特点，要发展幼儿的身体素质、增强幼儿的体质，其关键就是应该充分利用活动场地，为幼儿尽可能多地提供丰富多彩的体育游戏活动，吸引幼儿积极主动参与锻炼，且教师在此过程中给予幼儿适当的指导和帮助。所以，在幼儿园中要因地制宜地开展体育游戏活动，目的是促进幼儿积极的健康情感和身体、心理的全面发展。

二、研究的过程

（1）在"十二五"课题成果的基础上，继续编写适合幼儿活动的游戏，激发幼儿参与活动的积极性、主动性，促进幼儿积极情感的养成。

（2）针对幼儿园不同的活动场地区块，思考将教师创编的游戏与场地结合，因地制宜地开展体育游戏活动，促进幼儿的发展。

（3）针对北方雾霾、雨雪、大风等特殊天气多的情况，教师应该利用室内环境组织适宜的体育活动，锻炼幼儿身体，满足幼儿发展的需要。

三、研究的成果

在《幼儿园教育指导纲要（试行）》和《3—6岁儿童学习与发展指南》的引领下，我们对户外材料玩法、不同场地适宜的游戏活动、室内体育锻炼活动等进行了尝试和研究。

（一）游戏材料"一物多玩"

在幼儿园体育游戏中，引导幼儿探索新颖的"一物多玩"，是多种锻炼的需要，也是让幼儿开动脑筋、创造性自主游戏的一种体验方式，幼儿可以在一物多玩中更多地体验游戏的快乐和满足探索的欲望。所以教师们会引导孩子们动脑筋来进行"一物多玩"，让孩子们接受全新的挑战。

1. 基础性游戏材料的"一物多玩"

球、跳绳、沙包、小棒、圈、布飞盘等，这些都是孩子们户外最基本的自选游戏材料，每一年龄班依据年龄特点在选择中都会有不同的玩法。

表1

	小班	中班	大班
球	滚球、自抛自接球、推球、踢球（不会控制方向）……	拍球、赶球、传球、踢球、绕球、抛球、同伴互抛……	运球、行进间运球、背球、夹球、踢球
跳绳	双脚连续向前跳、平行线间走	直线两侧行进跳、助跑跨跳	跳短绳、做操、当山洞、当车厢
沙包	抛接、投掷、踢	投掷、顶沙包走、互相抛接、夹包走	夹包跳、"砍子儿"、踢
小棒	双脚连续向前跳、平行线间走、迈障碍走	直线两侧行进跳、助跑跨跳、做操	绕物跑、赶小猪、组合跳
圈	向前连续跳圈、推圈走、正面钻圈	直线两侧行进跳、推圈跑、单脚连续跳	侧面钻圈、手脚着地爬
布飞盘	绕物走、自抛自接、开汽车	绕障碍跑、连续跳、颠物	飞飞盘、投掷、滚飞盘

2. 自制性游戏材料的"一物多玩"

《3—6岁儿童学习与发展指南》提出：为幼儿准备多种体育活动材料，鼓励幼儿选择自己喜欢的材料开展活动。变废为宝，利用废旧材料制作体育材料是提高材料丰富性的一个有效途径，也是引发幼儿探究意识同时发展各种动作的重要手段。如，利用易拉罐做梅花桩，不同高度、不同面积；用报纸做纸棍，长度不同，练习跳跃与平衡；用垃圾桶做的小背篓，奔跑和躲闪；用废垫子做的不同形状，拼搭钻、跳、平衡等多种户外活动材料，发挥了幼儿、教师和家长的动手能力，培养了幼儿乐于参与的意识。

3. 器材性游戏材料"一物多玩"

器材性游戏材料就是指一般购买的器材材料，器材性游戏材料"一物多玩"就是利用器材开展的多种形式的活动，教师们为激发幼儿的探索欲望和参与体育锻炼的兴趣，充分利用器材开展各种活动。如幼儿园购买的小蘑菇墩，本来是放在两侧供幼儿休息使用的，教师们积极开发材料，和幼儿一起将蘑菇墩摆成不同造型，因蘑菇墩高矮不一，变成了迷宫、小路、小桥等，每一次的摆放都可以不同，这既增加了幼儿活动的兴趣，又锻炼了身体。

不管是基础性游戏材料、自制性游戏材料，还是器材性游戏材料，每一种玩法都给幼儿带来了新奇，孩子们不停地创造多种趣味性的玩法，一物多用、一物多玩，锻炼了幼儿身体，发展了幼儿能力，不仅保障了幼儿在体育游戏中体验游戏的乐趣、感受游戏的快乐，发展了幼儿多种体育动作，还促使幼儿充分发挥创造性思维，提高了幼儿的想象力和创造力。

（二）室外区块体育游戏

教师们在组织幼儿进行户外活动中，经常会为不同形状的场地应该怎样组织幼儿活动而苦恼，孩子们在做体育游戏时也总会遇到一些尴尬，比如：在甬道拉大圆时拉的圆其实是个细细的椭圆；在前操场玩"切西瓜"游戏时，水池和沙池的高台会有极大的安全隐患；跑道长条状该如何利用；等等。于是，教师们根据场地的不同，在因地制宜充分利用场地上下功夫，创编许多适合不同形状场地活动的体育游戏，让幼儿获得不同的动作发展。

（1）甬道（如图1所示）：幼儿园的甬道位置是长条形的，长80米左右，宽不到6米，两侧是2米多高的围墙，中间还有两段一侧有器械，宽度更窄一些，地面相对较硬的区域。教师们设计了相应的适宜游戏，以发展幼儿走、平衡、爬等为主的体育游戏。

图 1　甬道

例如：小班"小蚂蚁找食物"，练习在平衡木上行走。

游戏情境：今天天气真好啊，快来快来！看，那是什么啊？看着好好吃啊，我的蚂蚁宝宝们你们想吃啊？但是我觉得拿到好东西可不简单，一会儿呀，你们可跟好了蚂蚁妈妈，我们一起去拿食物好不好啊？

游戏玩法：幼儿扮成小蚂蚁，成两路纵队向平衡木站立，教师扮演蚂蚁妈妈，带领小蚂蚁在平衡木上行走接近糖豆，引导幼儿身体保持平衡。

（2）前操场（如图2所示）：幼儿园的前操场位置是多边形，一边有沙池和水池，沙池和水池边缘都是半圆形大约30厘米高的高台；另一边砌着的是进楼的四层高台阶。教师们从安全和地形环境出发，设计了以走、钻、爬等为主的体育游戏。

图 2　前操场

例如：大班"冲破封锁线"，练习侧面钻。

游戏情境：今天请小朋友做小解放军来送信，小解放军要越过封锁线回到根据地送信。看看哪个小朋友能够不被发现，安全地将信送到。

游戏玩法：请小朋友钻过铁丝网，注意钻的动作：侧身弯腰，先跨出离线近的一只脚，另一只脚再跨过去。将信送到前面的解放军叔叔那里。

（3）跑道（如图3所示）：幼儿园的跑道是长条形，长30米，宽2米左右，两侧是空地。教师们在这个相对工整的长方形场地上，利用其平整的、防滑的、五彩的跑道设计了以快走、跑、跳等动作为主的体育游戏。

图3　跑道

例如：中班"小青蛙捉害虫"，主要是练习在直线两侧进行跳跃。

游戏情境：河对岸有好多的害虫，小青蛙们和妈妈一起去捉害虫吧，首先我们要学习一个本领，请小青蛙跳过小叶子，到河对岸捉害虫。

游戏玩法：请小青蛙们到河对岸捉害虫，要跳过呼啦圈到对面去，每次只捉一只，直线跑回。

（4）后操场（如图4所示）：幼儿园的后操场近似于正方形，长12米，宽10米，教师们在实践中发现这个场地更加适合做综合性体育游戏。

图4 后操场

例如:大班"小小汽车兵",能快速地将轮胎绕物过障碍运到一定距离处。

游戏情境:我们要做解放军保卫祖国。解放军的汽车兵要运送轮胎,为故障车辆进行维修。小解放军先进行尝试,掌握方法后进行游戏。

游戏玩法:幼儿从起点出发,每队的第一名幼儿开始推着轮胎绕过一个个障碍。将轮胎送到终点后,再原路送回到下一名幼儿手中。如此往返,哪队最先完成,为胜。

(5)大型器械前(如图5所示):幼儿园的后操场是长方形,是在大型器械的前面,长约25米,宽8米左右,是幼儿园最大的活动场地,可开展有长度的游戏,也可以开展综合性体育游戏活动,选择比较广泛。

图5 大型器械前

例如:中班"打败灰太狼",能肩上挥臂投掷。

游戏情境:灰太狼常常来欺负小羊,几次下来小羊经常受欺负,村长想了一个好方法，小羊要学会一项新本领——投掷！这样小羊就会打败灰太狼了。

游戏玩法：幼儿站在起点，向前方的几个灰太狼的头像投掷，把灰太狼打倒，要在肩上挥臂投沙包。投完一次后，捡回沙包，准备下一次的投掷。

教师们根据不同的场地，设计不同的适宜游戏，发展幼儿的不同动作，增加了游戏活动的实效，促进了幼儿的发展。课题组也完成了《区域适宜体育游戏册》的编写，供教师参考使用。

（三）特殊天气室内活动

天津是北方城市，到了秋冬季节经常会有大风、雨雪以及雾霾等多种特殊天气，教育局为了幼儿的健康经常会停止户外活动，而《3—6岁儿童学习与发展指南》明确规定：为促进幼儿身心健康发展，每天要保证幼儿两小时体育活动时间。幼儿园如何应对特殊天气，锻炼幼儿的身体成了摆在幼儿教师面前的一个难题。教师们开动脑筋充分挖掘不同面积、形状的教室，创设新游戏、新玩法，满足幼儿发展需要。

1. 合理利用室内楼道空间

（1）楼门大厅：占用空间相对较小，所以要选择幼儿移动范围不大的走、抛接球、纵跳、托盘等练习力量素质的活动，如图6、图7所示。

图6 楼门大厅　　　　　　　　图7 小班走

（2）寝室过道：一般较窄，有的班摆放的是床铺，这样的空间适宜开展爬、平衡、手臂支撑等活动，如图8、图9所示。

图8　寝室过道

图9　大班爬

（3）楼道区域：长条形，一般选择分区进行，如在角落可以进行投，其他区域可以进行平衡、钻、踩高跷以及小型多样玩具的游戏活动，如图10、图11所示。

图10　楼道区域

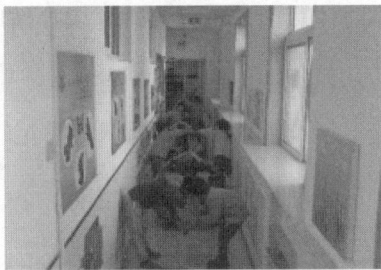

图11　中班钻

（4）班级教室：运用班内有序摆放的桌椅，可以开展平衡、钻、爬、投、侧滚等活动。

巧妙利用不同室内空间，充分挖掘环境，组织幼儿适宜的体育锻炼活动，使幼儿在特殊天气里，仍能快乐地锻炼。

图12 班级教室（一间）

图13 中班钻、跳

图14 班级教室（角屋）

图15 中班走和直线两侧跳

图16 班级教室（二间）

图17 大班投

2.利用身边资源巧做体育材料

教师们利用室内已有的设施设备，在保证安全的前提下，可以将桌子、椅子、垫子、收纳箱等巧做体育材料，并配合体积相对较小、功能多样的手头玩具，或适合在室内使用的沙包、小球、沙袋、套圈等。教师们大胆创编，发挥奇思妙想，在特殊天气开展好室内体育活动，在沉闷的天气下把室内创设成一个快乐的游乐场。

如：中班，教师们将放置各种材料的塑料架子搭成一层和二层组合，幼儿可以在一层钻、爬；在二层上走、平衡，然后跳下等，可上可下，像迷宫一样，既锻炼了身体也达到了相应的运动量，还可以利用废旧地毯练习爬，如图18、图19所示。

图18 中班架子钻、爬、跳　　　　图19 中班毯子爬

又如：大班，准备一张桌子，厚的垫子，幼儿可以上爬下钻，桌子侧放可绕物，椅子排成排可滚球入圈等，发展幼儿钻、爬、绕的能力以及身体的平衡能力，如图20至图23所示。

图20 桌子上爬　　　　图21 桌子下钻

图 22　绕物走

图 23　滚球入圈

四、研究的成效

在短短的几年时间里，我们紧紧围绕课题目标，采取了各种有效和有力的措施，花大力气深入开展了各项实践研究工作，并已取得丰硕成果：教师们在研究中提高了灵活的组织能力；完成了《室外区块体育游戏活动集锦》《特殊天气室内环境体育游戏活动集锦》《"一物多玩"体育活动汇总》三本成果书；幼儿也在各种体育游戏活动中，锻炼了身心和意志品质，满足了不同水平幼儿全面、健康发展的需要。

因地制宜开展体育活动的实践研究

（中国学前教育研究会立项课题　课题编号：K20160576）

天津市北辰区实验幼儿园　刘凤伟　龙霞

【摘要】《幼儿园教育指导纲要（试行）》指出，幼儿园要"开展丰富多彩的户外游戏和体育活动，培养幼儿参加体育活动的兴趣和习惯，增强体质，提高对环境的适应能力"。幼儿园体育活动是幼儿的一日生活的基本内容之一，有利于幼儿身体和心理的健康发展。幼儿园体育活动的开展离不开教师的支持，本研究在考察幼儿园体育活动现状基础上，因地制宜地开发利用园内外运动资源，优化幼儿园体育场地、材料，对幼儿园体育活动教师指导策略进行研究，以帮助教师更好地为幼儿园体育活动提供支持。

【关键词】幼儿园；体育活动；教师指导

一、问题的提出

《幼儿园教育指导纲要（试行）》指出："开展丰富多彩的户外游戏

和体育活动，培养幼儿参加体育活动的兴趣和习惯，增强体质，提高对环境的适应能力"；《3—6岁儿童学习与发展指南》建议："幼儿每天的户外活动时间一般不少于两小时，其中体育活动时间不少于1小时。"幼儿园开展体育活动对学前儿童发展有重要意义。但在我们实际的工作中，体育活动常常存在器械功能单一、强调重复动作练习，教师组织活动的内容和类型不够丰富等问题。因此，依据园所现有条件，就如何选择适合幼儿身心发展的体育活动内容、丰富幼儿园体育活动组织形式，以及空气质量差无法进行户外体育活动条件下如何保证幼儿体育活动时间和质量等问题进行了如下探究。

二、研究成果

（一）户外体育活动中场地划分及时间合理分配

1.场地的合理划分依据幼儿体育活动现状，研究探索体育活动环境，充分发挥环境的教育价值

结合我园400米标准化大操场及班级幼儿体育活动现状，重新划分户外场地，把活动区进行扩充，将跑道外围较平坦的绿草坪也充分利用上，以箭头的形式制定了规则。把原来的8个区域扩充到16个区域，从而把较拥挤的操场中间区域人流分散到周围区域，防止了安全事故的发生。教师利用"五常管理法"的规则理念，即常组织、常整顿、常清洁、常规范、常自律，为幼儿的学习和生活营造一个良好的氛围，如：过渡环节对幼儿进行各活动区规则的介绍，以及安全通道的作用，使各活动区更好地服务于幼儿。

2.户外活动时间灵活自主，活动内容丰富多样

依据各班年龄一日作息特点，合理安排每个班级的户外体育活动时间，

上午活动以研究玩法、提升技能为目标，下午以兴趣爱好、娱乐身心为目的进行活动；提供自选时间，设置体现游戏自主性的户外自选体育项目，将游戏自主权还给孩子，使18个班级600余名幼儿安全有序、有深度、高质量地开展户外活动。

（二）游戏活动材料适宜

1. 因地制宜，选择合适的体育器械和材料

我们对各年龄段幼儿分别适合什么样的活动材料进行了分类，分别是熟悉会用的材料（人人都会的）、熟悉有挑战性的材料（中等能力水平幼儿）、不熟悉有挑战性的材料（针对能力强幼儿），在日常户外活动中，各班从适合本年龄段的活动区（跑道及周围）和自选活动区（操场中间）自行选择活动内容及材料，归纳总结为依据目标选择、材料特征、季节影响、年龄差异来选择材料。结合班级主题活动，探索创新游戏材料玩法，"一物多玩"发挥体育器械的多种功能。

2. 结合幼儿年龄特点，投放低结构材料

参照《3—6岁儿童学习与发展指南》《幼儿园教育指导纲要（试行）》明确小中大幼儿体育活动目标，有选择地投放低结构材料，创编幼儿喜欢的户外体育活动，如龙虎斗、二龙戏珠、画龙点睛等。低结构材料多选取颜色鲜明、生活中常见、无毒无害废旧材料，具有情景化、生活化、游戏化、形象化的特点，不限定玩法，教学目标隐蔽，幼儿自主空间较大。加之一定的情节，幼儿容易获得有效学习。

小班幼儿以平行游戏为主，教师在提供材料时要注意种类丰富、颜色鲜明的材料能够吸引幼儿，同时要保证材料的安全卫生。加之一定的情节，幼儿获得有效学习。由于低结构材料是一些无规定玩法、无具体形象特征

的材料，幼儿可以根据自己的兴趣和当时的想法，随意组合并可以一物多用，所以为幼儿的想象提供了广阔的空间，使幼儿全面发展。如：幼儿与教师、同伴之间商讨游戏玩法时，发展了幼儿的语言表达能力、师生同伴交往能力；在材料摆放需要多少、按颜色形状分类时，发展了幼儿数学逻辑思维能力；在对低结构材料进行加工、改造时，发展了幼儿美术方面欣赏美、创造美的能力等。因此，户外体育低结构材料的投放，不仅能够提高幼儿的体能，也能够提高幼儿全面的能力，这一点大大地区别于传统的体育材料给幼儿带来的发展。

废旧轮胎是幼儿非常喜欢的体育材料之一。关于轮胎的玩法层出不穷，在户外体育活动中，我们开始将轮胎交叉摆放，孩子绕着轮胎呈 S 形跑动；后来我们又将轮胎摆成横排或竖排，孩子进行单脚或双脚跳；大班孩子们对"cs"野战感兴趣，我们和孩子们一起将轮胎摆成轮胎山，模拟山丘；将轮胎与梯子配合使用，又变成了练习悬空爬的器械。总之，一种材料使用方法的改变，让幼儿时时保持新鲜感，让幼儿在实践中提升兴趣，在兴趣中锻炼能力。

3. 创设情境和投放的材料要具有引导性

可借助情境的渲染、材料的投放转化成某种信息，进而影响和规范其活动行为，在活动中指引幼儿的学习和发展方向。如将投射活动赋予了"画龙点睛"的情境，引导幼儿帮助小龙"画"上眼睛，可见，通过此活动材料投放，幼儿参与活动的积极性更高，还获得基本的游戏规则。在活动中不断进行调整和修改，情境的设置以及户外材料的投放是活动的基本要素，教师要想办法让材料"说话"来进行引导。

（三）教师有效指导

1. 根据幼儿的年龄特点及能力水平给予适当的指导

（1）语言指导要简洁明了，启发带入语

遵循学科动作发展规律，注重科学性，指导过程从易到难渐进提升。如在不同的材料、不同的目标设计规则上有所体现。小班幼儿刚接触新材料，会产生疑惑，不知道如何去玩，这时就需要教师向幼儿介绍户外材料的名称和简单的玩法；幼儿教师应当把握介绍的度，不能过于简单，也不能过于详细。太简单的介绍，会使幼儿对材料失去兴趣，太详细的介绍会局限幼儿的思维。

（2）作为参与者加入幼儿体育活动，推动活动进展

教师是幼儿活动的合作者，当幼儿遇到问题时，教师可以以伙伴的角色，将经验潜移默化地传递给幼儿，帮助、启发幼儿解决问题。通过观察发现，教师在体育游戏活动中多采取提问、讲解、描述、指令、评价、建议的语言指导策略，最常见的是讲解和评价，同时加入示范性动作和示意性动作指导，但部分教师语言指导过于单一、集中，幼儿活动兴致不高。如小班幼儿情绪作用大，依靠行动，认识事物，喜欢模仿。教师要抓住小班幼儿的年龄特点，对其指导才会更加有效。

（3）关注"个别"幼儿，针对不同体质幼儿进行不同指导

"个别幼儿"是泛指，一是指身体整体素质较差的，承载不了大运动量的幼儿，自身体能较差。二是指针对某一项技能无法完成，主要因心理作用对某方面害怕、排斥等所导致的无法完成活动的幼儿。无论在集体活动中，还是在分组活动中，每个班级都会出现"个别幼儿"的存在，教师应给予特别的关注，使其积极地参与到户外活动中来，克服幼儿自身生理、心理上的不足之处，提高运动的能力。

2. 多方面培养幼儿自我保护意识与能力

（1）活动前教师对幼儿进行前期经验准备

开展了解自己身体及身体器官正确保护方法的教育活动；学会用正确的方法呼吸；学习参与游戏的礼仪，讨论游戏中哪些事情不能做；运动前进行身体热身；明确具体活动的要领及注意事项。

（2）活动前教师对着装和器械的检查

幼儿每日进行户外体育活动前，教师需检查幼儿的衣服、鞋子等是否适宜活动，如：排查大型、中型、小型器械是否会从高处掉落或有损坏；衣着是否有危险物件，鞋带是否散开易发生绊倒；器械摆放要适中，不要过多或过少，过多会使幼儿手中同时有两种以上玩具材料，造成秩序的混乱，过少则会引发争抢现象。

（3）利用游戏规则培养幼儿自我保护意识

让幼儿明确基本的游戏规则和玩法，既能够保障游戏活动安全有序，又能培养幼儿安全意识。建议幼儿入园初期，就对其进行常规秩序培养，在园内比较明显的地方为幼儿创设有关自我保护的鲜明、形象的标志。

（4）教师在体育活动中进行观察时的站位

在日常体育游戏活动中，教师进行观察的站位很重要，要尽量站在一个能看到、关注到每一名幼儿的位置，幼儿移动教师移动，幼儿静止教师静止，以多角度、全方位观察到每一名幼儿。尤其是在幼儿探索游戏材料玩法时，要时刻关注幼儿的状态。

3. 合理的户内体育游戏

遇到雾霾、沙尘、雨雪等特殊天气，体育活动要在室内进行，为了安全有效地进行活动，各班都有室内体育游戏方案。教师根据不同年龄段幼儿特点，用各班教室、睡眠室及邻近的楼道空间进行活动，有目的、有计划地组织幼儿进行区域形式的室内体育游戏活动，让幼儿自主选择游戏，使幼儿在玩中学、玩中练，在完成体育游戏活动目标的同时促进其身心和谐发展。主题性室内体育游戏，结合班级主题活动，将熟悉的内容融入游戏中，从游戏灵活性、创新性、趣味性、安全性和运动量等方面进行游戏创编，每个班级都各具特色。教室小椅子、小桌子都成了体育器材，孩子们可以在桌子底下玩"钻山洞"，扶着椅子走"独木桥"等。

4. 增进家园共育，转变家长观念——亲子运动会

《幼儿园教育指导纲要（试行）》提到家长是幼儿园工作顺利开展的重要合作者，幼儿教师在组织户外体育活动时，应积极争取幼儿家长的支持。运动会以小、中、大班班组为单位进行，把幼儿日常进行的游戏综合成大游戏，将活动场地的合理划分也运用到会场的设计中，这是对我园体育工作成果的展示与宣传。前期通过微信视频、照片和家长会进行了运动安全、礼仪和规则的宣传。亲子运动会获得幼儿家长的支持，可以增进家园共育，幼儿与家长一起进行体育运动，转变了家长的观念，同时借鉴家长们的意见，不断丰富体育活动内容。

三、研究结论

（一）探索户外大型混龄互换活动新模式

每日上午课间操做完后，不同年龄段的幼儿自由选择活动区域，打破班级界限，每个区域都会有 1~2 名教师进行指导，教师固定指导该区域，在幼儿游戏后发给其相应手环，幼儿可去其他区域继续活动，回班后统计手环数量。操场中间为各年龄段中心游戏区，没有具体玩法和规则，幼儿可以完全自由选择、创造新游戏。

（二）主题与体育游戏相结合

在掌握幼儿年龄段身体发育及动作发展特点基础上，科学制订和安排室内主题性体育游戏活动的目标，合理安排整个活动的结构，在情景式为主的游戏中，遵守合理性、科学性等原则，让幼儿更感兴趣，投入体育游戏中来。

四、研究成效及反思

近年来，我园幼儿出勤率较高，均在 92% 以上，发病率在 5% 以下，幼儿对环境的适应能力及对疾病的抵抗能力明显提高。在大班幼儿入学成熟水平评估报告中，我园幼儿水平在"运动协调"维度评估中，与全国同年龄幼儿相比，高于平均水平，达到中上，平均百分等级达到 76.86%。通过不断的实践探索，我园教师总结出了不同年龄班幼儿的基本动作发展的指导方法和策略，有效地提高了幼儿体育活动的质量。正如倡导"要关注幼儿学习与发展的整体性"，幼儿健康领域的学习与发展应同其他领域的学习与发展有机结合、相互渗透，只有这样，才能促进幼儿身心全面协调发展。体育活动使幼儿身体活动和思维活动密切配合，为幼儿发展智力、提高积极解决各种问题的能力提供了良好的机会。幼儿通过与同伴的相互交往、共同活动，理解互换、输赢等概念，培养了幼儿的规则意识、集体观念、合作游戏及交往能力，促进了幼儿的社会性发展。

本课题研究是我园重点研究内容，自研究以来取得了一定成果，回顾课题研究过程也有不足之处：在家园共育方面亟待加强；根据幼儿和环境的多变性，在一系列策略实施过程中需要根据实际情况再进行调整与完善，最终促进幼儿身体素质的良好发展，以及全民健康意识的幼小普及化。

【参考文献】

[1] 中华人民共和国教育部 .3—6 岁儿童学习与发展指南 [M]. 北京 : 首都师范大学出版社 ,2012.

[2] 杨汉麟 , 周采 . 外国幼儿教育史 [M]. 南宁 : 广西教育出版社 ,2008.

[3] 顾明远 . 教育大辞典 [M]. 上海 : 上海教育出版社 ,2002.

[4] 教育部基础教育司 .《幼儿园教育指导纲要 (试行)》解读 [M]. 南京 : 江苏教育出版社 ,2002.

[5] 陆克俭 . 幼儿园体育活动科学化的思考 [J]. 幼儿教育 ,2012(31):15–17.

[6] 黄晨敏 . 开发与使用幼儿体育器材的有效策略 [J]. 早期教育 (教师版),2014(10):48.

[7] 顾程程 . 浅谈幼儿户外体育活动的组织策略 [J]. 科学大众 : 科学教育 ,2013(10):121,136.

[8] 张红涛 . 如何科学有效地组织开展幼儿园户外体育活动 [J]. 才智 ,2014(6):148.

[9] 桑雨丝 . 浅谈幼儿园户外体育活动的设计与组织 [J]. 科学中国人 ,2015(5):207.

第二篇　幼儿园课程与教学

基于幼儿主动学习的园本课程建构研究报告

（中国学前教育研究会立项课题 课题编号：K20160586）

天津市幼儿师范学校附属幼儿园 刘健

【摘要】园本课程的开发与建构，是有效落实《幼儿园教育指导纲要（试行）》《3—6岁儿童学习与发展指南》理念及要求，提升幼儿园保教质量，促进幼儿身心健康发展的有力保障。我园秉持着科学的儿童观、教育观及课程观，结合《幼儿园教育指导纲要（试行）》《3—6岁儿童学习与发展指南》的教育理念和园所育人目标，因园制宜地提出了"葵花课程"。我园的"葵花课程"从编制课程目标体系、架构课程内容、提炼课程实施操作模式以及有效选择评价工具等四方面，帮助幼儿在主动学习的过程中获得和谐、富有个性的发展。

【关键词】主动学习；园本课程；课程开发；幼儿园

一、研究的缘起

当前我国学前教育课程改革已经进入更为关注课程适宜性和有效性

的时期。幼儿园因园制宜地开发与建构园本课程，是有效落实《幼儿园教育指导纲要（试行）》（以下简称《纲要》）与《3—6岁儿童学习与发展指南》（以下简称《指南》）的教育理念及要求，提升幼儿园保育与教育的质量，支持幼儿在童年早期获得有利于身心发展有益经验的有力保障。玛丽·霍曼等学者认为，主动学习是指为幼儿营造一个适宜的环境，触发内在学习动机，通过与人、物的相互作用，建构新经验的过程。园本课程是指在本园所处的特定的社会文化背景中，由教师及幼儿共同参与、设计并实施的，能够促进幼儿个性健康、和谐发展的活动总和。我园在园本课程的建构实践中，遵循《纲要》和《指南》的精神和要求，根据园所教育理念，在充分考虑幼儿兴趣与需要的基础上，对课程进行选择、调试、整合与开发。据此，我们尝试基于幼儿的主动学习来建构和实施园本课程——"葵花课程"。

二、主要研究方法与过程

（一）采用访谈法，捕捉信息并形成支持策略

研究伊始，我园全体教师填写了"天津市幼儿师范学校附属幼儿园教师专业发展自我认同表"，进行归纳分析后确定每一位教师的专业发展阶段，以此作为四个专业发展阶段的分组标准。并从中随机抽取两位教师进行小组访谈，收集有关资料并进行汇总分析，为课程研究方案的制订提供客观依据。研究后期，通过组织集体访谈，客观考察研究成效，并梳理出促进教师课程设计与开发能力提高的有效支持策略。

（二）采用观察法，调整思路并确立目标及评价指标

确立五个子课题研究小组，分别针对课程目标确立、课程内容选择、课程组织实施、课程评价、教师专业成长五个方向开展小组攻关。各子课题研究小组定期开展教育现场研究，每次观察半日活动。观察前依据研究需要确定观察对象（教师和幼儿），采用多种方式记录。通过观察和分析幼儿的学习方式、行为表现及教师的教育行为，调整课程走向或研究方向。观察过程中验证课程目标体系及评价指标，使之逐步趋于合理、科学、可操作。

（三）采用案例研究法，提炼理论及园本课程框架

我园修订了《天津市幼儿师范学校附属幼儿园教育教学手册》，引导教师每周记录研究案例，及时与子课题研究小组成员进行交流。每两周组织一次集中教研，针对教师普遍困惑的焦点问题进行集体研讨。学期末，收集教师记录的案例进行归纳分析，从中提炼出课程建构的理论。同时，对案例中反映出来的实践问题进行反思，调整研究思路，完善课程框架，加强课程建设的操作性和实效性。

三、研究结论与成果

（一）"葵花课程"的价值追求与理念

"葵花课程"借用了向日葵的外形特征、生长条件与其具有不断生长的勃勃生机以及它永远朝向太阳方向生长的特质来比喻课程。以人本主义心理学及认知心理学为基础，以人类发展生态学为依据，以实用主义哲学为渊源，遵循主体性、兴趣性、平等性、合作性、整合性、动态性、均衡性等原则，本着科学严谨的态度扎实推进园本课程建设研究。

在儿童观上，"葵花课程"认为幼儿是富有个性色彩的主动学习者。幼儿个人成长档案可以作为评价幼儿发展、确定适宜教育教学策略的蓝本和依据。多年来，我们为每个幼儿建立成长档案，以了解幼儿的个体差异，接纳幼儿的发展特点，尊重幼儿独特的成长方式。我园教师在对幼儿成长

档案研究与应用的基础上，在头脑中越来越清晰地印刻了"幼儿是富有个性色彩的主动学习者"这一得到共识的儿童观。

在教育观上，"葵花课程"倡导与幼儿一起发现和感悟智慧。我们发现当教育的重心转移到幼儿本身的学习与发展上时，对教育就有了重新的思考——"与幼儿一起发现和感悟智慧"。教育的本真不仅是引领幼儿获得知识、探究未知，而且是在幼儿有需要的时候支持他们一同去发现周围人、事、物的关系，并进行思考与分析，感受与体悟探索的过程，从而帮助幼儿获得多种经验和能力。

在课程观上，"葵花课程"着力发现幼儿的"闪光点"并提供有效支持。我们认为，幼儿身边的人、事、物都是课程的一部分，充满着无限的学习空间和机会，这些恰恰是课程生发和开展的最佳线索。无论是教师还是家长，都是课程的实施者，需要在日常生活中注意倾听幼儿说什么，抓住他们的兴趣点；耐心观看幼儿做什么，发现他们的行为动机；适时询问幼儿想什么，把握他们的真实意愿，从而挖掘和判断幼儿的学习需求与课程的生长点。教师通过多种方式回应幼儿，支持幼儿，在与幼儿一起学习中，提供适切的指导，共同设计课程、推进课程、发展课程。

（二）"葵花课程"的操作模式

"葵花课程"的实施主要包括四个环节十个步骤（如图1所示）：一是起始环节，包括"发现幼儿的兴趣点（或需求、问题、意见等）或课程目标—筛选有价值的信息—转化为幼儿兴趣需求"三个步骤，在这一环节中，强调主题要建立在观察的基础上，且是幼儿关注的、具有教育价值的。主题源于幼儿身边常见的事物、成人的建议、儿童的讨论或一些突发事件等，且课程网络的形成、拓展与深化需建立在师生共同讨论的基础上。二是准备环节，包括"创设可选择的活动情境""搜集相关信息"两个步骤。在实施过程中，这两个步骤是并行的关系，因此我们倡导教师要在开放的、可供选择的环境中，调动和丰富幼儿的经验。

三是中心环节，包括"梳理经验""探究与表达""调整原有认识习得新经验"三个步骤，其中前两个步骤是并行的关系，教师和幼儿在不同活动的进展中，可灵活选择。在实施中心环节过程中，我们主张教师要正确认识幼儿原有经验与新认知的冲突，支持幼儿在互动中求得发展。

四是反思环节，包括"交流、分享与反思""幼儿新的兴趣点（或需求、问题、意见等）或新的课程目标"两个步骤，在该环节我们主张教师要接纳、欣赏所有幼儿，助推幼儿在反思中成长。当新的兴趣点和新的教育目标出现，活动的实施步骤又将回到第一个环节，并以此类推，循环往复。每一个新主题形成后，已不再是对原来的简单重复了，而是一种螺旋式的上升。

（三）"葵花课程"的体系架构与实施

"葵花课程"体系（如图 2 所示）是在"精品教育"办园思想引导下，围绕育人目标和课程总目标建构的，充分利用了园所的环境资源，凸显了课程中基于幼儿主动学习的理念和生成与预成活动相结合的方式，有利于实现学习品质的培养和智慧的获得。

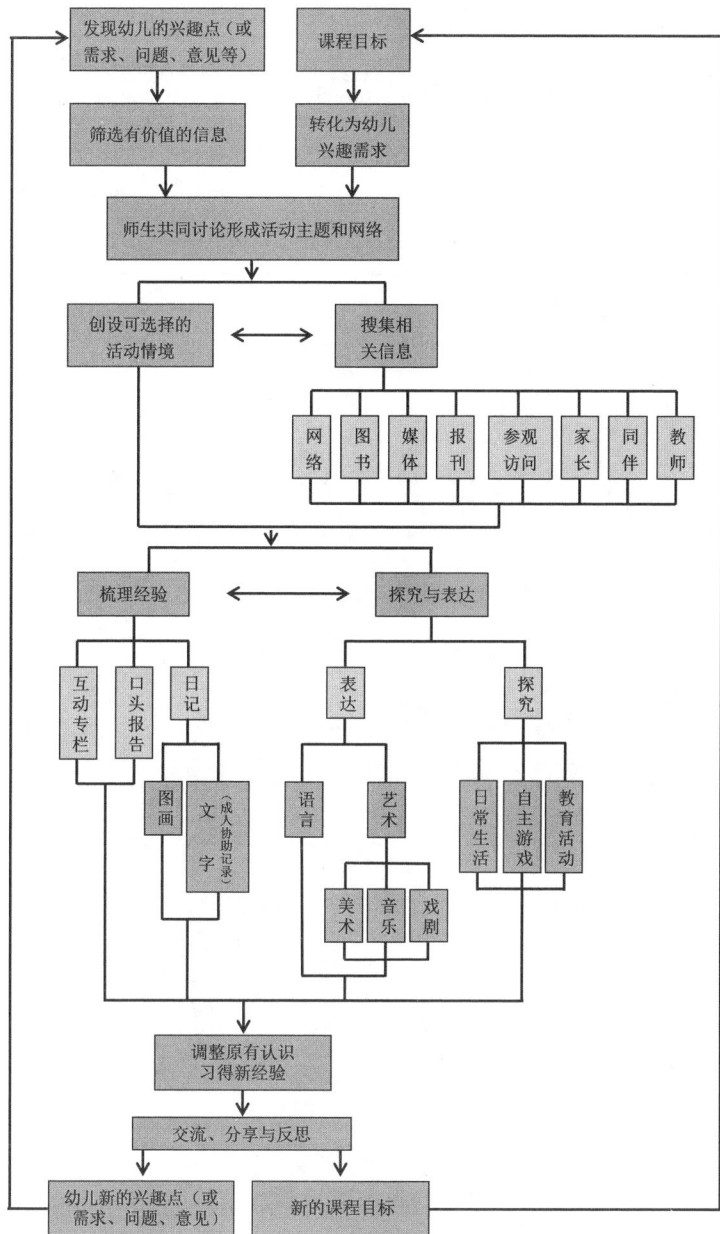

图1 "葵花课程"实施模式流程图

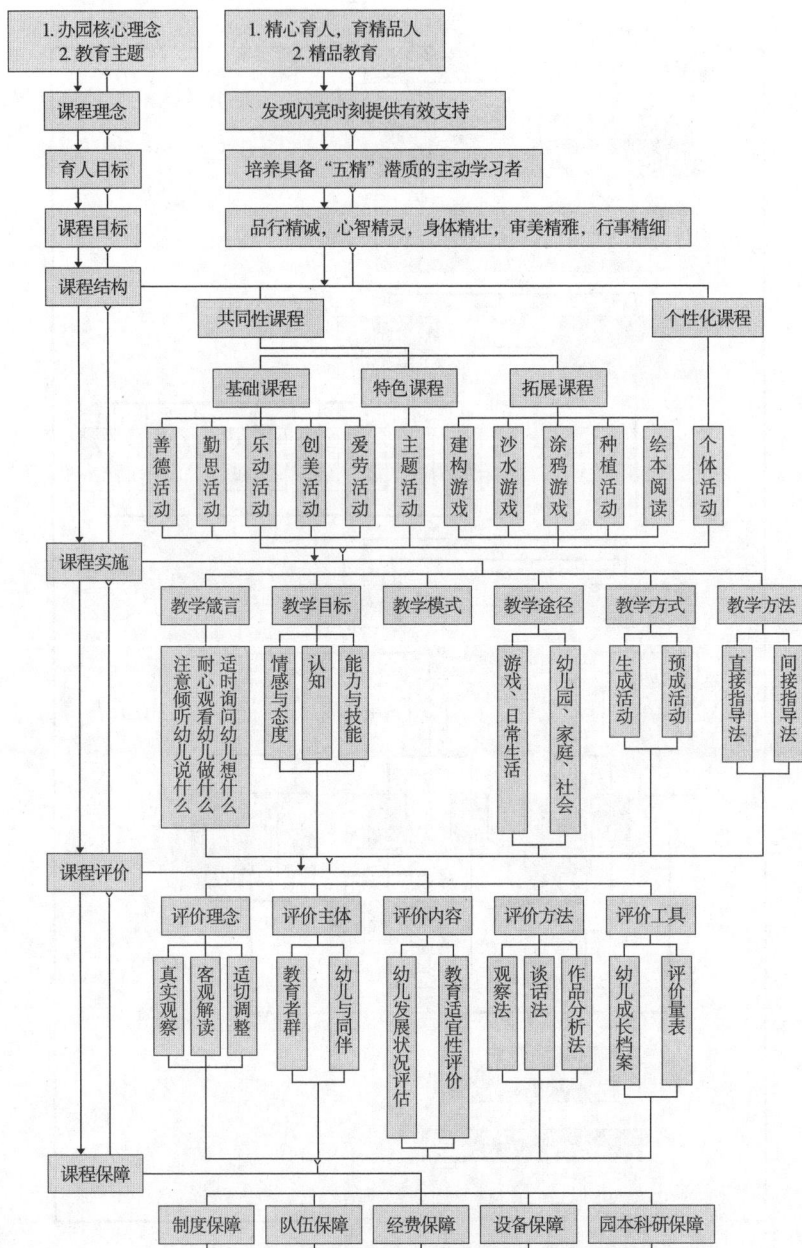

图2　"葵花课程"的体系架构与实施

1. 课程目标

我们将园所育人目标定位为培养具有"五精"潜质的主动学习者，即培养品行精诚、心智精灵、身体精壮、审美精雅、行事精细的主动学习者，让每个幼儿都能幸福快乐地成长为合格的小公民。在此基础上，我园形成了课程总目标，具体为：①有爱的情感，开朗自信，诚实勇敢，懂礼守信，善于与人交往和合作，行为守纪，举止优雅；②心理健康，性情温和，勤学好问，乐于表达，善于思考，敢于探究，机警聪明，具备发现问题、解决问题的能力；③乐于运动，体魄健康，动作协调灵活，生活卫生习惯良好，增强自我生存能力；④有感受美和表现美的情趣和能力，审美品味高雅，敢于表现并尝试创造，热爱劳动，勤于动手，乐于身体力行，做事专注细心。基于我园的育人目标、幼儿的年龄特点及发展规律，逐渐形成我园立体的三维目标体系：一维目标是幼儿的心理发展水平（小班；中班；大班），二维目标是课程内容范畴（品行、心智、身体、审美、行事），三维目标是幼儿的心理结构（情感、认知、动作技能）。

2. 课程内容框架

"葵花课程"由共同性课程和个性化课程组成，共同性课程包含了基础课程、特色课程和拓展课程。其中，基础课程包括善德活动、勤思活动、乐动活动、创美活动、爱劳活动五方面内容，保证幼儿全面、均衡地获得发展；特色课程是在一定主题背景下的系列游戏活动；拓展课程包括建构游戏、沙水游戏、涂鸦游戏、种植活动和绘本阅读等内容，以满足幼儿不同的兴趣需求。个性化课程则是针对幼儿的个体差异而展开的个体活动。

3. 课程组织与实施

根据幼儿的学习特点，我们强调课程活动应在游戏和生活中进行。我们遵循"自然状态下随机指导"的方法——教师把幼儿发展的整体目标牢记于心，在幼儿生活和游戏活动的自然状态下，对每个孩子的活动状况进行全面的观察和分析，依据他们的兴趣、需求、经验、能力及发展水平在其有需求的情况下及时给予适宜的帮助，满足幼儿的需求，使之能够在与人、物的相互作用中获得主动、全面的发展。同时，教师要注意处理好教师预设活动与幼儿自发生成活动之间的关系。在设计活动时，教师要充分顾及幼儿的已有经验，通过观察、判断、与幼儿讨论，真切地把握他们的兴趣点和当前发展的目标，挖掘其中的教育价值，作为活动推进的依据。要创设丰富的活动情境，给予充分的时间、空间供幼儿选择，尊重幼儿对内容及多元化探索方式的选择。特别是当发现幼儿真正感兴趣且有价值的信息时，教师要善于打破原有计划，顺应幼儿自然发展，因势利导，使活动呈现"弹性"特质。

4. 课程评价

课程评价的目的在于真实地了解幼儿成长发展轨迹及整体发展状况，了解园本课程在实践过程中的适宜性、教育的有效性，以便调整、改进、发展课程，从而形成合理的教育预期，满足和促进幼儿发展的需要，为幼儿提供适合其特点且卓有成效的教育。实践中，我们组成由管理者、教师、家长及园外专家等教育者共同构成的评价团队，本着"真实观察、客观解读、适切调整"的评价理念，将评价贯穿教育的全过程，在日常真实的生活情境中随机观察、记录，动态评估。"葵花课程"的评价系统由幼儿发展状况评估和教育适宜性评价组成。其中，幼儿发展状况评估包括幼儿身心发展的各方面，借助幼儿成长档案和学期幼儿整体发展状况表及与之相配套的幼儿观察记录表、幼儿作品记录分析表予以实施。在教育适宜性评价中，从师幼互动质量、幼儿主动性、幼儿学习环境创设、课程活动质量四方面，并借助与之相匹配的"葵花课程"师幼互动质量评价表、"葵花课程"幼儿主动学习行为评价表、"葵花课程"幼儿学习环境创设评价表、"葵花课程"质量评价表等分别开展评价。

四、研究成效与后续问题

（一）研究成效

"葵花课程"的建构不是一蹴而就的，它是在常年科学实践的基础上，自 1993 年开始，历经了起始萌发阶段、初步发展阶段、基本形成阶段、深入研究阶段、日臻完善阶段逐渐建构起来的。应该说，"葵花课程"建立与完善的过程，是园所保教质量不断提高的过程，是幼儿富有个性地健康、和谐发展的过程，也是教师专业不断提升的过程，更是园所文化变革积极推动的过程。

（二）后续研究

在课程建设过程中，青年教师对幼儿的关注情况、准确分析判断其学习需求的能力，以及及时与幼儿互动生成有价值的课程活动等方面还存在一定的不足。青年教师在敏锐的观察能力、快速的反应能力、准确的教育价值判断能力、适宜的教育行为决策能力等方面有待提高和完善。因此，我们仍然需要不断通过团队攻关的方式，最大限度地发挥骨干教师的专业引领作用，采用教学现场观察与及时研讨相结合的方法，支持青年教师的行动研究与专业成长。同时，指导并帮助教师及时进行总结与反思，梳理典型课程案例，通过各种平台进行推广，以点带面，提高教师研究的自信心与积极性。另外，课程评价指标的研究对于一线教师来讲仍然是一件挑战性极大的工作，也是我们面临的最大难题。下一步仍需要借助已有研究成果，结合本园课程的具体实际，进行分析与筛选，并在实践中反复论证，以提升我园园本课程建设的质量。

【参考文献】

[1]HOHMANN M,WEIKART D P.Educating young children:active learning practices for preschool and child care programs[M].Ypsilanti:High/Scope Press,1995:17.

[2] 玛丽·霍曼,伯纳德·班纳特,戴维·P.韦卡特.活动中的幼儿:幼儿认知发展课程(幼儿园教师手册)[M].郝和平,周欣,译.北京:人民教育出版社,1995.

[3] 叶澜.教师角色与教师发展新探[M].北京:教育科学出版社,2001.

[4] 刘健.基于幼儿主动学习的园本课程建构与实施[J].基础教育论坛,2018(25):45–46.

[5] 刘健.基于幼儿主动学习的园本课程构建:"葵花课程"的研究与实践[J].早期教育(教育科研),2020(2):47–50.

[6] 刘健.自然流淌的音符:基于幼儿主动学习的幼儿园适宜性课程探索与实践[M].沈阳:东北大学出版社,2020.

幼儿园融情教育课程的开发与实践

（中国学前教育研究会立项课题　课题编号：K20160577）

天津市和平区第八幼儿园　赵静　王欣

【摘要】本研究解读了关于幼儿园课程的相关政策性文本，结合本园的办园理念，在孔子、老子、罗杰斯情感理论基础上，采用文献、问卷调查、行动研究相结合的方法在实践中建构幼儿园融情教育课程。以天津市和平区第八幼儿园幼儿情绪情感和社会性发展的现状，确定幼儿园融情教育课程开发和实践内容，探索了融情课程核心要素、理念、内容、框架、自主探究式主题活动、实施策略，让幼儿获得终身受益的品质，教师获得专业素养和教育智慧的提升。

【关键词】幼儿园；融情；课程

一、问题的提出

（一）研究背景

教育部颁布的《关于全面深化课程改革 落实立德树人根本任务的意见》

中强调要健全立德树人系统、实施科学保育，要建构以社会主义核心价值观为引领的大中小幼一体化的德育体系，为幼儿情感、道德、社会性发展建立长效机制。我园的办园理念以情感教育为核心，并承担了"十二五"课题"幼儿园亲子活动有效性——以社会领域为例"，发掘节日情感教育价值，形成了特色节日教育活动。在此基础上，我们提出了融情教育，即将情感发展与幼儿一日活动结合起来，促进幼儿全面发展。

（二）研究的目标、内容、方法

1. 研究目标

本研究通过对幼儿社会性发展现状研究，反思其中问题并对其进行调整，在行动研究中，教师开发和实施融情教育课程，提高教师教育理念和教育行为，促进幼儿发展。

2. 研究内容

（1）幼儿情绪情感和社会性发展的现状。

（2）幼儿园融情教育课程内容与资源的开发。

（3）幼儿园融情教育课程框架的基本建构。

3. 研究方法

本研究采用了文献、问卷调查、行动研究相结合的方法。

（三）概念界定

在研究中，我们确定了融情课程的核心——"以情感为主线，回归与还原儿童本真生活"。在实践基础上，我们概括出了融情课程的核心要素：融情、立本、求真、生态。在此过程中，教师保护幼儿天性，释放幼儿天性，回归儿童生态，珍视每一名幼儿的体验与感悟，建构常态优质的融情教育课程体系。

二、研究过程

（一）问卷调查，了解幼儿社会性情绪情感的发展

研究者采用陈会昌教授的儿童社会性发展量表对 250 名幼儿进行了社会性发展良好问卷调查（如表 1 所示）。

表 1　幼儿社会性发展及各维度的基本情况

因子	N	极大值	极小值	均值	标准差
社会性发展总分	250	279	163	228.90	24.87
遵守社会规则	250	20	7	15.59	2.41
社会认知	250	20	6	15.18	2.40
意志	250	20	8	13.98	2.49
依恋家人	250	20	9	15.51	2.32
情绪稳定性	250	20	6	14.13	2.53
自我概念	250	20	7	14.86	2.58
同伴关系	250	20	10	14.98	2.36
无侵犯性	250	20	9	16.94	2.34
独立性	250	20	8	15.01	2.26
诚实公正	250	20	11	16.90	1.86
同情助人	250	20	9	16.58	2.29
好胜心	250	20	10	15.68	2.36
自尊心	250	20	9	15.32	2.22

在表 1 结果中，我们发现被调查的 250 名幼儿社会性发展良好。其中得分较低的依次是社会认知、独立性、同伴关系、自我概念、情绪稳定性、意志。

表 2　幼儿社会性发展各维度在班级上的差异检验

因子	班级	均值	标准差	F	P	事后检验
同伴关系	小班 a	14.28	2.56	8.644***	0.000	a,b＜c
	中班 b	14.89	2.41			
	大班 c	15.74	1.87			
社会性发展总分	小班 a	224.51	25.19	2.075	0.128	
	中班 b	230.11	24.85			
	大班 c	232.01	24.27			

注：***p 为＜ 0.001。

在表 2 结果中，我们发现同伴关系维度在小中大三个班级中存在显著的差异性。小班、中班和大班在社会性发展方面存在着一定的差异，但是差异不是很显著。

针对这些情况，我们调整融情课程内容，加强传统节日活动，增强幼儿对于社会的认知；增加儿童哲学活动，让儿童能够思考自我与他人、社会的关系，发展他的自我概念、独立性、同伴关系；尝试主题探究活动和生态活动，促进幼儿的意志、独立性、情绪稳定性、同伴关系等多方面的发展。

（二）融情课程开发和实践的行动研究

1. 初次确定融情课程目标

建立课题组，确立初步的框架和构想：人与自我、人与自然、人与他人的情感发展。集体讨论确定核心概念。融情教育的基点是一个"情"字，"融"则为不同情感的融合包容。融情教育课程包括融情于自然，感受、探索、发现；融情于社会，感恩、关爱、自信；融情于他人，合作、交往、分享。

2. 初步确定融情课程结构

在课题组教研中，结合幼儿发展特点以及幼儿园教育特点，初步确定了融情课程框架、生活课程、游戏课程、核心课程、融情特色课程（如图1所示）。

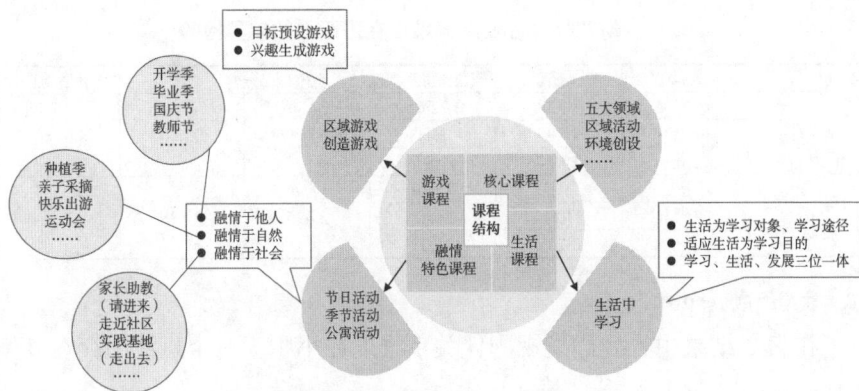

图1　2017年融情课程结构

3.分析园本课程与校本课程区别和联系，再次审视融情课程结构

我们充分分析园本课程和校本课程异同。融情课程是园本课程，要符合幼儿身心发展特点和幼儿园教育活动特点。从这个角度，将融情课程分为融情课程的理念、融情课程内容、自主探究式主题活动、融情课程的教师指导策略。

4.多种方式助推教师解读幼儿、实施课程能力

（1）制订课程内容预想表，理清课程开展的思路和过程

课题领导小组梳理思路，设计课程预想表，引领教师发现幼儿需求、选择课程内容、关注幼儿表现、选择指导策略、确定课程开展方向等。

（2）通过思维导图，明晰具体活动开展脉络

在教学实践中，课题组成员研究并使用思维导图梳理课程主题活动、主题游戏等发展脉络，把握课程的方向和幼儿发展情况。

（3）注重研究分享，通过思维碰撞丰富课程内容

每月和每学期，课题组成员都会进行阶段性研究分享。在分享中，大家提炼课程内容的选择、活动形式运用、指导策略的调整等方面的体会、收获和反思。

三、研究结论

（一）融情课程的核心要素

在研究和实践基础上，提出"以情感为主线，回归与还原儿童本真生活"，以"融情、立本、求真、生态"思想为核心主导，回归教育本义，珍视每一名幼儿的体验与感悟，建构常态优质融情课程体系。

（二）融情课程的理念

融情课程基于中国传统文化，儿童在自然环境中释放自己的天性，悦纳自己，从而实现更好的发展。

1. 浸润文化

浸润文化即融情课程的文化主线是基于中国传统文化。我们想要建立一套适合中国儿童发展的、有中国文化根基的课程体系。

2. 回归自然

回归自然，即融情课程的主题均取于自然环境，幼儿观察四季变化，如春生、夏长、秋收、冬藏等。在生活化、游戏化的学习过程中，儿童用自己的方式来完成自我建构。

3. 释放天性

游戏是儿童的天性，唯有游戏的生活，才是真正儿童的生活，有灵性的生活；唯有游戏的儿童才是真正的儿童，有灵性的儿童。

4. 悦纳自己

儿童是天生的哲学家。他们好奇、好问，提出的许多问题都具有哲学的趣味和思辨的复杂。保护儿童的哲学天性，有助于他们保持善于质疑、批判和拷问的哲学品质。

（三）融情课程的内容框架

1. 原则

（1）融情课程内容选择要有民族文化性

课程背后有着深厚的文化脉络，有着很强的内生力。融情课程是儿童在生活情境中，通过活动可感知、体验的适合儿童的文化过程，儿童学习过程本质上也是体验文化的过程。

（2）课程的内容要贴近幼儿的生活

融情课程最终要实现的是使表现为外在的文化课程变为儿童内在的经验课程，必须来源于幼儿生活，让儿童在生活中实现身、心、灵的共舞。

（3）课程的内容来源于幼儿的兴趣

课程要想实现与个体联结，必须来源于幼儿的兴趣。只有幼儿感受和表达情感时，才能更好地推进幼儿学习的深度和广度，实现自己与自身、家庭、自然、社会联结，建立自己与世界的连接，实现自身发展。

2.融情课程内容组成部分

根据融情课程的理念,融情课程内容分为四部分: 主题游戏、儿童哲学、自然生态、传统节日。

主题游戏以幼儿的兴趣为出发点，教师根据幼儿游戏中遇到的困难和问题给予具体指导，引发幼儿深度学习。儿童哲学是幼儿通过团体探究的方式对生活中的困惑与同伴进行平等对话。自然生态是将大自然四季的变化纳入课程内容体系中。传统节日是幼儿体验民俗，感受中国传统文化与自身有意义的连接。

（四）融情课程的实施——自主探究式主题活动

1. 自主探究式主题活动的特点

（1）尊重幼儿的兴趣和需要

幼儿的兴趣为确定活动的重要因素，通过观察与判断，选择、建构符合幼儿学习规律的活动，确定活动的内容或活动发展的方向。

（2）动态、螺旋上升的发展过程

活动的过程是一个动态、螺旋上升发展和变化的过程，也是"观察、分析、建构、交流"不断循环的过程。

（3）充分开放，内容和形式多元化

活动的时间与空间充分开放，在内容与形式上充分多元化。儿童在自由宽松的环境里，按照自己的方式去学习与游戏，尝试着用多种方式表达自己的探索与发现。

2. 自主探究式主题活动的组成部分

（1）主题来源

主题起源于孩子的兴趣和需要。教师要倾听幼儿的声音，记录他们的对话，发现他们对游戏的兴趣所在。在确定幼儿的兴趣后，教师对其进行教育价值分析和判断。

（2）主题脉络图

在主题探究前，教师要对主题活动进行简单的设计。随着活动开展，根据幼儿的表现以及活动中出现的问题，教师要灵活调整。最后再将整个活动进程绘制成主题活动脉络图。

（3）主题探索

在主题探索中，教师要记录和分析幼儿在游戏中的表现、遇到的困难，帮助幼儿在解决问题中引发深度学习。

（4）探究反思

在主题活动结束后，教师要跟幼儿一起回顾，分析活动中幼儿的发展、教师的收获，以及如何更好地调整完善主题活动，梳理其中有效指导幼儿深度学习的策略。

（五）融情课程实施策略

1.关注幼儿兴趣，教育价值判断

（1）在一日生活中观察和记录言行，理解幼儿

在生活中，教师观察幼儿的言行，发现和顺应孩子的兴趣，激发他们学习探究的热情。

（2）挖掘幼儿生活中潜在的教育价值

教师要依据五大领域关键经验，对幼儿的兴趣以及游戏未来的走向有一个基本教育价值判断（如图2所示）。

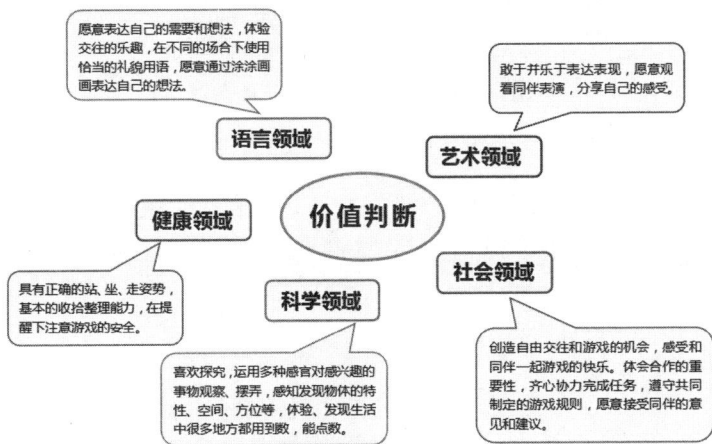

图2　五大领域关键经验价值判断

（3）教师要对主题活动进行初步低结构设计

以幼儿为主体，教师在设计中大量留白，在活动进程中，与幼儿共同推动主题进程。

2.多种方式，推进主题探究

（1）共同收集同一主题的多种材料

在主题活动中，丰富的材料会引发幼儿自主探究。在同一个主题中，

幼儿和教师收集相关的生活物品。

（2）鼓励幼儿提问，并将问题分类

教师收集幼儿的问题，并对问题进行分类，丰富和扩充幼儿探索内容的深度。例如，"影子问题"主题游戏（如图3所示）。

图3　中班"影子问题"主题游戏

（3）聚焦问题，探索解决方法

在活动中，教师鼓励幼儿发现问题。幼儿表述问题时，教师捕捉其中价值点，聚焦关键问题，一起想办法解决，促进幼儿学习。例如，"高速公路"主题游戏（如图4所示）。

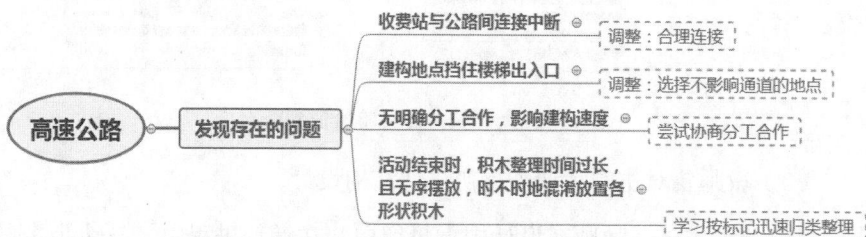

图4　中班积木区"高速公路"主题游戏

（4）关注幼儿的生活变化，丰富探究内容

关注幼儿生活变化，捕捉其中价值点，生成新的活动。如大班"播报员"主题游戏，幼儿对节日都产生了浓厚的探究兴趣和表达欲望，愿意参与播报主题讨论。

3.通过多种脉络图，推动探索反思

（1）师幼双线图

在活动进程中，教师要记录幼儿的想法，梳理思路，反思自己的教育行为和教育理念以及教育指导策略的有效性。例如，"运动会"主题游戏（如图5所示）。

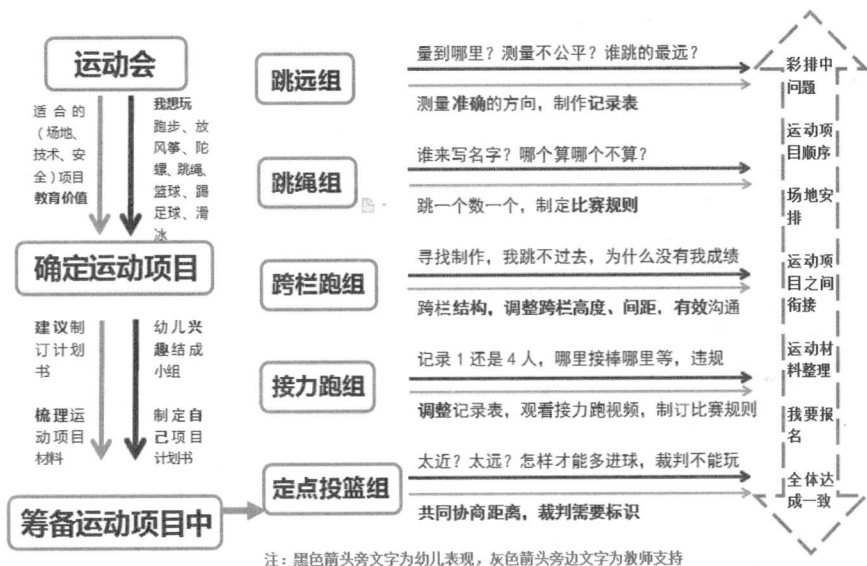

注：黑色箭头旁文字为幼儿表现，灰色箭头旁边文字为教师支持

图5 大班"运动会"主题游戏

（2）师幼共创图

在思维导图中，可以看到幼儿在探究中的行为与言语，同时清楚地显示教师在其中给予多种支持策略，如图6所示。

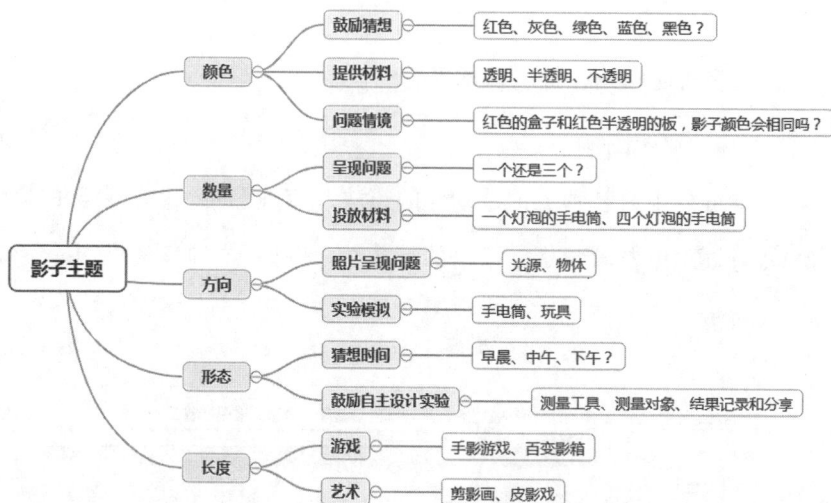

图6　中班"影子主题"游戏思维导图

（3）问题探索图

在脉络图中，教师呈现幼儿在探索中遇到的问题，根据幼儿的问题，开展探索活动。

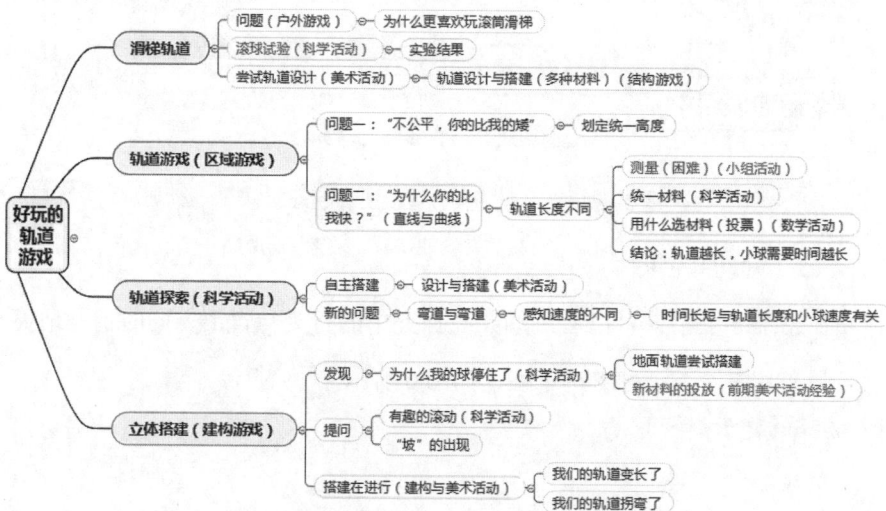

图7　中班"好玩的轨道"主题游戏问题探索图

四、研究的成效

（一）幼儿获得终身受益的品质

1. 在活动中幼儿表现出良好的学习品质

在融情教育课程中，幼儿兴致勃勃地按照自己的速度进行自主学习与探索，持续专注，不断试误，积极而持久地保持良好的学习状态。

2. 在活动中幼儿表现出良好的思维品质

孩子们总会问出许多个"为什么"，教师引导他们提出问题—猜想假设—实施验证，并在此过程中学会尊重他人的观点，且幼儿的批判性、创造性思维逐渐萌芽。

（二）教师获得专业素养和教育智慧提升

1. 教师解读幼儿能力提升

教师学会研究自己的教育对象和教学工作，学会从一个崭新的角度看待工作和生命的价值，改变和优化活动过程。当教师真正去关注和研究幼儿时，赢得的是源源不断的专业成长与发展的力量。

2. 教师的个人心灵逐渐丰盈

当教师们用开放的心态倾听幼儿，把空洞与宏观的理念转化为教育行为，并保持着教育的警觉性，不断调整课程内容与方式时，幼儿的精神世界的成长与教师的人格、专业化发展才能达到一种完美融合。

3. 教师的专业水平获得提升

教师提升了生成课程的能力。同时，我园生成48个原创性主题活动。教师丰富了自己的教育经验，7篇论文获得市级奖项，2篇学习故事获得市级奖项。

4. 研究的社会影响

在融情课程实践研究成果方面，赵静园长在第五届全国学前教育年会上，交流融情课程理念与建设。教师宋金娜儿童哲学研究《我对小学有一个问题》在第五届全国学前教育年会上做交流。王欣副园长也将融情课程理念介绍到西藏的昌都二幼。教育活动《好吃的红果酪》和《香香的肥皂》参加了市级教研交流。另外，园所融情课程被天津市教育报进行报道。

五、研究思考

融情课程的研究将继续深入推进，丰富融情课程内容，对融情课程的评价部分做扎实实践和深入研究，逐渐形成融情课程体系。

【参考文献】

[1] 施良方 . 课程理论 : 课程的基础、原理与问题 [M]. 北京 : 教育科学出版社 ,2007.

[2] 宋宜 , 霍力岩 . 儿童主题博物馆 : 不一样的探究和艺术表征 [M]. 北京 : 北京师范大学出版社 ,2016.

[3] 上海市教育委员会教学研究室 . 幼儿园课程图景 : 课程实施方案编制指南 [M]. 上海 : 华东师范大学出版社 ,2017.

基于全人教育理念的幼儿园戏剧课程研究与实践

（中国学前教育研究会立项课题　课题编号：K20160549）

天津市实验幼儿园　李惠虹

【摘要】本研究基于全人教育理念，通过创造性开展幼儿园戏剧活动，帮助幼儿实现经验的整合，促进幼儿全面和谐发展；围绕幼儿戏剧经验的增长，通过戏剧的跨学科整合，自然统整音乐、美术、文学、舞蹈等多种艺术经验，让幼儿在一个相互合作的群体中收获知识、提高能力、丰富情感、学会合作。

【关键词】全人；全人教育理念；幼儿园戏剧课程

一、问题的提出

当前教育倡导培养身心健康的"完整儿童"，倡导儿童的全面发展。从我国颁布的政策文件和《3—6岁儿童学习与发展指南》《幼儿园教育指导纲要（试行）》的相关描述可以看出，幼儿园戏剧课程的开展是时代发展、进步下的必然产物，为培养全面发展的幼儿提供了一条有效的途径。目前已有的戏剧活动，更多的是强调表演，忽视了在这个过程中儿童综合能力的发展。在日常教学的过程中融入戏剧元素，借助戏剧表演、戏剧游戏的形式，能够培养幼儿的想象力、创造力，丰富肢体表现力和语言表达能力。从统整课程的角度出发，"戏剧"是培养儿童成为"全人"的有效方法。

本课题以我园小、中、大班的全部幼儿为研究对象，综合采用文献研究法、观察法及案例分析法，将全人教育理念与幼儿园戏剧进行有机融合，挖掘其中的契合之处，最终以全人教育理念为引领，建构促进幼儿健康、和谐发展的幼儿园戏剧课程。

二、研究内容

（一）明确建构幼儿园戏剧课程建设的原则。

（二）基于课程标准，制定注重全人发展的课程目标。

（三）基于课程标准，选择重视经验统整的课程内容。

（四）基于课程标准，选取凸显幼儿主体性的组织实施。

（五）基于课程标准，突出强调共同参与的课程评价。

三、研究成果与分析

（一）在全人教育理念引领下，明确了幼儿园戏剧课程建设的原则

1. 双主体原则

明确点明幼儿的主体学习地位与教师的主要引导作用。

2. 整体性原则

在课程目标的制订中，应充分考虑该课程有可能对教育对象产生的全部积极影响，考虑教育目标的领域整合。

（二）基于课程理念，制订注重全人发展的课程目标

1. 知识领域

（1）角色与情节

小班知道戏剧是有角色和故事情节的，熟悉剧目中的简单对话。

中班了解主要情节和角色主要性格特点，完整介绍剧目的主要内容。

大班知道剧目故事情节的开端、发展、高潮和角色的关系，能有序、连贯地讲述剧情。

（2）场景与装扮

小班知道戏剧需要有特定场景，每个场景可以利用多种材料进行装扮。

中班了解戏剧场景有多个空间位置，可以利用服装道具进行简单装扮。

大班知道戏剧故事发展有多个场景，了解不同场景的位置与内容，可以利用不同材料制作和装扮不同场景。

（3）剧本与剧场

小班知道戏剧表演需要有剧本和演员，了解在剧场观看的基本礼仪。

中班了解剧本的作用，剧场的基本规则，能在教师提示下有序候场与上下场。

大班尝试参与剧本的创作，熟悉上下场规则，有序进行戏剧表演或观看。

（4）戏剧与主题

小班初步了解与戏剧主题相关的知识，能在教师指导下参与戏剧主题表演。

中班熟悉戏剧主题相关的内容，尝试将生活中的经验应用于戏剧活动中。

大班较深入地了解与戏剧相关主题知识，感受主题与生活的关系，将

生活中的知识经验运用到戏剧表演中。

2. 技能与能力领域

（1）思维能力

小班能在教师提示下，简单想象与描述角色外形和行为特征，尝试简单的情节创编。

中班能对剧目中的角色、事物进行比较，发现相同与不同之处，从而理解不同人物的性格特点，尝试提出解决戏剧冲突的方法，创编部分剧本。

大班积极参与剧情、角色讨论，发现并描述不同角色的性格特点，提出自己的疑问与见解，积极参与剧情讨论，能在教师帮助下创编完整剧本。

（2）表达能力

小班在教师提示下，熟悉自己表演的角色与对话，说话自然、音量适中。

中班尝试使用肢体动作、表情神态、语言声音来模仿常见的人物与动物的形态和行为，用不同音量、动作表现不同的角色。

大班能较为细腻地用肢体、表情、动作、语言和声音模仿人物动作的细节和事情发展的过程，能适当变化语音语速。

（3）表演能力

小班喜欢模仿熟悉的人和动物的典型形态与行为，并尝试用不同的肢体动作和语言声音来表达，并做出简单的肢体造型。

中班能用较为丰富的肢体动作，单人做出肢体造型或者两两合作进行肢体动作的创作，动作鲜明，声音清楚，能合理按照顺序上下场。

大班能用肢体、表情及辅助材料进行多人物造型，能用丰富鲜明利于理解的肢体动作表现动态过程，能有序上下场，在台上站位合理。

（4）合作能力

小班愿意与教师、同伴一起表演，共享道具材料，尝试与角色两两呼应。

中班喜欢与大家一起表演，按自己意愿选择戏剧活动，愿意与同伴协商合作，在教师指导下进行多个角色呼应，共同完成戏剧活动任务。

大班能耐心倾听同伴的想法和建议，学会妥协和接纳，能与同伴合作协商，发生冲突时能合作解决，能主动与多个角色进行呼应，遇到困难一起克服，共同完成戏剧活动任务。

3. 情感与态度领域

（1）参与活动

小班对戏剧表演有兴趣，能在教师指导下明确自己的角色，愿意参与表演。

中班积极参与戏剧活动，明确并坚持自己的角色，敢于在集体面前表现自己。

大班主动参与表演，有主动创作戏剧的愿望，积极选择自己的角色，明确自己与同伴的角色，乐于表达自己的想法，大方自信。

（2）角色情感

小班初步感受戏剧作品中角色的高兴、生气、伤心等不同情绪，尝试表现角色的情感。

中班感受戏剧作品人物较为复杂的情感情绪，尝试深入体验和表现。

大班能结合剧目中的情景，体验和理解角色情感情绪变化及原因，并表现出来。

（三）基于课程理念，选择重视经验统整的课程内容

在戏剧课程内容的选择上，我们注重以幼儿的生活经验为基础，重视经验统整。课程内容主要来源于自然界中美好的事物、社会生活事件、文学作品。

表1　戏剧主题活动内容参考

年龄班		戏剧主题活动内容参考
小班	上学期	《小河马的牙》《小猫钓鱼》《想吃苹果的鼠小弟》《苹果回来了》《毛毛虫变蝴蝶》
	下学期	《三只熊》《破茧成蝶》《马兰花》《津门小吃争霸》《谁的蛋丢了》《拔萝卜》
中班	上学期	《小红母鸡的面包》《小红帽》《丑小鸭》《白雪公主》《海的女儿》《我的幸运一天》
	下学期	《三只小猪》《西游记》《新编十二生肖》《津门故里》《十兄弟》《米格爷爷的鞋匠铺》
大班	上学期	《绿野仙踪》《冰雪奇缘》《国王的新衣》《海底总动员》《幸福在哪里》
	下学期	《皮影里的故事》《神笔马良》《长发妹》《老鼠嫁女》

（四）基于课程理念，选取凸显幼儿主体性的组织实施

1.通过区域活动，让幼儿在戏剧课程中主动探索

不同活动区间的联系与整合对幼儿全人发展发挥着积极作用，教师创设有利于幼儿自主表演的游戏氛围，提供有效资源，引导幼儿主动参与表演游戏。

2.通过戏剧游戏，让幼儿在戏剧课程中快乐成长

戏剧游戏在幼儿园课程中可贯穿于幼儿一日生活中，每一种游戏都对幼儿发展有独特的价值。在戏剧游戏活动中，教师应与幼儿一起游戏，在自由、开放的氛围中体验创造的快乐。

3.通过主题活动，将戏剧课程融入幼儿日常生活

建立必要的"表演程序"，为主题活动的推进创造条件，并且将戏剧游戏作为幼儿的入戏和出戏环节，抓住随机教育，关注生成活动，建立"戏剧契约"。

（五）基于课程理念，突出强调共同参与的课程评价

1.评价主体多元化

在戏剧课程中，幼儿是评价的主体，教师在戏剧课程中通过观察交流

了解幼儿在课程中的表现与进步，家长在戏剧表演等家长开放日中看到幼儿的成长，因此，我们将评价的主体分为幼儿、教师、家长三个维度。

2.过程评价多样化

学习故事是我园目前采用的主要评价方式之一，教师以影像、文字相结合的方式记录幼儿学习与发展的过程，了解幼儿发展状况，给予适宜的支持和引导。

四、研究范例

以大班戏剧课程《皮影里的故事》为例，我们结合五大领域课程目标及戏剧主题目标，将课程目标设定为产生勇敢面对困难，积极战胜困难的良好心理品质，在游戏中感受通过坚持不懈的努力获得成功的喜悦；欣赏、理解故事内容，明白尊师重教的道理，知道做事要坚持到底、有始有终，懂得从小要关心父母和孝敬长辈；掌握前后、左右、上下的空间方位，知道自己的舞台位置；在戏剧表演中能积极地参与角色竞选活动，能在集体面前勇敢地表现自己；欣赏歌曲，熟悉歌曲的旋律及歌词，知道歌曲所表达的含义。学习雪花六瓣花的折法和剪法，体验剪纸的乐趣。能在熟悉故事情节的基础上，运用简单的线条来表现古代人物的动作造型。　在课程内容的选择上，我们精心安排了16个内容：语言领域《程门立雪》《愚公移山》《黄香温席》，健康领域《我爱爬山》；艺术领域《我和奶奶跳皮影》《传统皮影戏》《剪纸窗花》《主题绘画——愚公移山》《主题绘画——黄香温席》《主题绘画——程门立雪》《律动——中华孝道》；社会领域《有趣的皮影戏》《竞选角色》《彩排进行时》《演出正式开始》；科学领域《快乐的皮影人》。在区域活动中，教师在区域游戏期间，在表演区"中华大剧院"，通过观察幼儿表现，与幼儿一起发现问题，协商解决问题，最后根据幼儿的想法，通过图片结合文字的形式展示在背景墙上；在图书区"孔子书屋"中投放《中华传统美德故事》《千字文》《中国成语故事》等经典文学作品，供幼儿欣赏与阅读。同时投放古诗图片或幼儿感兴趣的相关故事图页贴在功能板上，供幼儿讲述或与同伴一起故事接龙；在美工区"墨香长廊"中提供制作皮影偶的步骤，引导幼儿看步骤图学制作。还提供各种皮影偶，供幼儿欣赏其形象、造型、色彩等特点，感受皮影的独特美。同时开展了《情绪变变变》《魔法照相机》《镜子游戏》《故事魔法棒》《你是谁》等戏剧游戏。

五、研究结论

（一）以全人教育理念的核心价值为基础，建构了完整的戏剧课程体系

在课题实践中，我们建构了完整的课程体系。制定出戏剧课程的具体目标、内容、组织实施与评价。并且建立了课程模式，凸显了幼儿主体性原则，关注每一个个体全面而富有个性的发展。

（二）基于全人教育理念下实施幼儿园戏剧课程，有利于促进幼儿和教师的双主体发展

1. 促进幼儿全面发展、个性化发展

幼儿是天生的演员，具有表演的天性，而戏剧最核心的价值是以模仿为基础，通过融入幼儿自己的个性特点和感情的注入，使戏剧的情节更具表现性。作为一种综合的艺术形式，戏剧活动会以丰富的手段，多方面地激发幼儿的智力、创造力和想象力，幼儿在活动中获得知识、学会合作、发挥想象、锻炼模仿能力。在戏剧活动中，幼儿能够无约束地表达表现自己，促进其全面的发展。

2.增强教师专业化发展的意识，提升教师自主反思能力

教师在教学过程中要主动将自我教育行为和过程作为思考的对象，不断地进行计划、评价、反馈，这是教师独立性反思能力提升的根本与基础。这一过程将促使教师形成专业提升的内驱力。

戏剧活动的设计与组织是否能激发幼儿的兴趣尤为重要，调动孩子兴趣，增强幼儿在戏剧课程中的感受、体验与学习，就需要教师随时对戏剧活动的实施进行反思，并及时调整，这样幼儿在每一个戏剧活动中才能参与学习并获得经验。教师也可以提升自主专业反思意识和能力，促进自身专业化成长。

六、问题与展望

在为期三年的探索实践中，我们在全人教育理念的引领之下，探索幼儿园戏剧课程的实施途径，寻求适宜的教师指导策略。由于课题研究时间有限，今后我们仍将通过不断实验、调整，形成有园本特色的幼儿园戏剧课程，从而为幼儿园戏剧课程的开展和实施提供更多借鉴性指导。

【参考文献】

[1] 刘宝存.全人教育的思潮的兴起与教育目标的转变[J].比较教育研究,2004(9):17–22.

[2] 赖明德.全人教育的探讨和落实[J].河北科技大学学报(社会科学版),2002(2):6–8.

[3] 李季湄.把《指南》的实施融入一日生活中[D].上海:华东师范大学,2013.

[4] 侯莉敏.儿童生活与儿童教育[J].广西师范大学学报(哲学社会科学版),2005(4):90–93.

[5] 张金梅.学前儿童戏剧教育[M].南京:南京师范大学出版社,2014.

[6] 许卓娅 . 创意戏剧教育的理论与实践探索 [J]. 幼儿教育 (教育教学),2011(7):7-9.

[7] 张金梅 . 幼儿园戏剧综合课程研究 [M]. 南京 : 江苏教育出版社 ,2005.

[8] 李宗玉 , 杨梅佐 . 幼儿园戏剧游戏的组织与指导 [J]. 幼儿教育 ,2015(Z1):26-29.

[9] 刘薇 . 转变角色 学会"放手":小议幼儿戏剧游戏活动中教师的角色定位 [J]. 好家长 ,2016(Z1):78-79.

[10] 张金梅 . 表达·创作·表演:幼儿园戏剧教育课程 (小班)[M]. 南京 : 南京师范大学出版社 ,2014:240-244.

[11] 张金梅 . 戏剧能给儿童教育带来什么 [J]. 理论建设 ,2004(7/8):44-46.

开发农村幼儿园乡土课程的实践研究

（中国学前教育研究会立项课题　课题编号：K20160529）

天津市宝坻区教师发展中心　张永娟　王欣

【摘要】开发乡土课程是农村幼儿园教育的需要。本文将乡土资源与幼儿园教育融合，从乡土课程理念、课程目标、课程内容、课程实施、课程评价等方面建构乡土课程模式，使农村幼儿园课程内容得以丰富和拓展，增强了教师乡土课程资源开发与利用的意识和实践能力，对农村幼儿园课程建设和幼儿长远发展具有重要的现实意义。

【关键词】幼儿园；乡土资源；乡土课程

一、问题的提出

乡土资源开发与利用的重要性逐渐被幼儿园教育工作者关注与重视。开发乡土课程是农村幼儿园教育的需要，有利于丰富农村幼儿园课程内容，拓展幼儿学习经验，培养幼儿尊重和热爱本土文化的情感。目前在我国农村幼儿园，乡土课程资源的开发和利用还处于初步阶段，开发的内容和方式存在单一化、表面化、形式化等突出问题，导致丰富的乡土资源处于闲置状态，这种现状与本地区情况基本相符。为此，我们提出"开发农村幼儿园乡土课程的实践研究"课题，将本地区乡土资源与幼儿园教育相融合，探索乡土课程资源开发与利用的理论及实践策略，提升农村幼儿教师利用乡土资源建构乡土特色课程的能力，激发幼儿热爱家乡的情感，建立归属感，对农村幼儿园课程建设和幼儿长远发展具有重要的现实意义。

二、研究成果概述

乡土课程是指幼儿园充分利用乡土中的自然资源和社会资源等开展的教学活动。我们把家乡本土自然、文化、社会中适宜的资源，纳入幼儿的学习和生活，采用多种教学方式，对幼儿进行身心浸润式教育。历时三年的乡土课题研究，逐渐完善乡土课程理念、课程目标、课程内容、课程实施和课程评价五个环节(如图1所示)，帮助教师建立开发乡土课程的意识，提升生成乡土课程的能力，形成了较为完整的乡土课程开发模式。

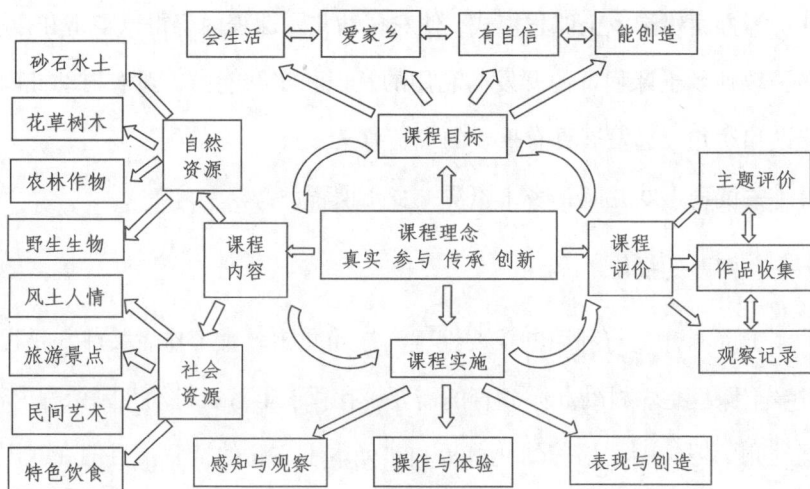

图1　乡土课程模式图

（一）树立乡土课程理念

理念是实践研究的方向和指南。在不断学习和研究过程中，课题组逐渐形成了"真实、参与、传承、创新"的乡土课程理念。其中传达着课程的核心价值观，是在研究过程中形成的感悟和认识，是融入教师思想和行动中的愿景和指南。

真实：关注幼儿在乡土自然环境中获得真实的生活体验，在生活中学习，在学习中生活。

参与：乡土课程是在教师、幼儿、家长和社区人员的多元参与、积极互动的过程中形成的，幼儿始终是课程的主体。

传承：课程基于乡土，注重对家乡优秀经验和文化的利用、继承和发扬。

创新：在课程建设中营造开放的教育空间，开阔幼儿的视野和思维，激发幼儿的创造潜能。

（二）确立乡土课程目标

乡土课程以"培养会生活、爱家乡、有自信、能创造的幼儿"为目标，关注幼儿在真实生活中积极情感、态度的培养，为幼儿创设宽松和谐的环境，引领幼儿与家乡环境、人、事、物的积极互动，激发幼儿亲近自然、关爱社会的情感，萌发对家乡的热爱和归属感；关注幼儿的感受和想法，鼓励幼儿富有个性的表达和表现，激发幼儿的想象力和创造性，培养创新型幼儿。

（三）汇集乡土课程内容

课题组所在的天津市宝坻区位于华北平原，拥有丰富乡土资源，是全国有名的"三辣之乡""鱼米之乡"，自古就有"京东第一集"的美称，更是国家非物质文化遗产评剧、京韵大鼓的发源地，有"牛庄子""小辛码头"等国家级旅游村。在内容选择上我们本着"渗透性、整合性、生活化、社会化"的原则，以"自然资源和社会资源"为切入点，从砂石水土、花草树木、农林作物、野生生物、风土人情、旅游景点、民间艺术和特色饮食八个方面筛选可利用的乡土资源（如表1所示）。并与幼儿园教育相融合，不断挖掘、探索、丰富和完善，汇集12个富有浓郁宝坻特色的乡土课程内容（如表2所示）。

表1 宝坻区乡土课程资源汇总表

资源类别		资源内容
自然资源	砂石水土	土（黑土、沙土、黄土）、泥巴、河流（潮白河、窝头河）、温泉等
	花草树木	花卉（菊花）、草、芦苇等野生植物，树木（桃树）、热带植物等
	农林作物	宝坻三辣（五叶齐大葱、六瓣红大蒜、天鹰椒）、水稻、玉米、萝卜、葫芦、棉花、南瓜等
	野生生物	鲫鱼、田螺、河蚌、稻田蟹等
社会资源	风土人情	集市、农家院、传统节日、农耕文化、牛庄子葫芦展、黄庄芦苇画展、大口屯菊花展、潮白河赛龙舟、牛庄子葫芦展、黄庄新米节等
	旅游景点	京东第一集、石幢金顶、潮白河国家湿地公园、中央公园、帝景温泉城、热带植物园、菊花基地、小靳庄、小辛码头等旅游村
	民间艺术	评剧、京东大鼓、葫芦烫画、剪纸、芦苇画、舞龙舞狮、高跷、秧歌等
	特色饮食	菜饽饽、粘火烧、豆腐、榆钱饼、菊花饼、熬鱼贴饼子、炒田螺等

表2 宝坻区乡土主题活动汇总表

年龄班	主题活动名称			
小班	亲亲葫芦乐	好吃的萝卜	不一样的土	美丽潮白河
中班	农家乐园	六瓣红大蒜	学唱大鼓书	我家住在温泉城
大班	开心集市	走，逛宝坻去	一粒米，一片情	唱唱家乡戏

1.乡土自然资源开发策略

乡土自然资源是指本地区自然生成的以自然状态存在的资源，如动植物资源、水资源、气候资源等。宝坻区有着得天独厚的自然资源，如享有国家湿地的潮白河公园、一望无际的稻田，树木花草种类繁多。本着扎根乡土、回归幼儿生活的原则，以家乡环境和特产为主要素材，充分挖掘乡土自然资源，进行有效的开发、整合和利用。

（1）以家乡环境为素材

美丽的潮白河两岸经过区政府全力打造，风景优美秀丽，空气清新宜人，是人们清晨傍晚、周末休闲的好去处；宝坻温泉城建筑风格高雅，犹如一座座漂亮的宫殿，更有天然的水资源——温泉。依托这些资源，开展了"美丽潮白河""我家住在温泉城"等主题活动，引领幼儿欣赏、体验，创造性地表达表现。

（2）以家乡特产为素材

宝坻区是全国有名的"三辣之乡"，盛产水稻、大葱、六瓣红大蒜和天鹰椒，开展了"一粒米，一片情""六瓣红大蒜"等主题活动，幼儿亲自参与农作物种植、照料和采摘，把乡土课程渗透在田间地头，融合于农村生活，开展"闻闻稻花香""编蒜辫""蒜香拌菜""腌制腊八蒜"等活动。

2. 乡土社会资源开发策略

家乡的社会资源是幼儿园所在社区的文化氛围方面的资源，包括风土人情、旅游景点、民间艺术和特色饮食等。宝坻有非物质文化遗产京韵大鼓、老百姓曲不离口的评剧，这些都是重要的教育资源。我们深挖这些资源，激发幼儿对家乡的热爱之情，滋养农村幼儿对乡土文化的自信。

（1）以风土人情为素材

宝坻自古有"京东第一集"的美称，集市文化源远流长，热闹集市深深地吸引着幼儿。教师及时抓住幼儿兴趣点，结合"赶集"这一传统习俗，带领幼儿参观大集市，了解集市的商品如何分类、摆放，如何吆喝叫卖，然后自主设计和摆放摊位，搜集和制作材料，开展了"开心集市"主题游戏活动。随着家乡宝坻潮白河沿岸生态旅游村的建设，生成了"走，逛宝坻去"主题活动，开展了"家乡位置""名字来历""家乡美景""家乡人""家乡事""家乡物"等贴近幼儿生活的教育活动和游戏活动。

（2）以民间艺术为素材

宝坻区是评剧之乡，也是京东大鼓的发源地。评剧表演艺术家赵丽蓉，京东大鼓传承人董湘昆，都是人们耳熟能详的著名艺术家。依托乡土文化资源开展了让娃娃们"唱唱家乡戏""学唱大鼓书"的主题活动，让孩子们从小了解家乡宝坻的艺术名人等人文底蕴，传承宝坻的文化精髓。

（四）建构乡土课程实施路径

在课程实施中，我们以"五大领域"为基础，预成活动与生成活动相结合，以"感知与观察—操作与体验—表现与创造"为主要路径推进课程的开展（如表3所示），实现了组织形式之间的有机融合与渗透。

表3　小、中、大班主题活动素材例举

实施路径	内容		
	小班	中班	大班
感知与观察	亲亲葫芦乐	农家乐园	一粒米，一片情
	漂亮的葫芦展厅	亲近种植园	绿油油的稻田
	种葫芦	认识农具	闻闻稻花香
	葫芦宝宝快长大	农民伯伯的秋收忙	收割机忙又忙
操作与体验	摘葫芦	收花生	香喷喷的米饭
	打磨葫芦	学做小农人	稻田里的故事
	有趣的葫芦烫画	品尝玉米粥	我为黄庄米代言
表现与创造	葫芦宝宝穿新衣	丰收乐	插秧歌
	葫芦用处大	玉米皮大变身	我是小小设计师
	葫芦游戏	玉米骨游戏	稻草游戏

1.感知与观察——在回归自然中认识乡土

感知与观察是课程实施的第一步，在"真实"的课程理念引领下，教师带领幼儿走进田间地头，亲自参与大蒜、大葱、天鹰椒、玉米、棉花、麦子、水稻等农作物种植活动，使他们能亲自看到植物从一颗种子到开花、结果的全过程。如在"一粒米，一片情"活动中，幼儿在稻田里观看万亩稻田，闻稻花的香味，观看割稻机收割的景象。在观察和探究中，摸一摸水稻叶子有什么感觉，数一数成熟的水稻长了多少片叶子，让幼儿在充分感知大自然生机与活力的过程中认识乡土。

2. 操作与体验——在互动参与中亲近乡土

操作与体验是课程实施的第二步，强调幼儿是课程实施过程中的主动参与者，注重幼儿的体验性、互动性和生成性，鼓励幼儿参与活动环境的创设，活动材料的收集，并主动与材料、同伴以及社会环境相互作用。在"美丽的潮白河"主题活动中，在操作与体验环节，组织幼儿品尝红烧、清蒸、软炸的美味潮白河鲫鱼；在潮白河岸边的跑道上开展"亲子健步走"和"我做环保小卫士"活动，将教育融进了大自然这个露天课堂，在操作体验中萌发幼儿亲近乡土的情感。

3. 表现与创造——在自主探究中求得个性发展

表现与创造是课程实施的第三步，强调为幼儿创设自主探究的活动环境，鼓励幼儿用语言、绘画、手工、表演、交往等多种形式表达活动中的想法和感受，培养了探究兴趣和初步创作的能力，激发幼儿的创造潜能，促进幼儿个性发展。在"开心集市"活动中，幼儿在角色扮演中创造性地表现集市上的场景。扮演"老板"的幼儿吆喝着家乡特产"潮白河的鲫鱼，新鲜的""八台港的桃子，又脆又甜"，惟妙惟肖。幼儿绘画《出蒜喽》时，由于有劳动经验，能够画出自己的真情实感，画面丰富、富有个性。

（五）完善乡土课程评价指标

课程评价对乡土课程价值和课程质量起着重要的导向和监督作用，直接影响着课程目标的实现。我们在课程评价过程中本着"人本化、多元化、过程性"的原则，突出以人为本，强调评价主体多元，从促进幼儿发展的角度，体现动态的、发展的、持续的评价过程，关注对幼儿后继学习和长远发展的价值。主要通过主题活动设计评价（如表4所示）、作品收集和观察记录三种形式，结合师生互动质量等现场评价。课程实施效果基于过程而得，主要评价课程对幼儿、教师和幼儿园的影响，不断验证、总结和归纳。

表4　幼儿园主题活动设计检核评价表

主题名称：	班级：			
项目	评价指标	是	否	备注
主题选择	1. 是否遵循"真实、参与、传承、创新"的基本理念			
	2. 是否符合幼儿的兴趣与需要			
	3. 是否涉及多个领域的整合			
	4. 是否具有可行性			
主题目标	1. 是否符合"培养会生活、爱家乡、有自信、能创造的幼儿"乡土课程总目标和《3—6岁儿童学习与发展指南》目标要求			
	2. 是否符合幼儿现有经验水平			
	3. 是否包含情感态度、能力和知识技能目标			
主题内容	1. 是否来源于本地区乡土资源			
	2. 是否符合主题目标			
	3. 是否符合幼儿的兴趣与需求			
	4. 是否符合本土性和季节性特点			
	5. 是否有利于乡土文化的传承			
活动形式	1. 是否能够调动幼儿的积极性、主动性			
	2. 是否符合课程实施路径（感知与观察—操作与体验—表现与创造）			

三、研究成效与展望

　　开发农村幼儿园乡土课程的研究，遵循"真实、参与、传承、创新"的基本理念，以"开发和利用本地区自然资源和社会资源"为研究切入点，以"培养会生活、爱家乡、有自信、能创造的幼儿"为目标，在内容选择上把握"兴趣化、生活化、多元化"的原则，注重课程的渗透性和整合性。在课程实施方面以"感知与观察—操作与体验—表现与创造"为路径，形成了"以主题活动为主，并有机融入幼儿生活和游戏之中"的乡土课程模式，教师撰写的7篇论文获得市级奖项，汇总了《宝坻区农村幼儿园乡土课程汇编》和《宝坻区幼儿园特色游戏汇编》，促进了本区域特色课程的开发。

为幼儿提供了更广阔的学习和发展空间，使幼儿更加亲近自然和社会，让幼儿在活动中感受到乡土气息，亲和本土文化，对幼儿的终身发展具有重要而深远的价值。

乡土课程为农村幼儿园的教育注入了新的活力，增强了教师资源开发意识，提升了生成课程的能力，彰显着本地区教育的独特性。2018 年，课题研究成果通过天津教育"求是"大讲堂推广；2019 年，在创建天津市"精品教研"活动中以视频和展牌的形式推广；2020 年获得天津市"十三五"课题评选一等奖。今后，课题组要进一步深入挖掘乡土资源对幼儿发展的价值，在设计乡土课程方案上突出趣味性、探究性，在引领幼儿深度学习上深入探索，使乡土课程更好地为农村幼儿园的教育教学和幼儿健康成长服务。

【参考文献】

[1] 李季湄，冯晓霞 .《3—6 岁儿童学习与发展指南》解读 [M]. 北京 : 人民教育出版社 ,2013:109–127.

[2] 王颖莉 . 农村幼儿园开发利用乡土课程资源的困境与出路 [J]. 教育探索 ,2015(10):42–44.

[3] 陈庆文，谢清理 . 广西本土文化走进幼儿园 [M]. 桂林 : 广西师范大学出版社 ,2016:4.

幼儿园园本课程的建构与实施

（中国学前教育研究会立项课题　课题编号：K20160594）

天津市南开区第一幼儿园　宗颖

【摘要】幼儿园课程是幼儿园教育的核心，园本课程建构的价值取向更是幼儿教育改革的关键。我们本着"尊重规律，重在实践，强化课程领导力"，"落实课程，创新思路，实现师幼新发展"及"专注幼儿，体验获得，助力个性化成长"的课程创设实施理念，从"一日生活课程""主题活动课程""特色体验课程"三方面建构幼儿园园本化课程建设体系，进行相关研究与探索实践。

【关键词】园本课程；入园适应；跨班区域活动；幼小衔接

一、课题的提出与研究意义

《幼儿园工作规程》强调幼儿园教育的核心任务是促进每个幼儿身心和谐发展，这不仅为幼儿园园本课程建设指明了方向，同时是南开学前教育面临的新形势和新任务。

"体验课程"作为我园园本化课程体系的重点研究部分，由我园自主开发，在原有课程（一日生活课程、主题活动课程）的基础上进行了补充和提升，旨在通过"体验课程"彰显办园理念和办园特色，解决幼儿园、幼儿、教师及家长在教育实践中的实际问题。我们结合幼儿年龄特点、发展关键期，建构了小班入园适应课程、中班跨班区域课程和大班幼小衔接课程，使园本化课程获得了完善。

二、研究的整体设计

（一）研究目标

1. 小班入园适应课程

幼儿入园适应体验课程从幼儿的兴趣和需要出发，遵循幼儿适应、认同和喜欢幼儿园过程的规律，帮助幼儿克服"分离焦虑"，消除陌生感，减缓心理压力，培养幼儿适应幼儿园集体生活新环境的心理品质和初步自理能力，使他们尽快完成心理过渡和能力过渡，从而适应并喜欢上幼儿园，在新的生活环境中达到身心和谐发展。

2. 中班跨班区域课程

（1）促进幼儿个性发展。以满足幼儿的个性发展为出发点，开设不同层次的课程，教师针对他们不同的情况施以有效指导，充分激发幼儿活动的自主性、积极性。

（2）增强幼儿学习自信心和主动性。跨班区域活动给幼儿创造了依据自身学习能力、自身发展需要、兴趣爱好等自主选择课程的条件，使幼儿在游戏的过程中体会到成功的快乐，从而增强其自信心和成就感。

（3）扩大幼儿交往范围。跨班区域活动突破了固定班级编制和固定教室空间的禁锢，幼儿因选择不同的游戏课程而流入不同层次的教学班和功能室，进而接触到不同的幼儿与教师，有利于拓宽交往平台，加大幼幼、师幼间的互动交流与影响，增强幼儿适应和交往能力。

3.大班幼小衔接课程

充分尊重幼儿的年龄特点和身心发展规律，以情境创设为手段，通过在教学、游戏等一系列活动中创设情境，充分利用情境来激发幼儿的入学愿望，培养幼儿学习兴趣及学习生活习惯。帮助幼儿从幼儿园到小学两个不同阶段教育进行平稳过渡，让幼儿建立自信心，能健康、愉悦地适应小学阶段的学习生活，保持身心的和谐发展。

（二）研究内容

1.小班入园适应课程

针对3岁幼儿身心特点（主要研究方向如图1所示），遵循时间上由短至长、内容上逐层深入、难度上循序渐进的原则，实施系统的入园适应性课程，帮助幼儿熟悉幼儿园的班级环境，逐渐建立起"幼儿园"的概念，适应新的童年生活。

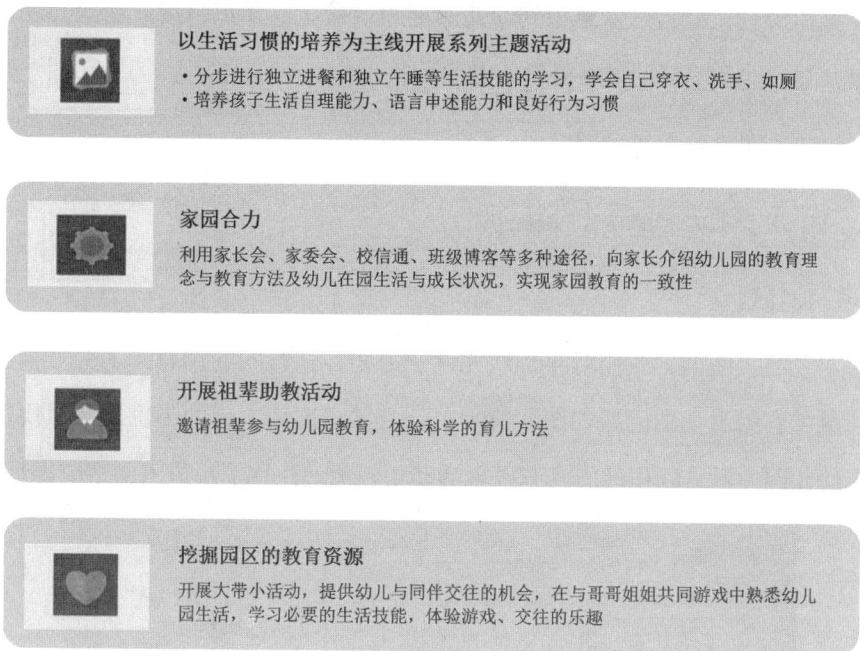

以生活习惯的培养为主线开展系列主题活动
- 分步进行独立进餐和独立午睡等生活技能的学习，学会自己穿衣、洗手、如厕
- 培养孩子生活自理能力、语言申述能力和良好行为习惯

家园合力
利用家长会、家委会、校信通、班级博客等多种途径，向家长介绍幼儿园的教育理念与教育方法及幼儿在园生活与成长状况，实现家园教育的一致性

开展祖辈助教活动
邀请祖辈参与幼儿园教育，体验科学的育儿方法

挖掘园区的教育资源
开展大带小活动，提供幼儿与同伴交往的机会，在与哥哥姐姐共同游戏中熟悉幼儿园生活，学习必要的生活技能，体验游戏、交往的乐趣

图 1　主要研究方向

2. 中班跨班区域课程

"跨班游戏体验课程"是指通过统整化的场地设置、综合化的内容安排、自主化的形式设计、多元化的师资配置以及小社团活动模式的建立，让幼儿根据已有知识经验、能力水平及活动兴趣选择适合自身发展需要的内容。

3. 大班幼小衔接课程

在幼小衔接中实现幼儿自主发展。从培养心理品质入手，引导幼儿萌发对小学生活的喜爱与向往；在游戏中模拟小学活动，让幼儿在做中学，在实践中体验；深化习惯养成教育，在幼小衔接中提高幼儿综合能力。强化家园合力共育，在幼小衔接中实现家园教育一致。通过多途径、多方式交流和沟通，家长可以意识到幼儿的能力衔接重于知识衔接，消除心理焦虑，配合幼儿园共同做好科学的幼小衔接工作。

三、研究的主要过程

（一）小班入园适应课程

1.计划

宝宝入园前，我们对小班幼儿逐一家访，进行问卷调查，了解宝宝的情况（容易出现的问题如图2所示）。为了帮助新入园的小班幼儿尽快适应幼儿园生活，以积极的状态投入活动中，我们建构了小班入园适应课程。

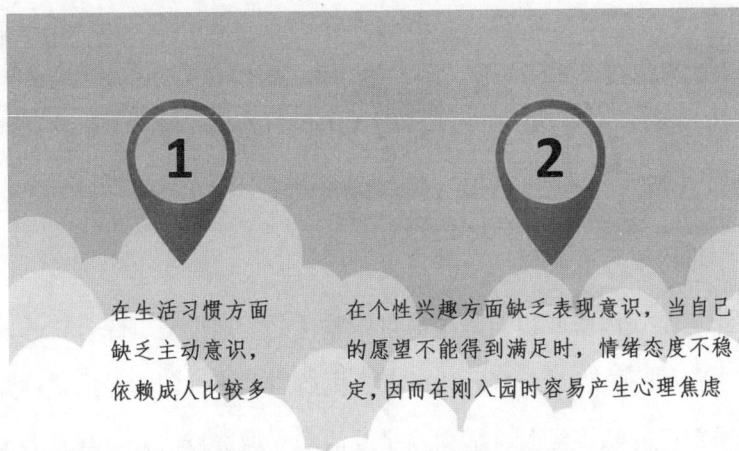

图2　3岁儿童入园通常容易出现的问题

2.行动

面对缺乏集体生活经验的幼儿，我园充分尊重幼儿"适应、认同和喜欢幼儿园"这一心理过程，渐进式的步骤使他们逐步适应并愉悦接纳幼儿园生活。基本确立了六个适应阶段，在实践中不断进行调整；逐渐明确教师与家长在这一过程中所处位置以及发挥的作用，双方每天及时沟通，总结教育方法。

3. 观察

孩子们逐渐从适应到喜爱，一日生活过程中由被动化为主动，慢慢地在幼儿园生活中能愉快合作。

4. 反思

（1）六个阶段每个阶段所需时间长短需在实践中不断尝试、调整。

（2）各环节实施细节需不断调整、完善。

根据实际需要，缩短适应课程时间，新生入园适应期从原来的一个月逐渐缩短为半个月。如：第一阶段将幼儿分为两组，第一组幼儿在家长陪同下 8：30—9：30 入园体验活动，第二组幼儿在家长陪同下 10：00—11：00 入园体验活动，分组活动幼儿可以有效缓解幼儿对新环境、新面孔的不适感与焦躁情绪。第一阶段经实践检验，效果明显，不做改变。第二阶段原计划为幼儿与家长半脱离，持续时长为 1 小时 30 分钟，持续时间为一天。通过实践，我们发现幼儿适应能力普遍较强，同时在老师精心组织室内外游戏、品尝加餐中，孩子们情绪稳定、愉悦，经过不断尝试，调整为幼儿独立在园 2 小时，修改为四天完成。幼儿园始终秉持尊重幼儿真实的身心发展状况、理解并支持幼儿发展需求的理念，在课程的实施过程中不断进行着调整与完善（具体调整内容如图 3 所示）。

阶段	时间安排	具体内容
1	8:30-9:30,10: 00-11:00 分两组进行每组1个小时（一天）	由家长伴随幼儿完成，帮助孩子熟悉幼儿园环境
2	8:30-10:00,10: 10-11:40 分两组进行每组1个半小时（一天）	室内外游戏、继续熟悉环境（家长半脱离）
3	7:00-10:30 独立在园3个小时（一天）	早餐、室内外游戏、加餐环节体验，重点是早餐环节体验
4	7: 30-12: 00 独立在园4小时（两天）	室内外游戏、两餐一点环节体验
5	7,30-3.00 独立在园7个半小时（三天）	室内外游戏、两餐点、午睡环节体验
6	7: 30-5: 30 独立全天在园（两天）	体验幼园一日生活各环节，步入常态

调整前

阶段	时间安排	具体内容
1	8:30-9:30,10: 00-11:00 分两组进行每组1个小时（一天）	由家长伴随幼儿完成，帮助孩子熟悉幼儿园环境
2	8:30-10: 30 独立来园2小时（四天）	室内外游戏、加餐体验
3	7: 30-11:00 独立在园3个小时（四天）	早餐、室内外游戏、加餐环节体验
4	7: 30-12: 00 独立在园4小时（四天）	室内外游戏、两餐一点环节体验
5	7,30-3.00 独立在园7个半小时（四天）	室内外游戏、两餐一点、午睡环节体验
6	7: 30-5: 30 独立全天在园（两天）	体验幼园一日生活各环节，步入常态

调整后

图3 历时一个月的小班适应课程经实践调整为半个月

（二）中班跨班区域课程

1.计划

游戏是幼儿最喜爱的活动形式，孩子喜欢和同伴一起玩，但幼儿常常以自我为中心，不会用协商、交换、轮流、合作等方式解决游戏冲突。怎样通过游戏为幼儿提供更多表达、理解、合作和解决问题的机会，扩大幼儿交往群体，增强幼儿适应和交往能力、促进幼儿个性发展呢？

2.行动

我们制订目标，探索实施跨班区域活动的条件，建立相关管理机制。在实施过程中，即时了解幼儿实际情况，汲取教育经验，发现问题及时调整，丰富完善课程内容。

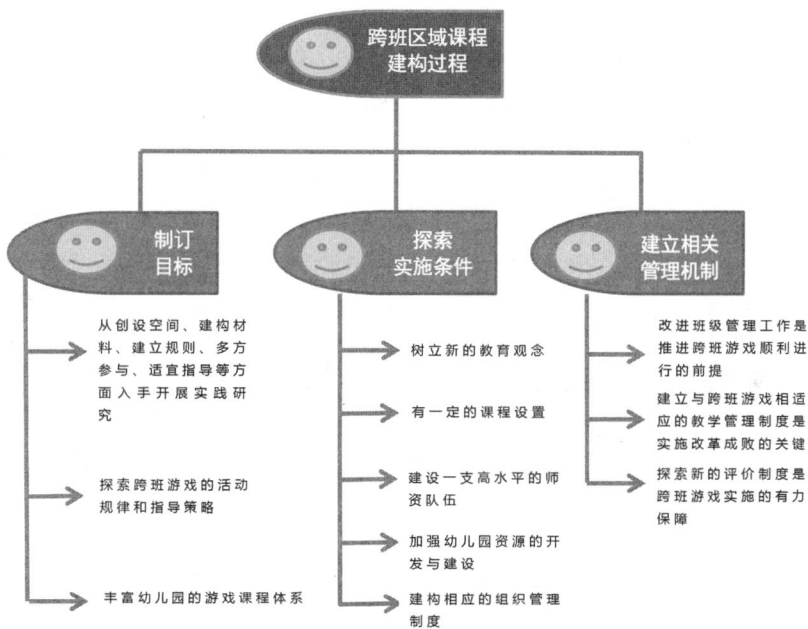

图4　中班跨班区域课程建构过程

3.观察

活动初始，师幼共同设计跨班游戏；活动时，在教师引导下，幼儿了解区域游戏、熟悉同一区域的小伙伴、制订计划、进行游戏活动。幼儿在游戏中遵守规则、自主游戏、结交伙伴，发展了他们的规则意识与人际交往能力。

当我们发现自己的教育目的不能完全实现、教育效果并不尽如人意时，我们就及时教研，使课程目标更加清晰准确、课程实施更加完善、课程评价更具有广泛的适宜性等。

4. 反思

跨班游戏活动打破了班级界限，如何更好地调整环境、材料使跨班游戏活动既满足幼儿不同发展需求，尊重幼儿的个体差异，同时为他们提供更多自主活动的机会，使幼儿在"互动"的学习中，实现了教育目标的双赢，是我们进一步研究的方向。

（三）大班幼小衔接课程

1. 计划

我们对已毕业的大班幼儿进行分析、与小学教师研讨、与家长沟通交流，针对所发现的大班幼儿升入小学的共性问题（如图5所示），建构大班幼小衔接课程，开展相应教育活动，旨在让幼儿初步认识小学，了解小学生学习生活情况，减少对小学的陌生感、恐惧感，激发幼儿上小学的兴趣和欲望。

图5　大班幼儿升入小学通常容易出现的问题

2.行动

通过进入小学实地调研、与小学教师进行相关研讨活动，对比大班幼儿在心理、能力等方面的不足，教师通过实施相关教育活动，并在活动结束后对教育效果及时进行分析、评价、反思，共性问题总结教育策略，个性事件提供丰富有特性的教育案例，丰富教育策略的实施方法，完善课程，为幼儿适应小学生活奠定基础。

3.观察

幼儿在模仿、学习中对小学生活初步了解并产生兴趣，在教师创设的教育环境中逐渐形成自我管理与自我服务能力，一定的社会适应、社会交往能力；利用现代化信息手段，通过"云朵"学习社区全方位与家长互动，分享科学育儿经验，共同为幼儿园与小学的良好、平稳过渡贡献力量，形成教育合力。

4.反思

（1）幼小衔接体验课程实施过程中更好地与小学开展合作。

（2）与家长的沟通更加有效，从而使科学育儿的精神真正得到传达贯彻。

（3）教师组织的教育活动更加符合幼儿适应小学生活需求。

（4）提高课程实施评价信效度。

四、结论与讨论

（一）小班入园适应课程

1.建构适应体验课程是新入园幼儿身心发展的需要

幼儿在刚入园时容易产生心理焦虑，新的环境、新的要求与他们原有的心理发展水平往往会产生矛盾，形成心理冲突，这是幼儿成长过程中的常见现象，这个适应期又是幼儿身心发展所必需的。因此，建构幼儿入园适应体验课程，帮助孩子尽快适应并喜欢上幼儿园，并在新的集体生活环境中使其身心健康发展，是十分必要和非常及时的。

2.幼儿入园适应体验课程的教育理念、策略

教育理念：以幼儿发展为本，让幼儿在入园适应期快乐体验、健康成长。

教育策略：逐层深入、循序渐进。

帮助新入园小班幼儿尽快适应幼儿园生活，以积极的状态投入新的集体生活中。

第一，时间切断，逐步适应：课程时间上由短至长，课程内容上逐层深入。

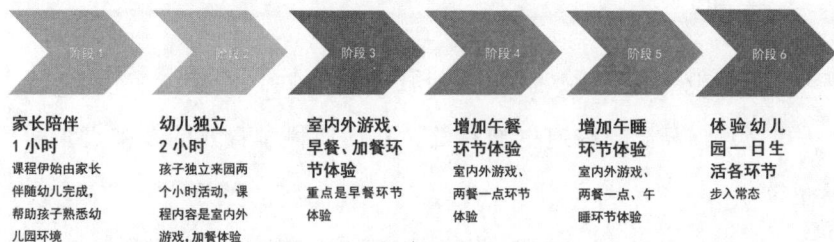

阶段1	阶段2	阶段3	阶段4	阶段5	阶段6
家长陪伴 1小时 课程伊始由家长陪随幼儿完成，帮助孩子熟悉幼儿园环境	**幼儿独立 2小时** 孩子独立来园两个小时活动，课程内容是室内外游戏，加餐体验	**室内外游戏、早餐、加餐环节体验** 重点是早餐环节体验	**增加午餐环节体验** 室内外游戏、两餐一点环节体验	**增加午睡环节体验** 室内外游戏、两餐一点、午睡环节体验	**体验幼儿园一日生活各环节** 步入常态

图6　六个适应阶段

第二，难点分解，自然过渡：幼儿入园最难适应的环节就是进餐和午睡环节。我们采用难点前置、循序渐进的方法，有效解决。

以午睡为例

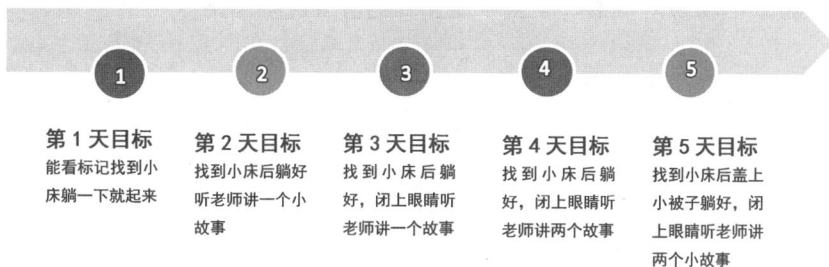

第 1 天目标	**第 2 天目标**	**第 3 天目标**	**第 4 天目标**	**第 5 天目标**
能看标记找到小床躺一下就起来	找到小床后躺好听老师讲一个小故事	找到小床后躺好，闭上眼睛听老师讲一个故事	找到小床后躺好，闭上眼睛听老师讲两个故事	找到小床后盖上小被子躺好，闭上眼睛听老师讲两个小故事

图 7 以午睡环节适应过程为例

第三，寓情教育，感受关爱：小班幼儿初入园，面对陌生的环境与面孔，最需要的是关爱与接纳。教师要善于运用肢体爱抚法、角色迁移法，让幼儿把教师当成阿姨、妈妈、朋友，由排斥、怀疑到喜爱、接纳。

第四，家园互动，缓解焦虑：我们以开放性的教育，利用多种途径与家长互动，为孩子入园前做好心理、经验的准备。充分利用每天离园前与家长的五分钟沟通会、南开一幼"云朵"学习平台的课程动态与活动等，有效解决课程中普遍发生的问题，为家长提供了解幼儿园、了解孩子在园生活状况的机会，从而缓解焦虑，形成家园教育合力。

（二）中班跨班区域课程

通过参观、调研，根据孩子们的兴趣与需求，我们在幼儿园内创设幼儿喜爱的游戏区域。

跨班游戏活动打破班级界限，让园内所有空间（班内活动区域、多功能活动室和楼道）和材料为中班全体幼儿所共享，最大限度地为幼儿提供充分的交往环境，提供更多表达、理解、交流、合作和解决问题的机会，扩大交往群体，在互动中感受与发展人际交往。与此同时，尝试利用家长资源，进行家园合力教育。引导幼儿在跨班游戏体验课程中，尝试独立解决交往中出现的各种问题，探索中班幼儿社会性发展的新途径，挖掘中班区域游戏活动新的价值，丰富了幼儿园的游戏课程体系。

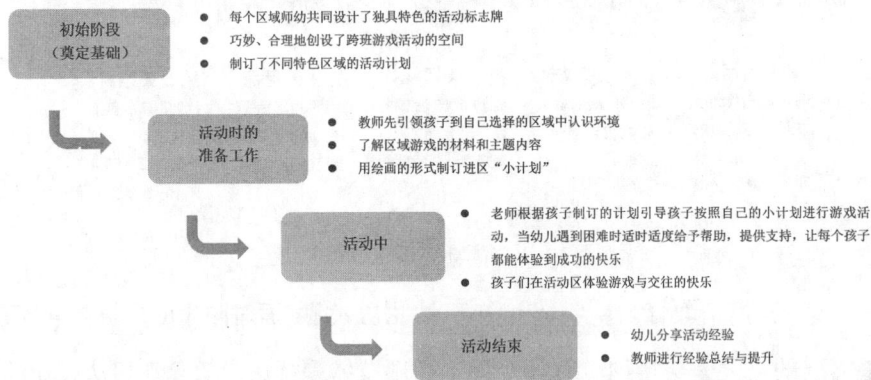

图8 跨班区域活动流程

（三）大班幼小衔接课程

幼儿的发展是在一定的情境中实现的，通过教师有目的地引入或创设具有一定情绪色彩的、以形象为主体的生动具体的场景，引起幼儿态度体验，从而帮助幼儿获得直接经验，激发幼儿情感。

1.真实情境感受法

根据幼儿直接感知的学习特点，我们分目标、分阶段、分层次、分内容带领幼儿走进小学，感受小学生活，产生向往。

2.模拟情境体验法

幼儿在参观小学并对小学生活获得了直接感知经验后，我们创设模拟情境模拟小学生的生活片段，如每周一升旗活动争做小旗手等，在模拟情境中，模仿、学习、萌发当小学生的积极情感。

3.游戏情境操作法

幼儿的基本活动是游戏，他们在游戏情境中积极探索周围环境、与人交往，形成和发展着各方面的能力。

4.合力情境互动法

幼小衔接体验课程的开展需要多方互动以促进幼儿的发展。利用家长学校转变观念、支招解惑，以解读《3—6岁儿童学习与发展指南》教育案例的形式帮助家长理解幼儿的学习与发展；与小学一线教师进行互动教研，实现幼小协同，科学衔接。利用现代化信息手段，通过我园"云朵"学习社区与家长互动，分享经验共同促进幼儿发展。

5.生活情境实践法

小学的教育模式与幼儿园相比，更多的事情需要孩子自己来完成，因此我们帮助他们提前做好独立生活的能力准备，培养他们的自理能力。在幼小衔接体验课程中我们挖掘生活中的教育价值创设生活情境，引导幼儿学会自我管理。

五、研究展望

第一，不断发展和充实课程园本化实施方案，力求进一步达到课程平衡的后续管理。第二，完善评价体系，根据评价的发展化、互动化和多元化特点，在社区、家长、教师、幼儿和幼儿园方面对评价进行更有实质性的探索和尝试。

【参考文献】

[1] 中华人民共和国教育部 .3—6 岁儿童学习与发展指南 [M]. 北京 : 首都师范大学出版社 ,2012:2–3.

[2] 李季湄, 冯晓霞.《3—6 岁儿童学习与发展指南》解读 [M]. 北京 : 人民教育出版社 ,2013:16,27.

[3] 金文 . 解决幼儿入园适应困难的基本策略 [J]. 学前教育研究 ,2016(11):67–69.

[4] 李岩 , 桑琳 . 幼小衔接实践中的探索与反思 [M]. 北京 : 北京师范大学出版社 ,2009.

[5] 邓祎 . 幼小衔接视角下小学一年级新生入学初期适应现状研究 [D]. 上海 : 华东师范大学 ,2010.

[6] 吴婷婷 . 幼小衔接中儿童人际交往能力培养的问题及对策研究 [D]. 长春 : 东北师范大学 ,2010.

[7] 崔云 . 幼小课程衔接存在的误区及应对策略 [J]. 学理论 ,2010(32):312–313.

[8] 王声平 , 杨晓萍 . 近二十年我国幼小衔接研究述评 [J]. 重庆文理学院学报 (社会科学版),2011(1):148–153.

养成教育园本课程的建构与实施

（天津市学前教育学会立项课题　课题编号：SXH135GL053）

天津市滨海新区塘沽第六幼儿园　程汝珍

【摘要】养成教育在幼儿时期是非常重要的，我们通过幼儿园一日生活的流程及相关内容进行系统、深入的研究，初步建构出我园的养成教育园本课程，从而培养孩子们的良好习惯，为幼儿一生的发展奠定基础。在研究过程中，教师们不仅提高了相关的理论水平和专业素养，同时促进了教师们的专业成长，进而帮助家长转变错误的、溺爱式的家庭教养方式，树立科学、正确的育儿观。

【关键词】养成教育；生活活动；主题活动；区域活动

"少成若天性，习惯如自然"，养成教育是关系到人一生的教育，是素质教育中不可缺少的一部分，主要包括身体素质养成、思想品德养成、行为习惯养成和生活能力养成等，是人的全面发展的教育，而幼儿园养成教育则是培养幼儿良好习惯的教育。

我园以《3—6 岁儿童学习与发展指南》为依据，结合本园实际情况，主要从生活习惯、行为习惯、学习习惯入手，逐步开展养成教育园本课程的探索与实践。

一、小班：以一日生活为抓手，着力培养幼儿良好的生活习惯

（一）规范一日生活流程，逐步进行常规教育

针对我园实际情况，我们制定了《幼儿一日生活常规》，目的是帮助幼儿在一日生活各环节的体验中，逐步养成良好的生活习惯，帮助小班幼儿顺利适应幼儿园环境，熟悉一日流程，不断提高自理能力。

为了增加养成教育的游戏性、趣味性，我们采用游戏、儿歌、故事等不同方式将行为习惯的要求渗透给幼儿，将养成教育故事、儿歌汇集成册，编制了《养成教育故事集》《养成教育儿歌精选》等，以便在如厕、盥洗、进餐、饮水、午睡、游戏等不同环节，抓住教育契机实施养成教育，逐步加强幼儿良好习惯的培养。例如：为了培养幼儿饭后漱口、擦嘴的习惯，教师会带领孩子们吟诵相关的儿歌，这样孩子们在边听、边说、边做的过程中很快地掌握了漱口、擦嘴的基本要领，从而实现了内在情感和外显行为达成一致的目标。

（二）设置养成教育专栏，巩固养成教育

由于小班幼儿自理能力差，语言表达能力有限，为了达到家园共育的目的，小班组教师结合本班幼儿生活习惯上的突出问题进行汇总，并在班级室外家长园地开辟出养成教育专栏，主要目的是向家长传授一些养成教育的知识与方法，同时使家长了解班级阶段性养成教育目标、指导建议等内容，以便更好地实现家园配合。教师们巧妙使用各种信息渠道，以推送公众号和发送微信、QQ 消息等途径，将近期的养成教育专栏进行展示，本专栏以月为单位定期更新。

（三）设置养成教育墙饰，渲染养成环境

我们秉承"养成奠基，和谐发展"的办园特色，在实施养成教育园本课程的实践中，同样注重养成教育环境的创设，旨在用环境的力量潜移默化地影响教师、幼儿及家长，使养成教育理念内化于心、外化于行，通过幼儿与养成环境积极互动，从而帮助幼儿养成良好生活、行为和学习习惯。因此，我们在创设班级养成教育环境时，充分考虑幼儿的年龄特点，对小班幼儿而言更注重的是养成环境情境化、养成方法以图或照片为主、突出重点等方法。例如：我们在幼儿睡眠室张贴穿衣、叠被子的步骤示意图，便于幼儿进行模仿和学习；在幼儿盥洗间贴有排队如厕、正确提裤子的示意图；在洗漱池的墙面上贴有洗手、漱口及使用餐巾的示意图；等等。对中大班幼儿而言，孩子们的能力逐步增强，我们会根据他们的年龄特点设有"小小值日生"专区，请幼儿轮流担任值日生，擦桌子、发抹布、发碗筷、监督小朋友洗手、喝水、餐后漱口等。主要采用图文并茂、自主制定规则与要求等方式呈现养成教育环境。

（四）自理能力大赛，助力养成教育

著名教育家陈鹤琴先生提出："凡是儿童自己能做的，应当让他自己做。"因此要在日常生活中逐步培养幼儿自己穿脱衣服、自己穿鞋袜、自己收拾整理衣服、独立进餐、主动盥洗等自理能力。但现在好多孩子依赖性强，能力逐渐退化，自信心严重缺乏。因此我们根据实际情况开展"我的小手真能干""我是全能小宝贝"等一系列活动，孩子们逐步学会了照顾自己，不断提高自理能力，增强了自信心。学期末，我们会在小班开展幼儿自理能力大赛，内容包括：穿衣服、穿鞋子、叠衣服、穿珠子、剥橘子等，向家长汇报一学期以来孩子们在生活习惯和自理能力等方面的巨大变化与不同进步。

二、中班：以区域活动为依托，侧重培养幼儿良好的行为习惯

（一）以区域活动为主要内容，培养良好的行为习惯

区域游戏是幼儿一日生活中主要的游戏形式，是幼儿个性化发展的重要途径。小班幼儿常以自我为中心，缺乏主动交往和分享的意识。随着年龄的增长，中班幼儿的交往和分享意识越来越凸显，但是由于相关经验较少，需要教师的帮助与支持。因此教师会根据教育目标和幼儿的兴趣需要，将活动室合理划分为不同的区域，包括益智区、表演区、阅读区、美工区、建构区、娃娃家、自然角等，为幼儿进行自主游戏提供了广泛的选择空间，以满足幼儿兴趣爱好、发展水平的需要。在区域活动中，教师引导幼儿自觉遵守游戏规则，遇到困难互相帮助，创造性地开展游戏，使幼儿的综合能力得到不断提高。

为了使幼儿的合作意识与交往能力能够得到更好的发展，我们在中大班还进行了区域联合游戏活动。所谓联合，就是打破班级界限将平行组作为一个整体，统筹所有的区域游戏资源，幼儿根据自己的兴趣需要自主选择区域，而教师则在固定区域，观察幼儿游戏的情况，并进行适宜的指导。游戏结束后，幼儿收整材料，继续参加本区域的游戏点评环节。经过尝试，我们发现联合游戏不仅能够提升幼儿对各种环境的适应能力，而且极大地满足幼儿与同伴之间交往的愿望，实现教师资源、物质资源、信息资源的共享。

（二）以仪式类活动为媒介，帮助幼儿养成良好的文明礼仪

仪式给人带来威严与庄重，我园结合自身发展的实际状况，开展了升国旗仪式、礼仪宝宝评选仪式、运动会开幕仪式、阳光宝宝评选仪式、优秀家长评选仪式等。以使幼儿感受仪式氛围带来的不同情感体验，充分挖

掘仪式类活动的教育意义，引导、培养、强化幼儿的良好行为与情感。

（三）以节日特色庆祝活动为契机，幼儿学会知恩感恩、乐于表达

节日寓意传承与发展，亦是一份不可估量的教育资源，在欢庆、愉快的节日气氛中，能够培养幼儿对传统节日文化的兴趣、感恩父母的情绪情感，发展幼儿的人际交往能力，并最终促进幼儿社会性的发展。每逢重要节日来临，教师们积极筹划，端午节包粽子、舞龙表演，中秋节制作月饼，国庆节、妇女节亲手为妈妈制作节日礼物，元旦时邀请家长与幼儿一起联欢。

历经多年的延续与发展，我园的节日庆祝类活动主要有：元旦庆祝活动、妇女节庆祝活动、端午节庆祝活动、儿童节庆祝活动、中秋节庆祝活动、国庆节庆祝活动。

三、大班：以主题活动为主线，重点培养幼儿良好的学习习惯

（一）以主题活动为主要途径，培养良好的学习习惯

结合养成教育点多、线长、面广的特点，认真整合五大领域的教育内容，根据教育教学实际和幼儿兴趣发展需要，我们在大班采用思维导图的形式对主题活动进行绘制，细化扩展主题活动内容，使主题活动更加丰富、厚重。在开展主题活动的过程中，孩子们不仅增强了规则意识、时间观念和任务意识，同时逐步养成了敢于创新、独立思考、分享交流等良好的学习习惯。

同时，我们从中华文化资源宝库中提炼题材、获取灵感、汲取养分，在主题活动中渗透传统文化教育。"火红的中式婚礼""十二生肖""大话西游""我是中国人"等主题活动充满着传统元素，深受幼儿的喜爱和欢迎。到目前为止，我园共形成 14 个比较成熟的活动主题。主题活动的选择贴近幼儿的生活，内容的确定是根据幼儿的兴趣和年龄特点进行有效

筛选的，涵盖了五大领域。借助思维导图设计主题框架脉络，在将主题活动内容最大化的同时，更有深度和广度。

思维导图是一种发散性、辐射性思维表达工具，教师在运用思维导图思考主题活动、学习主题活动、设计案例的过程中，成为这个主题的"百科全书"，成为开展主题活动有准备的教师。例如由大班热点话题"幼小衔接"而生成的主题活动——"我要上小学"，就是活动前教师根据主题内容进行思维导图的预设，为活动做好充足的准备。活动中筛选具有教育意义和价值的内容开展相关活动。活动后与幼儿一起总结分析。在整个过程中，幼儿不仅对小学生活有了初步的认识和了解，同时随着每一阶段线索的层层递进，孩子们获得了不同程度的发展，大大激发了幼儿参与活动的积极性，不断提高幼儿自主学习的能力，为幼小衔接做好相应准备。

（二）早期阅读，激发幼儿学习兴趣

为了培养幼儿良好的阅读习惯，激发他们的阅读兴趣，从小树立"喜读书、乐读书、爱读书"的志趣，我园以"十二五"滚动课题"幼儿园系统支持幼儿早期阅读发展的实践研究"为基点，开展晨读播报、亲子共读、图书义卖、图书漂流、故事大王比赛、诗词擂台赛以及幼儿参观书店、图书馆等系列活动，帮助幼儿养成良好的阅读习惯，激发幼儿的阅读兴趣。

（三）外出参观，拓展幼儿眼界和视野

我们充分挖掘和利用社会教育资源，使幼儿教育能够走出校园，走向社会，不断开阔幼儿的眼界与视野，从小培养幼儿思维的创造性和思想的开放性，在充分征询广大教师及家长意见与建议的基础上，最终确定以下活动。

外出参观消防队活动：10 月中旬，组织全体师幼参观新村消防十八中队，帮助幼儿掌握简单的自救、逃生、自我保护的方法，学习消防安全知识，从小培养消防意识。

参观养乐多工厂：组织全体大班幼儿到养乐多工厂参观，帮助幼儿了解肠道知识，认识到良好饮食习惯和卫生习惯的重要性，同时通过参观等活动让幼儿了解科学、先进的自动化生产流水线，开阔幼儿的视野。

远足参观博物馆：4月中旬，组织全体大班幼儿远足参观塘沽博物馆，一方面通过远足活动磨炼幼儿的耐力和毅力，另一方面使幼儿了解塘沽的历史文化及发展变化，萌生幼儿爱家乡的情感。

为了保证养成教育的实施效果，我园策划多种活动，经过三年的实践与探索，形成了塘沽六幼特有的"四节二礼三工程"活动内容："四节"即阅读节、体育节、合唱节、美食节；"二礼"即大班毕业典礼、优秀家长表彰典礼；"三工程"即文明礼仪培养工程、行为习惯培养工程、早期阅读培养工程。在活动实践中不断深化养成教育内容，巩固养成教育成果。并且每个班级都在家长园地开辟了养成教育专栏，根据幼儿的年龄特点和需要设置养成教育内容，这样可以将养成教育的开展情况很好地展现给家长，得到家长的配合和认可；同时根据教育内容进行定期的调整和更换，鼓励家长积极参与到主题活动和养成教育中来，为家园之间更好合作提供良好的契机。"四节二礼三工程"为幼儿的生活增加了仪式感，成为幼儿成长过程中宝贵的情感体验。

【参考文献】

[1] 李季湄，冯晓霞.《3—6岁儿童学习与发展指南》解读 [M]. 北京：人民教育出版社,2013.

[2] 梁志燊. 幼儿好行为养成指导手册 [M]. 北京：北京师范大学出版社,2007.

[3] 胡彩云 , 张秀红 . 思维导图助力幼儿园主题活动 [M]. 长春 : 东北师范大学出版社 ,2018.

[4] 陈福静 . 幼儿园主题活动的设计与实施策略 [M]. 北京 : 中国轻工业出版社 ,2016.

[5] 王有华 . 幼儿"养成"教育的重要性及培养探析 [J]. 中国科教创新导刊 ,2010(33):153.

区域游戏中有效渗透幼儿品德教育
实践与策略研究

（中国学前教育研究会立项课题 课题编号：K20160555）

天津市河西区第二十二幼儿园 赵丹

【摘要】区域游戏作为幼儿园主要游戏之一，是幼儿按自己意愿进行的一种带有学习性质的活动，会作用于幼儿品德的发展。本研究通过分析区域游戏的现状，发现区域游戏中有效渗透幼儿品德教育实践方面的探索相对较少。在研究过程中，通过设计相关的区域游戏，利用访谈和观察记录等方式开展研究，发现：教师要创设适宜的教育环境与游戏材料；适当介入会引导幼儿品德发展的方向与内容；针对幼儿在区域活动中恰当的评价，也会帮助幼儿形成正面的品德发展经验。

【关键词】区域游戏；幼儿品德教育；实践与策略

《幼儿园教育指导纲要（试行）》中指出："以游戏为基本活动，寓教于生活、游戏之中，促进每个幼儿富有个性的发展。"游戏作为孩子们最喜欢的活动，教师可将游戏作为幼儿品德教育的一条主要途径[①]，区域游戏作为幼儿园主要游戏之一，不同于一般的游戏，是幼儿按照自己意愿进行的一种带有学习性质的活动。它是在教师创设的有利于幼儿成长的环境中，由幼儿自己设定选择目标、规则、方法，在玩中学，自主地完成整个活动。幼儿在区域游戏中能相对轻松、自由、真实地表现自我，呈现典型问题，便于教师观察幼儿品德发展水平及发展的可能性。

一、区域游戏对于幼儿品德发展的影响

许多学者强调了游戏教学的重要性，同时指出了游戏教学目前存在的一些问题，如彭海蕾[②]（2002）认为："低效，游戏活动设计的单一，游戏材料的不足，较为忽略学生在游戏活动中的个体表现等问题。"而之所以关注游戏的原因，彭兵[③]（2006）认为："把游戏作为幼儿活动的主要方式，不仅尊重了儿童生活特点，更为重要的是确保儿童能充分体会到游戏的快乐，享受到童年的幸福，在快乐生活的同时获得有益经验与发展。"

不仅如此，区域游戏会影响幼儿品德结构及其发展。杨丽珠、邹晓燕[④]（2004）认为："幼儿的品德结构主要体现在自我意识、意志特征和亲社会性三方面。幼儿自我意识的发展主要体现在自信、自尊等方面；幼儿意志特征的发展主要表现在坚持性、自制性、合群性、攻击性、诚实等方面；幼儿亲社会性的发展主要表现在同情心、利他性等方面。"由于区域游戏指向的是多个幼儿会参与的游戏，所以在探究区域游戏对于幼儿品

---

① 张艳.浅谈在游戏活动中渗透幼儿品德教育［J］.教育学，2015（9）.

② 彭海蕾.幼儿园游戏教学研究［D］.兰州：西北师范大学，2002.

③ 彭兵.对建构幼儿园游戏课程的思考和探索［J］.学前教育研究，2006（3）：55-56.

④ 杨丽珠，邹晓燕.提高幼儿品德教育的有效性［J］.学前教育研究，2004（9）：5-8.

德影响发展方面，主要关注的是区域游戏对于幼儿品德结构中意志特征和亲社会性方面的影响，尤其是对幼儿合作、合群、分享等品德发展的影响。

然而区域游戏在开展过程中，也会面临一些冲突和矛盾，如高祥[①]（2014）指出："游戏进入幼儿园这个教育情境后，游戏的'无为'与教育的'有为'间的矛盾与冲突带来了一系列问题，并形成学前教育领域特殊的问题域。"具体包括以下几方面：一是幼儿在参与游戏的过程中，如何能达到教育目的；二是教师如何将教学内容与目的转化为合适的游戏形式与内容，实现教师预期的教学指向；三是游戏的具体意义。然而，很多研究都强调了游戏对幼儿品德发展的影响，但很少有研究能具体阐释和深化其意义和内容，而这也是本研究要集中解决的问题。

二、研究目标与内容

（一）研究目标

（1）探索区域游戏中有效渗透幼儿品德教育的有效策略。

（2）提高区域游戏中品德教育的有效性，让幼儿在合作、分享行为、自信、亲社会等方面的品德发展有整体的提高，以促进其良好品德行为发展。

（二）研究内容

本研究将区域游戏中幼儿品德教育聚焦于区域游戏中有效推进幼儿分享、合作等品德的发展方面，研究幼儿在区域游戏中品德行为表现及游戏中师幼互动所产生的影响，以及教师如何将积极有效的影响变成方案，促进幼儿养成良好的社会行为和品德。

---

① 高祥.通过游戏来学与教：幼儿园游戏教学实践的个案研究［D］.重庆：西南大学，2014.

三、研究方法

在研究中,采用质性研究的范式。通过田野调查的方式,利用观察记录、访谈、个案研究等方法来探究教师在设计三个不同年龄班相应区域游戏的过程中,如何渗透品德教育的观点与实践。

观察记录:教师设计游戏时的目的、内容、材料相关的文字和图片记录等;游戏实施过程中,教师对幼儿特定表现的记录,分析其品德教育渗透的内容与方式。

访谈:主要采用非正式的访谈,包括对教师、幼儿的访谈。对教师的访谈,以了解教师设计游戏时的想法和观点;对幼儿的访谈,通过封闭式的问题了解其参与游戏的道德意识、情感、行为等。

四、区域游戏中渗透幼儿品德教育实践

（一）创设适宜的区域游戏环境,培养幼儿分享、合作的品德

游戏环境对幼儿品德渗透有着潜移默化的影响。研究过程中发现有些教师在环境创设时出现了形式化现象,幼儿对区域环境不感兴趣,或者不明白教师设置内容的含义。

在以"分享合作"为主题的教研中,研究者结合主题采取通俗易懂的图文形式对各区域游戏规则进行阐释;抓住日常孩子分享与合作的瞬间,创设各区域游戏背景墙等;同时利用家长开放日等大型活动,布置了"我分享、我合作"的照片墙;结合每周的分享日与合作日时班级特色活动,制作了班级分享合作日志。

在环境的创设中,研究者增强了幼儿的参与性与互动性。幼儿在通过与其他同伴、教师、家长共同布置游戏环境的过程中,逐步学会与他人如何合作、分享等,加强了幼儿主动分享和合作的动机。同时,教师结合特

定的节日活动来创设游戏环境，在了解传统文化的内容、内涵的同时，增强其民族自豪感与爱国意识。

（二）区域游戏中合理投放材料，促进幼儿品德发展

幼儿参与活动的主动性和持久性与游戏材料有关。研究中发现部分幼儿在对游戏材料不感兴趣或探索兴趣消失时，便出现"到处闲逛""不知道干什么"的状态。教师通过合理投放游戏材料，来增强游戏间的互动性，从而促进幼儿品德发展。

例如，"十八街麻花店"的游戏开展一段时间之后，孩子们活动情绪出现了逐渐降低的现象，为了增加幼儿间的互动与合作性，教师撤掉了一些"麻花""糕点"。第二天，区域活动开始了，文文在店里逛了一圈，对售货员轩轩说："你们店里麻花怎么那么少呢？"售货员轩轩连忙说："那些麻花过期了，我们需要进些新货。"售货员佳佳说："我们一起做点吧，我看有现做现卖的！"然后他们去美工区拿来了橡皮泥、模子，两个售货员变成了两个小厨师，这时候"十八街麻花店"里又多了一个加工间。麻花店的生意又火了起来，几个小朋友商量制作"招聘海报"增加人手。麻花店瞬间热闹起来！

之所以设计"十八街麻花店"这一区域游戏，一是让幼儿了解其所在地的代表特产有什么；二是麻花是幼儿经常会接触到的零食；三是通过合作开店，可以使幼儿初步感知分工合作的必要性，及如何通过有效的分工与合作来保证店铺的正常运行。在游戏过程中，教师不会一味地去增多游戏材料，而是只投入必需的材料。如在"十八街麻花店"游戏开展过程中，教师删减了部分材料，可以激发幼儿在游戏中采用商量、合作等方法来调整游戏策略以保证店铺的顺利运行。

（三）教师适时介入，运用策略引导幼儿品德发展

在区域游戏中，教师的态度与指导方法，对幼儿品德发展有着重要的影响。部分教师在遇到问题时，不问明情况直接说："你不可以！"或者直接把"问题方"训斥一顿。这样使幼儿十分委屈，不敢向教师说明自己的原因，而另一方有了教师的"支持"，认为这样做是对的。同时，通过对幼儿访谈了解到有些幼儿不想分享玩具，往往是被抢玩具在前，而教师在并不了解情况下责备他们，使其逐步形成不好的感受，久而久之拒绝分享。

在"开心舞台"出现了这样一幕，当孩子在表演了一首歌后，站在台上显得无所事事。凯凯小朋友开始使劲儿敲打着乐器，乐乐看到了开始哈哈大笑，然后咚的一声跪到了地上，场面开始乱起来。这时教师走到台下，鼓掌说："你们刚才唱的歌真好听！"听到这儿，孩子们重新站好说："我们再表演《小花猫》吧！"这时其他的小朋友看到了也纷纷过来当观众。

不难发现，在游戏过程中难免会遇到一些问题，而这些问题的制造者有时并非有意的，所以教师不要一味地批评和指责。如面对幼儿在表演后无所事事的表现，部分教师会比较着急地去阻止和管理幼儿，让其按照其所想要的方式进行。但是上面的教师并未在第一时间去干预，而是给幼儿一定的时间与空间，让他们去摸索自己的角色和位置。

（四）在区域游戏开展过程中，教师要将品德教育与评价结合起来

游戏后的评价对幼儿品德教育有着重要作用。研究发现利用此环节让幼儿分享遇到的问题及解决方法，或者探讨解决方法，有助于幼儿良好品德行为发生。

鑫鑫（中班）不太爱说话，遇到问题直接出手打人，大家对他敬而远之。他喜欢各种汽车，并在操作区按照说明书自己制作了一辆。在评价环节，

教师鼓励鑫鑫到前面分享他的作品，孩子都不禁赞叹"做得真好！"教师问："你能跟大家分享，你是怎么制作的吗？"鑫鑫小声说："就是按照那说明书嘛！"小朋友们看到他这样都笑了。随后教师与鑫鑫进行了交谈，他表示非常开心。

教师在观察幼儿的过程中，会有重点地选取特定的对象来进行观察与指导。如该教师发现鑫鑫"不太爱说话"，以及存在攻击行为时，并非简单粗暴地去批评他，而是通过"鼓励"的方式，借助特定的区域游戏主题，为他提供在其他幼儿面前表现的机会，以改善他在其他幼儿面前的印象，加强他与其他幼儿的感情连接，增强其集体归属感。该教师通过对鑫鑫十天的观察，重点记录他在区域游戏中情绪状态与分享次数，并将他的行为用影像记录下来。从观察结果来看，鑫鑫情绪自控力有所改善，分享行为增加。说明区域游戏对幼儿分享（亲社会）行为有显著改善。

五、区域游戏中有效渗透幼儿品德教育的策略

研究发现，家园合作利于良好的品德内化。如定期区域游戏开放，邀请家长参与幼儿区域游戏，共同制作区域游戏材料。在亲子相处中学习关心别人，促进幼儿品德良好发展。

除此之外，在区域游戏中，教师提供适宜的物质环境、对自身角色的定位及如何指导、评价幼儿的表现关系到幼儿品德教育渗透的有效性。为此，教师需要关注以下几点内容。

（一）创设适宜的教育环境，提供丰富的游戏内容与材料

区域游戏设计的主题与幼儿品德发展的内容要高度契合，是区域游戏中有效渗透幼儿品德发展的良好开端。丰富的游戏材料、适宜的教育环境是幼儿活动的基本支持。游戏材料方面，要关注材料与幼儿、幼儿与幼儿

间的互动性，适时增加与减少，以便更好地渗透品德教育。同时，注重幼儿年龄特点，提供更贴合本年龄段幼儿品德发展的区域游戏内容与材料。教育环境方面，利用幼儿图画或照片制作区域规则，更易于激发其自觉遵守游戏规则的意识，促进合作分享行为的发生。

（二）把握"退"与"进"的时机，适时引导幼儿品德发展

教师要把握"退"与"进"的时机，运用指导策略推进游戏开展。"退"不是消极放弃，而是支持幼儿学习的策略。当幼儿遇到问题时，教师不要急于干预，要留给幼儿多次游戏、多次尝试的机会，鼓励幼儿自主解决问题。"进"不是粗暴干预，而是运用恰当的方式推进幼儿学习和游戏发展。当出现利于幼儿品德发展的契机时，教师要适时"进"入指导，尤其是品德相关技能的提醒指点，后面列举了具体的指导方法。如在幼儿遇到材料矛盾不知如何与同伴分享、意见不同不知如何协商解决等情况时，教师应给予恰当的策略指导，提高幼儿在游戏中与同伴互动的积极性，促进幼儿品德发展。

（三）巧用"摩擦"，解决品德教育中遇到的问题

正确看待游戏中的"冲突"，抓住教育契机。首先以恰当的方式介入游戏，引导其学习、模仿，或者帮助其化解"冲突"。让幼儿在游戏情境中，感受到不同的处理方式产生的不同反应，提升幼儿解决问题的能力。其次教师要心态平和，帮助幼儿整理语言，让幼儿在彼此语言中，学习换位思考并解决问题。最后引导幼儿共同探讨问题的解决方法，给予幼儿足够的时间并积极回应，不以成人的角度干预幼儿想法。

（四）借助多媒体等工具，丰富评价的方式和内容

利用游戏影像、讨论等游戏评价方式，教师将幼儿日常游戏情景拍摄

下来，每天固定时间与幼儿分享。教师与幼儿一起探讨游戏中的"问题"，怎样能化解"矛盾"。在观看录像中，幼儿以第三人的角度观看，既能看到别人是怎样游戏的，又能看到自己的游戏状态。幼儿在自我评价与他人评价的同时，良好的品德得到了很好的发展。在游戏评价的讨论中教师还应注意提出问题的开放性，例如："你的问题是什么？"

综上，区域游戏中幼儿品德教育的有效渗透，是多方面因素综合作用的结果，而教师是将多方面因素整合、协调和统一的关键因素。所以教师在开展区域游戏的过程中，要明白区域游戏对于幼儿品德发展的指向性，了解区域游戏主题与幼儿品德发展内容的契合性，并对自身在区域游戏中有一个明确的定位，以更好地去推动区域游戏中幼儿品德的发展。

【参考文献】

[1] 杨丽珠,邹晓燕.提高幼儿品德教育的有效性[J].学前教育研究,2004(9):5–8.

[2] 冯永刚.游戏:幼儿品德教育的主要途径[J].基础教育研究,2004(Z1):82–83.

[3] 王丹,赖慧萍.区域游戏中教师"退"与"推"的时机[J].幼儿教育研究,2020(6):43–45.

[4] 朱海燕.区域活动中的师幼互动[J].教育教学论坛.2012(22B):260–261.

[5] 刘焱.幼儿园游戏教学论[M].北京:中国社会出版社,2000.

幼儿园在节日活动中实施感恩教育的策略研究

（中国学前教育研究会立项课题 课题编号：K20160580）

天津市河西区第二十二幼儿园 陈媛媛

【摘要】幼儿期是进行幼儿感恩教育的关键时期，这就要求我们抓住这一关键时期，及时实施感恩教育，增强感恩教育的效果，保证幼儿的身心健康发展。本研究从在节日中进行感恩意识的培养、感恩方式的选择、感恩行为的养成和家园合作等方面提出建议，让幼儿园重视节日感恩教育、创设节日感恩教育的教学情境、选择合理的方式开展节日感恩教育活动，使幼儿园和家庭合作起来，共同促进幼儿身心健康、和谐地成长。

【关键词】幼儿园节日活动；感恩教育；策略研究

一、研究的缘起

《幼儿园教育指导纲要（试行）》中提出的社会领域教育的目标是："乐意与人交往，学习互助、合作和分享，有同情心；爱父母长辈、教师和同伴，爱集体、爱家乡、爱祖国。"① 知恩图报是中华民族的传统美德，是人最基本的品质。因此，我们要时时刻刻地将其牢记在心间。社会主义核心价值观倡导我们爱祖国、爱劳动、爱社会主义，大力继承和弘扬中华民族的传统美德，让知恩图报这一中华民族的传统美德可以传承下去，这一社会领域教育目标实际上与感恩教育的主题是一致的，对孩子进行感恩教育，不仅可以培养他们善待他人和助人为乐的美好品德，还有助于促进幼儿健康人格的形成和良好性格的发展。因此，幼儿园应该利用节日的契机，在浓浓的节日氛围中挖掘有利于进行感恩教育的点，让幼儿在看、说、做中学会用实际行动表达对他人的感恩，也对幼儿今后建立和谐愉快的人际关系起到重要作用。

二、研究目标

本课题旨在让幼儿园重视在节日活动中实施感恩教育，发现幼儿园在节日活动中实施感恩教育的过程中存在的问题，并提出相应的解决策略，以期望提高幼儿园的感恩教育水平，让幼儿更好地关爱他人、理解他人、帮助他人并学会奉献爱心，养成良好的道德品质。

三、研究内容

（1）以节日活动中实施感恩教育为主要内容，结合幼儿身心发展规律和年龄特点，在不同节日采取不同的策略开展感恩教育活动。

（2）在各种不同的节日中挖掘有利于进行感恩教育的点，让幼儿在看、说、做中感受到"爱"的存在，让幼儿在浓浓的节日氛围中学会感恩。

（3）确定各个年龄班的节日感恩教育的经典课例，并撰写相关论文

---

① 中华人民共和国教育部.幼儿园教育指导纲要（试行）［M］.北京：北京师范大学出版社，2001.

和教育案例，提高实际教学能力和感恩教育的质量与水平。

四、研究方法

（一）文献法

通过图书馆和上网等途径，对国内外感恩教育方面的图书和期刊论文进行检索与研读，并对文献进行梳理，形成文献综述，为研究的顺利进行打好理论基础。

（二）调查法

1. 问卷调查

为了更好地了解幼儿教师对节日感恩教育的重视度及实施情况，以幼儿教师为调查对象，共发放 54 份问卷，回收 48 份。

2. 访谈调查

为了更好地了解幼儿园节日感恩教育活动的开展情况和改进建议，以幼儿教师和幼儿家长为访谈对象，共访谈 20 人。

（三）案例研究法

以节日活动为载体，分析实施过程中的问题，寻求解决问题或改进感恩教育的方法，并对成功案例进行总结，以便选择更加适宜幼儿的节日感恩教育活动。

（四）行动研究法

通过平行班教研、课例研磨、活动观摩等行动研究的方式，探寻适合不同年龄班幼儿的多种形式的节日感恩教育活动，最终形成各个年龄班的经典课例。

（五）经验总结法

总结研究成果形成结题报告，并整理相关研究资料。

五、调查结果分析

（一）幼儿园对节日感恩教育的态度

1. 幼儿教师对节日感恩教育的重视状况

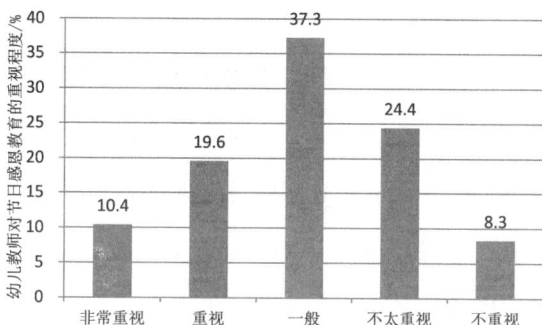

图1　幼儿教师对节日感恩教育的重视程度

从图1可以看出，在关于幼儿园对节日感恩教育的重视程度的调查中，10.4%的教师选择非常重视，19.6%的教师选择重视，一共只占了30%，而37.3%的幼儿教师对幼儿园对节日感恩教育的重视程度一般，更有24.4%的教师选择不太重视和8.3%的教师选择不重视，由此可以看出幼儿园对节日感恩教育的重视程度有待提升。

2. 幼儿教师对节日感恩教育价值功能的认识

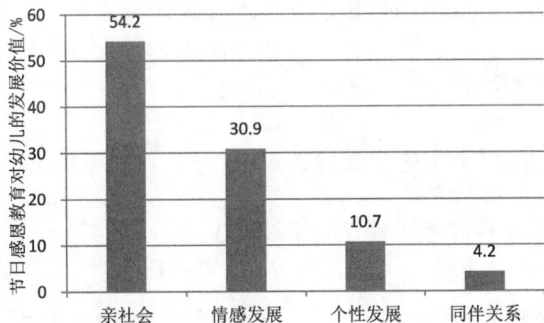

图 2 节日感恩教育对幼儿的发展价值

图 2 显示，54.2% 的教师选择了节日感恩教育对幼儿亲社会行为方面的价值，30.9% 的教师看到了它对情感发展的功能，而 10.7% 的教师选择对个性发展的价值，4.2% 的教师选择对同伴关系的发展价值，可以看出教师对于幼儿节日感恩教育对幼儿个性发展和同伴关系价值的认识还不够。

（二）幼儿园实施节日感恩教育的方式

1. 幼儿教师对节日感恩教育方法的认识

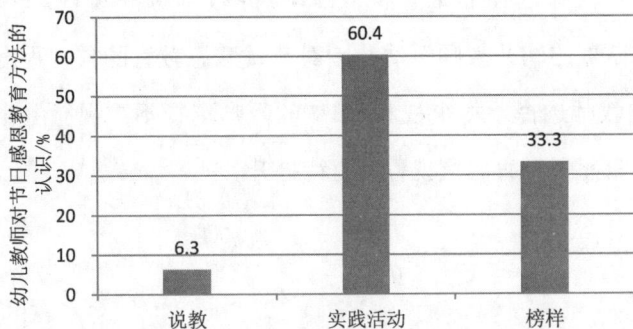

图 3 幼儿教师对节日感恩教育方法的认识

从图 3 可以看出，60.4% 的教师选择了实践活动，33.3% 的教师选择了榜样，大部分教师认为节日感恩教育应该采用实践的方法，意识到了幼儿思维的具体形象性，然而榜样的力量也是不能忽视的，它能对幼儿产生潜移默化的影响。

2.幼儿园节日感恩教育适用的领域

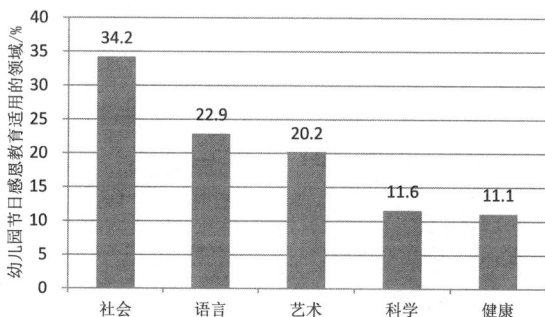

图4　幼儿园节日感恩教育适用的领域

图4显示，在被问到幼儿园节日感恩教育的适用领域的问题时，有34.2%的教师选择了社会领域，22.9%的教师选择了语言领域，20.2%的教师选择了艺术领域，而选择科学领域和健康领域的较少。从教师的选择可以看出，节日感恩教育适用的领域从最适合到不适合的顺序依次是：社会、语言、艺术、科学、健康。

（三）幼儿园节日感恩教育的实施情况

1.父亲节、母亲节感恩教育活动的开展情况（如表1所示）

表1　父亲节、母亲节感恩教育开展情况

问题	选项	数（$N=48$）	百分比/%
父亲节、母亲节开展过哪些感恩教育活动？	介绍节日来历并引导幼儿对父母讲祝福的话	8	16.67
	不仅开展过上述活动，还为父母制作过小礼物	33	68.75
	不仅开展过上述两种活动，还每次邀请家长来园参加亲子活动	7	14.58

从表 1 的调查中可以看出，有 16.67% 的教师选择向幼儿介绍节日来历并引导幼儿对父母讲祝福的话，有 68.75% 的教师选择不仅开展过上述活动还为父母制作了小礼物，有 14.58% 的教师选择不仅开展过上述两种活动，还邀请家长来幼儿园参加亲子活动，幼儿园在父亲节和母亲节开展的感恩教育活动还是挺多的，但是在家园合作方面做得还有所欠缺。

2. 教师节感恩教育活动的开展情况（如表 2 所示）

表 2　教师节感恩教育开展情况

问题	选项	数（N=48）	百分比 /%
教师节开展过哪些感恩教育活动？	介绍教师节的来历并引导幼儿对教师讲祝福的话	9	18.75
	不仅开展过上述活动，还给老师制作了小礼物感激教师	31	64.58
	不仅开展上述两种活动，还开展过教师和幼儿的双向活动	8	16.67

从表 2 可以看出，幼儿园在教师节开展的感恩教育实践活动还是比较多的，但教师基本上处于接受者的地位，幼儿和教师的双向互动方面做得还不是很完善。

3. 重阳节感恩教育活动的开展情况（如表 3 所示）

表 3　重阳节感恩教育实施情况

问题	选项	数（N=48）	百分比 /%
重阳节开展过哪些感恩教育活动？	介绍重阳节的来历并讲述老人为社会的奉献，要孝敬老人	29	60.42
	不仅开展过上述活动，还带领幼儿给家里老人制作了小礼物表达感激之情	12	25.00
	不仅开展过上述两种活动，还带领幼儿为社区的老人做一些力所能及的事	7	14.58

从表 3 可以看出，60.42% 的教师选择了只介绍重阳节的来历并向幼儿

讲述老人为社会的奉献，提倡要孝敬老人，25% 的教师选择不仅开展过上述活动，还带领幼儿给家里老人制作了小礼物表达感激之情，只有 14.58% 的教师选择不仅开展过上述两种活动，还带领幼儿为社区的老人做一些力所能及的事，大多数教师只把重阳节活动停留在说教上，但是开展的感恩教育实践活动不是很多，幼儿园与社区合作方面有所欠缺。

六、对策和建议

本课题研究发现幼儿园在利用节日进行感恩教育的实践过程中还存在许多问题。幼儿园对在节日中实施感恩教育的重视程度还不够，对节日感恩教育价值功能的认识不足，对榜样的力量也有所忽视，没有很好地将节日教育与感恩教育结合起来，也没有充分利用家庭和社区资源，不能使节日感恩教育的价值充分发挥。因此，提出以下对策和建议。

（一）明确节日感恩教育的独特性，提高价值取向认识

节日环境具有典型的情境性，也极富感染力，身处节日环境的特有氛围中，幼儿能够放松身心，以积极主动的姿态参与到实践活动中，这在很大程度上有利于节日感恩教育活动发挥出特有的教育价值。节日感恩教育活动能够引导幼儿去爱父母、爱教师、爱老人、爱劳动、爱大自然，树立正确的价值取向，养成热爱生活的美好品质，为幼儿的情感和认知等全方位发展提供助力。幼儿园应该不断提高对节日感恩教育的重视程度，利用节日多组织一些感恩教育活动，让浓郁的节日氛围吸引幼儿主动参与其中，让幼儿去发现、感受节日活动中的情感价值，这对其今后和谐人际关系的建立具有重要作用。

（二）利用节日实施感恩教育，深化节日感恩体验

1.区分年龄层次

节日感恩教育应该遵循幼儿的身心发展规律和年龄特点来实施，小班幼儿的自我认知能力、人际交往能力和对周围事物的关注力都是有限的，贴近生活是开展感恩教育活动的重点。中班幼儿的人际关系和社会认知水平发生了一定程度的变化，从以前的与成人交往发展到现在的与同龄伙伴交往，同伴关系的地位逐渐提高。对于大班的幼儿来说，他们各方面的发展都比较成熟了，他们分享与合作的意识有所提高，教师应该根据这些特点来制定新的感恩教育目标，让孩子从多个角度理解感恩。

2.采取多种教育方式

一是开展一系列实践活动。蒙台梭利认为幼儿听到后遗忘的可能性极大，但是看到和做到的话就更容易记住和理解。从这一角度来看，面向幼儿的节日感恩教育有必要以"做"来强化落实，在实践活动中培养幼儿的感恩行为。

二是发挥榜样的力量。幼儿能够从他人的行为中学会感恩。无论是家长还是教师的言行都会在无形中对幼儿产生熏陶和感染，如果二者能够发挥榜样的作用，言传身教地培养幼儿的节日感恩意识，相信幼儿能够接受到更高质量的感恩教育。

三是促使节日感恩教育活动领域多元化。节日感恩教育活动不只是社会领域的活动，它适用的领域是多元的，它同样可以存在于语言领域、艺术领域的教学活动中，比如，制作小礼物送给家人，并对家人表达感激之情。

3.把握各种节日活动内容与方法

"母亲节"是孩子对母亲表达感恩之情和美好祝愿的节日。幼儿园可

以开展学做怀孕妈妈的活动，使孩子切身体会到妈妈的不易和无私付出，进而引导幼儿更多地理解妈妈、爱妈妈，并为妈妈精心制作小礼物，送上节日的祝福。还可以倡导幼儿身体力行地参与到感恩活动中，如帮妈妈捶背、倒水，帮妈妈洗洗脚，给妈妈一个温暖的拥抱、一个香甜的吻，让孩子们感受到妈妈日常照顾自己的辛苦，引导孩子学会用实际行动报答妈妈。

"父亲节"是拉近孩子与父亲情感距离的最佳契机。幼儿园可以把爸爸们请到幼儿园，举行亲子联谊活动。促使幼儿参与到活动中，为爸爸们表演节目并送去节日的祝福，还可以和爸爸们一起玩各种有趣的亲子游戏，最后让父子（女）共同参与到亲子小制作中，引导幼儿将父子（女）合作完成的小制作亲手献给爸爸，并把对爸爸的爱意一并送上。

"教师节"可以开展师生互动主题活动，让幼儿能够有机会向教师表达感激之情。在这个美好的节日里，幼儿园可以引导孩子们为教师送上亲手制作的小礼物与贺卡，表达自己的美好祝愿，而教师也可以充分利用这个节日契机为孩子们奉献自己的爱心。教师可以教会幼儿制作爱心贺卡，将自己的心愿写在上面，这种美好的心愿，可以是希望得到教师的帮助或者教师的表扬，也可以是一个拥抱或者是一个吻，让幼儿得到一个及时的回馈。

"重阳节"可以组织幼儿参与到看望孤寡老人的活动中，除了送去爱心水果之外，还可以给老人们送上精心准备的节目，或者是为其捶背敲腿等，将对老人的感恩转化为实际行动。也可以邀请家中老人到幼儿园共同庆祝节日，还可以让幼儿讲讲爷爷奶奶、姥姥姥爷平时是怎么照顾自己的，再想想自己能为他们做些什么事情，让老人感受到关爱，同时能够帮助幼儿增进对感恩的理解。

"劳动节"可以向幼儿介绍各行各业劳动者为社会做的贡献，让幼儿畅谈父母的工作，让幼儿感受到劳动最光荣，激发幼儿的劳动热情。在"世界环境日"和"植树节"等节日到来之时，幼儿园可以组织与之相关的活动，如清扫、植树等，让幼儿充分体会到大自然的赋予与恩赐，进而激发幼儿对大自然的热爱之情和感恩之情。

（三）实现家园共育，全方位进行感恩教育的实施途径

幼儿园应该引导家长增强对节日感恩教育的认识，争取家庭和社区的配合，使其能够在幼儿的节日感恩活动中发挥应有之义。家长需要以身作则，在家庭中落实尊敬父母，孝敬老人，发挥榜样的示范效应，让家长在教育孩子学会感恩的同时给自己上好感恩教育课。社区还需要加大节日感恩教育的宣传力度，确保更多的家庭能够懂得理解和包容他人，能够从感恩中获得快乐与满足。充分发挥幼儿园、家庭、社区的教育合力作用，使节日感恩教育得到全面落实，让节日感恩教育具有更加持久的生命活力。

【参考文献】

[1] 黄人颂 . 学前教育学 [M]. 北京 : 人民教育出版社 ,2001:93.

[2] 周亚华 . 幼儿园感恩教育的实践研究 : 以苏州幼儿园为例 [D]. 苏州 : 苏州大学 ,2014:27–28.

[3] 王佑娟 . 如何对幼儿进行知恩感恩教育 [J]. 黑河教育 ,2018(10):71–72.

[4] 刘小红 . 行知生活教育思想对幼儿品德培养的启示 [J]. 课程教育研究 ,2013(14):57.

[5] 吕振艳 . 三位一体实施幼儿感恩教育 [J]. 教学月刊 : 小学版 (综合),2013(7):79–81.

以绘本教学为途径培养幼儿环保行为的实践研究

（天津市学前教育学会立项课题　课题编号：SXH135YY001）

天津市和平保育院（天津市卫生健康委员会幼儿园）　于颖　李红艳

【摘要】日益严重的环境问题已向人类生存敲响了警钟，社会也愈来愈重视环保教育。本课题尝试利用环保主题绘本这一媒介在幼儿园开展环保教育，以促进幼儿环保意识的形成以及幼儿环保行为习惯的养成。研究经过实践和前后测数据显示，说明绘本教学活动对5—6岁幼儿环保行为提高有正向的推动作用。在组织活动中，教师应注意贴近生活、亲近自然，根据幼儿需要创设适宜的阅读环境，发挥幼儿自主性，让他们在亲身体验中领会环保的重要性。

【关键词】绘本；绘本教学；幼儿环保行为

一、问题的提出

人因自然而生，与自然共生。生态环境是无法替代的自然资产，也是人类社会繁衍壮大的基础支撑。习近平总书记一直十分重视生态环境保护，党的十八大以来多次对生态文明建设做出重要指示，在不同场合反复强调，"绿水青山就是金山银山"。幼儿是地球未来的主人，幼儿园环保教育是整个环保事业的基础。

绘本图文并茂、趣味盎然，深受幼儿喜爱，是一种对幼儿进行环保教育极为合适的载体。因此，我园尝试利用环保主题绘本这一载体在幼儿园开展环保教育，以促进幼儿环保意识的形成以及幼儿环保行为习惯的养成。

二、核心概念

（一）绘本

本研究欲探讨教师如何运用绘本教学培养幼儿环保行为。绘本也称为图画故事书，英文称为"picture book"，在我国台湾地区，还被称为"童书"。日本图画书之父松居直说过："图画书是成人送给孩子最好的礼物。"

（二）绘本教学

绘本教学是指在教学过程中，以一个绘本主题为线索，围绕主题进行活动与交流。本研究是以绘本作为切入点，开展相关的主题活动提高幼儿的环保意识，培养幼儿良好的环保行为。绘本教学主要形式包括绘本互动式教学、绘本角色扮演、故事复述、问题讨论、亲子绘本剧表演等。

（三）幼儿环保行为

《幼儿园教育指导纲要（试行）》明确要求："在幼儿生活经验的基础上，帮助幼儿了解自然、环境与人类生活的关系；从身边的小事入手，培养初步的环境保护意识和行为。"本研究中幼儿环保行为是指以热爱、尊重自然为导向，在一日生活中受环境保护意识影响，从而表现出良好的外在举止行为。

三、研究内容与方法

（一）研究内容

搜集整理国内外的环保主题的绘本资源，充分挖掘其在环境教育中的价值，并在教育活动中加以利用。在实施环保教育的过程中，梳理归纳实践过程及经验，将研究内容分为符合大班幼儿认知水平的保护自然环境、保护地球生物、低碳生活、绿色食品四个维度，并分别展开研究。

（二）研究方法

在研究方法上，我们以行动研究法为主，辅以自然实验法、调查法、观察法等，使理论与实践相互印证，并在教学过程中不断完善、改进，以探索出最好的教育方法，达到最大的教育成效。本研究以自编的"幼儿环保行为调查问卷"为工具（其信度为 0.939），搜集整理适合本研究的绘本材料，选取实验对象，对大班幼儿的环保行为发展水平进行前测评估，开展实验干预，干预结束后对幼儿进行环保行为发展水平的后测，通过"筛选环保类适宜绘本—设计绘本主题活动—开展活动—针对问题进行反思和调整—再实施活动"，在此过程中不断总结教学方法和组织策略，促进幼儿环保行为的发展。本研究采用 SPSS17.0 对前后测的实验班和控制班数据进行描述统计，考察实验班和控制班实验前后及延迟后测的差异性。

四、研究结果与分析

（一）实验班和控制班环保行为问卷前测同质性检验

实验前，以问卷形式对实验班和控制班进行了同质性检验，实验班与控制班问卷前测成绩的比较结果如表 1 所示。

表1 实验班和控制班前测同质性检验表

变量	班级	n	M	SD	t
总分	实验班	57	77.18	9.11	−0.863
	控制班	57	78.56	9.33	

从表1可以看出，实验班幼儿的环保行为问卷前测平均数为77.18，控制班幼儿的环保行为前测平均数为78.56，两个班级前测的平均数未达到显著水平（$p > 0.05$），说明实验班和控制班在实验前具有同质性，没有显著差异。

同时，本研究将问卷各题按低碳生活、绿色食品、保护地球生物和保护自然环境四个维度进行了分别统计，实验班与控制班问卷前测成绩比较结果如表2所示。

表2 实验班和控制班前测幼儿环保行为各维度同质性检验

变量	班级	n	M	SD	t
低碳生活	实验班	57	23.25	3.56	0.113
	控制班	57	23.18	3.05	
绿色食品	实验班	57	15.21	3.03	−1.816
	控制班	57	16.11	2.15	
保护地球生物	实验班	57	15.02	2.66	−1.920
	控制班	57	15.86	1.97	
保护自然环境	实验班	57	23.51	3.58	−0.026
	控制班	57	23.53	3.54	

从表2可以看出，两个班级前测"低碳生活、绿色食品、保护地球生物、保护自然环境"四个维度的分值均未达到（差异）显著水平（$p > 0.05$），说明实验班和控制班环保行为各维度在实验前也具有同质性，没有显著差异。

（二）实验班和控制班环保行为问卷后测之比较

实验结束之后，以问卷形式对实验班和控制班进行了环保行为差异检验，实验班和控制班问卷后测成绩的比较结果如表3所示。

表3　实验班和控制班后测幼儿环保行为差异检验

变量	班级	n	M	SD	t
总分	实验班	57	85.39	6.45	3.809***
	控制班	57	79.95	8.64	

注：*** 为 $p < 0.001$。

从表3可以看出，实验班和控制班在后测总分平均数分别为85.39和79.95，实验班与控制班在后测的平均数达到极其显著水平（$p < 0.001$），即幼儿环保行为发展实验班显著优于控制班，说明环保绘本教学活动能够有效促进幼儿环保行为的发展。

实验班和控制班问卷后测总成绩在实验设计的四个维度上的比较结果如表4所示。

表4　实验班和控制班后测幼儿环保行为各维度差异检验

变量	班级	n	M	SD	t
低碳生活	实验班	57	24.93	3.12	2.581*
	控制班	57	23.47	2.90	
绿色食品	实验班	57	17.60	2.86	2.552*
	控制班	57	16.40	2.07	
保护地球生物	实验班	57	17.00	2.66	2.103*
	控制班	57	16.25	1.98	
保护自然环境	实验班	57	25.77	3.75	2.841*
	控制班	57	23.89	3.29	

注：* 为 $p < 0.05$。

从表4可以看出，实验班与控制班在后测的"低碳生活、绿色食品、保护地球生物、保护自然环境"四个维度均存在差异（$p < 0.05$）。从样本的平均数大小可以看出，实验班后测分数均高于控制班后测分数，即实验班在四个维度上的得分优于控制班，差异显著。这说明环保绘本教学活动能够有效地促进幼儿环保行为的发展。

（三）控制班环保行为问卷前后测比较分析

本研究对控制班环保行为问卷前测成绩与后测成绩进行了比较，比较结果如表5所示：

表5 控制班前后测幼儿环保行为差异检验

变量	方面	n	M	SD	t
总分	前测	57	78.67	9.33	−0.761
	后测	57	79.95	8.64	

从表5可以看出，自然教学情境下，控制班前后测的平均数为78.67和79.95，虽然后测的平均数高于前测，然而没有达到显著差异（$p > 0.05$）。

控制班问卷前后测成绩在实验设计的四个维度上的比较结果如表6所示。

表6 控制班前后测幼儿环保行为各维度差异检验

变量	方面	n	M	SD	t
低碳生活	前测	57	23.18	3.05	−0.534
	后测	57	23.47	2.9	
绿色食品	前测	57	16.11	2.15	−0.754
	后测	57	16.4	2.07	
保护地球生物	前测	57	15.86	1.97	−1.043
	后测	57	16.25	1.98	
保护自然环境	前测	57	23.53	3.54	−0.575
	后测	57	23.89	3.29	

从表6可以看到，在未干预情境下，虽然幼儿环保行为各维度发展后测平均数均大于前测平均数，但差异均未达到显著水平（$p > 0.05$）。

五、讨论

（一）绘本主题活动对大班幼儿环保行为的影响

本研究结果显示，实验班后测数据显著高于控制班，说明绘本主题活动对大班幼儿环保行为的提高，有正向的推动作用，这与周晓（2011）以环保主题绘本促进幼儿园环保教育的研究结果一致。本研究结合健康、语言、科学、社会和艺术五大领域，结合幼儿的游戏和一日生活，注重环境潜移默化的作用，并与家长密切配合，设计的主题活动内容新颖，每套主题方案中均附有条理清晰的主题活动网络图，符合幼儿发展特点和兴趣需要，具有明显的培养效果，是一套较好的能培养大班幼儿环保行为的绘本辅导方案，其组织策略可以供广大幼教工作者借鉴。

（二）多元的教学方法提升幼儿的学习动机

本研究采用绘本教育主题活动的形式，主要包括绘本互动式教学、故事复述和创编、自制图画书、问题讨论、创意戏剧表演、户外体育游戏、区域语言游戏、绘本戏剧欣赏、图画书亲子共读、亲子绘本剧表演、家长助教等活动，且每次正式阅读活动后都有丰富的延伸活动，让幼儿对每一次活动都充满期待，而且在活动中寓教于乐，并活用在生活和游戏中。研究中，实验班通过丰富的绘本教育活动干预，得分明显优于控制班，且实验班自身前后测差异显著，而控制班自身前后测差异不显著，则有力地说明通过丰富的绘本教育活动干预，大班幼儿环保行为有明显提高。

由此可见，环保主题绘本在此次研究中发挥了独特的价值。环保主题绘本以其科学性、趣味性、生动性、现实性帮助幼儿学会关注周围生活的环境，了解人与环境的密切关系。从而提高幼儿的环保意识，进而促进幼儿良好环保行为习惯的养成。

在对比实验研究阶段结束后，我园无论实验班还是控制班均全面开展了环保绘本教学活动，保障每位幼儿发展的全面性和均衡性。

六、结论与建议

（一）结论

通过对以上数据收集与分析，本研究得出结论：绘本教学活动干预能够促进大班幼儿环保行为的发展。

（二）建议

1.结合幼儿个体需要，创设阅读环境，支持幼儿分享环保认知

在环保绘本教学活动中，除了集体教学之外，我们精心创设了具有个别化的小型图书馆、观图倾听角，可以随时满足幼儿阅读的兴趣。在观图倾听角中，设立了不同的阅读倾听任务，如：看、听故事续编结尾、看听故事画（说）感受等个别化活动。幼儿戴上耳机，一边翻阅图书一边倾听故事录音，在倾听理解、掌握主要内容之后，完成录音中提出的相关任务，如在"空气的秘密"主题活动中，我们在倾听角中投放了《雾霾的秘密》的绘本及录音，在故事结尾处向幼儿提出了几个思考问题：雾霾是怎样形成的？怎样才能减少雾霾的产生？等等。幼儿将自己的想法用绘画的形式呈现在主题墙上，通过分享交流，孩子们提高了环保意识，逐步养成了环保行为。

2.贴近生活、亲近自然，培养幼儿对自然的感知和热爱

让幼儿在日常生活中，接触生活周围的自然环境，通过绘本的引导帮助幼儿发现生活周围所遇到的污染问题。例如在开展绘本主题活动"可回收利用的垃圾"后，幼儿会自发地对活动区"百宝箱"中的非结构材料进行分类，在家中开始有意识地要求爸爸妈妈把垃圾分类打包，扔垃圾之前也会仔细看垃圾箱上的字，确认后再扔。开放互动时班里组织了环保主题的亲子竞赛活动，幼儿能很好地掌握垃圾分类的常识，日常行为也有明显的转变。

3.让幼儿在亲身体验中领会环保的重要性

帮助幼儿通过亲身体验，将环保理念内化，培养幼儿主人翁意识、相互依存意识。教师教育活动中注重幼儿亲身体验和实践，如"参观污水处

理系统"活动、"我种植的蒜苗"自然角活动；"家庭节水节电"小明星、"吸烟有害健康"宣传员等，促使幼儿在亲身体验中实践环保行为，并体会环保行动后所带来的成就感和满足感。

4. 正面强化，发挥幼儿自主性

帮助幼儿在自主活动中自我管理，提高自信，逐渐实现从他律向自律的过渡。例如大班幼儿自己制作"环保宣传海报""吸烟危害健康宣传册"，向全园的幼儿和家长进行环保理念普及；我们鼓励幼儿自己制订"绿色食谱"，营养均衡的食谱可以被食堂的师傅采纳，做给他们品尝。这些自主活动，极大调动了幼儿的积极性，他们能充分开动脑筋，运用领会的环保经验自主规划自己的生活。

通过以上研究，我们将实践研究及经验梳理归纳，制作出《幼儿良好环保行为养成绘本目录册》，绘本目录册中包含绘本名称、作者、作者国籍、出版社以及适合的幼儿年龄，可以为广大幼教同行所借鉴和使用，以提高工作效率和效能。在研究过程中，我们还开发了一些环保绘本主题活动，形成了保护自然环境、保护地球生物、低碳生活和绿色食品四个维度幼儿环保行为养成绘本课程纪实案例，可以为广大幼教工作者提供具有借鉴意义的教学模式和策略等支持。

【参考文献】

[1] 教育部基础教育司.《幼儿园教育指导纲要（试行）》解读 [M].南京：江苏教育出版社,2002.

[2] 李季湄,冯晓霞.《3—6岁儿童学习与发展指南》解读 [M].北京：人民教育出版社,2013.

[3] 白爱宝.图画书创意教学实践 [M].北京：教育科学出版社,2015.

[4] 应彩云 . 情景阅读 : 新课程背景下的绘本教学 (大班)[M]. 上海 : 少年儿童出版社 ,2015.

[5] 刘雪 . 来自真实教室的经验与反思 : 图画书教学大家谈 [M]. 江苏 : 南京师范大学出版社 ,2018.

[6] 塞利 . 儿童自然体验活动指南 [M]. 肖凤秋 , 尚涵予 , 译 . 北京 : 教育科学出版社 ,2017.

[7] 纳尔逊 . 以儿童为中心的学习环境的设计与实施 [M]. 丁道勇 , 徐逸柯 , 王馨玥 , 译 . 北京 : 教育科学出版社 ,2017.

[8] 周晓 . 以环保主题绘本促进幼儿园环保教育的研究 [D]. 济南 : 山东师范大学 ,2014.

[9] 王淑君 , 刘晓洁 . 幼儿园环境教育的形式与途径 [J]. 学前教育研究 ,2011(5):67-69.

幼儿园绘本教学的实践研究

（天津市学前教育学会立项课题　课题编号：SXH135YY021）

天津市教育科学研究院　宋丽梅

【摘要】在幼儿园实践中，绘本是深受幼儿喜爱的读物，绘本教学也越来越受到重视。如何有效发挥绘本教学对幼儿的发展作用是近年来幼儿教育工作者非常关注的问题。本课题组在调研的基础上，针对幼儿园绘本选择比较随意、教学方式单一等问题，以三所幼儿园为基地，进行了为期三年的实践研究和探索，形成了以下开展绘本教学的主要成果：深入分析和解读绘本内容、体现多元教育价值等绘本教学内容的选择策略；创新多种阅读方式、有效引导幼儿对画面的观察等用以激发幼儿阅读兴趣、提高幼儿的阅读理解能力的教学方法。

【关键词】绘本；图画书；绘本教学

一、研究目的和意义

针对天津市幼儿园绘本教学进行调研，在调研基础上找出当前绘本教学存在的问题，并探索行之有效的解决策略，提高幼儿园教师选择绘本内容和指导教学的能力。

通过本研究，可以了解幼儿园绘本教学过程中存在哪些问题，探索出一些方法和策略，会在实践的基础上为其他绘本教学研究者提供有参考价值的资料，指导一线教师有效地开展绘本教学。本研究分析了当前天津市幼儿园绘本教学的现状，从理论层面丰富有关幼儿园绘本教学的相关研究，从而促进幼儿园绘本教学研究理论方面的完善和进一步深入。

二、理论依据

本课题主要依据皮亚杰的认知发展理论进行研究。瑞士儿童心理学家皮亚杰把儿童认知发展概括为连续的发展过程，他认为儿童认知发展阶段具有一定程度的交叉重叠。虽然儿童认知发展阶段出现的年龄不同，但各个阶段的先后顺序不变。因此，根据皮亚杰的认知发展阶段理论，在选择绘本以及在绘本教学的过程中，教师应依据幼儿的年龄特点与身心发展规律进行选择。

三、概念界定

（一）绘本

绘本别称"图画书"，是由封面、环衬、扉页、正文以及封底构成的整体。

（二）绘本教学

笔者通过文献分析，发现很多研究者对绘本教学的定义主要包含早期阅读和教学活动这两种倾向。比如，张彤认为：绘本教学是在教师的引导下开展的一种幼儿园的集体阅读活动，其核心在于幼儿的自主阅读；

姚雪姣则更倾向于认为：绘本教学是以绘本为主要教学内容所进行的教学活动。

本研究将深入挖掘绘本中的教育价值，通过分析幼儿的需求、发展水平和特点，有计划、有组织地开展集体阅读活动。

四、研究方法

本研究主要采用的是行动研究法，以天津市三所有绘本研究基础的幼儿园作为研究基地，组成研究课题组共同开展专项研究。在研究过程中，课题组力求将理论与实践紧密结合，在不断的实践、反思、再实践的行动过程中去验证，再根据实际情况随机进行调整、改进及补充，最终完成课题研究任务。本课题注重过程性资料的积累，并坚持撰写相关教育教学经验以及反思资料，将教师在教育实践中积累的比较零碎的初步的认识，在教育过程中发现的成功经验及时进行阶段性和终结性的总结，在此基础上提升认识，为进一步深入研究提供范例，逐步形成有价值的研究成果。

五、现状分析

本研究以天津市三所幼儿园为例，对绘本教学的目标、内容、方法和策略的情况进行了现状调查。通过访谈和教学活动观摩我们发现，幼儿园教师开展绘本教学的难点主要在于如何选择合适的绘本、如何组织绘本教学。

为了更好地了解绘本选择的现状，课题组设计了访谈提纲，围绕"您是如何选择绘本的"这一问题，对一线教师进行了访谈。通过对访谈结果的分析，我们发现了教师进行绘本选择时存在以下问题。

1.绘本选择比较随意，缺乏系统性指导

在调查中课题组发现，由于绘本本身基本上没有标注具体适宜哪个年龄段的幼儿阅读，有些教师在选择绘本内容的时候比较茫然，也比较随意，并且带有强烈的个人感情色彩与偏好，导致部分内容不适合幼儿的年龄特点，影响教学效果。

例如，课题组某教师组织的中班绘本教学活动"我为什么快乐"，是关于一些消极情绪和一些积极情绪，以及如何帮助幼儿调节情绪的内容。对里面涉及的诸如"高兴""愉快""兴奋"等几种比较积极的情绪，大部分幼儿并不能很好地进行识别和区分，因而在活动过程中东张西望，兴趣不太高。其实这个内容对于中班的幼儿来说是比较有难度的，更适宜于在大班组织开展。

2. 教学方式单一，忽视对幼儿阅读能力的培养

在观摩调查中，我们发现教师的教学方式基本以教师讲述、引导幼儿倾听为主，其模式基本上是"教师讲——幼儿观看 PPT 课件或复印的绘本大书——倾听教师讲述——回答教师提出的问题"。也就是教师更多地运用复印的绘本大书或者播放 PPT 的形式进行逐图讲述，或者为幼儿朗读绘本。

六、研究成果

（一）选择绘本教学内容的策略

在研究探索中，课题组总结了以下选择绘本教学内容的策略。

1. 深入分析和解读绘本内容

大部分绘本从内容到形式能适合不同年龄段孩子的阅读欣赏。除了主题非常明确的少数绘本以外，绝大多数绘本没有明确的年龄划分。这就使得那些对绘本没有进行过系统研究的教师在选择绘本的时候感到很困惑，形成了"绘本教学中内容缺乏年龄适宜性"的现象。比如，对于画面和情

节比较复杂的绘本，小班的幼儿不太容易理解，而画面和情节太简单的绘本则对于大班幼儿缺乏挑战性。

为此，课题组在实践中通过深入分析大量绘本内容，结合幼儿的兴趣以及实际教学效果，形成了既适宜于幼儿身心发展特点和生活经验又具有一定的审美价值和情感性的各年龄班绘本，如小班包括《我爱幼儿园》《汤姆上幼儿园》《抱抱》《幼儿园的一天》《小兔子去上学》《我妈妈》《我爸爸》《报纸上的洞洞》等，中班包括《会飞的抱抱》《逃家小兔》《跟着姥姥去遛弯》《花格子大象艾玛》《母鸡萝丝去散步》《牙齿牙齿扔屋顶》《子儿，吐吐》《三只小猪》《爷爷一定有办法》《可爱的鼠小弟》《彩虹色的花》等，大班包括《蚯蚓的日记》《彼得的椅子》《金老爷买钟》《妈妈的红沙发》《一团青菜成了精》《獾的礼物》《花婆婆》《安娜的新大衣》《小房子》《开往远方的列车》《白天和黑夜》《城里最漂亮的巨人》，等等。

2. 选择绘本时要体现多元教育价值

绘本的主题不一样，对幼儿发展的价值也不一样，除了本身作为阅读资源所具有的语言促进作用，还蕴含着丰富的意义。因此，教师在选择绘本进行教学的时候，还要体现绘本的多元教育价值。

例如，利用绘本《小蓝与小黄》，课题组设计和组织了语言和社会领域相整合的教学活动。这一绘本通过两个色块，巧妙地让幼儿知道：蓝色和黄色结合在一起可以变成绿色。这不仅能让幼儿了解有关颜色的知识，还能感受到人与人之间的美好感情，在潜移默化中促进了幼儿社会意识的发展。

教师在为幼儿选择绘本教学内容的时候，不仅要关注国外那些经典的绘本，还要认真考虑国内优秀的原创绘本，渗透优秀传统文化教育。目前，国内原创作品越来越多，如小班的《我喜欢跳》《拔萝卜》《妈妈，买绿豆》《报纸上的洞洞》《谁的家到了》《我会飞天啊！》《错啦！》；中班的《跑跑镇》《兔儿爷》《西西》《小石狮》《那只深蓝色的鸟是我爸爸》《公主怎么挖鼻屎》《年》；大班的《小艾的端午节》《妈妈的美丽花》《荷花镇的早市》《耗子大爷在家吗》《老鼠娶新娘》《祝你生日快乐》《外婆住在香水村》《妹妹的大南瓜》，等等，非常受幼儿喜爱，同时也具有艺术审美价值，能很好地进行传统文化教育。例如，在一次春节后的课题组集中活动中，我们以绘本《春节》为内容，设计和实施了一次集体教学活动，以加深幼儿对传统文化习俗的感受和理解。课题组根据小班幼儿的年龄特点、发展需求以及兴趣，在教学中特意设计了一个律动环节，不仅让幼儿得到了阅读能力方面的发展，而且让幼儿了解了包饺子的方法和步骤，体验了进行游戏的快乐。

（二）教学方法

结合教育实践中出现的教学方法方面的问题，课题组探索总结了以下教学策略，以改进教学方法。

1.创新多种阅读方式，激发幼儿的阅读兴趣

松居直先生说过："是否有吸引孩子的故事和插图，是辨别图画书好坏的关键。"

幼儿观察的是由色彩和线条组成的平面的、静止的画面，他们假如可以通过自己的心灵和身体去进行感知和想象，会有利于他们更好地理解图画所蕴含的意义。正如艾伦·迪萨纳亚克所说的：审美经验的一部分强烈快感是身体性的。因此，优秀的绘本应该具备动作性和游戏性，能够让幼儿以角色的肢体语言来传达美的信息，以此呈现文字难以描绘的趣味和美

感，从而唤起幼儿内在的身体运动知觉，使他们感受到画中角色的激情和运动。

正因为如此，在绘本阅读教学研究中，课题组创新了多种阅读方式，比如游戏式阅读、读写画式阅读、表演式阅读等，调动幼儿的多种感官，让幼儿理解绘本内容，提高阅读兴趣和阅读能力。

例如，绘本《猜猜我有多爱你》讲述的故事情节是这样的，有一只大兔子和一只小兔子，他们通过各种肢体语言的变化，来表达自己对对方的爱，但是却不能表达清楚自己对对方的爱到底有多深，整个过程非常具有游戏性。在组织这个教学活动的时候，课题组成员也做出各种肢体动作来与幼儿进行互动。比如，和他们在一起比一比谁更高，比一比谁更比长，等等，并且一遍遍说着相同的句式。孩子们在积极参与中，能够真切地感受到绘本中大兔子和小兔子所做的各种各样的动作，从而表现得兴趣盎然，并能深入理解绘本内容，在活动结束以后，孩子们意犹未尽，效果非常好。

再比如，课题组教师在组织绘本教学《小黑鱼》中，引导幼儿一边阅读，一边模仿故事中的小黑鱼，感受小黑鱼内心从快乐到孤独的心情变化。到"小黑鱼"发现躲在大石头后面的小伙伴的时候，教师亲切地鼓励幼儿表达自己的心情，同时针对小黑鱼将会怎么做进行表演，最后，教师和幼儿一起进行角色扮演，让孩子们在绘本情境中自主地探究，深入理解了绘本的内容。

2.有效指导幼儿对画面的观察，提高幼儿的阅读理解能力

幼儿在阅读中观察人物形象、每幅图画的细节，以此为基础产生各种想象，进而模仿，通过想象和模仿，与绘本产生共鸣和对话，并在教师的

引导下，能够完整理解绘本的内容。也就是说，幼儿阅读绘本的过程要经历"观察—想象—模仿—理解"四个阶段，其中，观察是幼儿进行阅读的基础。所以，对绘本教学来说，提高幼儿的"读图"能力是最关键的，即图画阅读理解能力，包括翻阅绘本、观察绘本画面、在阅读过程中对故事的发展进行预测的能力。

由于创作者在绘本的扉页、环衬以及绘本的正文和封底方面都用了很多巧妙的心思，使它们和正文一样，也成为绘本的一部分，所以，教师还要在教学过程引导幼儿对封面、环衬、扉页以及正文和封底进行观察。

由于时间和精力有限，本研究还存在一些不够深入和完善之处，比如在绘本教学过程中还有一些其他的策略；再比如，如何对绘本教学进行有效的评价还有待进一步深入研究，这些都是我们将要继续进行探索的方向。

【参考文献】

[1] 中华人民共和国教育部 . 幼儿园教育指导纲要 (试行)[M]. 北京 : 北京师范大学出版社 ,2001.

[2] 中华人民共和国教育部 .3—6 岁儿童学习与发展指南 [M]. 北京 : 首都师范大学出版社 ,2012.

[3] 彭懿 . 图画书 : 阅读与经典 [M]. 南昌 : 二十一世纪出版社 ,2006.

[4] 松居直 . 我的图画书论 [M]. 郭雯霞 , 徐小洁 , 译 . 乌鲁木齐 : 新疆青少年出版社 ,2017.

培养幼儿语言运用能力的策略与研究

（天津市学前教育学会立项课题　课题编号：SXH135YY017）

天津市宝坻区宝鑫幼儿园　王冰

【摘要】幼儿期是语言发展的关键期，也是对幼儿进行语言教育的最佳时期。《幼儿园教育指导纲要（试行）》在语言领域目标中也提出"能清楚地说出自己想说的事"，可见幼儿语言运用能力的培养已成了幼儿园语言教育的重要目标。良好的语言运用能力能够促进幼儿的生活、学习和交往，对幼儿今后进入小学乃至一生的发展都将发挥重要的作用。

【关键词】语言表达；家园合作；语言教育；区域互动

一、问题的提出

《幼儿园教育指导纲要（试行）》明确提出："语言能力是在运用的过程中发展起来的，发展幼儿语言的关键是创设一个能使他们想说、敢说、喜欢说、有机会说并能得到积极应答的环境。"幼儿园以游戏为主要活动，游戏里，幼儿在自主的、自由的氛围中通过与材料、同伴、教师的相互作用，语言可以得到发展。因此，要给幼儿创设宽松和谐的生活环境，提供适宜的交流空间，激发幼儿表述的欲望，让幼儿在敢说的基础上学会说，使幼儿养成积极运用语言表达的良好习惯。

二、研究的目标和内容

（一）研究目标

（1）通过本次研究，提升幼儿语言表达的能力，解决幼儿在日常生活中的不敢说与不想说，关注各个层面语言表达能力的幼儿，使每个幼儿都能做到想说、敢说和喜欢说。

（2）通过以一日生活活动、集体活动、游戏活动以及家园共育为切入口，探索出适合幼儿实际的发展语言表达能力的教学活动的内容、方法和组织形式。

（3）通过实践与研究，为今后的语言教育积累丰富的经验，提高教师组织幼儿活动的能力，进而更好地开展幼儿园语言教育，推进幼儿园的语言素质教育。

（二）研究内容

（1）影响幼儿语言表达能力的因素研究。分析影响幼儿语言表达能力发展的因素，提出提高幼儿语言表达能力的策略。

（2）家园共同为幼儿创设良好的语言表达环境的研究。幼儿园和家庭是幼儿生活的主要环境，在幼儿教育中存在各自的优势。双方加强配合，优势互补，会收到 1+1 ＞ 2 的功效。

（3）探讨提高幼儿语言运用能力的有效策略。

三、研究过程与方法

（一）研究过程

第一阶段：准备立项阶段（2017 年 2 月—2017 年 6 月）。

组织教师学习有关幼儿语言教育的理论，收集现有资料。成立课题组，建立课题研究活动制度，明确具体分工，制订实施方案。

第二阶段：具体实施阶段（2017 年 8 月—2019 年 8 月）。

为了解幼儿表达能力现状，验证课题效果，课题组根据《各年龄班幼儿语言表达发展目标》制订了《幼儿语言表达能力测试标准》，教师通过组织相关活动进行了前测试与后测试，实验班和对照班的测试结果没有明显差别，幼儿整体属于中等水平，幼儿语言表达能力的培养具有很大研究空间，幼儿语言表达能力还需提高。

第三阶段：总结结题阶段（2019 年 9 月—2020 年 1 月）。

对前两年的研究资料进行分析，对经验进行概括提炼，撰写总课题研究报告。

（二）研究方法

以行动研究法为主要研究方法，并根据研究需要，综合运用问卷调查、观察比较、案例分析法等，采用总体设计、分步实施、阶段推进、逐步调整的策略。

四、研究结果

（一）为幼儿创造各种适宜的语言表达的环境

（1）为幼儿创设轻松愉快的互动氛围，让幼儿想说、敢说。

（2）为幼儿提供同伴互动机会，让幼儿有机会说。

（3）丰富幼儿语言互动策略，使幼儿会说：①引导幼儿清楚表达自己的意思；②培养幼儿文明的语言习惯。具有文明的语言习惯是幼儿的语言能力培养目标之一，这种积极的语言可以促进良好的同伴关系的建立，积极地运用语言可以达到良好沟通的效果，可在班级公约以及区域活动的入区规则中以图文并茂的形式进行呈现，让幼儿在潜移默化中明白什么样的语言是同伴乐于接受的，自己怎么说话才会受到同伴欢迎。

（4）肯定幼儿良好的语言行为，逐步养成习惯。

（二）设定各类关于培养幼儿语言的主题活动、区域活动、家长活动，搜集研究课题的研究资料，同时撰写相关论文

1.通过语言教育活动丰富词汇，培养幼儿表达兴趣，激发幼儿表达欲望

在语言活动中重视幼儿的创编讲述，发展幼儿的创造性讲述能力。传统的幼儿园语言教学多以发展幼儿的语言知识为主，基本以教师的传授、幼儿的机械记忆为教学模式，从知识上向幼儿进行语言教育，忽视能力上的发展。在语言教育活动中，我园注重了幼儿的创造性讲述能力的培养，通过让幼儿创编故事结尾、创编诗歌、联想讲述等活动来丰富幼儿的词汇，感受语言的美，从而发展幼儿的语言表达能力。如小班故事《怕冷的大恐龙》，教师通过让幼儿想办法帮助大恐龙不再怕冷，引发幼儿积极地思考、讨论。然后结合图片，让幼儿进一步展开想象来续编故事。这样不但增强了幼儿学习的积极性，还调动了幼儿的思维，使幼儿的语言和思维达到完美整合。又如《橡皮膏小熊》以猜测小熊受伤的原因，引起幼儿对故事的兴趣；然后利用实物橡皮膏让幼儿操作，引导幼儿设想不让小熊受伤的方法、学做自我保护的动作及在教师引导下改编故事，由浅入深地帮助幼儿

理解故事内容，做到听讲结合、动静交替，使幼儿在生活中自然地掌握一些自我保护的方法，也发展了语言表达能力。

2. 利用和创造表达机会，使幼儿会说

一日生活中，幼儿随时有表达意愿和感受的要求，成人应关注幼儿的想法，满足其需要，抓住生活中各种表达的机会，鼓励幼儿表达自己的想法和感受，使幼儿有话愿说。如让幼儿在讲话中学会倾听与表达，在争执中学习围绕话题进行辩论，在聊天中学会相互交流，让幼儿在与同伴和成人的交流中感受说的乐趣，而这种快乐的情感体验又会促使幼儿乐于交流与表达。

（1）开设"小小广播站"和"小小升旗手"讲话活动，为幼儿提供展示自我的平台。我园幼儿刚开始的时候孩子们表现为抱着话筒不敢说、声音小、不自然，在教师的鼓励下，孩子们自信、勇敢地面对话筒，流利地讲述自己的内容。讲述后的幼儿就像凯旋的英雄，受到大家的热烈欢迎，那种成就感、那份自信，让其他幼儿渴望、企盼，通过这种方式大大调动了幼儿参与的积极性。"小小广播站""小小升旗手"就像一味新鲜的调味剂在吸引着孩子，鼓舞着孩子，极大地满足了幼儿的表现欲望，增强了幼儿的自信心，丰富了幼儿的表达内容，提高了幼儿的语言表达能力。

（2）利用故事丰富幼儿语汇，发展幼儿语言。幼儿正处在语言发展阶段，他们语汇贫乏，有时表达句子还不符合语法结构。在此，故事可以成为幼儿"语言教师"，故事能为幼儿提供真实、自然、丰富的语言输入，帮助他们学习把话说得清楚，并富有表现力。幼儿记住故事的同时，也记住了优美的艺术语言。利用餐前、餐后、午睡前和离园前为幼儿讲故事，丰富幼儿的语言。

（3）定期开展童话剧表演活动，提高幼儿语言的艺术表现能力。童话故事具有一种令人无法抗拒的艺术魅力，一直受到孩子们的喜爱。本课题组根据这一特点和班级情况，定期开展了童话剧表演活动。最初，由于幼儿缺乏对故事内容的理解和表演童话剧的经验，为了帮助幼儿加深对故事中人物性格、情节及所蕴含的情感的理解，由本班教师表演童话剧，调动幼儿参与表演的积极性。逐步由教师和幼儿一起排练同台演出，到幼儿脱离教师自己排练并表演。幼儿能够积极主动地参与表演活动，通过自己对故事的理解表现人物性格。幼儿在这一过程中不仅学会了组织和表达语言的能力，而且在宽松和谐的氛围中，提高了幼儿语言艺术的表现力。

3. 开展"书香浸润，共享成长"读书月主题活动

活动中通过教师代表、家长代表，宣读了阅读的意义，介绍阅读经验感悟，号召所有家长、小朋友投入读书月活动中来。并且在读书月活动中，开展图书漂流、书友会沙龙、书香评选活动以及家长进课堂等相关活动，让更多的孩子和父母感受到读书的乐趣，丰富幼儿的语言词汇，提升幼儿的语言表达能力。

4. 注重语言区创设与指导，并有计划地开展相应活动，提高幼儿的语言表达能力

（1）树立大语言区意识

例如：在阅读区教师可以提供专业录制的故事、儿歌、语句、有趣的声音以及旁白等，也可以投放班级幼儿、家长录制的各种见闻，其目的是让幼儿安静地读，专注地听，多方获得信息。同时孩子们利用这些辅助工具进行绘本讲述、创编及表演。

（2）延展表达通道，让表达个性化

例如：大班幼儿开展"我的心情日记"活动，幼儿可以记录自己读这本书时最感兴趣的内容，也可以记录自己理解后想表达的内容等，同时，在餐前，教师请孩子们将自己的心情日记进行讲述，提升幼儿的语言运用能力。

5.领域渗透，区域互动

（1）利用"绘画作品讲述"发展幼儿表述能力

小班：耐心倾听，以鼓励为主，引导幼儿说出名称，帮助幼儿梳理语言，简单讲述内容，体验交流的乐趣。

中班：把握表述的基本要素，引导幼儿清楚介绍作品名称、画面主要内容。

大班：引导幼儿清楚说明自己的想法和感受，以故事的形式完整讲述作品，并参与评价。

（2）利用区域自选活动培养幼儿表述能力

（三）隔周进行一次调研的总结，分析当下存在哪些问题和困惑，及时整理教研素材，反思教学策略并与专家进行探讨，总结经验，形成成果资料

如开展"语言区环境观摩及研讨""理解绘本的作用并加以运用""语言领域的优秀公开课""语言区材料投放和指导"等相关教研活动。

（四）利用家庭环境，激发幼儿表述的欲望

家庭是幼儿生活的重要组成部分，家庭环境直接影响孩子的成长与发展，也会对幼儿语言的发展和运用起着至关重要的作用。

幼儿园定期召开家长会，让家长了解、关注孩子语言的发展，向家长

宣传家庭环境、教养方式及家长与幼儿交流的语言、交流的时间长短对幼儿语言表达能力的影响。对家长进行"家长如何为幼儿创设良好的语言表达环境"知识讲座。通过报纸、网站、家长会、家访等多种形式，指导家长在家庭中，创设良好的人际关系，家长与孩子平等相待，尊重理解孩子，和孩子一起讲普通话，对孩子提出的"为什么"能给予适宜的解答，对于稚气的考问能作出反应，尽可能去满足孩子探索的需要。利用家庭教育对象的单一性和家庭教育资源的独特性优势，指导家长培养幼儿语言表达能力，总结出六种指导方法，教师通过家长园地、家长会和入户指导等多种方法在家庭中推广。

五、研究的效果

（一）提高幼儿语言运用能力，促进幼儿全面发展

幼儿表述积极，有意识地规范自己的语言，使表述更完整、流畅，为其今后升入小学的造句、看图写作等学习奠定了基础。表述能力的提高促进了幼儿的交往，提高了幼儿的学习能力，在交流、分享和表达表现中增强了其他各领域的活动效果，促进了幼儿全面发展。

（二）规范教师的语言表达，提高教学质量

通过开展学习和培训活动，教师认识到幼儿语言运用能力的重要性，主动规范自身语言，为幼儿提供榜样示范。为了给幼儿创设宽松和谐的表述环境，更注重与幼儿建立有效的师幼互动关系，有意识地多与幼儿交流，尽量提出开放性的问题，半日活动准备充分，形式灵活，有效提高了教学质量。课题组教师多次承担区教育局组织的送课下乡活动，接待全区各类型幼儿园的观摩活动，使经验得以推广，发挥了课题示范作用。

（三）树立正确的语言表达环境，促进家园合作

活动的开展得到了家长的赞赏和支持。家长认识到了培养幼儿语言表达能力的重要性，家庭教育环境得到了优化，家长逐步树立"敢说限于正确"的观念，尝试帮助孩子记录和整理表述内容，实施个别指导，每天抽时间同孩子一起游戏，鼓励孩子多说，在家园互动指导中理解了家园合作的真正含义，提高了指导能力。

六、研究存在的主要问题及今后的设想

（1）幼儿期是幼儿语言发展的关键期，教师和家长是培养幼儿语言表述能力的关键因素，需要为幼儿提供适宜的环境和有效的方法，家长虽然认识到课题研究的重要性，但是部分家长因为各种原因无暇与孩子沟通，错失很多语言教育机会，家庭资源不能有效利用。幼儿园方面，课题研究还不够细致深入，一些方法和策略还不够具体。

（2）在幼儿表述能力的个别化培养方面还需加强，个别化语言活动能最大限度地激发幼儿学习的主动性，满足不同水平幼儿的发展需要。教师需要针对幼儿的兴趣、特点、发展水平为幼儿创设环境，提供材料，鼓励幼儿主动表达、表现。

（3）今后的设想。今后一段时间，课题组将把"如何针对幼儿年龄特点，在区域活动中培养幼儿语言运用能力"作为进一步深入研究的内容，加大学习力度，不断提高教师的理论基础和研究能力，为研究工作顺利进行打下基础，力求探讨出更加具体、可行的培养策略。

【参考文献】

[1] 教育部基础教育司.《幼儿园教育指导纲要（试行）》解读 [M]. 南京：江苏教育出版社,2002.

[2] 周兢 . 语言 [M]. 南京 : 南京师范大学出版社 ,1998.

[3] 张明红 . 学前儿童语言教育 [M]. 上海 : 华东师范大学出版社 ,2006.

[4] 何艳萍 . 幼儿园区域活动的实践与探索 [M]. 北京 : 北京师范大学出版社 ,2010.

回归生活、回归自然的幼儿园科学教育

（天津市学前教育学会立项课题　课题编号：SXH135KX024）

天津市教育科学研究院　邹炳新

【摘要】著名教育家陶行知提出"生活即教育"的理念，张雪门提出的"行为课程"也认为"生活就是教育"。《幼儿园教育指导纲要（试行）》指出"科学教育应密切联系幼儿的实际生活进行"；"亲近自然，喜欢探究"是《3—6岁儿童学习与发展指南》科学领域的首要目标。在幼儿园科学教育中教师要选择"生活化"的教育途径，让科学教育融入幼儿日常生活；采取"生活化"的指导策略，让幼儿感受科学就在身边。

【关键词】幼儿园；科学教育生活化；教育途径；指导策略

一、问题的提出

"教育要回归生活"是当前学前教育领域最为关切的热点话题。中外教育史上诸多教育家都十分重视生活的教育价值，我国著名教育家陶行知提出"生活即教育"的理念，美国著名教育家杜威也提出了"教育即生长、教育即生活、教育即经验的不断改造"的观点。

《幼儿园教育指导纲要（试行）》（以下简称《纲要》）指出："科学教育应密切联系幼儿的实际生活进行……"《3—6 岁儿童学习与发展指南》（以下简称《指南》）科学领域中"科学探究"部分的首要目标是"亲近自然，喜欢探究"，提示我们生活中的、自然界的事物是幼儿最感兴趣的。《纲要》《指南》精神彰显了"科学教育生活化"的理念，对如何在日常生活中实施科学教育提出了明确的建议和要求。为此开展科学教育生活化的研究对贯彻落实《纲要》《指南》精神，促进教师的专业成长和幼儿的发展有着十分重要的意义和价值。

二、研究目标与内容

（一）研究目标

本研究的目标旨在深入贯彻落实《幼儿园教育指导纲要（试行）》和《3—6 岁儿童学习与发展指南》科学教育思想，帮助教师树立科学教育生活化的理念，积极研究和探索幼儿园科学教育生活化的途径及指导策略，切实提高教师组织指导科学活动的能力。

（二）研究内容

（1）科学教育生活化的途径。

（2）科学教育生活化的指导策略。

三、研究成果

（一）选择"生活化"的教育途径，让科学教育融入幼儿日常生活

1.在区域活动中进行科学探究

（1）自然角、种植园及饲养角中的科学发现

在充满生机的自然角、种植园和饲养角，教师引导幼儿种植一些瓜果

蔬菜、粮食作物、花卉，饲养一些小动物等，不仅了解了动植物的外形特征，也了解了它们的生长变化等。伴随着动植物的生长，也激发了幼儿关爱动植物、关爱自然的情感。幼儿在种植与饲养中通过对动植物进行观察、照料、记录等，也促进了其认知能力的发展。

如，在自然角教师提供了红豆和绿豆两种豆子，引导中班幼儿进行水发种植。在对比观察中孩子们发现两种豆子发芽的时间、叶子的形状有很大差异，他们发现同时种在水里的两种豆子绿豆先发芽，在种植后的两三天豆皮就裂开，长出了尖尖的嫩芽，而红豆在种植后的第五天才发芽。在经历了半个多月的种植后孩子们又惊喜地发现，绿豆和红豆叶子的外形也是有很大差异，绿豆叶子是细长的，红豆的叶子是心形的。在种植活动中幼儿通过较长时间的系统观察，通过自己悉心照料、观察和记录，发现了两种豆苗的不同特征，感受到了植物间的差异性，不仅获得了相关的知识经验，同时提升了种植技能。

（2）玩沙玩水区中的科学探索

玩沙玩水是各个年龄班幼儿都非常喜欢的活动，在沙水区幼儿开心愉悦、自由自主地探究、游戏，从中发现沙、水的各种物理特性，学习使用各种容器和工具进行测量和比较等。

在玩水的过程中，孩子们发现水是无色、无味、透明的液体，水是可以流动的，在没有外力的作用下水会从高处往低处流等特性。在玩沙的过程中，幼儿发现了干沙的颗粒性、流动性，湿沙具有可塑性，在湿度适宜的情况下可以用模具塑造成不同的形状等。在游戏中，孩子们不仅发现了沙和水的特性，还学会了使用各种工具和容器。

2. 在远足、踏青等活动中进行科学教育

远足、踏青活动为幼儿提供了亲近自然的大好时机，孩子们在轻松愉悦的氛围中，不仅感受到了自然界的奇妙，还获得了许多有益的科学发现。

在这类活动中教师改变了以往比较随意盲目的状况，每次开展活动前都做好充分的规划和准备，对活动目的、物品的准备、活动前的讨论、探索过程的引导、活动后的分析与归纳等都进行精心设计与规划。在活动中教师还适时提出一些关键性问题，引导幼儿进行思考和讨论，让思考伴随活动全过程，避免了活动的随意性和盲目性，提高了目的性和有效性。

3. 在日常生活中渗透科学教育

日常生活是幼儿园科学教育的重要途径，教师善于挖掘一日生活中各环节蕴含的教育契机，引导幼儿开展自发和随机的探究，使他们在不经意的、自然而然的活动中进行探究，积累经验。

在户外散步时孩子们对幼儿园后院的草坪产生了兴趣，于是教师利用这片草坪引导幼儿开展了长达数月的"草丛探秘"活动。在探究中孩子们发现一片小小的草坪中竟然有那么多种草，兴奋地把它们采集下来带到活动室制成了标本。通过制作标本孩子们发现，草的外形和根的特征有很大的差异……喜欢动物的幼儿惊喜地发现草丛中、树根下有很多蚂蚁在爬来爬去，雨后的草坑里居然出现了很多小蜗牛，于是又开展了蜗牛和蚂蚁的相关探究……

在教师的引导下，幼儿园里一片小小的草坪引发了孩子们浓厚的兴趣，师生开展了一系列富有趣味的探究活动。幼儿探究的是他们感兴趣的真问题，因而探究的热情和积极性异常高涨，同时获得了丰富的有关动植物的知识和经验。

（二）采取"生活化"的指导策略，让幼儿感受到科学就在身边

1. 选择生活化的探究内容

科学应源于生活、启于生活，生活是科学教育的源泉。我们倡导教师要善于将幼儿身边常见的事物和现象作为探究内容引导幼儿开展探究。科学教育生活化的内容主要包括以下几方面。

（1）身边常见的科学现象

教师精心选择生活中常见的科学现象，如浮力、摩擦力、声音、光的反射等引导幼儿进行实际探究，使幼儿感受科学的奇妙有趣，体验探究和发现的乐趣。

如，在一次进餐环节，值日生分发好餐具后有的孩子对勺子上照出的影像产生了兴趣，教师发现这一现象后分析其中蕴含的科学教育价值，随即生成了"勺子上的哈哈镜"探究活动。在活动中教师为幼儿提供了崭新的不锈钢勺子，并提出问题："用勺子的正面和反面照照自己的脸，看看有什么发现？"幼儿通过操作发现"勺子的正面照出的头像是倒的、比较小，反面照出的头像是正的、比较大"这一有趣的现象，孩子们异常兴奋，积极主动地交流自己的发现……在自己感兴趣的探究活动中，孩子们获得了相关的科学经验。

幼儿的周围生活中蕴含着丰富的科学教育资源，教师要善于捕捉和发现，挖掘幼儿感兴趣的活动的教育价值，并生成探究活动，使幼儿感受科学无处不在。

（2）自然界中的动植物

在植物的探究中幼儿通过观察、探索后会发现植物的多样性、差异性和物种的繁多；在动物的探究中幼儿会发现动物的外形特征、生活习性以

及能够生长、繁殖、进食、排泄等特点。教师挖掘幼儿园现有的资源，引导幼儿对园内的动植物进行了持续观察，记录着动植物的生长变化和自己的发现。

如，教师引导孩子们对幼儿园的海棠树和玉兰树进行对比观察，发现了这两种树长芽的先后顺序、开花时间、结出果实的差异等，感受到植物之间的差异性。通过观察孩子们发现芽有花芽和叶芽之分，花芽长出花，叶芽长出叶子。先开花还是先长叶，不同的树种是不一样的，玉兰树是先开花后长叶，而海棠树是先长叶后开花。在这样的观察和探究中，幼儿真正学会了认识世界，学会了进行有意义的观察。在观察中幼儿不仅发现了植物的特点，了解了植物的生长过程及变化规律，还感受到了自然界的奇妙，产生了对自然的敬畏。

（3）常见的自然现象

自然界中充满着各种神奇有趣的科学现象，春夏秋冬一年四季的轮回、风霜雨雪等天气变化等无不使幼儿感到好奇。教师努力挖掘其中蕴含的教育价值，将其设计成了幼儿感兴趣的活动内容，引导幼儿在感受和体验中发现自然的变化和奇妙。

如，结合春季的季节特点，教师引导幼儿进行了"风的秘密"的探究，在探究中孩子们感受到风的存在、发现风力的大小和风的方向，感受到不同力量的风给人们带来的不同感受，通过讨论了解风给人们带来的好处和危害，等等。

2. 提供生活化的探究材料

（1）提供生活中常见、易得的材料

科学探究活动中教师除了提供一些必要的工具、仪器外，他们还因地制宜、就地取材，提供了很多幼儿熟悉的、身边常见的、易得的物品和材料，引导幼儿开展探究。如在"巧除茶垢"这一活动中，教师提供了食盐、白糖、食用碱、牙膏等材料，鼓励幼儿探究这些材料是否都能除掉茶垢，哪种材料效果更好。幼儿通过实际操作发现，这些材料都能除掉茶垢，白糖、牙膏和食盐的效果会更好。由于这些材料来自生活，幼儿十分熟悉，因此探究活动开展得非常顺畅、有序。在探究中幼儿学会了用身边常见材料解决生活中的问题。

（2）鼓励幼儿参与材料的收集和准备

在活动中教师注重鼓励和引导幼儿参与材料的收集和准备，使他们感到自己是活动的主人，极大地激发了幼儿探究的积极性和主动性。如在"玩水"游戏中，教师鼓励幼儿一起收集准备各种玩水的工具和材料，在家长的大力支持下孩子们收集到了小桶、勺子、瓶子、水车、水枪、喷水壶等各种工具和容器。在有趣的玩水游戏中孩子们发现了水的特性，感受到了水的流动性、浮力和压力等。由于材料是孩子们与教师一起准备的，不仅使他们真切地感受到生活中时时处处有科学，还使幼儿探究的积极性、主动性油然而生。

3. 采用生活化的探究情境

在教育实践中教师注重创设生活化的探究环境和活动情境，引导幼儿在与环境的互动中、在生活化的情境中、在真实的生活场景中感受科学、发现科学的奇妙。

（1）创设生活化的探究环境

教师根据幼儿的兴趣需求和已有经验，努力创设生活化的教育环境，满足幼儿探究的需求。如，当教师发现幼儿对制作食物感兴趣时，在活动室的一角创设了"快乐厨房"，与幼儿共同收集了常见的厨具、餐具及食材投放到小厨房，组织幼儿开展了爆米花、榨果汁、制作红果酪、烘焙饼干、蛋糕等一系列厨艺活动。在生活化的探究环境中幼儿进行了愉快的制作和探索，不仅获得了诸多科学发现，还学会了很多生活技能。

（2）设计生活化的活动情境

教师注重创设生活化的活动情境，让幼儿在身临其境般的情境中轻松自然地学习科学知识。如，在组织幼儿开展的"接水管"活动中，教师创设了请幼儿当"水管工"，为新建的房子接通自来水管道的情境，引导幼儿合作探究连接三通管、直管、弯管等不同类型管子的方法，让自来水顺利流通。在实际活动中教师依据探究目标挖掘生活素材，努力探寻活动内容与幼儿熟悉的生活情境之间的结合点，模拟和再现生活情境，引导幼儿在遐想的生活情境中探究接通水管的方法，取得了很好的教学效果。

（3）利用真实的生活场景

以幼儿的真实生活为背景开展的探究活动是幼儿科学学习的重要方式，对幼儿的科学学习有重要的教育价值，教师利用日常生活中的一些真实场景，引导幼儿开展了相关的探究活动。如，幼儿园在餐点环节给孩子们提供了牛奶，有时从食堂取回的牛奶会比较热，孩子们一时喝不了。抓住这一教育契机，教师组织幼儿开展了"怎样把热牛奶变凉"的探究和讨论，小班幼儿提出了可以"用嘴吹""在凉水里泡一会儿""用小风扇吹""用勺子搅拌"等不同方法，教师随即提供了相关的材料，鼓励幼儿进行实际操作，就这样在真实的生活情境中孩子们学会了给热牛奶进行物理降温的方法。

这些探究活动都是幼儿在生活化的情境、真实的生活场景中发现问题、解决问题、探索并寻找答案，这样的活动非常自然、生动，富有吸引力。

在贯彻落实《纲要》《指南》精神、深化幼儿园课程改革的进程中，教育应回归生活的理念已经深入人心，如何促进教师将教育理念转化为教育行为仍是我们今后研究的重要课题。研究虽然取得了一些成效，但还有很多不完善的地方，今后我们将继续进行深入研究和探索，对现有成果不断进行丰富和完善，不断优化幼儿园的科学教育活动，提高教师组织指导科学活动的能力。

【参考文献】

[1] 教育部基础教育司.《幼儿园教育指导纲要（试行）》解读 [M]. 南京：江苏教育出版社,2002.

[2] 王萍.《3—6 岁儿童学习与发展指南》解读 [M]. 长春：东北师范大学出版社,2013.

[3] 刘占兰. 促进幼儿教师专业成长的理论与实践策略 [M]. 北京：教育科学出版社,2006.

[4] 刘占兰. 幼儿科学教育 [M]. 北京：北京师范大学出版社,2000.

[5] 张俊. 幼儿园科学教育 [M]. 北京：人民教育出版社,2006.

[6] 刘占兰. 在科学探究活动中培养幼儿问题解决能力 [J]. 幼儿教育：教育教学,2018(1):86–87.

[7] 刘占兰. 深化教研实现幼儿园教师知行合一 [J]. 幼儿教育：教育教学,2019(5):54.

[8] 杨庆会. 让幼儿科学教育"生活化" [J]. 课程教材教学研究：幼教研究,2014(Z2):46–47.

[9] 吴丹. 从幼儿科学教育生活化谈起 [J]. 亚太教育,2015(9):12.

关于幼儿数学能力幼小衔接的研究

（天津市学前教育学会立项课题 课题编号：SXH135KX005）

天津市河西区教师发展中心 梁静

【摘要】2012 年 9 月，教育部颁布了《3—6 岁儿童学习与发展指南》，各个区县教研员在本区贯彻和落实《3—6 岁儿童学习与发展指南》的精神，杜绝幼儿园小学化的倾向。通过该课题的研究，从小处着眼，以数学能力作为突破点，研究幼小衔接的本质、规律和方法。认清"幼""小"教育形式的差异和"幼""小"衔接教育的误区，找到幼小"真"衔接的方法。

【关键词】幼儿；数学能力；幼小衔接

一、研究背景

关于幼儿数学能力的研究其实已经有很长的历史了，随着学前教育改革的发展，大家对数学能力内涵的理解不断在变化。关于幼儿的数学能力，我国长时期以来最流行的提法就是"三大能力"：数学的运算能力、空间的想象能力和逻辑思维能力。从 20 世纪下半叶开始，数学能力的发展又进入了一个高峰时期，数学教育渗透在自然科学和社会科学等多个领域之中，用数学能力解决各种现实的问题成为数学教育的主流思想。在进入 21 世纪之后，国内外关于数学能力的认识又有了新的变化。2000年，美国数学教师协会发布了关于"数学课程标准"的文件，其中提到了数学的 6 项基本能力：①运算能力；②问题解决能力；③逻辑推理能力；④联结能力；⑤交流能力；⑥表示能力。

　　"杜绝小学化倾向""一年级零起点""幼小衔接"一直都是热门话题，"杜绝小学化"这个问题并不是简简单单地通过培训或调研监察就能够做好的，幼儿园小学化倾向问题，这已经不是一个单纯的教育问题了，而是一个社会问题。为什么现在一直杜绝幼儿园教授小学的知识却屡禁不止？为什么教师们还是更注重知识的传递和结果？应该有以下几方面的原因：从社会角度说，社会的一些教育机构以营利为目的而提出的一些不正确的教育理念严重影响家长对幼儿教育的正确认识，例如不让孩子输在起跑线上，公文数学等；从幼儿园的角度来说，幼儿园大班退园问题严重，很多家长选择学前班，有的幼儿园到了大班，退园的孩子达到半数以上，已经影响到幼儿园工作和运转，亟待解决，因此，有的幼儿园也只能向家长妥协，教授学前班的知识。要想真正地落实杜绝小学化倾向，就必须深入基层，实践研究，发现问题、解决问题，通过实践一步一步地转变观念，从心从行上切实落实解决小学化倾向问题。

　　通过该课题的研究，从小处着眼，以数学能力作为突破点，通过幼小衔接数学方面的研究，找到一些好的方法，在实践中感悟、提升。幼小衔接的研究任重而道远，幼小衔接到底"衔接"什么？《3—6 岁儿童学习与发展指南》和小学课标重叠的部分如何去教？哪些该教？哪些不该教？教到什么程度？应该怎样教？教师的教育工作需要抓手，教师的专业发展同样需要支架。通过本课题的研究解决一些问题，找到一些方法，是很有意义的一件事情。

二、概念界定

（一）数学能力

我们将数学能力定位于以下几种能力：抽象思维能力、逻辑推理与判断能力、空间想象能力、数学建模能力、数学运算能力、数据处理与数值计算能力、数学语言与符号表达能力。

（二）幼小衔接

幼小衔接，从字面意义来理解就是幼儿园教育与小学教育的衔接，本次课题的研究是建立在小学开展的"一年级适应期教育"和幼儿园开展的"幼小衔接课程"两项研究的基础上的，纵向地从数学能力方面进行更深入的衔接教育研究。

三、理论依据

（一）可持续发展教育理论

"可持续发展教育基本上是关于价值观的教育，以尊重为其核心。""促进可持续发展的幼儿教育应当把幼儿看作有能力的个人，有能力改变现在和未来，应当在幼儿成长的过程中为他们提供最大限度的发展机会，把他们看作积极的公民，并且播种希望、和平、平等和可持续性等基本观念。"

（二）最近发展区理论

最近发展区理论提出，儿童的发展需要确定两种水平，一种是幼儿目前已经达到的发展水平；另一种是幼儿可能达到的发展水平，这种水平可以表现为"幼儿还不能独立地完成某一种任务，但在成人的帮助下，或者在集体活动中，通过同伴间、师幼间的模仿学习，就能够完成该任务"。而这两种水平之间的距离，就是我们所熟知的"最近发展区"。教师把握了儿童的"最近发展区"，就是有针对性地推进幼儿的发展。

（三）皮亚杰教育观

皮亚杰的基本观点是建构主义的认识论，他认为知识既不是客观的东西，也不是主观的东西，而是个体在与环境交互作用的过程中逐渐建构的结果。

除此之外，我们还依据《幼儿园教育指导纲要（试行）》《3—6岁儿童学习与发展指南》的精神以及我区"一年级适应期教育"和幼儿园开展的"幼小衔接课程"的研究成果开展本课题研究。

四、目标内容

（一）目标

（1）以数学能力为切入点，提升教师幼小衔接的教育能力。

（2）促进幼儿数学能力发展，为与小学顺利衔接做好充分的准备。

（3）促进家长幼小衔接观念转变，提高家长学校、家长宣传工作的有效性。

（二）内容

（1）从活动、材料两方面入手研究幼小衔接内容，提升幼儿数学能力。

（2）与小学一年级的数学教师联席开展教研，切实将幼小数学能力的培养进行衔接。

（3）研究家长培训中数学能力幼小衔接的内容。

五、研究成果

（一）正确认识幼小衔接是科学衔接的前提

1."幼""小"教育形式的差异

幼儿园与小学是两个不同的教育阶段，体现了教育的连续性与阶段性的统一。幼儿园是以游戏和能力的发展为主导形式的，而小学则是以系统的课业和静态知识的学习为主导形式的。因此，从幼儿园生活过渡到小学生活，幼儿不仅面对学习环境的转换，在学习方式、人际交往、师生关系、行为规范及社会期望等方面都发生了很大的变化，形成了一定的差异，如果忽略了两者应有的区别和联系，就会导致幼儿在生活上和学习上出现一系列的问题，因此幼小衔接就是要做好"过渡与连接"，加大幼小衔接适应期的"坡度"。

2."幼""小"衔接教育的误区

从相关文献来看，多数人认为增强幼儿进入小学阶段的适应性是幼小衔接的主要目的，对幼儿长期的发展效应而言，这个定位是有偏差的，因此操作过程中就容易进入误区，其主要表现就是为了增强孩子入学适应性而在幼儿园出现的教育小学化倾向的问题，家长过早地让幼儿识字、算数等，短期效应，"拔苗助长"。静下心来，仔细地想一想，幼小衔接到底需要衔接什么？衔接的本质又是什么？追寻着问题我们回归教育的本真，无论做什么研究，开展什么教育，都一定要遵循幼儿的身心发育规律。幼小衔接的本质就是从孩子的身心发育规律出发，教育要顺应孩子的天性，因此促进儿童可持续发展理应成为幼小衔接的目标追求。

（二）"幼""小"真正衔接是科学衔接的关键

幼小衔接不应该落在口号里和文字上，应该分析症结，对症下药，实现幼小"真"衔接。做好幼小衔接，一定要做到"小""幼"的学校衔接，教研员衔接，教师衔接。我区在幼小衔接的研究中，始终是小学幼儿园一体研究共同推进的形式，通过课题引领联合教研，遵循规律探求本质的方式，探索幼小"真"衔接的途径。

1. 联合教研

我们分别选取了试点校和试点园，幼儿园教研与小学教研手拉手（如图1所示），进行了数学、音乐、语言三个领域的教研专场，邀请小学一年级的教师们走入幼儿园，走近孩子，观看孩子们在幼儿园的生活。幼儿园的教师现场分别从数学、音乐、语言三方面进行了游戏展示，同时幼儿园教研员，小学数学、音乐、语文教研员都在现场做了精彩的点评和教育建议，围绕活动我们进行讨论和交流（如图2所示）。幼儿园教师也会走进一年级的课堂，亲身去感受小学生的真实学习生活情况，以及小学教师的教育机制和策略，我们来到恩德里小学的科学课课堂，我们来到了上海道小学的数学课课堂，亲眼看到了一年级的小学生是怎么学习知识的，是怎么与同伴交流的（如图3所示）。

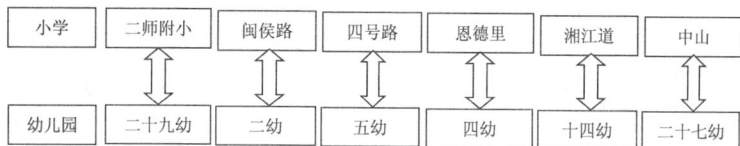

图1 幼小衔接适应期研究的"手拉手"实践基地

图2　联合教研——小学教师走进幼儿园

图3　联合教研——幼儿园教师走进小学

联合教研活动为小学教师和幼儿园教师们搭设了幼小衔接教育直接沟通的平台，这样的教研活动是互利共赢的。小学教师们从观摩活动中，对幼儿的学习方式、学习特点、思维方式以及活动形式有了最直观的感受，为小学教师们的适应期教育提供了最具体的、最真实的学情分析，他们对幼儿园的活动设计赞不绝口，同时为我们的教育从入学适应的角度提出了非常有价值的建议，更让我们在幼儿园开展的有效衔接活动有了明确的方向。

2.遵循规律探究本质

历经一系列的研究我们发现，幼小衔接的本质是遵循幼儿的身心发育规律，核心是良好生活和学习习惯的养成。幼儿园开展幼小衔接，衔接的不仅是知识，更是能力和习惯的培养，应该紧紧地围绕培养幼儿良好生活、学习习惯入手，以游戏活动为载体，发展幼儿的探究能力、表达能力、交往能力和生活能力，不要局限于眼前知识和技能的训练，追求短期效应。不要因为过度追求幼儿会背诵了多少儿歌，认识了多少字，而忽视了幼儿倾听、理解、表达能力的培养，语言是在运用的过程中发展起来的，而不是靠机械记忆。不要因为过度追求幼儿会算了多少道题会数多少个数而忽视了幼儿逻辑思维能力的培养，生活中的数学更有意义。不要因为过度追求会唱了几首歌，会跳了几支舞，画得像不像、好不好，而忽视了幼儿对美的感受能力。

3.行政引领研究先行

河西区幼儿园出台了《科学幼小衔接手册》，该手册确立了科学幼小衔接的理念，即以幼儿为本，尊重学龄前幼儿的身心发展规律及特点，为幼儿进入小学进行顺利且持续的学习奠定基础，实现幼儿园到小学的平稳过渡；萌发幼儿憧憬小学生活的心灵种子；体现科学性、趣味性、整合性，并与《幼儿园教育指导纲要（试行）》及《3—6岁儿童学习与发展指南》精神相一致。该课程分别从生活能力、适应能力、语言能力、数学能力四方面入手，设计了30个幼小衔接活动，为幼儿进入小学做好衔接，打下基础。

（三）数学能力幼小衔接成果

我区幼儿园教师与小学一年级的数学教研员一起携手以数、量、几何、时空、分类排序等内容作为载体进行研究；与小学一年级的数学教师联席开展教研，深入小学了解小学数学课的形式和内容，通过同课异构研讨同一内容下的幼小衔接点。在研究中我们澄清了一些概念，获得了一些认识。幼小衔接在数学能力方面的衔接，我们通过研究发现，衔接的年龄阶段不应该是大班与小学一年级的衔接，而是3—6岁学前教育与小学一年级的衔接，以数概念与运算为例（如表1所示）。

表1 幼儿园与小学数概念与运算内容对比

年龄班	幼儿园数概念与运算	小学数概念与运算
小班	按物点数 说出总数 按数取物	1—5的认识和加减法 6—10的认识和加减法
中班	数的守恒 序数 三数相邻及10以内数列等差关系	11—20各数的认识 20以内的进位加法 20以内的退位减法
大班	数的组成 数的书写 10以内数的运算	100以内数的认识 100以内的加法和减法

表1仅仅体现了幼儿园与小学数概念与运算的内容，我们能够发现在数概念与运算的内容中，重合的部分只有用加粗字体部分：10以内数的运算。但对于幼儿园来说，幼儿能够理解10以内数的含义以及加减法的含义，需要从小班唱数、点数开始，通过扎实的操作与感知逐渐形成数概念，最终到大班进行10以内数的运算，所以说幼小衔接不仅是大班与小学的衔接，其实是学前教育整体与小学的衔接。通过研究我们对衔接的认识更加深刻，更加清晰，更有利于我们在幼儿园开展有针对性的数学能力幼小衔接。

除此之外，我们还针对数学能力幼小衔接研发了多个数学活动案例、家长培训等内容，在这里不再赘述。

回顾课题的研究，我们经历了学习、实践、反思等过程，以数学能力为切入点，研究幼小科学衔接，虽然提高了一定的认识，取得了一定的经验成果，但是在幼小衔接的研究之路上，我们还是刚刚起步，幼小衔接工作一定要在实践中继续深入研究，挖掘内涵，转变观念，将研究落在实处，持之以恒地坚持下去。

【参考文献】

[1] 李季湄, 冯晓霞.《3—6岁儿童学习与发展指南》解读 [M]. 北京 : 人民教育出版社 ,2013:16,27.

[2] 曹能秀 . 学前比较教育 [M]. 上海 : 华东师范大学出版社 ,2009.

[3] 刘存刚 , 张晗 . 学前比较教育 [M]. 北京 : 科学出版社 ,2012.

幼儿园实施科学启蒙教育途径与方法的实践研究

（天津市学前教育学会立项课题 课题编号：SXH135KX008）

天津市河北区第十六幼儿园 杨卫红

【摘要】本课题从四个主要途径开展科学启蒙教育的实践研究，即探索型主题活动，科学区自主游戏活动，集中科学教育活动，科技节活动。在每一个实施途径上，我们都研究了具体的方法，例如，关注、观察幼儿的探究兴趣，及时提供必要的支持和帮助。为幼儿提供丰富的材料和合适的道具，支持幼儿在游戏中感知发现。鼓励幼儿积极动手动脑探究发现解决问题；家园共育，共同拓展幼儿科学教育的范畴。

【关键词】幼儿；科学启蒙教育；途径；方法

一、问题的提出

（一）研究背景

《3—6岁儿童学习与发展指南》指出，幼儿科学学习的核心是激发探究兴趣，体验探究过程，发展初步的探究能力。它强调幼儿科学领域的发展重视兴趣的培养，重视探索过程中的体验，在操作、实验、感知中发展初步的探究能力。可见，幼儿的科学教育并不是以学习科学知识、掌握科学原理为最终目标的，它更是一种启蒙性的、游戏性的、融入一日生活的科学教育。

我们确立研究课题为"幼儿园实施科学启蒙教育途径与方法的实践研究"，指导教师按照《幼儿园教育指导纲要（试行）》《3—6岁儿童学习与发展指南》精神，尊重幼儿的主体地位，根据幼儿的生活和经验，对身边的事物和现象的好奇心和探究心，对幼儿进行培育。

（二）研究目的

通过本课题研究，我们试图从实践方面进行探索，探寻在幼儿阶段实施科学启蒙教育的有效途径，利用自然事物和实际生活，萌发幼儿的好奇心和探究欲望，帮助幼儿积累丰富的感知经验，不断提升其探究、解决问题的能力。

（三）概念界定

幼儿科学启蒙教育在对幼儿进行科学教育的同时，让幼儿萌生出对周边科学现象的探究心。不仅是知识、兴趣和态度的启蒙也包含在内。幼儿园的科学启蒙教育是教师有目的、有计划地组织幼儿自发参加各种科学探索活动，丰富幼儿的科学知识和经验，发展智力，培养幼儿对科学的兴趣和探索精神的教育过程。

二、研究的结果和结论

（一）以探索型主题活动为途径实施科学启蒙教育

本着《3—6岁儿童学习与发展指南》精神，关注幼儿学习和发展的整体性，注重领域间、目标间的相互渗透和整合，促进幼儿全面发展。在这一途径的研究中，我们开展了丰富适宜的主题活动，生成主题互动墙饰，通过集体活动、区域活动、日常活动和亲子活动等不同形式，创设无处不在的教育环境，帮助幼儿获得更加完整的经验，有效促进了幼儿的全面发展。

1. 主题活动要与幼儿真实生活紧密相连

小班主题活动"水果多多"，教师引导幼儿从吃水果的生活经验开始，探索各种各样的水果外形特征、味道以及营养，幼儿和爸爸妈妈一起品尝美味的水果，一起逛水果商店，体验买水果；在"水果切切"和"可爱的水果偶"活动中和家人一起切开爱吃的水果，并在探究后完成水果剖面的学习单；活动"种子变成森林"中，幼儿和爸爸妈妈一起栽培火龙果和柠檬等水果。

2. 在对话中协助幼儿学习，提供适当的合作和指导

主题活动的最大价值是教师和学生之间共同深入探讨一个主题，通过自主探究等多样的研究性学习活动。在主题活动"春天到虫虫飞"中，小朋友带了几只蚕宝宝，教师顺势开展了"蚕宝宝来做客"的活动，幼儿进行猜想、观察、饲养并尝试记录。在观察中知道了蚕、蛾的外形特征，教师和孩子们一起关注蚕宝宝的生长过程，为它们的成长感到欣喜。教师总是扮演着热情、积极的鼓励者、支持者、合作者、有效而谨慎的领导者角色。

3. 组织形式多样的活动，激发幼儿学习兴趣

为了确保主题活动的良好状态，组织形态和师徒相互作用的多样化很重要。在"小鱼儿"主题活动中，教师从引发幼儿对鱼的好奇心开始，

由惊喜、期待，进而开始有趣的主题活动。活动中，教师充分发挥家园共育的作用，邀请家长带孩子就近参观海洋馆、花鸟鱼虫市场等，观察、欣赏不同鱼儿。除此之外，在班级里，教师还为幼儿创设与鱼儿亲密接触的环境，充分调动他们的视觉和触觉，通过小组活动、集体活动、日常活动、区域活动的形式，开展了一系列生动有趣的活动。

4.充分发挥家园互动作用

在开展主题活动的过程中，笔者深深地感受到监护人是幼儿教育中的宝贵资源。在主题活动中，父母全程参与。从问题的提交到资料的收集，父母一直耐心地支持孩子们完成作品。

（二）以科学区游戏活动为途径实施科学启蒙教育

科学区游戏的教育价值就在于能够引发幼儿积极主动的探究性行为，体验探究发现的乐趣。我们认为，能引发幼儿此类行为的大都是低结构材料，通过对比，我们发现高结构的材料玩法单一，幼儿只能按照教师的要求操作，很难按自己的想法进行，一般情况下玩过几次就失去兴趣了。例如：磁铁材料"小蝌蚪找妈妈"，玩法就是用磁力棒将小蝌蚪吸到青蛙妈妈的身边，玩法相对固定，不能支持幼儿自主的探究性行为。同样是探究磁铁的材料的"吸吸看"活动，教师提供的是形状、颜色、大小不一的磁铁，幼儿通过对比了解磁铁的多样性，磁铁两极的不同，教师还提供班内各种物品的实物或图片，如语言区的手偶、娃娃家的柜子、喝水的水杯、毛巾、积木、插塑玩具等，幼儿可以按照自己的想法，去尝试吸任何物品，只要是安全的都能尝试，这样的低结构材料充分体现了自主，同时扩大幼儿的探索空间，支持幼儿的探究行为。

（三）以集中科学教育活动为途径实施科学启蒙教育

集中科学教育活动是指在教师的支持和指导下，幼儿利用各种感觉感知、观察、操作、探索周围事物和现象，发现问题并寻找答案的探究过程。

1. 科学教育活动内容的选择凸显生活化、游戏化

对于活动内容选择中产生的问题，我们开展了小组教研，指导教师在设定探究内容时贴近幼儿的生活，符合幼儿的年龄特点，探究价值，对幼儿感兴趣的内容引导幼儿发现式学习。如中班的"有趣的指纹"，教师引导孩子们观察发现指纹的独特性，从而引发了幼儿对人体科学的探究兴趣。

2. 引导幼儿主动学习、主动探究的有效策略

（1）激发兴趣，亲历探究

在科学活动中幼儿是学习的主体，让幼儿亲身体验探究和发现的过程，通过观察、实验、制作等获得科学的认知经验，体验探究的乐趣。如小班科学活动"变了变了"，教师准备了各种泡发食品，木耳、胖大海、银耳、香菇、腐竹等，把它们放在水里，观察其变化，通过实验，幼儿可以亲身感知这些食物放在水里会变大、变软。

（2）提供适宜的、有层次性的探究材料

在科学探究活动中，动手操作是幼儿感知、发现必不可少的重要环节，而材料是支持幼儿操作探索、实现想法的前提，同时是激发幼儿尝试创新的条件。如在大班"小小杂技员"活动中，教师在三次实验中，分别投放了不同层次的材料，第一次是规则图形的纸板，找平衡点，第二次是不规则图形纸板，找平衡点，第三次是支撑点和纸板都不同的材料，找找哪种材料更容易支撑起纸板，三种材料三个探究点，幼儿在教师的引导下一步步深入探索，获得新经验。

（3）在探究过程中把握好介入的时机

在探究活动中什么时候介入最好？考虑到幼儿的探究行为和结果想要得到大人的认可时必须介入；幼儿需要寻求帮助的时候必须介入。在科学探究活动中，恰当、有效的提问是有效教学策略之一，如：在小班科学活动"找影子"中，教师通过有目的地提问："你的影子在哪里？你的影子会变吗？怎么变呢？你能把影子藏起来吗？"等等，引导幼儿带着问题去探索。

（4）记录是重要且不可缺少的环节

在科学活动中，记录是不可缺少的内容之一。幼儿可以用自己的方式记录下自己的猜想与假设，记录下自己在实验中的发现和探究结果，在这个过程中，幼儿会积极思考，主动探索，最终通过分析、比较等方法获得有关经验。

（5）注重实验后的分享交流

探索的过程就是思维的过程，实验后的分享与交流可以帮助幼儿积累梳理经验，如：自己是怎么做的？为什么要这样做？有什么发现？等。有时幼儿只关注材料表面的特点，说明材料动态过程时有一定的困难，教师会采用循序渐进的方法引导幼儿的表现。

（四）以家园共育——科技节活动为途径实施科学启蒙教育

通过研究，我们认为家园共育更能激发幼儿对科学的兴趣，增加动手动脑和运用科学知识解决生活中遇到的实际问题的机会，提升科学素养。同时能转变家长观念，使他们重视幼儿科学素养的培养，提高家庭的育儿能力。我园以科技节特色活动，引领教师、幼儿、家长在发现、探索中共同成长，感受园所特色教育成果的价值和意义。

1.适合家庭开展的科学活动内容

（1）讲讲科学小故事

科学小故事包括科学家的故事和科学原理、科学现象的故事。如科学故事《小雨滴旅行记》，科学家故事《科学伟人爱因斯坦》《昆虫迷——法布尔》等。

（2）寻找科学小发现

幼儿的科学活动是以身边的事物、生活中的现象为主要内容的，引导幼儿寻找发现身边的科学现象和事物，了解其科学道理以及用途，能让幼儿感受到科学技术在生活中的广泛应用。如：太阳能热水器、空气净化器的原理，花盆底部的洞洞有什么用，电是从哪里来的，等等，都是很好的内容。

（3）做做科学小实验

科学小实验重在动手操作，亲身感知，是孩子们最喜欢的科学活动内容。如：小班在组织了"糖宝宝不见了"活动后，幼儿初步感知到物质的溶解现象，但经验并不丰富，教师就请家长配合将此内容延伸到家庭，让父母和孩子共同进行盐、奶粉、水果、茶等物质的溶解实验。通过操作，幼儿可以观察发现不同物质的溶解状态，获得丰富的感知经验。

（4）制作科学小玩具

我们鼓励家长参与科学玩具的制作，目的是让家长了解幼儿学习方式及特点。制作过程中家长要尽可能地让孩子多动手，多参与，这样孩子才会有亲身感受，才能萌发兴趣，真正了解玩具的科学原理。

2.家园合作共同开展科学活动的有效策略

（1）家园有效沟通策略

我们将与家长的沟通分为三个层次，即家委会层面的沟通——全班家长层面沟通——存在个性化问题的家长层面的沟通。教师首先将活动的价值和意义介绍给家长，赢得家长的认同。在设计活动方案时考虑到不同家长的水平能力，选择适合的活动内容，或者提供不同的内容，请家长根据自己的特长来选择。对于有一定难度的活动，教师要预想出支持的策略，提供专业知识以及辅助材料等，帮助家长共同完成。

（2）问题引发策略

问题引发是科学活动的主要策略之一，在家长参与的科学活动中，问题引发更能帮助家长抓住探究发现的关键点。采摘活动前小班家长引导幼儿猜想苹果、红薯、萝卜分别是长在哪里的；中大班则会引导幼儿猜想我们吃的是萝卜的哪部分？吃的是红薯的哪部分？以此激发幼儿的兴趣，孩子们带着问题和好奇寻找答案。

（3）分享激励策略

在家园合作的活动中，教师充分发挥家长与家长间互促互学的作用，同时及时跟进反馈，给予激励和肯定，以使家长获得成就感。如：教师鼓励擅长种植的家长将种植方法整理出来，在全班家长会或者班级群中进行"现身说法"，再配以照片说明，激发其他家长的种植兴趣。

（4）角色体验策略

在课题研究中，我们把家庭合作的概念定义为幼儿园和家庭（包括社区）都是促进自己幼儿发展的主体，双方积极地相互支持、理解、合作，通过幼儿园和家庭的相互作用，促进幼儿身心的发展前进。我们以"家长助教""家长志愿者""家长开放日"等活动为平台，引领家长积极参与，体验适宜的教育方式给孩子发展带来的价值。

三、研究成效与反思

通过三年来的研究，我们收获很多，园所"动手做科学"科学教育园本课程不断完善丰富，科学启蒙教育特色日益凸显。孩子们在操作和探索中萌生出对科学的兴趣，感知科学现象，发现科学原理，提高了科学素养。青年教师在课题研究中不断成长，多位教师的科学教育科研论文获得市区级一、二等奖，多位教师在市、区优秀教育活动中获奖，园所整理出《科学启蒙教育特色成果集》一书。

在科学活动中，我们努力让幼儿成为真正的科学活动的主人，但是，教师在如何创新科学活动的内容上还存在差距，对于幼儿随机生成的科学探究活动还不能用有效的策略加以指导。针对以上存在的问题，我们将制订新的课题研究方案，继续深入地开展研究，提升教师实践反思的专业能力，使园所科学教育特色逐步深化。

在教育实践中，积极开展幼儿科学启蒙教育，实施"科教兴国"战略，是培养新时代人才的迫切需求和现实选择，幼儿园不得不承担这个历史性的重责，积极探索，不断创新，促进每个孩子健康成长。

【参考文献】

[1] 中华人民共和国教育部.《3—6 岁儿童学习与发展指南》[M].北京：首都师范大学出版社,2012:2-3.

[2] 周兢,张杏如.幼儿园活动整合课程 [M].南京：南京师范大学出版社,2019:2-11.

[3] 葛林堡,等.家庭实验室 [M].天津：新蕾出版社,2017:5-6.

[4] 里德尔.观察：走近儿童的世界 [M].北京：北京师范大学出版社,2008.

"回归生活"的幼儿园科学探究活动的实践研究

（天津市学前教育学会立项课题　课题编号：SXH135KX012）

天津市津南区第二幼儿园　甄慧

【摘要】《3—6岁儿童学习与发展指南》明确提出将"自主探究"和"回归生活"作为幼儿园科学教育的主旨。本文站在理论与实践相结合的角度，论证了科学探究活动的生活化回归，从四个层面（活动组织、材料投放、支持性研讨、家长引领）阐述了课题组的研讨历程和研究策略，突出了幼儿的主体地位，将科学探究回归生活、回归儿童。

【关键词】回归生活；科学探究；支持性探究策略

一、确定方向来导航

科学，堪称人类进步的"第一动力"。许多学者认为"幼儿是天生的科学家"，因为他们的探究热情与科学家相比毫不逊色。然而，纵观幼儿园现状，有些所谓"探究"正在磨灭孩子的学习热情：科学活动内容过分依赖现成"教材"，致使探究活动缺乏系统性和连续性；在探究过程中，教师对幼儿缺乏有效的支持，导致探究成为"走过场"。为了支持幼儿像科学家一样在探究中体验乐趣，提高能力，我园将"'回归生活'的幼儿园科学探究活动的实践研究"作为研究课题，旨在通过探索适宜幼儿的支持性探究策略，让孩子在科学的海洋中扬帆起航。

二、整装行囊待出发

"回归生活"的幼儿园科学探究是指让幼儿在真实的情境中直接体验科学，在动手操作亲身参与的同时，引导幼儿主动建构的过程。它包含了两个层面：一是内容的回归，回归到幼儿所处的生活中去；二是课程主体的回归，回归到幼儿的兴趣点上去。基于这一认知，我园将"优化幼儿园科学活动的组织，提炼支持幼儿自主探究的有效策略，锻炼幼儿合作、交流及解决问题的能力，同时引领教师提升教育观念，促进专业成长"作为研究目标，确定了"'回归生活'的幼儿园科学探究活动内容的研发""科学探究活动的组织与指导策略的研究""科学探究材料适宜的投放策略研究"三个子课题，综合运用文献法、调查法、观察法、案例分析法、行动研究法开展研究，使教师和幼儿共同收获和成长。

三、沿途驻足启深思

"教育改革，观念先行。"我园通过集体培训、图书漂流、线上研讨等形式进行理论提升，引领教师进一步把握科学探究活动的总目标，深入思考什么是回归生活的探究，怎样引导幼儿主动探究，并多次邀请学前教育专家亲临指导，教师们边学边思边实践，教育理念不断提升。在"来自心底的声音"采访中，我们了解到家长和孩子钟情于某一材料的想法、不喜欢某一材料的原因以及教师在材料投放中的困惑，来自教师、幼儿、家长三方的"声音"让教师对科学探究活动的内容、材料的适宜投放有了进一步的思考和感悟。我们坚持专家引领，使课题方向科学明确；坚持分层研讨，使课题研究深入推进；坚持大胆实践，使课题价值逐渐彰显。

四、立足实践解困惑

行动研究是开展课题研究、提升教师专业能力的最直接方式。课题组成员根据科学目标和《3—6岁儿童学习与发展指南》中科学探究内容，确定了8个探究主题（如沙和水、光和影等），并在实践中完善了贴近幼儿生活的65个科学探究活动方案，从而保证了活动内容的科学化、系统化。严谨有序的教科研活动，使教师的专业素养得到有效提升，我们共同梳理总结了四种"'回归生活'的科学探究支持策略"，并在实践中广泛推广和使用。

（一）科学探究活动的组织指导策略——让探究活动"趣"起来

1. 捕捉适宜问题，激幼儿探究兴趣

幼儿的探究是从问题开始的，当问题成为幼儿关注的焦点时，教师及时捕捉并给予他们启发性支持，那么，他们便会成为一个乐于探究的"科学家"。在一次"和泥"中，孩子们发现很多问题：水放得太多太少，泥巴都不成型；土里面有很多扎手的东西；有些土疙瘩一捏就碎……幼儿把这些惊奇的发现报告给教师，教师也投入极大的热情，和孩子们一起"和泥"。在尝试中，辰辰的泥巴终于和好了，他激动地和伙伴介绍着自己的本领，也许在别人眼里这就是瞎玩，但在教师心里孩子就是一个专注探究的"科学家"。

2. 启发式语言引导，助幼儿细致观察

教育家陶行知先生曾说过："发明千千万，起点在一问，智者问得巧，愚者问得笨。"不可否认探究活动中教师支持性的引导语言，是孩子积极探究的基石。

在科学制作"不倒翁"中，教师用半个乒乓球和透明的塑封膜制作了两个不倒翁，引导幼儿探究不倒翁不倒的原理，并创设了"双胞胎兄弟"的语言情境："这是一对不倒翁兄弟，为什么哥哥站得稳稳的，弟弟一推就倒呢？"教师游戏化的语言，有效激发了幼儿将真实现象同化为他们自己的童话世界的探究愿望。散步时，孩子们选择将青菜和胡萝卜带给饲养角的小兔子，于是，教师抛出疑问："如果给小兔子喂面包会怎样？"孩子们抱着试试看的心理把面包放在饲养角，看着小兔子吃得津津有味的样子，他们无比兴奋，恰恰是教师"疑问"，让他们对"小兔子还能吃什么"的问题产生了进一步思考的欲望。

3.科学有效的记录形式，帮幼儿积累经验

不同年龄班幼儿探究的广度和深度不同，小班幼儿在观察事物时，仅能关注到事物的表面现象，中班幼儿有独立探索、自我学习的需求与愿望，大班幼儿能认识到事物之间的逻辑关系。因此我们采用不同的记录形式（小班身体动作记录、中班个体与小组结合记录、大班实验对比记录），实践证明，适合幼儿认知能力的记录，不仅能巩固幼儿的科学知识，还能有效促进幼儿的自我学习。

（二）回归生活的材料适宜投放策略——让探究区"火"起来

皮亚杰曾说过："幼儿的智慧源于操作，操作是孩子通过对材料的运用、摆弄而建立起自己的认知结构的过程"。幼儿科学探究和学习的主要方式是亲身经历和获得直接经验，因此，适宜的材料支持必不可少。

1. 身边的寻常材料——回归生活

大自然在孩子的眼里就是一个充满疑问的世界，新奇多姿的事物无时不吸引着他们幼小的心灵。在日常生活中经常能听到这样一些声音：我带来的乌龟最爱吃肉；妈妈说青蛙的宝宝是小蝌蚪；我的榨汁机可以放好多水果（如图 1 所示）……我们尝试从幼儿的生活出发，找寻身边常见的、易于取材的事物作为探究物，引发幼儿的疑问和探索。源于生活的材料又回归于生活，小小的生活材料创造着孩子们新奇的世界。

图 1　榨汁机

2. 跟进式活动材料——循序渐进

《3—6 岁儿童学习与发展指南》指出：教师要敏锐觉察幼儿随时出现的兴趣，跟进式进行科学启蒙，使他们在不断的发现中拥有新的发现。科学区里，教师投放了磁铁和各种自然物，支持幼儿自主探究磁铁特性。当发现幼儿用磁铁隔着铁盒让回形针来回移动时，教师随即投放了厚薄不同的木板和塑料卡，支持幼儿对磁铁穿透性的进一步探索。一段时间下来，孩子已不满足于在区域内观察，而是拿着磁铁到活动室的各个角落和楼道去尝试，于是我们将记录表调整为记录墙，让他们不断记录着自己的发现。

3. 自制的探究材料——洞察秋毫

有一段时间，幼儿对镜子充满兴趣，教师用木塑板和折叠镜制作了转动自如的魔镜（如图2所示），孩子们惊奇地发现：当两面镜成90°时，镜子里竟然出现了3个玩具，这种"玩中学"的方式不仅让幼儿感知到镜子反光和折射的现象，同时培养了他们的观察力。可见，自制材料也能让孩子在探究和发现中获得有益经验，只要教师有敏锐的心灵和广泛的视角，及时捕捉幼儿兴趣，并适时给予支持，就会让他们愉快地走进科学的殿堂。

图2 魔镜

4. 辅助性游戏材料——妙趣横生

在"妙妙饲养角"，蜗牛的"到来"吸引了无数幼儿近距离观察，他们不断讨论着"蜗牛吃什么、为什么它的头要缩回壳内？"一段时间下来，孩子们的探究仅限于此。于是教师在旁边投放了软毛刷、小水盆等物品，引导孩子们像哥哥姐姐一样照顾蜗牛。在给蜗牛"喂食""洗澡"（如图3所示）的过程中，幼儿有了新的发现：蜗牛不仅喜欢吃菜叶，还喜欢吃果皮；给蜗牛"洗澡"要用软毛刷，不然它的壳会脱落；蜗牛壳脱落了，还能长出一层淡淡的新壳……辅助材料的提供让幼儿的探究具有了"童化性"，让孩子获得蜗牛"再生"经验的游戏妙趣横生。

图3　给蜗牛洗澡

（三）支持性课题研讨策略——让教研活动"动"起来

1.体验式研究，激发教师研讨热情

在"玩管子"（如图4所示）的探究中，教师为幼儿提供了诸多PVC管和连接物，引导他们探索不同物体通过管子的方式。原以为孩子会有很多奇思妙想，谁知活动下来，他们的兴趣点全然不在教师的计划之中。为此，我们让教师扮演孩子，尝试"玩"这些管子。通过亲身体验，教师感悟到过多的连接物，往往会干扰孩子的判断。因此在接下来的活动中，教师调整为若干直角弯管、三通和S形弯管，幼儿自由地用自己的方式操作、组合，不断地将探究引向深入。体验式研究，让教师进一步认识到只有切实了解孩子内心真实的想法，才能为孩子自主探究增添动力。

图4　玩管子

2. 案例分析研讨，从教师身边"取材"

在大班科学制作"不倒翁"活动中，教师提供了玻璃球、红小豆、橡皮泥、面巾纸等材料，显然橡皮泥是最适合的，但活动的探究仅限于此吗？我们以"不倒翁兄弟"为例，引领教师分析如何将活动进一步深入。通过集思广益，大家有了不同的方向：感受橡皮泥的位置与不倒翁倾倒方向的关系，用面巾纸制作不倒翁怎样才能成功……就是这些源于教师"身边"的案例，更容易引起大家的共鸣，让教师们在探索的海洋中乐此不疲。

3. 现场教研，引领教师深入观察

中班"小猫的眼睛"（如图5所示）探究活动中，教师引导孩子观察手电筒与物体远近和影子大小的关系，可对于小猫的眼睛（洞洞）的制作教师不知该如何是好，是提前挖好洞洞，还是让幼儿在课堂中现场操作？我们鼓励教师现场尝试，进行不同的呈现。最终发现提供挖洞的辅助材料

（硬币或圆形卡纸），能让幼儿很快解决"挖洞"的技能问题，让孩子很快投入进一步的探究中。

图5　小猫的眼睛

4.小组教研，让教师走近孩子

为了引导幼儿探索不同坡度物体滚动的速度，中班组教师进行了"哪辆小车跑得快"（如图6所示）的探究尝试，但效果不理想，原来是孩子在小车下滑时不自觉添加了手部的力量。于是中班组教师集思广益，请木匠师傅协助制作了长1米、宽12厘米的跑道，用窄条封边，以防小汽车从两边滑下，同时在跑道一端切割缝隙，用泥塑板拦隔，操作时幼儿只需同时提起泥塑板即可，这样就保证了每个幼儿给予汽车的力是均等的。孩子们兴奋地找来不同厚度的积木与坡道组合，探究着哪个坡道上的小车跑得快……小组教研，凝聚着大家共同的智慧，也让教师们真正地走近孩子。

图 6 哪辆小车跑得快

（四）开放式家长引领策略——让家长工作"活"起来

家长是幼儿园重要的合作伙伴。如何引领家长了解科学探究的价值，并积极支持幼儿探究活动的开展呢？我园在课题实施中进行了如下尝试。

1. 主题家长会——动员

我们将《3—6岁儿童学习与发展指南》精神与家长进行分享，从思想上有计划地逐步引领，帮助家长了解什么是科学探究、科学活动对幼儿发展的真正意义以及作为幼儿的"第一任教师"该如何指导孩子在生活中积极开展探究游戏。

2. 走进班级——观察

我园定期向家长开放区域游戏活动，让家长目睹探究游戏给幼儿带来的发展。活动前"探究游戏对幼儿发展价值"的介绍，使家长了解各种材料的教育价值；活动中有效互动，使家长真切感受到探究游戏的意义以及给幼儿带来的快乐感受；活动后的"家长感言"，给家长提供了畅所欲言的交流平台，更促进了家园之间的合作与分享。

3. 活动后反馈——调整

每次科学活动和区域游戏开放后，我们都结合开放的具体内容设计相关问卷，听取家长对本次活动的收获和建议。每一次的家长开放日，给予孩子的是无尽的快乐，留给家长的是一份回味，而教师收获的是一种实践后的成功体验。

五、锐意进取收获丰

几年的实践历程，课题组每位成员充分发扬"朴实、真实、踏实"的"实"文化精神，在课题研究的过程中收获颇丰。截至目前，课题组汇编了《科学探究活动方案集》《科学探究区游戏材料成果集》各一册；利用多功能室创建的科学宫已初具规模；多名成员撰写的课题论文获国家、市区级奖项；教师自制的科学探究材料获市级奖项；黄丽娜、李振娴等教师组织的科学活动获天津市创优活动一等奖；2019 年，我园被评为天津市教科研先进单位；课题负责人荣获天津市教科研先进个人荣誉称号。我们的孩子们在与环境的互动中充分发挥了自主性，变"学会"为"会学"，变"要我学"为"我要学"，探究兴趣日益提高。幼儿总能产生一些意想不到的想法和问题，促使教师不断地充实自己，与幼儿一起学习，一起成长。

教育是一种种植。"回归生活"的科学探究，让教师弯下腰切实关注每一个孩子，让他们在最适合自己的"海洋"里扬帆起航，这也是我们继续前行的不竭动力。今后我们会继续追寻孩子的眼睛，让小探究成就孩子们的大梦想！

【参考文献】

[1] 李季湄 , 冯晓霞 .《3—6 岁儿童学习与发展指南》解读 [M]. 北京 : 人民教育出版社 ,2013:16,27.

[2] 刘占兰 . 学前儿童科学教育 [M]. 北京 : 北京师范大学出版社 ,2008:5.

主题游戏活动中幼儿科学探究方式的实践研究

（中国学前教育研究会立项课题　课题编号：K20160538）

天津市南开区居华里幼儿园　赵素青

【摘要】主题游戏活动具有和真实生活相似的情景，幼儿自主选择与环境材料和师幼互动的机会，在直接感知、亲身体验、实际操作中，建立新旧经验之间的多维联系，建构科学关键经验，在解决实际问题的过程中，科学素养获得提升。在研究中本着尊重幼儿年龄特点、遵循教育规律的原则，提出主题游戏关键经验关注全面、主题游戏内容覆盖全域、科学探究方式贯穿全程、教育策略关注全体的建构思路，以此激励幼儿科学素养的萌发，为幼儿终身学习与发展奠定良好基础。

【关键词】科学探究方式；主题游戏；幼儿

主题游戏是儿童游戏的一种，是以某一具体主题内容为线索，顺应幼儿的需求，不断深化游戏发展的一种自发、自主、探究性游戏活动。儿童在游戏中模仿成人的生活、劳动、学习等，按照自己的构思和游戏规则进行活动。其中的一个游戏可以引发出一个主题活动，一个主题活动又能生成一个个的游戏，有利于发展儿童的创造性、观察力等多种学习品质。

科学探究既是幼儿学习科学的目的，也是幼儿学习科学的方法。科学探究方式是引导幼儿用科学的眼光关注和探索周围的事物与现象，进行感知、观察、操作、发现以及提出问题、寻找答案的过程，帮助幼儿获取科学经验、掌握科学方法、培养科学兴趣、养成科学素养。

一、问题的提出

幼儿园科学教育肩负着培养幼儿科学素养的重要使命，《3—6儿童学习与发展指南》指出：幼儿科学学习的核心是激发探究兴趣，体验探究过程，发展初步的探究和解决问题的能力，也就是通过科学学习使幼儿形成受益终身的学习态度和能力。其科学态度、科学思维方式的培养，是近年来教育领域始终关注与倡导的。儿童有着与科学家一样强烈的好奇心，幼儿科学探究必须尊重儿童的探究天性，创造条件发挥儿童的主体作用，给予足够的时间、丰富的材料、适宜的空间，以满足他们主动探究的欲望。主题游戏活动在时间、空间、材料等方面为幼儿科学探究活动提供最大的可能性和探究发展的平台，满足了幼儿自主发现、自主探究的兴趣和欲望。强调"游戏"对于幼儿成长过程的重要意义，尝试将主题活动形式与区域游戏相结合，以某一具体主题内容为线索，顺应幼儿的需求、不断深化游戏发展的一种自发、自主、探究性游戏活动。因为以往忽略了主题游戏区对幼儿科学探究的引发、引导，所以提出"主题游戏活动中幼儿科学探究方式的实践研究"的课题研究。

二、研究的目标与内容

以《幼儿园工作规程》《幼儿园教育指导纲要（试行）》和《3—6岁

儿童学习与发展指南》精神为指导，注重主题游戏活动的启蒙性、生活性、趣味性、操作性、开放性、整合性，着力萌发幼儿受用终身的科学素养。建构适合并能有效提升科学素养的主题游戏活动，完善各年龄阶段主题游戏的内容、关键经验和多种探究方式的融合，优化主题游戏活动模式和策略，摸索主题游戏活动中家长资源的开发和运用，促进幼儿科学探究方式的落实。

三、研究的成果

（一）建构适合幼儿发展需求的幼儿科学探究方式的关键经验，体现辐射全面

主题游戏活动中，幼儿科学探究方式的研究在对幼儿进行科学素养的早期萌发，特别是科学态度、科学思维方式的培养。我们提出：以尊重孩子的学习态度、遵循教育规律为前提，以探究解决问题的思维过程和发展进程为线索。梳理了幼儿园主题游戏关键经验，即在主题游戏活动的过程中，引导幼儿秉持科学态度、掌握科学方法、获得科学经验。其中秉持科学态度，强调关注幼儿"实事求是、大胆自信、坚持不懈、好奇好问、富于创造"等方面品质的养成。掌握科学方法，强调关注幼儿"观察质疑、亲历探究、动手动脑、信息整合、分享交流"等方面能力的增强。获得科学经验，强调关注幼儿在"生命环境、自然现象、数形时空、现代科技"等方面知识的积累。

（二）开发满足幼儿活动兴趣的主题游戏活动的环境材料与内容，体现覆盖全域

充分利用身边的环境、现象、材料，挖掘幼儿生活中的游戏资源，拓展游戏空间。让孩子在游戏中亲近自然、了解社会、探索发现、体验乐趣。

首先，为孩子打造自由、安全的主题游戏环境，体现"全覆盖"。巧用环境中一切可玩之处，把游戏场地覆盖到幼儿园的所有空间。同时，为孩子提供丰富、真实的游戏材料，体现"低结构"。以朴素的原生态材料激活幼儿无限地游戏，打破游戏材料的固化功能，一物多玩、一玩多物，实现玩具材料的高流动、多组合。

在进行主题游戏活动内容的选择、设置时，教师要关注幼儿的兴趣点，顺应其内在的真正需求，充分利用游戏与生活中的真实的事物与现象，多形式、多途径地对幼儿进行科学启迪，激发幼儿探究的欲望，在探究中积累粗浅的科学经验，学习基本的科学方法，培养初步的科学态度。"覆盖全域"主题游戏内容为孩子们提供了乐于观察—善于提问—勤于思考—勇于探究的探究的机会，为孩子们形成优良的科学素养奠定了坚实的基础。

（三）研究支持在主题游戏活动中自主发展的科学探究教育策略，体现关注全体

3—6岁幼儿有着强烈的好奇心和探究欲望，在主题游戏活动中，教师在了解儿童是科学探究方式的基础上，及时发现幼儿"玩"的兴趣，支持幼儿"玩"得有价值，鼓励幼儿积极思考，勇敢探索，采取有效的指导策略帮助幼儿学习和发展，有效提升幼儿的科学素养。

策略一：贴近生活经验激趣与提问，引领幼儿关注问题进入探究情境。生活中、游戏情境中蕴含着丰富的探究内容，幼儿的探究兴趣和学习也是从他们发现的"问题"引发的。由此幼儿才会有寻求答案的想法与愿望，主动探究的兴趣与行为也就应运而生。教师要关注幼儿在探究中发现的有价值的问题，借助幼儿已有生活、认知经验，创设情境引导幼儿探究。

策略二：调动已有经验猜想与讨论，引导幼儿学习尊重事实地猜想。在幼儿进行自主探究活动中，幼儿会围绕感兴趣的事物或现象进行猜想，

这种猜想并不是天马行空，而是在调动幼儿已有经验的基础上，在尊重事实的前提下支持和鼓励幼儿猜想与假设，也可以引导幼儿通过搜集信息，提出有依据的想法和做法。

策略三：投放适宜材料发现与探究，支持幼儿学习获得科学依据与实证材料。在主题游戏活动中充分发挥材料、环境的教育价值，为幼儿提供安全的、丰富的、可操作性强的、引发探索兴趣需要的材料，激发幼儿主动的探究行为。在投放材料中还要注重材料的层次性与动态性、目标性与针对性、探究性与生活化、多样性与开放性。

策略四：提出挑战性的问题与任务，引导幼儿学习解决问题与深度探究的方法。首先调动幼儿各种感官观察分析丰富经验。例如：小班"糖果屋"主题游戏活动中，引导幼儿感知发现各种糖果的颜色、质地、形状、大小等，将真实的世界同化到幼儿的认知结构中。其次关注幼儿探究过程中的发现，实时提出问题，帮助幼儿梳理探究经验。如在给"洗衣房"的衣服分类时，当幼儿将相同材质的衣服放在一起时，教师提出问题引发幼儿梳理自己的探究："为什么把它们放在一起？"最后提出假设性问题引发深度探究，逐步学会解决问题的方法。在主题游戏活动中蕴含着一些隐形的科学原理，需要教师敏锐的洞察力发现问题引发幼儿探究。如大班幼儿开展主题游戏"泥人张"活动中，服务员在给顾客包装不同大小的泥人时，发现小一些的泥人装到盒子中会左右晃动，反复尝试多次仍无结果，这时教师提出假设性问题：观察泥人装到盒子后还有哪些空间？用什么材料把它填满？使幼儿运用生活中的经验，用报纸团团后塞进去，来探究填充缝隙的方法。

策略五：选择适当时机介入与引导，激励幼儿学习科学的态度与方法。在探究的过程中，幼儿往往会遇到一些困难或问题，这时需要教师认真观察幼儿探究的内容、探究的方法等，分析幼儿遇到的困难是认知经验的问题，还是材料提供或探究方法等问题，在进行价值判断后找准最佳的时机。教师的有效介入不仅将幼儿的探究活动引向深入，更重要的是让孩子们在活动中学习科学的态度和科学的方法。

策略六：利用适宜的方式记录与呈现，帮助幼儿学习将客观事实真实反馈。科学探究始终伴随在游戏的不同阶段，根据幼儿的年龄与思维特点，在科学探究中记录信息的方式也有所不同。如小班幼儿使用的记录方式应体现形象、具体、直观的特点，可采用实物、照片、视频等方式，将探究过程中发现的关键经验与信息进行记录；中大班幼儿随着年龄和经验的增长，记录的方式体现直观、具体、对比的特点，可以采用图画、符号、表格、照片或简单的文字等记录方式，记录观察发现的主要过程和关键步骤，为了便于帮助幼儿梳理经验，采用绘制表格的方式，有助于引导幼儿对比记录获得的信息，从中发现探究过程和事物的发展变化，使幼儿在尊重客观事实的基础上得出结论。总之，要使记录既简便易行，又能达到支持和促进幼儿得出科学的探究结果。

策略七：创造情境条件交流与表达，引领幼儿学习表达自己与倾听他人。表达和交流是探究活动中一个重要的环节，它有助于帮助幼儿整理自己的探究过程，将探究过程中的发现用语言讲述给同伴，在这个过程中既有自己的观点与想法的表达，又有接纳学习他人观点与方法的过程，这是一种非常关键的思维碰撞。在游戏的分享环节，教师鼓励幼儿将游戏中的发现、解决的过程讲述给大家，在这个阶段，教师的作用是倾听、鼓励并重复幼儿的关键陈述；发现并引导幼儿关注自身与同伴间的不同观点与想法；另外也支持幼儿对不同的观点与想法提出自己的质疑，再次引发幼儿通过探究寻找科学依据。

（四）探索家长资源在幼儿在主题游戏活动中的开发与利用，体现贯穿全程

家长在幼儿园的教育教学中发挥着重要的作用，科学引导家长参与到幼儿园的主题游戏活动的创建与实施中，让家长能更加科学看待幼儿的学习与发展。首先开发与利用家庭资源的丰富性，充分挖掘人的资源的多样性、物的资源的丰富性、"隐性"资源的可贵性等特点，丰富幼儿科学探究的经验，提升科学素养。其次拓宽沟通途径，帮助家长树立正确的教育观，增强家长的教育意识，并指导家长采用有效、适宜的教育方法，最终帮助家长提高家庭教育水平。最后引领家长全程参与活动，尝试将活动准备、活动组织、过程性指导等环节与教师紧密对接，使活动要点紧扣幼儿在每个活动中科学素养形成的状态，建立融于每个活动全过程的家园合力模式。由此，准确地了解幼儿的差异特点，把握幼儿的发展趋势，捕捉幼儿的发展潜能，为创造有效教育提供强有力的支持。

四、研究成效

研究中我们积累了宝贵的研究经验，形成了具有操作性的研究成果，广泛地运用于教学实践中。

（一）萌发了幼儿的科学素养

幼儿在主题游戏活动里亲历科学探究的过程中，进行有意义的观察与思考，学习表达与交流，体验着探索乐趣，验证着科学真谛，科学精神在生动有益的科学活动中不断增强，科学素养也得以萌发。"乐于观察、善于提问、勤于思考、勇于探究"不仅表现在幼儿的外在行为中，更逐渐内化为他们一种稳定良好的精神品质，并将对其一生的发展产生深远的影响。在南开区青年优秀教育活动评选中，我园承担的组织与配合工作，在活动

中孩子们与不同幼儿园教师共同活动，他们精彩的表现获得了参赛教师的赞誉。

（二）促进了教师的专业成长

在研究实践中，教师对主题游戏活动中幼儿科学探究方式逐渐领悟内化。他们以主题游戏活动为载体，深入科学启蒙教育。引领幼儿在主题游戏的情境中感知发现、体验尝试，学会思考、积累经验。围绕主题组织幼儿开展主题游戏活动，将各种简单的科学工具的应用，巧妙地隐藏在游戏中。将粗浅的科学原理蕴含在主题游戏活动之中，引导孩子在探究中发现科学的秘密，感受科学的魅力。教师们对教育活动的驾驭能力不断增强，科学素养也在其间得到有效提升。

（三）促进了幼儿园的特色发展

研究制订了满足各年龄阶段幼儿活动兴趣的主题游戏活动、幼儿科学探究方式内容及关键经验、科学工具箱，编辑整理活动案例、活动图册等。梳理出七大指导策略。探索主题游戏活动中家长资源的开发和运用，促进了幼儿科学探究方式的落实。编辑了《主题游戏活动幼儿科学探究方式关键经验》《主题游戏活动中的幼儿探究方式的指导策略》《科学工具箱》《主题游戏活动中幼儿科学探究方式环境创设图册》《主题游戏活动中幼儿科学探究方式的家长资源手册》《主题游戏活动中幼儿科学探究方式案例集》《主题游戏活动中幼儿科学探究方式论文集》等。由此极大地推动我园特色建设的进程，深化我园"幼儿基本素养教育"的特色建设，提升了特色教育的品质。

【参考文献】

[1] 李季湄, 冯晓霞.《3—6 岁儿童学习与发展指南》解读 [M]. 北京：人民教育出版社 ,2013.

[2] 朱小娟 . 让幼儿在探究中学科学 [M]. 北京：北京师范大学出版社 ,2009.

[3] 陆蓉 . 幼儿园科学主题游戏 [M]. 北京：教育科学出版社 ,2011.

[4] 刘占兰 . 幼儿园科学教育 [M]. 北京：北京师范大学出版社 ,2000.

[5] 皮亚杰 . 儿童智力的起源 [M]. 高如峰 , 陈丽霞 , 译 . 北京：教育科学出版社 ,1990.

[6] 张文慧 . 幼儿园区域与主题活动创设及组织 [M]. 北京：机械工业出版社 ,2015.

[7] 张俊 , 等 . 幼儿园科学领域教育精要：关键经验与活动指导 [M]. 北京：教育科学出版社 ,2015.

[8] 董玉华 . 幼儿园探究式科学教育活动教师指导用书 [M]. 天津：天津人民出版社 ,2012.

幼儿科学领域"核心经验"及其获得方式研究

（中国学前教育研究会立项课题　课题编号：K20160556）

天津市武清区第七幼儿园　孟昭云　刘德新

【摘要】幼儿科学领域的学习是在探索具体事物和解决实际问题中，尝试发现事物间的异同和联系的过程。科学领域包括"数学认知"和"科学探索"。而我们今天着重研究的是幼儿科学领域的"核心经验"，是指儿童理解和掌握某一学科领域知识和技能至关重要的经验和能力。科学课程中的 "观察与发现""实验与操作""表达与交流"都应成为科学领域的核心经验。

【关键词】科学领域；核心经验；获得方式

一、问题的提出

"科学探究"是充分利用大自然中的事物、现象和实际生活，引导幼儿通过观察、猜想、操作、实验、讨论、总结等方法，学习发现问题、分析问题、寻找方法、解决问题。帮助幼儿在探究的过程中，不断积累经验，并能运用于新的学习活动中，形成使之终身受益的学习态度和多种能力。

课题主要围绕"幼儿科学领域'核心经验'是什么"和"通过什么方式能够帮助幼儿获得这些经验"两个问题展开。一方面能够帮助教师制定符合幼儿实际需要的科学领域课程；另一方面能够指导教师在实际工作中，针对不同的科学课程，选择相对应的、科学有效的方法，帮助幼儿获得"核心经验"。

二、核心概念的界定

幼儿科学探究领域的"核心经验"，是指儿童理解和掌握某一学科领域知识和技能至关重要的经验和能力。而科学探究课程中的"观察与发现""实验与制作""表达与交流"都应成为科学领域的核心经验。

（一）观察与发现

幼儿喜欢接触大自然，对周围的事物和现象感兴趣，从而会停下脚步仔细观察。在观察的过程中，幼儿会不自觉地摸一摸、闻一闻、玩一玩；会独自观察，深陷其中；会仨俩一伙，一起观察；会吸引更多的小朋友，一起交流观察。我们把它称为"接触式观察"。除了"接触式观察"还有"体验式观察"。顾名思义，就是带领孩子们身临其境，进行体验。外面下雨了，教师与幼儿穿上雨衣，在雨中嬉戏，感受雨水的凉爽、雨水拍打在身上的力量、雨水从身上瞬间滑落的速度。户外活动时，发现小蚂蚁，借助放大镜，知道了小蚂蚁来来回回在做什么，这是孩子们无意的发现，从而引发的"体验式观察"和"接触式观察"。

（二）实验与制作

幼儿科学学习的核心是"激发探究兴趣，体验探究过程，发展初步的探究能力"，而其核心经验是"观察与发现，实验与制作，表达与交流"。

有了初步的观察、发现，幼儿会产生一些问题，通过自己动手、制作、实验、寻找答案，进行各种尝试，从而获得经验，并且记忆深刻。

（三）表达与交流

在观察与发现、实验与制作的过程中，都离不开表达与交流。在观察中，幼儿将自己所看到的、想到的进行表达；在操作过程中，幼儿会交流意见；在记录过程中，幼儿可以将记录结果大胆地表达出来。因此，表达与交流在科学课程中是非常关键的内容。

三、研究成果

（一）科学探究内容的选择

要想组织好幼儿园的科学探究活动，应从"如何选择适宜的探究内容"入手，根据幼儿的兴趣以及教师的需求出发，制订适宜的科学探究内容。

1. 以自然界为主要研究对象

《幼儿园教育指导纲要（试行）》中倡导的理念以自然科学为主要研究对象，鼓励幼儿接触大自然，探究周围的自然现象。如：认识身边的小动物（外部特征、习性、生存环境），观察身边花草树木（发芽、长出叶子的时间、大树的生长情况），探究天气、水等自然物质和现象。

2. 有明确的科学概念

科学实验的主要目的就是让幼儿理解、掌握一些科学概念，并在"观察与发现""实验与制作""表达与交流"中领会其中的科学概念。

3. 广度和深度的平衡

课程内容过广，不易使幼儿真正深刻地领会和理解所讨论的课题的意义；课程内容过深，既限制幼儿的视野，又超出幼儿的理解能力。因此，要根据幼儿的年龄特点，选择适合的科学课程。

4.适应幼儿的兴趣和需要

不同年龄段的幼儿有着不同的需求，有着特定的心理特点，有着特定的兴趣和需要。如果离开了这种心理适应性，片面地去传授一些我们成年人认为重要的东西，往往收不到期望的效果。

5.幼儿的探究内容应是有结论的，教师能够把握的

在科学探究的过程中，教师引导幼儿发现身边的科学，积极主动地建构自己的知识经验。因此，活动要有一个明确的、清楚的概念，教师可以理解并明白，这样才能更好地教育幼儿。

6.现实生活中常见的现象

生活中，教师要善于发现、挖掘和保护幼儿的好奇心，发现生活中科学探究的教育契机，引导幼儿通过观察、比较、讨论、操作、实验、归纳等方法，学习发现问题、分析问题、解决问题。教师要多方面考虑、多方面观察，才能制订出一套行之有效的科学探究课程。

（二）探究环境的创设

1.精神环境

为幼儿创设一个宽松、安静、安全的探究氛围，使幼儿能够主动学习与探究。在日常的教育教学实践中，幼儿常常对一些事物和现象感兴趣，这是引导幼儿进行科学探究的最好时机，并形成生动课程，引导幼儿进行实践与讨论。

（1）接纳幼儿错误的认识

幼儿对事物的认识，直接源于他的已有经验，在探究和认识事物的过程中，会走一些弯路，也会根据自己的已有经验进行实践，此时教师就要

给予适时的介入，引导幼儿进行实践探究，在事实中寻找答案。

（2）接纳幼儿"不恰当"的做法

容忍幼儿因探究而弄脏、弄乱甚至将物品破坏的行为。这是幼儿的探究行为、探究方式，我们要尊重幼儿，引导幼儿。不要一味地批评、制止。

（3）积极鼓励，体验成功

支持、鼓励、重视幼儿的观点和想法。无论对与错，教师都要相对冷静和保持中立，要让幼儿觉得教师是愿意倾听他的想法的。不适当的语言会使幼儿紧张，害怕出错而不敢发表自己的意见。要培养幼儿尊重事实的科学态度。

2. 物质环境

（1）提供与目标适宜的材料

根据探究内容的需要，提供适合的材料。如：大班科学课程"好玩的空气"，教师为每位幼儿提供了相同材料——透明的塑料袋，引导幼儿用这个塑料袋去装空气。幼儿可以到任何角落去装空气，体现了空气无处不在的特性。这个塑料袋，支持了幼儿的研究与发现，有利于幼儿获得关键经验。

（2）激发幼儿探究兴趣

探究活动所提供的材料，应能调动幼儿的积极性和主动性，能让幼儿在探究的过程中摸一摸、玩一玩。通过一系列的动作，发现新的知识，并与他人分享、交流。有效材料的提供，支持了幼儿的探索与发现，使幼儿自主地获得关键性的经验。

（3）随处可见的、身边的材料

在"沉浮"活动中，教师提供了幼儿生活中随手可取的材料，如：小块的积木、磁铁、玻璃珠、勺子、区域玩具等，并将其放入水中，自主观察。"有趣的鸡蛋"用到了盐和水，"小豆子变变变"用到了绿豆和黄豆，这些都是食堂用得到的材料。

科学实验，需要为幼儿提供探索发现的材料，除了一些工具、仪器外，更多的是生活中常见的、易得的材料。这样，不仅能保证探究活动顺利开展，又能让幼儿觉得科学离我们并不遥远，科学就在身边。

（三）科学活动的指导策略

科学课程，秉承着《3—6岁儿童学习与发展指南》中的科学要点，让幼儿通过亲身体验、动手操作，达到直接感知的目的。从而自主地将知识与经验，变成自己宝贵的财富。

在研究初期，教师们不能大胆地"放手"，主要原因为：

（1）准备材料过多——麻烦；

（2）自己控制不住秩序——乱；

（3）活动空间杂乱无章——脏；

（4）幼儿衣服弄脏——家长不允许。

我们针对以上的顾虑，采取如下措施：

（1）分组进行活动，同年龄班轮流使用活动材料；

（2）针对不同的课程，提前备课，将问题细化，提前做好应对措施；

（3）实验前，讲清规则与要求，提示幼儿正确的做法；

（4）为每位幼儿购买罩衣，避免弄脏衣服。

在实际操作的过程中，根据出现的不同问题，教师要及时解决，并不断地总结经验，不断地提高自己。在今后的科学活动中，教师"游刃有余"地讲好每一节课。而幼儿也可以沉浸在实验与操作中，从而学到很多知识，积累很多经验。

1. 设计有效的提问

（1）根据探究的目标设计提问

在活动前，教师要预设活动内容、活动目标，并进行透彻的分析。通过分析，明确目标设计的相关科学知识，预设幼儿获得哪些关键经验。更加准确地把握问题的实质，找准问题的切入点。

（2）教师要善于提出激发幼儿探究，引发幼儿思考的问题

在活动开始前，设置问题情境，提出幼儿感兴趣的问题，提出一些挑战性的问题，作为探究活动的切入点，激发幼儿的探究欲望与探究兴趣。

（3）提出一些指向性、操作性强的问题

教师在提问的过程中，要有指向性，引发幼儿去深入思考，每个孩子都会根据自己的感受、认识和理解去回答，目的明确。

（4）倾向于解决问题和探索方法的问题

活动要从"猜想假设到得出结论"。因此，在设计提问时，要展现思考和探究的过程，提问要指向探究和解决问题的过程和方法。教师的提问，直接指向幼儿实验的方法，根据他人的方法，有些幼儿及时调整了自己的方法，重新实验，得出结论，保证了探究的科学性。

（5）逐步逼近实验结果，有层次性

教师的提问要层次清楚，环环相扣，层层深入，这样使幼儿思路明晰，思维有条理。

2. 收集、记录实验信息

（1）记录方法

活动前，让幼儿发现一个未知的现象，产生一个预想猜测，并利用绘画、图片、符号、数字等方式记录下来。活动中，将自己使用的方法、数据进

行记录。

（2）记录形式

记录包括个人记录、小组记录、集体记录等方式。

（3）记录时出现的问题

幼儿的思维具有形象化、具体化的特点，因而记录的方式要形象化、具体化，更要多样化。无论是幼儿的个人记录、小组记录还是集体记录，都要体现这一点。

3. 交流与分享

在探究的过程中，每个人都会有自己的感受、体验和发现，幼儿也很愿意将其表达出来。教师要鼓励幼儿大胆地表达自己在探究过程中的所见所想，积极与同伴交流分享。通过交流分享，可以认清事实，梳理信息，提升经验，形成科学知识。

四、研究成效

（一）幼儿的发展

1. 积累有益的直接经验和感性认识

自然界和幼儿周围的生活有很多神奇的现象，像沉浮、磁铁、油水分离、放大镜等，这些都是幼儿在生活和游戏中所能接触到的。在经历过探究后，幼儿再遇到问题时，可以提出问题——猜想与假设——实验与操作——记录信息——思考与联系——得出结果——表达与交流。

2. 在探究中学会推理和分析

在探究的过程中，幼儿会发现自己不明白的科学现象，产生疑问和判断，经过动手操作，产生新的想法，这就是分析和推理的结果。经过不断地尝试、不断地分析、不断地获取经验，最终找到科学的答案。这是幼儿自主学习的过程，也是幼儿学会思考、分析的过程，获得成长的过程。

3. 关注和了解生活和自然环境

一日生活皆教育，教育无处不在。幼儿在户外，无意中发现了小蚂蚁会游泳；发现雨后潮湿的地上会有小蜗牛；发现月季花花瓣的形态不一样、颜色不一样等。利用生活和自然中的点滴发现，利用观察与探究，利用讨论与交流，获得经验，了解生活中的科学、自然界中的科学。

（二）教师的发展

1. 教育观念的转变

通过课题研究中的理论学习、同伴互助、专家的引领，教师的观念得到了提升，工作方法得到了改进，工作状态得到了调整，慢慢在探究的过程中找到了乐趣。教师对幼儿的科学探究，不单存在于"了解某种现象"，教师们在指导方法上，逐渐改变了单一和死板的方法，善于观察、适时指导有了一定的提高。在探究的过程中，给了每位幼儿探究的空间，允许他们进行破坏性地探究，允许他们弄脏衣服，给予幼儿极大的限度。对幼儿探究活动的评价也趋于客观。教师更多关注幼儿在操作和讨论的过程中，根据自己所看到的，表达自己真实的感受与想法。鼓励他们挑战自己、战胜自己，真正成为活动的主人。

2. 教师方法的转变

教师对幼儿科学教育的方法的认识也产生了很大的变化，由过去的"教师教科学的方法"转变成"幼儿学科学的方法"；幼儿由原来的"看"到现在的"做"，由"被动地学"到"自主地探索"。教师转变着自己传统的教学模式，让幼儿真正地不受教师的束缚，大胆尝试，大胆探索。而我们教师做的是为幼儿提供他们所需的物质准备，以及适时的指导与引导，帮助幼儿在自主操作的过程中，自主探索，体会成功的喜悦。在科学的探究活动中，提升幼儿推理、分析、讨论、交流的能力。

3. 教师素质的提高

在教师的眼中，最不能容忍的就是幼儿无限制的做事情，总是给幼儿很多的限定。经历了课题的研究，教师改变了以往的教学态度，给予幼儿充分的自由，让幼儿无限地尝试、无限地探索，在尝试与探索中，获得直接经验和科学认知。

【参考文献】

[1] 李季湄, 冯晓霞.《3—6 岁儿童学习与发展指南》解读 [M]. 北京 : 人民教育出版社 ,2013:16,27.

[2] 蔡学莹.《幼儿园五大领域教育—教师指导用书·科学》[M]. 天津 : 天津教育出版社 ,2011:9.

[3] 姚敏. 幼儿科学领域"核心经验"及其获得方式研究 [J]. 山西教育 (幼教),2015(12):33–35.

[4] 季奎奎. 幼儿园科学教育内容的构建研究 [D]. 福州 : 福建师范大学 ,2012.

[5] 张翔升. 幼儿科学领域的核心经验及其价值 [J]. 山西教育 (幼教),2017(1):18–19.

幼儿审美能力与创造力发展的实践研究

（天津市学前教育学会立项课题 课题编号：SXH135YS039）

天津市教育科学研究院 金壮丽

【摘要】本文旨在贯彻学习《3—6岁儿童学习与发展指南》，实践幼儿园艺术教育的发展价值和教育目标，挖掘幼儿园艺术教育的有效策略和途径，最终促进幼儿的审美与创造力的发展。幼儿审美感知能力的培养是丰富其审美想象力和透彻的审美理解能力及审美表现与创造力的基础，是艺术创造活动的必要条件，是积累丰富的内在情感的重要手段，也是艺术人生的起点。审美感知能力对于学前儿童来说是审美心理结构中最基本也是最重要的组成部分。幼儿教师要重视儿童审美个性心理特征，积极培养儿童的审美能力和创造力，引导幼儿参与艺术活动，丰富幼儿艺术表现空间，推动幼儿审美创造，使其产生审美的潜在发展力和心理的需要。发展幼儿的情感性认知能力、审美能力、鉴赏能力、创造能力等必须通过营造艺术氛围、创设环境、利用当地文化影响来提高幼儿的审美感受能力。

【关键词】幼儿园艺术教育；幼儿审美感受能力与创造力

一、问题的提出

《3—6岁儿童学习与发展指南》中明确提出，幼儿艺术领域学习的关键在于："萌发幼儿对美的感受和体验"；"充分创造条件和机会，丰富其想象力和创造力"；"引导幼儿学会用心灵去感受和发现美，用自己的方式去表现和创造美"。审美教育应努力挖掘艺术教育资源，丰富艺术经验拓展和幼儿艺术空间，引导幼儿参与艺术活动，促进幼儿审美创造，要充分重视幼儿审美发展客观存在的心理现象，使幼儿产生审美的潜在发展力和心灵的需要。教师积极培养儿童的审美能力和创造能力，启迪幼儿热爱"美"的智慧，激发知"美"的情趣，发展幼儿特殊的情感性认知能力，重视幼儿审美个性心理特征，发展幼儿的审美创造力、鉴赏力等，通过创设艺术环境、营造艺术氛围、充分利用地方文化提高幼儿的审美感受能力和艺术创造力，从而满足幼儿精神成长的需要。

我们要充分挖掘资源，引导孩子能够善于用发现美的眼睛、聆听美的耳朵、感知美的心灵去感知世界，在社会中、大自然中、艺术作品中感受美、创造美，从而激发幼儿美的创造力。

二、研究目标与内容

（一）研究目标

（1）培养幼儿敏锐的审美感受能力。

（2）通过艺术作品的情感体验，培养审美感受。

（3）审美感受与审美创造力的整合与运用。

（二）研究内容

1. 营造艺术环境，激发幼儿审美情趣

（1）利用地方民间文化的浸染。

（2）运用中国民间艺术的陶冶。

（3）对国内外著名艺术品的欣赏。

2. 为促进幼儿审美感受能力和创造力的提高积极创造各种互动氛围

（1）利用生活活动、游戏活动等活动为幼儿提供欣赏、交流、表达的机会和条件。

（2）区域活动中开展多种多样的艺术活动。

（3）丰富幼儿的艺术感受经验，带领幼儿参观艺术馆、展览、建筑，参与当地民间艺术活动，增加幼儿体验和感受。

3. 充分利用各种资源，引导幼儿艺术体验，获得艺术感受与情感

（1）鼓励幼儿选择自己喜欢的艺术活动，引发幼儿兴趣。

（2）将各种艺术活动有机渗透于一日生活之中。

（3）开展多种多样的艺术欣赏、艺术表现、艺术创造活动，积极引导幼儿大胆地参与及表达。

4. 在艺术整合活动中对幼儿审美创造力的培养

（1）丰富幼儿的审美体验。

（2）拓展幼儿的审美空间。

（3）推动幼儿的审美创造。

三、研究方法与过程

1.研究方法

（1）行动研究法：通过发现、分析幼儿审美感受与审美创造力的培养中存在的实际问题和现状→制订研究方案→实施方案，开展实践研究→反思实施情况→调整方案→再实践研究……在循环往复、螺旋上升的过程中，不断发现问题、解决问题，最终达到研究的目的。

（2）文献法：通过查阅、分析、整理、研究有关幼儿审美感受与审美创造力等相关理论书籍，为幼儿审美感受与审美创造力的培养策略提供理论基础。并通过对相关教育策略等有关的国内外相关资料的搜集与分析，了解该领域研究动态，以便对课题选择提供借鉴、进行甄别。

2.研究的实施步骤

第一阶段：结合实际，深入分析教师在实践中存在的困惑，对照儿童审美感知特点，确立艺术教育实践的主题与规划。

学习《审美感知、审美表现的心理与发展》，结合实践中的困惑寻找相关理论；提高教研组成员的相关经验；调整艺术教育实践的主题与规划。

第二阶段：逐步深入教育实践探索，开展主题性研究，不断调整适合不同年龄阶段的艺术教育的内容，改进环境中的教育要素，提升研究实效；获得理论与认识的有机结合，增强实践中的实效；积累实践资料，分析研究幼儿的感受与创造力的发展情况。

第三阶段：将实践中的资料加以归纳与分析，研究实践中的成果与不足，完善研究的内容。

第四阶段：总结提升，完成"幼儿审美能力与创造力发展的实践研究"研究报告，形成研究的初步成果。

四、研究成效

自《幼儿园教育指导纲要（试行）》颁布以来，幼儿园艺术教育改革的重点就一直围绕艺术课程的"综合性"展开。专题研究在实施综合艺术教育中，主要解决好两方面的问题：一方面是转变教学理念，重新审视艺术教育中的师幼关系。教师从传授者，转变为引导者、合作者甚至是支持者。另一方面则是综合艺术教育如何落实到有效的游戏行为上，关键在于提高幼儿教师的艺术教育整合能力。下面从这两方面阐述本研究成效。

（一）转变教学理念，重新审视艺术教育中的师幼关系的探索

1.为激发幼儿审美情趣努力营造良好的环境

首先，课题组成员学习提升有关审美的理论水平和认识，邀请老前辈、特级教师韩之云，教科院专家白燕教授参与研究过程并给予专业指导。研讨如何选择幼儿喜欢的乐曲、歌曲；挖掘现有的艺术教育资源，筛选了经典乐曲、歌曲，投放到幼儿园，丰富、拓展幼儿的艺术经验，引导幼儿进行艺术体验，拓展艺术表现空间，营造艺术氛围，很快就提高了幼儿的艺术审美感受能力。

此外，利用现有条件提供了民间艺术、国外艺术作品的欣赏等内容；采用了多种方式提高幼儿的审美与表现、创造的能力。在主题整合活动中，依据幼儿的兴趣和年龄特点，围绕"家乡的彩车"开展了主题整合活动。通过观看国庆阅兵，亲子参观水西公园的彩车，感受彩车的美；谈话活动"家乡漂亮的彩车"；科学活动"家乡的著名建筑""家乡的土特产"；带孩子游览天津的名胜古迹，品尝知名的小吃，为艺术创造储存了经验。之后开展了主题活动"设计家乡的彩车"，幼儿依据自己的想法，利用已有经验，设计出自己心目中喜欢的家乡的彩车……

再次，邀请艺术家亲临幼儿园与幼儿共同进行现场艺术欣赏与创作，幼儿亲眼看到艺术家的表达与表现，观察艺术家的表演后，在活动区以类似的方式进行创作，令幼儿难忘。

2. 创造积极、互动的艺术氛围，促进幼儿审美感受能力和创造力的提高

教师在研究过程中转变自己的角色，由游戏的主导者，变为游戏的参与者和协作者。建立了平等的师幼关系，取得了事半功倍的成效。幼儿在轻松愉快的氛围中获得良好的学习和发展。

2019 年的春季，教师带领孩子们在院落里寻找春天。盛开的海棠花、丁香花等引发了孩子们的浓厚兴趣。通过观察教师们发现孩子对花的形状、种类、颜色等充满了好奇，及时抓住时机生成了有价值的活动。支持幼儿在"春天"主题游戏中进行了主动学习。教师为孩子们提供了视频及有关花朵的照片、图片、课件、实物等支持性材料，带领着孩子们一起认识生活周围和常见的花卉；游览公园、植物园，为了更好地引发幼儿创造性地表达自己对花的感知，与孩子们共同收集各种废旧物品和无毒无害的材料，进行创意制作表达自己的意愿。

丰富幼儿有关花店的经验，感受、发现和欣赏生活中美的事物及其不同的特征，发挥亲子互动的作用。

利用各种材料和工具，动手制作了各种各样的花，并且用相片的形式记录下这一次有意义的亲子互动时刻，将照片上传到班级 QQ 群中共享照片，互相欣赏、鼓励、学习，大家都感叹这是一次难得、有趣的亲子互动机会。

支持幼儿自发的艺术表现和创造，并给予适当的指导，发挥师幼互动的作用。

　　孩子们为解决客人需求增多、花店里的花慢慢变少的问题，教师和孩子们一起想办法，有的孩子说："可以让爸爸妈妈去花店再买一点带来。"有的孩子说："把卖出去的花再拿回来不就行了吗？"还有的孩子提议："我们和爸爸妈妈再一起做点放在花店吧！"教师建议："那我们开一个制作花的加工厂吧，你们可以来当制作师，制作花朵来卖。"孩子们表示同意。于是班里又建立了一间"花花饰品吧"。教师又制定了新的教育目标：欣赏插花艺术，感受其色彩美、造型美；学习插花的基本方法，乐于尝试运用不同种类的花卉组合搭配；创造性地实现自己的想法，体验成功的喜悦。孩子们在欣赏和插花的活动中乐此不疲……

　　"三八妇女节"教师们筛选了符合中班年龄特点的绘本——《给妈妈的礼物》，依托幼儿的原有经验，生成了"送给妈妈的花"的美工活动，使幼儿在活动中体验到了妈妈的爱；幼儿尝试用折、卷、剪的方法把圆形纸做成花朵；认真观察制作流程图，仔细粘贴花朵，探究作品的完整性，积极互动的艺术氛围，促进了幼儿审美感受能力和创造力的不断提高。

　　3. 充分利用各种资源，引导幼儿艺术体验，获得艺术感受与情感

　　利用自然资源引导幼儿进行观察欣赏，提高其艺术感知与情感。在"美丽的桃花"主题整合艺术活动中，教师多次到桃花堤和幼儿园周围的公园去观察桃花，了解桃花的品种与桃花的外形之间的关系，了解桃花不仅是印象中的粉色的五瓣花，还有白色的、桃红色的双层花、多瓣花等，渐渐地教师对桃花不仅有所了解，更多了一份爱，自己也情不自禁地用泥塑去捏桃花，用颜料去绘制桃花，用收集来的桃花瓣进行艺术装点……为引领幼儿进行艺术创作奠定了坚实的基础。

　　引导幼儿开展了歌曲仿编 "春天的颜色"活动。幼儿根据春天主题活动的经验，大胆进行歌曲仿编、演唱，体验歌唱活动的成功与快乐。

儿童的艺术活动充满情感色彩，在艺术活动中，他们在聚精会神地进行独特的情感体验，展开丰富的想象与创造。幼儿完全沉浸在活动所带来的愉悦之中，用语言描述之外，有时还会手舞足蹈，表现出激动的样子。在艺术活动中教师为幼儿释放情感解除紧张情绪提供了一条途径。

（1）关注幼儿表现过程，提供适宜学习支架

在音乐欣赏《森林狂想曲》中，教师以故事的情境为其赋予音乐形象；在《单簧管波尔卡》中，将视频图谱进行反复修正，为了让幼儿更好地理解循环往复的回旋特点，借助图谱本身，幼儿通过聆听……给幼儿进行自我表达表现奠定了基础。教师注意接纳孩子们不同的水平，适时地介入，给其提供支持性的帮助（语言的支持、材料的支持等）。

（2）发挥同伴资源，提升表现经验

借助表演游戏，体验自主表演及创造的乐趣。如：在幼儿积累了一定的欣赏、表演经验后，教师采用"剧场"游戏——借助表演的形式将活动进行延伸，也为表演游戏提供内容。幼儿自编自导自演，并利用音乐创编情节、改编剧本，将音乐欣赏的内容融入表演游戏中，如将《化蝶》《单簧管波尔卡》《水仙花圆舞曲》等音乐融入《三只蝴蝶》表演剧中。孩子们将熟悉的小动物形象融入其中，改编成了一个《动物狂欢节舞会》的热闹景象，他们用各种表现方式尽情地展示自己对世界的感悟，按照自己的意愿将感受世界的审美能力转化为自我发展的内在动力，调节自我、完善自我。

4.在艺术整合活动中对幼儿审美能力和创造力的培养

中国传统节日春节有着悠久的历史文化和丰富的人文特色，它承载着厚重的历史积淀，寓意着分享、团圆、祈福，辞旧迎新，是庆祝人与万物生机勃发的节日。课题组将这一富有中国特色的传统节日纳入"快乐节日

教育"的主题艺术活动中来，使孩子们从中表达自己的艺术想象与创造：大联欢、写春联、挂灯笼、剪窗花、做年历、包饺子、送祝福……大家积极地参与到节日活动中来，充分感受春节即将到来的喜庆氛围。不同的整合活动："欢天喜地迎新春""家园同乐贺佳节""红红火火庆新年"……孩子们用泥塑、剪纸、绘画、制作、表演等多种形式来欢庆新年。

（二）运用整合的艺术教育方式，不断提高教师自身艺术教育专业能力

1. 为开展好艺术欣赏活动，首先提升教师自身的艺术鉴赏力

培养幼儿的艺术素养，首先应丰富教师自己的欣赏经验。对音乐欣赏作品的分析，把握作品的思想内容、情绪情感和表现手段，辨别作品的基本结构，掌握不同年龄班幼儿学习音乐、美术的特点和线索，分析教材的重难点，选择适宜的策略……这些都要求教师具有一定的艺术鉴赏能力和创造力。

2. 做好活动前的预操作，是开展好艺术活动的前提

教师充分认识到幼儿的艺术活动是手、眼、脑并用的活动，需要幼儿用听觉、视觉等感官来感知审美对象，用脑来理解、想象、加工审美意象，用语言或动作以及其他非语言方式来表述内心的审美感受。因此，培养幼儿的音乐和美术素养需要一个循序渐进、由浅入深的过程。幼儿的艺术活动还需要大量的重复性活动的，应该为其提供机会与条件，帮助其更加敏锐地发现世界的美，大胆地表现世界。

3. 准确地把握艺术活动的核心价值开展好艺术活动

以往在艺术欣赏过程中，教师指导语过多、控制过多……幼儿的思维与想象往往被教师占据，主体地位无从体现，或是在艺术欣赏过程中出现"蜻蜓点水"的现象，幼儿游离在艺术之外。例如：音乐欣赏最重要的是听，

听懂了、听进去了，幼儿才能更好地去理解、分辨，去表现。因此，教师在活动过程中要有针对性地提出要求，教师的语言引领就很重要，在请幼儿反复倾听乐曲的过程中，教师每次提出的要求会不一样，一首乐曲经常会让幼儿听很多遍，每次对幼儿提出的问题也会不一样，有层次地调动了幼儿注意力。

4. 重视幼儿自我表达和表现有利于其艺术创造力的形成

幼儿具备了学习的兴趣和动机，好奇心和求知欲随之可以得到良好的发展。幼儿的学习是建立在前期经验基础上的，利用主题活动，能有效整合各种资源，拓展幼儿学习经验，让幼儿在原有经验基础上建构新的经验，符合幼儿学习特点，这样做的好处不仅能激发幼儿主动学习，更能促进艺术活动中幼儿大胆想象与创造的能力。

今后应将幼儿的审美能力的提高和创造力的发展融合在美的教育之中，加强实践，不断探究，在未来的教育研究与实践中不断地解决大家的困惑和问题，以提升教师的艺术教育整合水平，更好地落实《3—6岁儿童学习与发展指南》精神，从而激发幼儿美的创造力。

幼儿体验式美术教育实践研究

（中国学前教育研究会立项课题　课题编号：K20160541）

天津市南开区教师发展中心　卢淑荣

【摘要】在幼儿园实施体验式美术教育，旨在解决"没有范画教师就不会教""不教幼儿就不会画"的问题，提出突破路径。本研究建构了体验美术教育的理论结构图用于指导实践；提出了体验式美术教育的特点、操作策略；阐述了研究中如何运用"研培一体"方式把握研究方向；阐释了什么是体验式美术教育，并提出以情感为主线实施活动思路和实施体验式美术教育应把握的关键问题，展示实施体验式教育取得的成果及教师和幼儿的变化。

【关键词】幼儿；体验式；美术教育

一、课题提出的缘由与基础

在传统美术教育中存在忽视幼儿审美情感培养、忽视美术学习特点、以教授美术技能为目标的弊端。为解决此问题，广大教育工作者试图用"体验式"方法进行艺术教育，已有体验式教育的研究成果有的是从课程开发角度、生态角度进行组织教学的，有的多是针对幼儿某一方面能力的培养，有的是从策略研究角度或是某一个单独的活动设计运用体验式的教学组织形式，在幼儿园教学中虽有尝试运用，但尚未形成体系。本研究旨在整个幼儿美术教育中建构系统的体验式教育，包括概念、特点、操作策略、途径、评价等。笔者经历了近20年的实践探索，早在10多年前就提出了"体验式美术教学"定义：它是以体验为基本特征的一种美术教学观和教学方式，是以情感为主线，以幼儿积极参与和身心投入为前提，以幼儿的自主体验和自我体验为核心，以激发兴趣—引领体验—挖掘潜力—延伸感悟为基本结构，以提高幼儿审美能力，促进幼儿和谐发展为目标的教学模式或方法。

2012年，教育部颁布了《3—6岁儿童学习与发展指南》（以下简称《指南》），艺术领域划分角度由音乐、美术学科角度变为"感受与欣赏""表现与创造"两个子领域，颠覆了教师以往的认知，教师急需符合《指南》精神、易于理解、便于操作的教育方法，实现艺术领域提高幼儿审美能力，促进幼儿全面发展的目标。体验美术教学所倡导的"全纳教育"的思想、艺术教育价值取向以及突显幼儿个性表现，珍爱幼儿创作萌芽的评价等与《指南》精神高度契合。因此，本课题研究是将体验式教学应用于幼儿园美术教育的实证性研究。

二、研究目的与内容

本课题研究旨在解决"没有范画教师就不会教""不教幼儿就不会画"的问题，提出突破路径；发掘突出体验式美术教育特点、符合《指南》的实践活动内容；通过活动实施，唤起并保持幼儿内在的对艺术的真正热爱和追求，实现"没有一个孩子不会画"的目标，并通过课题研究促进教师专业发展，提升职业幸福感，提高幼儿审美素养：

（1）建构体验式美术教育的理论框架。

（2）探索"研培一体"生成性培训内容，提升教师多种能力。

（3）梳理实施体验式美术教育需要解决哪些关键问题。

（4）进行体验式美术教育与一般美术教育的对比研究，使其更科学，易操作。

（5）梳理体验式美术教育实施给教师和幼儿带来的变化。

三、研究过程与方法

运用文献分析法对国内外相关文献进行分析，明确本研究与已有研究的不同之处及侧重点；运用问卷进行调查，梳理后发现教师在"是否出示范画"、指导策略、评价方面均有困惑问题；采用实地观察法捕捉教育实践中的问题，以骨干教师示范推进研究；用典型案例分析、经验总结等方法将教师的感悟、经验等及时与其他教师分享，保持正确的研究方向；运用观察、谈话、操作、自由表现、游戏等多种方法进行感受与欣赏，并将重点放在培养幼儿对审美对象的情感和强化幼儿直觉感受上，营造宽松的心理环境；通过作品分析了解幼儿艺术表现方式与风格及美术技能发展情况，透过作品分析幼儿心理发展状况。

四、课题研究成效

（一）结论

1.建构体验式美术教育的理论框架，以其指导实践

体验式美术教育实施的关键在于培养幼儿审美情感，以情感为主线。

即激发幼儿审美动力，保持审美欲望；丰富幼儿审美感知，激发审美想象，尊重审美理解。在重复、多样、递进性的体验过程中，不断加深对审美对象的情感，美术活动成为幼儿情感宣泄的通道，创造表现始于情感，技能运用源于体验，创作成为自然而然。

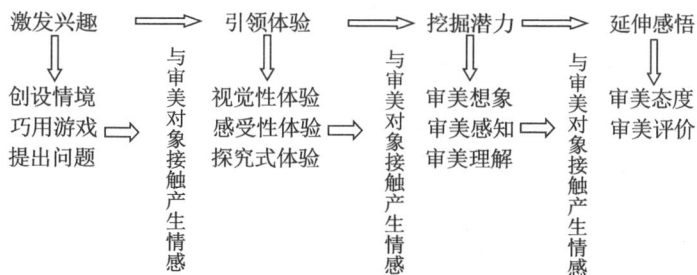

图 1　体验式美术教育理论结构图

2.把握体验式美术教育的特点、操作策略实施活动

实践中运用调动情感、创设情境、巧用游戏等策略激发幼儿兴趣；运用视觉性体验、操作性体验、感受式体验、探索式体验等多种体验方法丰富幼儿的感受，让幼儿在体验过程中自主建构新经验；把握直觉敏感性、通感性、以情激趣性、过程性、互动性、操作性、差异性、整合性八个特点进行美术活动。

3.实施研培一体，生成培训内容，把握研究方向

本课题研究过程中良好地解决了教师培训问题，培训内容不是预设好的而是根据研究需要生成的，培训内容完全是为满足研究所需，提高了教师的综合能力。

（1）学习型教研更新理念

学体验式美术教学之精髓，学《指南》，学"全纳"教育理论，学专

业心理学知识，遵循幼儿审美心理发展规律。理解"全纳教育是这样的一种持续的教育过程，即接纳所有的幼儿，反对歧视排斥，促进积极参与，注重集体合作，满足不同需求"①。全纳幼儿教育认为人各有差异，每一个儿童都是不同的，都有各自独特的特性、兴趣、能力和需求。教育应着眼于全体幼儿，关注每一个幼儿的发展。

（2）"自培、他培式"教研提高专业知识技能

"自培式"教研是成员间展示自身长项的互培互学，内容广泛。"他培式"教研则聘请专业人士专为提高教师美术技能。

（3）分享式教研增加艺术气质

它是教师对"生活中美的事物"的感触分享，此类内容非常宽泛，其目的在于提高教师的审美意识，修炼艺术气质，增加生活情趣。

4. 运用多种方式阐释体验式美术教育

（1）以作品赏析体会"教"与"不教"的差别

将运用传统教授法与体验式美术教育两种不同方法的幼儿的作品进行比较，以事实说明"教"不如"不教"。艺术是一种表现性活动，表现的是自己对事物的感受和理解，"技能的提高并不必然地导致表现能力的提高，即便技能很高，但缺乏感知和想象，其作品也不会具有表现力"②。如果一味出示范画让幼儿模仿，一旦离开对范画的记忆，幼儿也就什么也表现不出来了，感悟"被信任＋被欣赏"能激发幼儿创造本能。

（2）案例分享式培训突出体验式美术教育中所蕴含的情感

选择实验班和非实验班进行绘画策略的比较，向教师介绍如何为幼儿

---

① 黄志成. 全纳教育：21 世纪全球教育研究新课题［J］. 全球教育展望，2001（1）：51-54.

② 李季湄，冯晓霞.《3—6 岁儿童学习与发展指南》解读［M］. 北京：人民教育出版社，2003.

提供与审美对象接触的机会，了解幼儿与审美对象间建立情感的过程与方法，并为幼儿能与审美对象建立情感提供策略支持，使教师感悟体验式美术教育关注的是幼儿和审美对象之间是否真正互动，建立情感，感悟情感是创作的动力，创作是表达情感的需要。

（3）反思式教研明确什么是"大自然"和"社会文化生活"

通过艺术作品分享将教师发现美的眼睛引入幼儿身边美的事物，生活中到处都有美，我们最缺少的是感受、欣赏美的意识和发现美的眼睛。幼儿天天看到、听到、经历过的人、事、物，就是"大自然"和"社会生活"，就是艺术表现的素材，美术活动不但要进行"高大上"的内容，更要表现幼儿身边真正"接地气"的内容。

5. 解决体验式美术教育在实施中的关键问题

（1）帮助教师理解"以情感为线"实施美术活动

强调幼儿用情感参与活动，让情感成为贯穿活动的内在隐形主线，情感成为幼儿探究、参与活动的动力，活动成为情感需要的满足。一条主线是非独立存在的、一个个相互有内在联系的、被情感这条主线穿起来的活动。这样的活动能够激发、调动幼儿情感，让幼儿能自然而然地表现和创造。以情感为主线的思路还适合多次重复才能掌握技能练习，它可以让枯燥的技能练习变得自然而然，让幼儿兴致勃勃，乐此不疲。

（2）用"视听对接游戏"感悟体验的重要性

"视听对接游戏"对突破教师的思维定式，感悟体验的重要性很奏效。当教师模仿小鸟的姿态只有"鸟飞"和"啄食"时，进行"视听对接游戏"后，教师感触原来小鸟的叫声和姿态这么丰富：

有时，小鸟的叫声短促、有力、透着急切；有时，小鸟儿叫得并不那么大声，也不那么急；有时，小鸟嘴里叼着小虫子叫，脖子随它的叫声一鼓一鼓的，声音没有张嘴时叫得那么清脆；有时，三只小鸟在一起，它们高一声低一声地对叫，好像在商量什么……再看小鸟的姿态：小鸟稳稳站在栏杆上，左看右看，有时低下头左一下右一下抹抹嘴，一会儿抖抖尾巴，一会儿啄身上的羽毛，一会儿迅速转身跳起，一会儿又轻盈地飞去……

"视听对接游戏"后，教师再模仿小鸟，他们的表情生动，各种动作表演起来毫不费力。此游戏打破了教师原有的思维定式，更加深刻理解了体验的重要性、必要性、不可替代性。

（3）诠释"感受性"与"认识性"凸显艺术教育特质

儿童审美活动的价值取向应突出"感受性"而不是"认识性"。教师对这两个关键词的理解关系到他们是不是能够根据艺术学习的特点和规律去实施艺术教育的问题。

以自然角为例，以往利用其进行科学活动求得的是真，幼儿获得的是有关植物生长类的知识经验，实现"认识性"目标。体验式美术教育利用自然角进行的美术活动求的是美，实现"感受性"目标。欣赏自然角中不同植物叶子的形状、颜色带给人的不同感受，欣赏植物生长的美，以及自然角植物摆放形式是否具有对称和多样统一的形式美等。使教师明白"艺术所表达的东西，以及我们从中所获得的东西，都是无法用语言来表达的，这就是艺术的'不可翻译性'，也许正是艺术的这种'不可翻译性'才使艺术具有审美特质"。以此使教师懂得艺术活动应该侧重感受性，提高幼儿审美感受力。

（4）给幼儿表现能力的机会，展现其潜力

体验式美术教育在活动内容选择上做了大胆的探索和突破。颠覆"小班幼儿能力弱、知识不够丰富、表现力不强"的认识和美术活动多是添画的做法，尝试将大班进行的自画像，改在小班进行，以"画画我的小伙伴"

为题，给幼儿表现自己同伴的机会，孩子们的表现力令人惊叹。这说明只要我们给孩子充分的与审美对象接触的机会，让幼儿与审美对象建立情感，并对其进行充分的感知、体验，获得应有的视觉经验，让幼儿处于不被评价的状态，感受到轻松愉悦的心理氛围，特别是幼儿感到被尊重、被欣赏、被信任的时，他们完全有能力将自己与生俱来的创作天分展现出来。

6. 提升教师科研素养，关键时期培养关键能力

为保证体验式美术教育研究顺利、有质量地开展，需要提高教师多方面的能力，关键时期培养关键能力。研究初期重点培养教师积累资料的能力，懂得积累什么资料，怎样积累资料，形成保留研究全过程资料的习惯。抓拍摄像能力贯穿研究始终，时刻抓拍研究过程的点点滴滴，不管是幼儿方面还是教师方面，并在研究后期培养教师的写作能力，使教师的科研能力得到升华。总之，实施体验式美术教育需要教师具备多种能力，如课程设计能力、组织活动能力、作品分析能力、视频制作能力、审美能力等，教师应该做一个复合型的人才，才有利于体验式美术教育的实施。

（二）课题研究创新点

（1）明确提出了幼儿艺术领域学习的关键，即"两个有"：教师有发现美的直觉意识，幼儿有感受欣赏美的机会，指出了教师主导作用与艺术教育目标落实的关系。

（2）建构了体验式美术教育理论结构图，形成了完整的理论体系并指导实践。

（3）确立了以情感为主线实施活动的思路，使如何感受欣赏这一实践中的难题找到了突破路径。

（4）提出体验式美术教育的八个特点，即直觉敏感性、通感性、以情激趣性、过程性、互动性、操作性、差异性、整合性。

（5）打破思维定式，发掘与幼儿经验相符的七类活动内容，使美术活动的视角更多地关注了"生活化"和"接地气"的内容。

（6）真正实现"研培一体"在课题研究过程中同时解决教师培训问题。

（三）课题研究成效

1. 提出一个问题：感受体验欣赏后方能表现创造

这个问题是贯穿整个研究过程中需要注意的问题，其解决得如何关系到体验式教育目标能否实现的问题。幼儿大胆、自主、自信的表现、创造源于幼儿充分的体验、感受与欣赏。

2. 落实一个观点：解放教师相信孩子

体验式美术教育不教幼儿美术技能，却为幼儿创设真正让他们心里放松和情绪愉悦的环境，使幼儿在充分放松的状态下，尽情地将与生俱来的创造潜能展现出来，美术技能自然习得。

3. 建立一个机制：多方协同共建愿景

体验式美术教育的研究团队每个成员都有自己的专业理想，有对幼儿发展的责任。共同愿景已经转化为教师专业发展的自觉。

4. 实施一种方法：骨干先行推进研究

骨干教师是我们研究的中坚力量，从骨干教师入手开展课题研究，以点带面，能有效推进课题研究的进程。

5. 幼儿获得美的体验，实现身心健康发展

体验式美术教育有效地促进了幼儿审美素养的提高，激发了幼儿发自内心的对美术活动的喜爱，"全纳教育"的思想让幼儿大胆想象、联想、创造，

幼儿在参与活动中积极、主动、专注，充分的体验促进了幼儿空间知觉的发展，艺术表现力明显提高，艺术技能自然习得；"作品没有好坏之分，只有感受理解不同"的评价方式使每个幼儿自信满满，艺术表现与创造中凸显个性，"没有一个孩子不会画"成为现实，幼儿思维、语言交际能力、表达能力、情商得到了提高，学习品质获得了发展。

此外，过去看来是发展进程的东西被实践所打破。如：小班幼儿不再只会画"蝌蚪人"，他们也能反映审美对象突出的特点及事物动态特征，许多小班幼儿作品中出现了"地平线"，中大班幼儿画面呈现出物体间的掩映关系，构图、色彩运用这些教师从来不教的技能，幼儿掌握起来得心应手……面对一幅幅幼儿清新、生动、富有灵性的作品，我们有理由认为发展进程的不确定性，同时更加相信体验式美术教育的实施必将会激发更多的幼儿将自己的潜力展现出来。

6. 实现教师自身专业发展

实现教育理念上的深刻转变，教师对自己的教学实践有了进一步的要求，他们用富有开放、激励、启发性的问题引领幼儿感受欣赏，主动学习。从内容选择、经验铺垫、环节设计到提问、评价等进行全方位的思考，并将教学活动和幼儿生活相联系，美术教学和其他领域教学相联系。发现美的心态使职业幸福感明显增加，教学更加灵活自如、得心应手，并关注个体差异，使美术活动内容需求化。

7. 体验式美术教育的实施真正实现了家园共育

体验式美术教育中，孩子们积极投入的热情也感染了家长，其开放式的教育不仅让家长了解了幼儿教育的方式方法，在参与活动的过程中也进一步增进了亲子关系。家长感慨：

"幼儿园教孩子画画，不是死记硬背地一步一步教孩子怎么去画，而是让孩子观察，让孩子自己思考。""每次活动后孩子都非常开心，孩子在绘画中有自己的感受，不仅孩子受益也触动了我们家长，我们有了和孩子一起观察的机会。在跟孩子观察的时候，我们才发现，哦，原来美的事情就在我们身边，有待于我们发现。"

【参考文献】

[1] 李季湄, 冯晓霞.《3—6 岁儿童学习与发展指南》解读 [M]. 北京 : 人民教育出版社 ,2013.

[2] 黄志成 . 全纳教育 :21 世纪全球教育研究新课题 [J]. 全球教育展望 ,2001(1):51–54.

[3] 肖凤翔 . 艺术与体育教改新思路 [M]. 开封 : 河南大学出版社 ,2000.

原本性音乐教育促进幼儿
音乐审美能力发展的实践研究

（天津市学前教育学会立项课题　课题编号：SXH135YS023）

天津市北辰区北仓幼儿园　陈秀凤

【摘要】音乐教育是幼儿期艺术领域的重要内容，对幼儿的审美素养、性格形成、情感发展都有至关重要的作用。为转变当下家长对音乐教育观念和认识的误区，我园进行了原本性音乐教育促进幼儿音乐审美能力发展的实践。深刻把握原本性音乐教育思想的精髓，通过科学筛选幼儿音乐教育内容，探索音乐教育活动导入、活动过程、活动结束等环节中运用原本性音乐教育的有效策略方法，让幼儿享受了音乐教育的乐趣，有效促进了幼儿音乐审美能力的发展。

【关键词】原本性音乐教育；音乐审美能力；发展

一、问题的提出

为深入研究幼儿园音乐教育，发挥音乐教育的作用，我园对家长进行了音乐教育的观念和现状的调查。通过对 340 名幼儿的调查和问卷分析，许多家长对幼儿音乐教育存在着为了孩子登台展示、学会一项艺术技能、以后考艺术特长生打基础等误区，忽视了音乐教育最基本的情感教育、音乐兴趣和创造力的培养，从而走向"艺术工匠训练"。为转变这些家长的观念，我们将原本性音乐教育的方法创造性地运用在实践中，力求通过回归本源的音乐教育让孩子体验到音乐活动的快乐，通过大胆地表达表现激发幼儿对音乐活动的兴趣，培养幼儿的音乐表现力和创造力，自然地获得音乐审美能力的提高。

二、研究目标

（1）通过对原本性音乐教育活动的研究，提高教师筛选音乐教育内容的能力，梳理出原本性音乐教育在幼儿园实施的基本原则。

（2）摸索出原本性音乐教育实践中丰富幼儿的音乐审美经验，促进建构幼儿音乐表达、创造的有效策略。

（3）树立音乐教育是培养完整人的观念，关注原本性音乐教育对幼儿审美能力提高的同时注重幼儿在此过程中的情感体验和情感表达。

三、核心概念界定

（一）原本性音乐教育

原本性音乐教育源自德国音乐教育家卡尔·奥尔夫的音乐教育理念，是指"不只是单纯的音乐，它是和动作、舞蹈、语言紧密地结合在一起的，它是一种人们必须自己参与的音乐，即人不是仅仅作为听众，而是作为演奏者参与其间"，它先于智力，是接近土壤的、自然的、机体的，能为每个人学会和体验的、适合儿童的。① 现如今，这种音乐教育的理念被不同阶段的音乐教育者推崇，尤其对儿童音乐教育的研究与运用有了更广泛的认识。原本性音乐既是原本性的也是综合性的。这里的"原本性音乐"不是与古典音乐、流行音乐平行的一类音乐，而是原本性的音乐教育，是一种音乐教育的方式，关注儿童音乐学习的过程，符合儿童学习的特点，注重最基本的感受和体验，不靠知识灌输和技能训练，通过参与音乐的过程使儿童情感世界变得充实，为终身音乐学习打下良好基础。

（二）音乐审美能力

音乐审美能力是人在参与音乐实践活动中所显示出来的一种本质力量，也是进行音乐审美活动的基本前提和保证。从音乐审美心理活动过程来看，音乐审美能力主要包括音乐感知能力，音乐鉴别、鉴赏能力，音乐想象能力，音乐表现创造能力。

四、课题研究成果

（一）适宜运用原本性音乐教学法的幼儿歌唱、打击乐、韵律活动的内容筛选

卡尔·奥尔夫提出了"音乐始自人自身"，也就是说音乐是每个人都需要的，个体都有感受、体会音乐的潜能，让人的音乐潜能被激发出来，进而促进人的音乐能力的发展，达到塑造人的个性和育人目的。强调诉诸感性，以人为本。那么，运用原本性音乐教育理念和方法对幼儿实施教育时，在选材上也要体现以下几点原则。

---

① 李妲娜，修海林，尹爱青. 奥尔夫音乐教育思想与实践［M］. 上海：上海教育出版社，2010：35.

1. 音乐活动内容的选择源于幼儿生活

原本性音乐教育是源自德国的音乐教育理念，在实践中首先要选择符合本国、本地区幼儿的生活、文化的短小儿歌、歌曲、乐曲，便于在文化传递上保持顺畅，接近幼儿的生活也有助于幼儿更好地理解和接受。如儿歌《小青蛙找家》。

2. 音乐活动内容的选择符合幼儿的经验水平

选择符合不同年龄段幼儿的经验水平的音乐作品，能为幼儿的认知、欣赏能力所接受。一般来说，年龄越小的幼儿选择的音乐教育内容应是短小、有趣、曲式结构简单、音乐风格特点突出的乐曲或歌曲。如小班律动活动"小螃蟹""吹泡泡"，音乐游戏"开火车""库企企"，中班音乐活动"葡萄牙舞曲"，大班音乐听辨活动"智慧波尔卡""杯子变奏曲"等。

3. 活动内容要基于幼儿审美能力培养的目标选择

音乐要素的认识和感知是幼儿音乐审美素养不断提升的基石，让幼儿能够更好地感受音乐的不同特点和风格，更好地促进幼儿理解音乐，感受音乐带来的神奇。如，小班分辨音的强弱，选择《大鼓和小鼓》；中班幼儿分辨音的高低，选择《大象和小鸟》的音乐。

（二）对筛选的内容进行验证实践，总结出活动导入、活动过程、活动结束等环节运用的有效的原本性音乐教育策略

1. 活动导入策略

音乐活动的导入，是活动过程中一个非常关键的环节，在活动之初恰当运用原本性音乐教育的教学方法，对幼儿情绪的调动、经验的复习、下一步感受和启发都会起到前奏引入的作用。

（1）善用律动：一般在欢快的韵律活动或歌唱活动开始时采用律动导入，在感受活动所用音乐的同时，调动幼儿的情绪投入。如，大班合唱活动《小兔乖乖》就是伴着小兔乖乖的音乐律动进入，在感受三拍子歌曲特点的同时，幼儿和教师快乐地随着音乐做着律动，情绪积极投入。

（2）多借声势：声势导入在原本性音乐教学活动中运用非常多，尤其是在节奏活动中，声势导入既能让幼儿快速投入节奏活动中，又能暗示幼儿听辨乐句特点。如，大班节奏活动"农庄动物音乐会"。

（3）节奏先导：在活动一开始以节奏游戏的方式导入，让幼儿在变换的节奏中集中注意力，感受节奏变化的乐趣，为后面进行的节奏活动起到热身、经验复习的作用。如，大班打击乐活动"小宝贝"。

（4）趣味念白：在短小、韵律节奏强的歌曲教学中，可以采用有趣的念白引入方式，有节奏地将歌词以儿歌的方式念出来，便于幼儿记忆，对后面跟着旋律演唱起到铺垫作用。如，中班歌词创编活动"小青蛙找家"。

（5）创设情境：创设情境的方式应用较广，可以运用语言情境、画面情境、游戏情境。年龄较小的孩子非常适合这样的导入方式。如果运用语言情境，教师的语言要明了有感染力，画面情境要符合音乐作品表达的方向，且较为形象有趣，调动幼儿的视觉感受。如小班律动活动"小螃蟹"中教师运用生动的画面情境结合语言情境，出示一张大海的动态图，伴着海浪的声音，教师说：小螃蟹们跟妈妈爬到沙滩上玩玩吧，孩子们就展现出各种爬姿，跟随音乐在活动室里爬起来。

2.活动过程中有效策略的运用

活动过程最能体现原本性音乐教育特点及优势，恰当地、创造性地运用原本性音乐教育的理念和方法，可以让幼儿在快乐的音乐体验中获得音乐素养的发展，实现音乐教育的有效性。

（1）融合游戏策略

游戏是幼儿最喜欢的学习方式，在音乐教育活动中，恰当运用游戏，是原本性音乐教育在幼儿阶段实践最为突出的特点。根据选材的需要，结合幼儿的年龄特点，选择适宜的游戏，让幼儿充分感知音乐，和音乐做游戏。激发幼儿音乐兴趣的同时，培养幼儿灵敏听辨音乐的能力、节奏辨别能力、音乐的鉴赏能力。如，大班音乐活动"智慧波尔卡"中运用的羽毛下落游戏，幼儿手中乐器演奏的音量随羽毛抛到最高处变得最强到羽毛逐渐下落变得越来越弱，完全落地时演奏停止。在这样的过程中，幼儿不断感知音强到音弱，锻炼了手部的控制力以及专注倾听并演奏的能力。大班打击乐活动"小宝贝"中，教师采用鼓声传递的游戏，让幼儿专注倾听并快速记忆前一个小朋友的节奏，同时要打出一个与前一个小朋友不同的节奏，培养了幼儿敏锐的节奏感知能力、节奏记忆力和创造力。在多声部的节奏活动中，还经常会用到朗诵游戏和语气游戏等，对培养幼儿高阶的音乐审美素养起着重要作用。

（2）动作表达策略

原本性音乐教育理念中倡导无论是节奏活动、韵律活动、歌唱活动，都要让幼儿亲身参与进来，尤其是动作参与和表达，完全调动了幼儿各种感官的潜能。用体态律动表达音乐要素，比如音的高低、走向、乐曲速度、节奏、音量、音质、音色以及音乐的情绪都可以表达出来，身体的表达从根本上调动了人对音乐表现的本能。如，小班音乐活动"小螃蟹"，孩子们听到音乐，想象螃蟹横穿马路的样子，并大胆地模仿螃蟹横走，边走边磨钳子。让幼儿在随着音乐表演、活动中，培养幼儿的音乐感知理解能力。

（3）语言支持策略

运用语言、儿歌游戏，引导幼儿用自己的语言和声音创编节奏，理解歌词，都是非常有效的方法。

（4）即兴创作策略

4—6 岁是人创造力发展的第一个高峰期，原本性音乐教育理念就是要遵循人的成长规律和关键期，使其在一定的时期，通过有效的顺应和触动，助力幼儿迅速成长。而音乐本身就是一种具有神奇引力的内容，随时都可以引发幼儿的想象和创造。可以在音乐活动中大胆地用即兴节奏创作、动作创作、语言创作等方式，增强幼儿的音乐感受力、节奏感。如，中班音乐活动"冒险之旅"中，孩子们对切分音的想象非常充分，他们用动作即兴表演了大象、木偶、恐龙、机器人等有趣的形象，使得音乐活动充满了神奇和不可预知性，孩子们在快乐的即兴创作中表达了对音乐的感受和理解。

3.点睛活动结尾策略的运用

音乐活动的结尾是活动的重要组成部分，好的结尾就如一段完美的乐章结束之时，使人或沉醉其中不能自拔，或充满激情耐人回味。原本性音乐教育理念倡导诉诸感性、回归人本。因此，我们可以让音乐活动的结尾更加符合幼儿的情感需要、想象需要、创造需要。主要可以采取以下几种方式。

（1）再次回到主题：音乐活动的主题要鲜明，在整个活动中幼儿始终围绕着音乐表现的主题不断深入参与体验，在活动结束时，可以采取首尾呼应的方法，再次回归主题来结束活动，这种点题的方式可以让幼儿将本次活动获得的音乐经验完整展现。如，大班音乐赏析活动"口哨与小狗"的中，教师引领幼儿不断体验乐曲的轻松、有趣，体会小朋友带着小狗去散步的情景，在活动结束时，教师请幼儿表演小朋友带着小狗散步的情景，紧密地结合了主题，让幼儿投入音乐中。

（2）积极引发想象：幼儿时期孩子乐于想象，天马行空，音乐恰恰如孩子想象的翅膀，能让孩子在听觉感官的作用下，让大脑迸发出奇思妙想。在中班音乐活动"冒险之旅"结束环节，教师问："孩子们你们觉得奇奇的冒险之旅还会去什么地方，发生什么事情？"孩子们积极表达之后，教师带领幼儿表演者离开活动室，意犹未尽的表情充分说明了音乐情境在活动结束时给予了幼儿想象的满足。

（3）进行经验延伸：音乐活动的兴趣从哪里来？从幼儿的期盼中来，在活动的结束环节，教师善于用问题引领的方式，为幼儿提出后续活动的方向，这会让幼儿有更加积极的尝试欲望。如，大班的节奏活动之后，教师说："今天我们玩儿的音乐游戏除了用这几种有趣的节奏还可以用什么更好、更适合的节奏表现呢？大家可以去'音乐吧'里继续尝试，期待你们更好的表现。"这样的鼓励和方向对幼儿来说是经验延续的指引，幼儿可以在喜欢的"音乐吧"里探索，自主地获得进一步的经验的提高。

五、课题研究的效果与不足

（一）课题研究的效果

1.实现了幼儿审美能力的发展

通过教师结合幼儿实际选取原本性音乐教育内容，借助灵活的策略，不断吸引幼儿亲身参与到音乐活动中来，欣赏与表达相结合，加深幼儿对音乐的直接感知与感受，不断激发幼儿在参与音乐活动中尝试积极的表达和创造。每一年的北幼艺术节、音乐童话剧、童之声新年演奏会、合唱节等与音乐艺术相关的活动中，孩子们每个人都能参与其中，表现音乐带来的撼动心灵的感受。而在观察幼儿参与活动的过程中，以活动中幼儿的典型表现为基础，分析幼儿的发展现状，洞见了幼儿音乐审美能力逐步发展的过程。家长深有感触地说："原来孩子不喜欢听音乐，节奏也不准确，现在每天孩子回到家都会唱幼儿园的歌曲，非常开心，听音乐会自己用各种生活物品演奏，虽然偶尔还会出现节奏不准的情况，但孩子很自信、很愿意参与到音乐活动中。"

2. 提升了教师专业化水平

原本性音乐教育的策略运用是对原本性音乐教育理论的科学探索和尝试。这一理论的实践是以挖掘儿童接受音乐教育的自身力量为主要遵循，幼儿通过动作、语言、演唱、演奏、游戏等形式参与其中，逐步提升审美能力。教师在此过程中更加关注儿童参与音乐的过程，关注儿童在活动中的审美体验和表现，变过度关注以自身为中心的教为关注音乐教育中幼儿的学习方式，以及幼儿音乐教育的根本核心价值。

3. 成果的社会影响

几年来，我园承办了四次"四大音乐教育体系"全国培训，5 个音乐活动向全国同行观摩展示，盖欣坤、赵蔚僮的音乐活动获天津市第十届幼儿园优秀教育活动二等奖，刘君、赵蔚僮的音乐活动获全国信息技术与幼儿教育融合大赛二等奖。陈秀凤的相关论文获天津市双成果评选一等奖并收录在获奖论文集中。

（二）课题研究的不足

提高幼儿的音乐审美能力是一个长期的过程，在运用原本性音乐教育的策略过程中还需要更加系统地观察幼儿的转变过程，力求评价更加完善合理。

【参考文献】

[1] 李坦娜, 修海林, 尹爱青. 奥尔夫音乐教育思想与实践 [M]. 上海：上海教育出版社, 2011.

[2] 黄瑾. 学前儿童音乐教育 [M]. 上海：华东师范大学出版社, 2006.

[3] 李季媚, 冯晓霞.《3—6 岁儿童学习与发展指南》解读 [M]. 北京：人民教育出版社, 2013.

[4] 教育部基础教育司.《幼儿园教育指导纲要 (试行)》解读 [M]. 南京：江苏教育出版社, 2002.

主题活动背景下幼儿音乐素养的养成策略研究

（天津市学前教育学会立项课题　课题编号：SXH135YS041）

天津市幼儿师范学校附属幼儿园　潘静

【摘要】音乐是一门形象性与抽象性兼具的学科，仅靠单一的音乐活动，不足以帮助幼儿获得更多生活经验的积累以及美的熏陶与感知，无法达到提升音乐素养的目的。

音乐教育与主题活动相融合，支持幼儿通过在主题活动中的学习，获得与主题有关的较为完整的有益经验。积极探究在主题活动背景下提升幼儿音乐素养的有效策略和方法，丰富幼儿多方面的感知经验，促进幼儿由内而外的欣赏、表达表现能力的提升，深化和挖掘幼儿音乐的听觉及审美经验。

【关键词】主题活动；音乐素养；养成策略

一、研究目的和意义

教育实践中，幼儿音乐素养的养成还没有得到普遍重视。许多家长对幼儿音乐素养的培养，更多采取的方法就是"直接输入法"，依照家庭环境、条件，在他们觉得幼儿适合的年龄时，为幼儿报名相关的兴趣班，找专业教师以技能培训的方式获得幼儿艺术培养的短时效应。一些教师，由于自身相关专业知识的匮乏和音乐素养水平的限制，多数会选择传统教育模式，进行育成性的音乐活动，突出单科教学，忽略了幼儿学习的主体性、经验的整合性。长此以往，就会弱化幼儿参与音乐活动的兴趣，使得需要在艺术活动中累积而成的幼儿音乐素养，无从谈起。

《3—6 岁儿童学习与发展指南》（以下简称《指南》）明确指出，艺术是人类感受美、表现美和创造美的重要形式，也是表达自己对周围世界的认识和情绪态度的独特方式。音乐素养是指一个人的音乐知识状况和水平。幼儿阶段音乐素养的养成对幼儿的发展有益智、调节情绪、审美功能。主题背景下的音乐活动体现了幼儿认知经验与艺术表现的整合，在主题活动中，调动幼儿原有经验开展音乐活动，支持、引导幼儿主动学习音乐知识，培养而使之获取感受、审美、表现、创造等相应实践能力的行动方针和方式方法。

二、研究的目标与内容

基于以上的思考，将研究目标定为：落实《指南》精神，提高幼儿感受美、欣赏美、表现美的能力；提升教师组织与实施音乐教育的能力。

主题背景下，如何正确理解音乐教育与主题的关系？在一日生活中如何挖掘基于主题背景下幼儿感兴趣的音乐活动内容？围绕这些真实问题展开行动研究，将研究内容定为：选择与主题相适宜的音乐教育内容；不同年龄班幼儿音乐素养的养成策略。

通过关注儿童视角，将音乐融入生活各环节；追随儿童兴趣、选择适宜的主题活动内容；丰富幼儿的审美经验，挖掘主题活动中的闪亮时刻等策略方法应用。在行动研究中，将实验班和非实验班的数据汇总，进行对比分析，验证主题背景下幼儿音乐素养养成策略的有效性。

三、研究的方法与过程

第一阶段：回归生活，汲取音乐素养元素

研究初期，通过文献研究、内容导读的方式，明确了幼儿音乐素养的概念及所包含的内容，并进行了核心概念界定，对课题界定有了初步的认识。主题活动背景下幼儿音乐素养的养成策略是指在主题活动开展的过程中，支持、引导幼儿主动学习音乐知识，获取感受、审美、表现、创造等相应实践能力的行动方针和方式方法。

生活处处皆教育，一日生活各教育环节中，音乐作为最常见的艺术表现形式，具有较高的出镜率，其教育价值蕴含在幼儿的一日生活中，等待我们去发现和研讨。课题组成员通过观察法及案例研究法的应用，从儿童视角出发，充分挖掘一日生活环节教育价值，使其成为鉴别幼儿音乐素养原有经验的观察范例。教师从观察入手，引导幼儿感知体验，帮助他们更好地认识和辨别自然界和人造事物中的艺术元素，实现音乐素养的提升。

如：教师转变视角选择环节音乐的原因阐述。

最初：入园音乐——"春之歌"。早晨入园教师选择清新活泼、充满朝气的音乐，为幼儿园营造愉快幸福的情绪情感氛围。为幼儿一天的开始营造一种欢乐和谐的气氛，使幼儿感到幼儿园生活的愉快幸福，喜欢到幼儿园来。播放音量要适中，避免音量太大、嘈杂。（教师视角）

调整：入园音乐——"和朋友在一起"。教师请幼儿从三首乐曲中进行选择，幼儿选了这首旋律欢快、贴近生活，带有愉快情绪的歌曲。孩子们觉得，一进到教室就能听到自己喜欢的声音，很高兴、很亲切，想马上和教师、小朋友做游戏。

第二阶段：积极实践，丰富幼儿审美体验

实践阶段，通过案例研究法及行动研究的应用，聚焦主题活动开展过程，以"焦点问题集体教研，具体问题个别教研，共性问题同伴互助，难点问题专家引领"等不同形式开展专题教研，及时解决教师遇到的困惑问题，做到边研究边改进。

第三阶段：凝练创生，探寻音乐素养养成策略

1. 群策群力凝练策略

在主题活动中，依据幼儿原有经验，适时关注与主题相关的音乐活动中幼儿音乐经验、音乐感受、音乐表现能力的提升，并将梳理出的教学策略通过小组教研等方式高度凝练、分享交流。

2. 反复实践研磨策略

通过主题审议、观摩分享等活动，交流实验班幼儿在聆听、模仿、运用、创造的过程中，在主题活动背景下的相关音乐活动中，不断提升自身音乐素养的案例。教师在不断验证实践策略有效性的同时，将反复研磨的过程，视为不断发现问题、深入研究的过程。

3. 形成性评价验证策略

在行动研究过程中，教师设定清晰的教学目标，综合利用形成性评价，了解儿童音乐能力发展的阶段性特点，并收集有关研究过程中的大量案例归纳提升，验证研究成果。

四、研究的成效与创新

（一）研究成效

1.幼儿音乐素养的提升

在研究中，课题组尝试在不同年龄阶段的三个实验班里分别开展了关于"春天"的主题活动，并选择了家喻户晓的《茉莉花》这首歌曲，进行幼儿音乐素养的问卷调查。问卷中关于听辨的歌曲演唱形式、乐器乐音的辨别、歌曲的风格、听辨感受等问题的设置，直接对应幼儿音乐素养中感受能力、审美能力、表现能力和创造能力的体现，有利于收集、整理，汇总分析实验班幼儿经过一段时间的培养，音乐素养相对于其他幼儿的比对情况（如表1–表3所示）。

表1 大班实验班和控制班音乐素养分值比较

班级	组别	N	M	SD	t
大班	实验班	30	12.8833	1.63308	2.306*
	控制班	30	11.7000	2.28790	

注：* 为 $p < 0.05$。

调查结果显示，经过主题活动背景下音乐活动的开展，大班实验班幼儿的音乐素养水平明显高于控制班幼儿的音乐素养水平（$t=2.306$，$p=0.025 < 0.05$），因此，主题活动背景下音乐活动的开展有助于促进幼儿音乐素养的提升。

表2 中班实验班和控制班音乐素养分值比较

班级	组别	N	M	SD	t
中班	实验班	32	12.9531	2.10743	2.800**
	控制班	32	11.2969	2.59919	

注：** 为 $p < 0.01$。

调查结果显示，经过主题活动背景下音乐活动的开展，中班实验班幼儿的音乐素养水平明显高于控制班幼儿的音乐素养水平（$t=2.800$，

$p=0.007 < 0.01$），因此，主题活动背景下音乐活动的开展有助于促进幼儿音乐素养的提升。

表3 小班实验班和控制班音乐素养分值比较

班级	组别	N	M	SD	t
小班	实验班	30	12.8500	1.99633	2.958**
	控制班	30	11.2333	2.23118	

注：** 为 $p < 0.01$。

调查结果显示，经过主题活动背景下音乐活动的开展，小班实验班幼儿的音乐素养水平明显高于控制班幼儿的音乐素养水平（$t=2.958$，$p=0.004 < 0.01$）。因此，主题活动背景下音乐活动的开展有助于促进幼儿音乐素养的提升。

2.教师组织与实施音乐教育能力的提升

通过课题研究，教师组织与实施主题背景下音乐教育活动的过程中，教学能力也有了不同程度的改变与提升。

（1）能够放下自身喜好遵循幼儿的成长需求

教师真正站在儿童的视角去筛选教育素材、教育内容。在一日生活中，坚持使用音乐常规。音乐常规的内容不是一成不变的，而是遵循幼儿成长需求，和幼儿共同建构与创生的。

（2）能够在选择教育内容上处理好高低结构的转换

教师在主题活动推进的过程中，能根据主题推进的需求，选择合适的音乐素材，设定清晰的教学目标，整合开展教学。能综合利用形成性评价，了解幼儿音乐能力阶段性发展特点，并收集有关研究过程中的大量案例归纳提升。

（3）能够创设积极肯定的支持氛围帮助幼儿树立自信

音乐活动中，幼儿的音乐表现能力各有不同。教师能够理解幼儿的想法，接纳幼儿不同的表达表现方式，了解幼儿的内心情感以及对音乐活动的兴趣，及时给予肯定和鼓励，尊重幼儿的发展水平，关注幼儿变化与成长的历程，帮助幼儿树立自信，更好地促进每个幼儿在原有水平上获得最大限度的发展。

3. 丰富了园本课程特色活动资源

我园"葵花课程——基于幼儿主动学习的园本课程"是以培养具有主体性品质的幼儿为出发点选择和组织内容的。幼儿园一日生活均是课程，特色课程及主题活动是在一定主题背景下的系列游戏活动。可以看出，园本课程的内容是丰富多彩的，它们之间具有相互依赖的关系，它们相互包含、相互影响，体现了课程内容的整合性。

反观园本课程资源，在基础课程的创美活动中，各类型的音乐活动内容比较充足，但是节奏游戏、打击乐活动内容相对匮乏。在特色活动中所收录的主题背景下的音乐活动少之又少，因此，本课题研究成果正好填补了这一缺陷，及时根据幼儿的发展需求，把生活中有价值的主题背景下音乐教育活动内容吸纳进来，完善园本课程资源。

（二）研究创新

1. 教育理论创新

通过课题研究，我们重新认识了更加易于幼儿获得多方面发展的主题背景下幼儿音乐素养，是幼儿在掌握一般音乐知识的基础上，通过主动学习获取相关的有益经验，在理解音乐、感受音乐的基础上，表现出来的感受能力、审美能力、表现能力和创造能力。在此基础上创建起来的课程内容更贴合幼儿经验水平及发展需求，更加完整、科学、有根基。

2. 课程内容选择与组织的创新

在全体教师大量实践的基础上，依附于我园基于幼儿主动学习的园本课程——葵花课程的理念，在特色课程（主题活动）的内容框架下，基于新的课程理念，课程内容以审美为核心，借助幼儿在主题中积累的经验，有效地融入音乐元素，让经验成为幼儿感受、理解、表现的支持策略。我们归纳梳理、高度概括，形成了一套操作性强、具有一般规律的课程内容选择与组织的指导策略。根据主题推进的需求，选择合适的音乐素材，满足幼儿的兴趣需求，整合开展教学。

在课程内容选择与组织上，关注幼儿经验背景（主题经验、生活经验）；音乐元素（能通过不同的音乐表现形式如节奏、韵律、歌唱、欣赏、音乐游戏等获得的）；幼儿原有基础及发展的可能性（能力、知识技能、情感）。引导幼儿经历四个阶段进行学习，如起始环节，将主题经验有效融入音乐元素；准备环节，调动和丰富幼儿的音乐感知经验；中心环节，教师要挑起幼儿原有经验与新认知的冲突，支持幼儿在互动中求得发展；反思环节，接纳、欣赏幼儿，助推幼儿在反思中成长。使主题背景下的音乐活动，保持了动态性和"弹性"特质，成为提升教师组织与实施音乐教育的能力的范式，不断把课程引向深入，利于幼儿与教师的发展。

3. 实践应用创新

经过课题组教师们的深入研究，我们编制的"幼师附幼音乐素养观摩研讨记录表"、"小中大各年龄班一日生活曲目表"及"幼儿音乐素养调查问卷"，是在学习相关理论、借鉴他人研究成果的基础上，通过反复验证和修订形成的成果。这些成果物化了《幼儿园教育指导纲要（试行）》和《3—6岁儿童学习与发展指南》的精神与要求，是教师理念到行为转化过程中的桥梁，其在教师日常组织开展音乐活动、评价幼儿音乐素养等方面起到了非常重要的支撑和指导作用。

源自一线教师多年研究与教学经验的积累，我们共同编撰的《儿童主题音乐生活——主题活动背景下幼儿音乐素养的养成策略案例集锦》可操作性强，可以有效地指导教师开发和建构课程活动，引领不同发展层次的教师不断提升专业水平。

根据日常课题研究，开展梳理汇总的主题背景下音乐活动的案例，反映了我园在幼儿主题背景下音乐素养研究的整个历程和教师专业成长的路径。其中，呈现了研究的很多具体实例，教师的困惑、思考、观点和策略等，能够给更多教师以启发，并借助实践案例反思自身教育行为和教育思想，不断促进教师专业化提升。是可供同行分享和参考借鉴的案例集合，帮助更多的幼儿园学会借助园本教研开展课题研究，支持教师的专业成长，并保证研究的科学性和实效性。

根据日常研究拍摄的视频案例剪辑的《儿童主题音乐生活集萃》，直观性强，可作为广大幼儿园教师学习、培训及研讨的蓝本，也可作为分析案例提供给高校授课使用，充分发挥其价值。

【参考文献】

[1] 陈颖 . 儿童音乐素养课程设计与教学实践 [D]. 武汉 : 武汉音乐学院 ,2015.

[2] 肖梦妮 . 幼儿音乐素养的调查与研究 [D]. 长沙 : 湖南师范大学 ,2014.

[3] 中华人民共和国教育部 .3—6 岁儿童学习与发展指南 [M]. 北京 : 首都师范大学出版社 ,2012:2-3.

[4] 苍皙然 . 幼儿园浸润式音乐欣赏活动研究 [D]. 哈尔滨 : 哈尔滨师范大

学 ,2015.

[5] 高丽凤 . 重视音乐基本素养教育 [J]. 承德民族师专学报 ,2007(3):93–94.

[6] 教育部基础教育司 .《幼儿园教育指导纲要 (试行)》解读 [M]. 南京 : 江苏教育出版社 ,2002.

在多元阅读活动中培养幼儿学习品质的实践研究

（中国学前教育研究会立项课题　课题编号：K20160531）

天津市南开区第三十七幼儿园　刘清

【摘要】在儿童的学习与发展中，各领域是相互融合、相互渗透的一个整体，学习品质渗透于健康、语言、社会、科学、艺术等领域之中，而幼儿多元阅读的活动过程与学习品质的培养是非常契合的。开展在多元阅读活动中培养幼儿学习品质的实践研究，在培养幼儿自主阅读能力的同时，重视幼儿学习品质的培养，在多元阅读活动中促进幼儿各种潜能的发挥，促进幼儿全面发展，有利于缓解幼小衔接矛盾，最终为幼儿的终身发展奠定坚实的基础。

【关键词】多元阅读活动；幼儿学习品质

一、研究背景

"倡导全民阅读，建设书香社会"已经被写入政府工作报告，作为21世纪的教育者，我们应该给幼儿创造一个全方位的阅读空间。多年来，我园积极致力于幼儿"快乐阅读"园本课程的实践研究，取得了突出的成效，同时引发了诸多思考。如何以阅读活动为载体，在培养幼儿自主阅读能力的同时重视幼儿学习品质的培养，进而促进幼儿全面发展就成为值得研究的一个现实而紧迫的问题。鉴于此，我们申报了中国学前教育研究会"十三五"课题"在多元阅读活动中培养幼儿学习品质的实践研究"，并尝试展开了一系列的实践研究活动。

二、研究的意义

本课题研究在揭示"多元阅读"活动对于3—6岁幼儿的发展价值的基础上，探寻各种知识、能力及情感态度在阅读情境中整合的机制，开发有助于幼儿教师操作的"多元阅读"活动内容、方法及策略系统，有力促进幼儿各种潜能的发挥及幼儿学习品质的培养，为幼儿的终身发展奠定坚实的基础。

三、概念界定

（一）多元阅读活动

所谓"多元阅读"是相对于狭义阅读而言的，它是指由多元的阅读情境、互动关系、阅读材料和阅读途径共同建构的更加广义的一种早期阅读活动。多元阅读活动会给幼儿带来不同的阅读经历，幼儿可以从中体会不同情境之中的阅读乐趣，从而满足幼儿阅读的多元需求。

（二）幼儿学习品质

《3—6岁儿童学习与发展指南》"说明"部分指出，学习品质是"积极态度和良好行为倾向"。在儿童的学习与发展中，并不存在一个单独的学习品质领域，学习品质渗透于健康、语言、社会、科学、艺术等领域的学习与发展之中。或者说，五大领域交叉的部分，就是儿童的学习品质。幼儿良好的学习品质包括浓厚的好奇心与兴趣、积极的学习态度、乐于学会掌握方法、坚持专注、大胆想象创造且具有良好的学习习惯等。

四、研究的目标、内容、方法

（一）研究目标

（1）形成较完整的幼儿园"多元阅读"活动目标与内容，创新活动模式来实现"多元阅读"活动在幼儿园课程领域的新突破。

（2）研究"多元阅读"与幼儿学习品质的内在联系及发展价值，探索出幼儿"多元阅读"实施的途径、方法与策略，有效促进幼儿学习品质的提升。

（3）在研究过程中，实现教师整体素质的提高和专业化水平的不断提升，激发幼儿学习兴趣及形成良好习惯，促进幼儿养成积极主动、认真专注、不怕困难、敢于探究和尝试、乐于想象和创造等良好学习品质，全面和谐发展。

（二）研究内容

（1）实施"多元阅读"活动的理论依据。

（2）"多元阅读"活动的概念界定。

（3）"多元阅读"活动的目标内容、组织形式、方法策略。

（4）"多元阅读"活动中培养幼儿学习品质的具体途径策略。

（三）研究方法

本课题采用的主要研究方法是行动研究法、文献法、观察法。

五、课题研究成果

（一）树立正确的多元阅读教育观，创新幼儿阅读活动新模式

围绕"学习品质"和"多元阅读"，我园开办了专题讲座、信息交流会、教学理论研讨会等，经过进一步的学习探讨，我们明确了"多元阅读"的方向，即打破只把阅读作为一种书本阅读的局限性，深刻理解多元阅读内涵的广阔性，将阅读活动多元化，在轻松愉悦的氛围中逐步培养幼儿的学习品质。

在开展"多元阅读促进幼儿学习品质的提升"研究中，我园采用"快乐阅读大本营"活动模式，取得了很好的效果。"快乐阅读大本营"是以幼儿园为单位，打破幼儿的年龄界限，打破班级界限，根据不同的阅读活动内容，开展不同的营地式集中游戏活动。包括小百灵诗社、豌豆故事汇、萌娃出版社、麦咭阅读体验馆、小篱笆剧团、麦兜阅读体验馆、小不点剧场等七个营地。它类似"儿童职业体验中心"，把小朋友年龄特点、兴趣爱好以及同伴互动的需求都融入营地活动中，打造成"寓教于乐"的室内阅读乐园，以创新的阅读活动方式实现了"多元阅读"活动在促进幼儿学习品质领域的新突破。"快乐阅读大本营"具有物质环境生动有趣、心理环境接纳宽松、教育环境积极开放、体验满足幼儿阅读需要的优势。

（二）形成较完整的活动目标与内容，创设多元的阅读环境

1."多元阅读"活动的目标

通过阅读绘本，激发幼儿对绘本相关内容的探究欲望，开展多元阅读活动，实现阅读与五大领域的整合，拓展幼儿阅读的深度与维度，满足幼儿探究兴趣，使幼儿享受阅读乐趣，获得初步的阅读技巧和阅读能力，形

成一种良好的阅读习惯，促进幼儿良好学习品质的养成。

2．"多元阅读"活动的内容

阅读是一个多元复杂的历程，"多元阅读"活动内容的选择和确立要依据幼儿发展目标、园所条件、周围环境、社会家长资源配置情况等而定，体现人文特点、时代特点、环境特点、文化特点，极大限度地满足幼儿发展的需要。我园积极探索，建构了主题阅读、图画书阅读、创意阅读、自主阅读、亲子阅读等多元的阅读活动内容，不断丰富幼儿阅读经验，从而培养幼儿良好的学习品质。

3．创设"三位一体"的多元阅读环境

（1）园级阅读环境创设。走进幼儿园，无论是院子里的"故事列车"、故事墙、悬挂的图文并茂的诗歌，还是教学楼的天花板上、走廊上"书的长河"，楼道"欢乐小舞台"，"快乐书屋"里2000多册各类丰富的藏书，舒适、充满童趣的视听阅读环境，都让孩子们浸润在阅读的海洋里。

（2）班级阅读环境创设。在每个班级里面，创设情趣盎然的阅读区，为孩子们营造出"家"一样舒适的环境。图书架上陈列着绘本图书、经典故事书、益智图书、习惯养成园本图书，根据小、中、大幼儿的年龄特点，幼儿园还添置了撕不坏的书、能活动的书、立体书等。随着幼儿阅读能力的不断提升，阅读区域也不断递增拓展，在小班增设语言区，在中班增设图书修补区，在大班增设自制图书区、小剧场等，为幼儿创意阅读、大胆表现、创作和表演提供了条件。

（3）家庭阅读环境创设。向家庭有效延伸会使幼儿习惯养成事半功倍，良好的阅读习惯更是如此。我们协助指导家长在现代开放式的家居空间里，可以为幼儿设立独立的书房，也可以在通透的阳台、阁楼、客厅或卧室的一角设置阅读区域,创设童趣的环境,为幼儿选择适宜的图书,提供必要的背景音乐,提供与图书人物形象相关的手偶、玩具等,引发孩子阅读兴趣和表演欲望,还可以提供书写工具、修补工具等,为幼儿自制图书、修补图书提供便利条件。

（三）"多元阅读"活动的开展促进了幼儿学习品质的提升

1. 激发幼儿的学习兴趣

在中大班"麦咭阅读体验馆"活动中,孩子们通过《隧道》和《记忆的瓶子》等绘本的阅读,激发了他们动手实验的兴趣,在收集、拼摆、分类、比较、排序、绘画装饰等趣味的探究活动中,幼儿体验、再现、拓展了绘本内涵,获得了成功的体验和阅读带来的愉快。"麦咭阅读体验馆"开展的动手操作体验活动,不但使各个领域内容有机的渗透整合,而且保护了幼儿好奇心,鼓励幼儿的探究,从而更加激发了幼儿继续探究的兴趣愿望,对培养幼儿学习兴趣起到了积极的促进作用。

2. 培养幼儿积极主动的学习态度

幼儿积极地学习,主动地接受,尽情地表现,有助于提高学习阅读的兴趣和效果。经过"小篱笆剧团"活动,幼儿从害羞不爱表达、口齿不清、好动、不知所措到自己创编动作,自己拓展故事的语言,表达表现能力得到了充分锻炼,孩子们在轻松的学习氛围中感受到了爱和艺术的熏陶,对培养幼儿积极主动的学习态度起到了积极的促进作用。

3. 促进幼儿的坚持性与专注性

培养幼儿良好的坚持与专注的学习品质十分重要。在"麦兜阅读体验馆"里,小班幼儿开展围绕绘本内容的涂色、绘画、捏泥、创意玩色等活动,小朋友能够有始有终地投入活动,安静地完成一件作品,非常明显地反映出了幼儿的坚持与专注。"麦兜阅读体验馆"活动对培养幼儿坚持与专注的学习品质起到了积极的促进作用。

"快乐阅读大本营"活动在满足幼儿兴趣，注重娱乐游戏性的同时建立相应的规则意识，为培养幼儿坚持性注入催化剂。幼儿在规则的约束下，克服了不想收拾玩具材料的懒惰心理，坚持把玩具材料放回原处，逐渐产生一种责任感，促进了持之以恒学习品质的内化。

4. 激励幼儿大胆想象与创造

幼儿的想象丰富而且具有与成人不同的表现形式。"萌娃出版社"活动是以绘本阅读的延伸与拓展以及听音效为活动来源，通过幼儿创编或仿编，结合多种美工形式，进行"自制绘本"的活动。在"萌娃出版社"活动中，充分调动幼儿多种感官参与，为幼儿创设了自由联想、大胆想象的空间，有意识地鼓励幼儿去想象、去创造。"萌娃出版社"活动对培养幼儿大胆想象与创造的学习品质起到了积极的促进作用。

5. 帮助幼儿掌握方法，增强自信

大声朗读他人作品能培养幼儿语感，是一种加深印象、提高理解、体验自信成功的学习过程。"小百灵诗社"活动就是集儿歌、绕口令、古诗、散文诗朗诵为一体的诵读活动大本营。通过"小百灵诗社"大本营活动，帮助幼儿掌握科学的学习方法，使幼儿变得自信而快乐。通过这样的活动在孩子们小小的心田种下喜爱阅读的种子，为幼儿的终身学习打下良好的基础。

6. 促进亲子阅读，提高幼儿阅读能力

"豌豆故事汇"大本营主打绘本阅读，是在幼儿充分理解绘本内容的基础上，利用触屏电视声情并茂地为大家介绍讲解绘本，以"有声绘本游戏"

和"我讲绘本故事"两个单元组成。通过动态课件呈现绘本内容，从视听结合的角度拓展阅读的新途径，提高幼儿的阅读能力、语言表达能力和大胆展示自我的能力。为了让"豌豆故事汇"的活动辐射范围更广，教师建立了"豌豆故事汇群"，把绘本配音和讲解录制成小视频发到群中，使小朋友互相学习、共同进步。同时利用"豌豆故事汇群"向家长们普及绘本赏析和亲子阅读的相关知识，每天给家长和孩子推荐一个优秀的有声绘本，让孩子不只是在幼儿园中欣赏绘本，在家里也能欣赏到优秀的绘本故事。"豌豆故事汇"大本营活动，得到了广大家长的支持与配合，促进了亲子阅读的开展，使幼儿的阅读量大大增加，阅读能力都在不同程度上有很大的提高。

7. 培养幼儿良好的阅读习惯

"阅读活动多元化，养成活动多彩化"是我园的工作思路，坚持幼儿良好阅读习惯的养成是我园持之以恒的重要任务。

（1）将阅读寓于幼儿一日生活之中。在日常活动之外，还开展了"快乐晨读"、"午休故事"和"图书漂流"活动，读书不仅给孩子们带来欢乐，也给幼儿之间、家长之间、家园之间架起友谊的桥梁，成为幼儿幸福童年的美好回忆。

（2）以读书节为载体，为幼儿搭建展示平台。我园每年四、五月举办以"我阅读、我快乐、我成长"为主题的读书节活动，意在激发幼儿阅读兴趣，培养敢言、乐言、善言能力，帮助幼儿建立自信，体验阅读的快乐，养成良好的阅读习惯。活动内容丰富多彩，包括"宝宝讲故事"、"宝贝脱口秀"、"图书义卖"和"亲子童话剧表演"等，为每个幼儿和家庭提供了锻炼和展示的机会。

（四）"多元阅读"活动的开展促进了教师与园所的发展

（1）教师的综合文化素质得以提升。只有教师爱读书才能熏陶出爱读书的孩子。为激发教师的读书热情，我园成立"教师绘本阅读俱乐部"，组织举行"经典诵读文化传承"教师诵读大会。每学期还要开展教师读书活动，规定读书篇目，书写读书笔记，交流读书心得，为教师们搭建了一个展示才华的平台，提升了教师的综合文化素质和精神风貌。

（2）开阔了教师的眼界，拓展了教师思路。积极开展培训活动，为教师提供多种形式、不同渠道的培训、参观、学习的机会，拓展了教师的视野。教师们对观看的讲座录像"光影中的人文养育"记忆犹新。

（3）教师的教育观念明显转变。开展研究活动，掌握最新教育理念，恰当地根据幼儿的阅读行为来修正自己的教育行为和策略，成为幼儿阅读活动的支持者和交流者，师幼之间建立起激励性的、个性化的互动。

（4）提升了教师的科研能力和水平。积极鼓励教师在实践中随时记录下课题实施中的亮点、成功或失败，进行分析反思和梳理升华，并形成学术论文，提高了教师的论文撰写水平。尤其是促进青年教师的发展，积极投稿参加了基地开展的"青年教师诗化语言活动设计"征集活动。

（5）涌现了具有领航意义的骨干教师。江莹教师关于阅读的论文参加南开区第九届青年教师论坛，获得区级一等奖，第十届青年教师学术论坛再次获得一等奖，并被推选代表南开区参加市级论坛决赛，获得市级二等奖。作为"十三五"区域性课题研究的实验教师，江莹教师表现突出，录制课题，研究微课。2019年6月，江莹、李楠两位领航教师承担的两项区级课题圆满结题，分获A、B等级。

（6）形成有一定推广价值的科研成果。2019年4月16日上午，我园成功举办了南开区教育科学"十三五"规划课题研究成果推广展示会。展示会上，江莹教师通过诗文仿编《摇篮》的课堂现场演绎，对她承担的课题"以诗歌教学为载体，促进幼儿语言表达能力的实践研究"进行了展示。江莹、李楠两位教师还就自己承担的课题，分别进行了详尽的解读与阐述，受到了教科室领导及与会领导的肯定和好评。

（7）园所阅读特色深入人心。我园多年来致力于幼儿阅读活动的研究与实践，阅读特色日益突显，已成为区域阅读活动开展的典型代表。"十三五"期间，我园作为区"绘本阅读"研究的牵头人，积极参与教科室区域性课题研究，多次召开交流培训活动，为同行介绍推广幼儿阅读的体会与经验，得到了领导与姐妹园所的认可与肯定。"多元阅读"活动的开展提升了教师的专业化水平，促进了园所可持续发展。

【参考文献】

[1] 李季湄, 冯晓霞.《3—6 岁儿童学习与发展指南》解读 [M]. 北京 : 人民教育出版社 ,2013:16,27.

[2] 中华人民共和国教育部 .3—6 岁儿童学习与发展指南 [M]. 北京 : 首都师范大学出版社 ,2012:2–3.

[3] 周兢 . 早期阅读发展与教育研究 [M]. 北京 : 教育科学出版社 ,2007.

创新艺术游戏空间，促进幼儿
学习品质发展的研究

（天津市学前教育学会立项课题 课题编号：SXH135SH010）

天津市红桥区第二十四幼儿园 贡然

天津市红桥区第一幼儿园 陈丽华

【摘要】本文旨在揭示艺术教育对于3—6岁幼儿发展的价值，探讨艺术游戏与学习品质关系，探寻各种知识、能力及态度在游戏情景中整合的机制。探索研发一套有助于幼儿园教师开展的"创新艺术游戏空间，促进幼儿学习品质"的实践体系，有助于纠正当前幼儿教育中存在的小学化倾向和幼儿园课程中存在的过分学科化倾向。依据幼儿的需求，以幼儿的经验为基础，灵活组织各项艺术游戏活动，促进幼儿艺术审美素养和学习品质的提升。

【关键词】艺术游戏；幼儿；学习品质

一、研究的背景与意义

当下，在落实艺术领域目标的过程中，教师总是有意无意地将自己定位在活动主角的位置上，将自己的感受与想法传递给幼儿。在师幼互动中，幼儿被动接受教师为完成预设的活动目标、活动过程而提出的问题和发出的指令，陷在完成教学任务的条框里，幼儿对艺术的感受以及活动中自主性、个性化的发挥都体现不够。为此，我们探索创新艺术游戏空间，促进幼儿学习品质的发展，作为幼儿园艺术教育新的生长点，创新组织具有游戏精神的活动。由教师计划性的教学安排向师幼在游戏中共同挖掘艺术教育元素转变；由重视艺术技巧培养向激发艺术兴趣与艺术创造转变。以游戏的方式与艺术环境发生相互作用，幼儿园的艺术空间、设施、活动材料和常规要求等要引发、支持幼儿的艺术游戏和各种探索活动，提供自我表现的生活场所，最大限度地将游戏与艺术教育元素融合在一起，在幼儿的一日生活中激发艺术学习的主动性、积极性，使艺术教育的内容、形式贴近幼儿的兴趣，主动建构一个完整的经验体系，最终实现将游戏归还幼儿，让幼儿在游戏中充分地体验美、表现美和创造美。

二、研究的目标与内容

"创新艺术游戏空间，促进幼儿学习品质发展的研究"历经初始、探索、完善、成熟四个阶段的研究。经过大量的案例研修、师幼互动、家园共育等，让艺术教育真正走进幼儿，从而探索研发一套有助于幼儿园教师开展的"创新艺术游戏空间，促进幼儿学习品质"的实践体系。创设符合幼儿年龄特点与艺术表现创造水平的艺术教育环境；依据目标确立创新艺术游戏空间的活动内容；探索创新艺术游戏空间的艺术教育活动策略，提升幼儿审美感受；开发家庭教育资源，形成家园教育合力；寻找教师专业化成长的途径。

三、研究的理论性成果

为了探索在不同艺术活动中创新幼儿艺术游戏空间，及在音乐欣赏活动中创设艺术空间促进幼儿良好学习品质发展的策略，我们进行了六方面的探究：其一，选择成品音乐，让幼儿直接与音乐大师对话，尽早发展幼儿对优秀音乐的敏感性；其二，选择做好的音乐小样，让幼儿聆听，使其知晓怎样的音乐是美好的；其三，引导幼儿利用更多感知觉通道进行音乐的感知；其四，引导幼儿在伴随音乐的表演过程中感知体验，将倾听和表演的教学方式有机地结合起来；其五，引导幼儿使用不同的表征符号来表达对音乐的感受；其六，引导幼儿感受聆听大自然中声音的快乐，丰富幼儿对各种声音的感性经验。

美术欣赏活动中，艺术空间创设促进幼儿良好学习品质的策略研究。每一阶段我们归总提炼了各年龄班美术欣赏教学的内容、设计方案、教学课件、作品赏析、建议与反思、典型教育案例、绘画作品资料、经验性论文等内容，归总了大、中、小班美术欣赏活动音影像资料，进而建构并实施了有效的园本系列课程。从而加深幼儿对美术作品中美的理解，培养其审美的敏感性，激发其美的创造力与表现力。

艺术自主游戏中，艺术空间创设促进幼儿良好学习品质的策略研究。以全面贯彻《3—6岁儿童学习与发展指南》精神为宗旨，注重艺术游戏活动的生活化、游戏化和常态化，体现幼儿的自主、自愿和游戏精神，让幼儿在艺术游戏中尽情体验"我的游戏我做主"，幼儿在自由选择、自我管理、自主掌控、自我挑战和自我超越的过程中获得审美和创造的愉悦。

充分挖掘幼儿一日生活环节及艺术活动区中的艺术教育资源，不只限于某个艺术教育活动，要追寻艺术教育的"自然足迹"，更多地关注幼儿的需求，理解幼儿的想法，充分创造条件和机会，让幼儿成为艺术教育中的主角。音乐表演区和美工区不同年龄班结合兴趣与思维特点，挖掘当今时代生活与流行资讯的教育意义，借助艺术"表演"的方式实现"游戏"的价值，借助"演他"的形式提升"真我"的艺术审美能力与素养，以此增强幼儿的学习效率、专注力及丰富的想象力。

四、研究的操作性成果

策略一：运用多种感官参与音乐欣赏，培育幼儿的艺术感受。

1. 以境促欣赏，触发幼儿积极的感受

创设渲染情境是走向幼儿音乐欣赏活动成功的潜在通道。幼儿思维以具体形象为主，教学中教师可结合欣赏乐曲的目标设计相应的精神环境与音乐环境，通过气氛渲染，引发幼儿的情感共鸣，使幼儿情为之而动，联想为之而生。

教师情动传递音乐感受。音乐教育必须从激励幼儿的情感入手，使之自然地在音乐活动中受到音乐艺术美的熏陶和感染。教师在活动中的情感投入对幼儿学习兴趣的产生具有举足轻重的作用。

至美情境熏染音乐感受。创设一种与音乐作品协调的情境与氛围，注重"情"与"美"的熏染，再现音乐所描绘的意境，使幼儿如临其境，提升幼儿的感受力、想象力、创造力的发挥。

2. 以听促欣赏，激发幼儿主动的体验

倾听是支持幼儿音乐欣赏最直接的一种方式，通过有目的和无目的的倾听既能培养幼儿养成良好的倾听习惯，又能借助听来拉近音乐与个体情感的融合，提高幼儿的兴趣和倾听能力，在潜移默化中丰富他们对音乐的感性经验。

反复倾听体验音乐之美。在实践中每当引导幼儿倾听新作品时，一方面以游戏的语言激发幼儿反复倾听的兴趣与坚持性；另一方面引导幼儿在听的过程中想象与音乐特点吻合的事物和情节，不断帮助幼儿建立自己的感受与音乐之间的联系，体验音乐的美感。

对比倾听体验音乐之意。对比倾听音乐能够很有效地引导幼儿感受不同风格的音乐作品，并理解音乐作品中节奏、速度、力度等方面的异同，发展幼儿的听辨能力和审美能力。

3.以言促欣赏，能激发幼儿独特的理解

巧用问题激发音乐理解。每次欣赏音乐前后教师都善于运用问题引领幼儿边思考边进行拓展式欣赏，鼓励尊重幼儿独特的音乐理解。

巧用配图激发音乐理解。绘制与音乐相匹配的图画，也是激发幼儿对音乐本身表达理解的一种方法，符合幼儿对音乐形象乐于接受、易于理解的认识特点，并能充分调动幼儿主动表达的积极性。

4.以动促欣赏，抒发幼儿个性的表现

借用肢体动作抒发音乐表现。运用肢体动作表现音乐，对幼儿来说是最具有吸引力的方式。这也充分地说明了幼儿是认真聆听与感受的。

借用动手绘画抒发音乐表现。在音乐欣赏过程中幼儿个性的表现还可以通过绘画的手段来抒发他们的独创性，用美术作品表达对音乐的感悟。

策略二：通过观赏与再现美术作品，激发幼儿的艺术创作。

1.主动欣赏美，营造审美期待的好心态

苏珊·朗格认为："审美情感是一种无所不在令人兴奋的情感，是欣赏优秀艺术时直接被激发出来的，是人们认为艺术应当给予的快感。"作为教师要热爱生活，拥有一双发现美的眼睛和欣赏美的心态，学会与美术作品进行"对话"，做好幼儿与美术作品之间的"审美期待"中介。实践中，教师在美术欣赏教学活动之前要先于幼儿反复欣赏，对作品预先设计一种感悟与理解，这种感悟与理解是教师个人对美术作品的解疑，同时在引导幼儿欣赏的过程中，又不停地被修正着。

2. 遵循隐性规则，甄选有价值的美术作品

幼儿美术欣赏作品的选择，直接影响到幼儿的学习兴趣。为此，教师在甄选内容时要遵循隐性规则。结合近期教育目标，要从是否符合幼儿年龄特点，是否具有一定的艺术性，欣赏作品的质量是否与原作接近等方面对作品进行分析，注重欣赏价值的把握。例如甄选的欣赏作品分为四类：一是幼儿的绘画作品；主要包括国内外优秀的幼儿作品，同园、同班孩子较好的、富有创意的作品；二是名画、名作；三是与动物相关的名画；四是具有中国特色的美术元素作品。

3. 精练提问点，引领幼儿主动欣赏作品

关注作品元素，把握提问热点。在深入解读美术作品的基础上，及时抓住欣赏中的重难点提问题。

关注思维动态，把握提问时机。幼儿在欣赏的过程中，经常会因为经验不足而出现思路上的断顿或局限、束缚，所以，教师除了要精心准备"预设性提问"外，还需要在教学中考虑"生成性提问"，也就是说，要善于关注幼儿的思维动态，拓展幼儿的欣赏表现思路等。

关注想象发挥，把握跟进提问，充分利用跟进式的提问方法，引导幼儿进一步地关注美术作品，并对作品做出思考。

4. 多种再现法，支持幼儿大胆表现创造

语言交流法。是指美术欣赏教学中教师、幼儿与艺术作品三者之间的

相互作用和相互交流。

看图配乐法。实践中教师把美术欣赏活动和音乐结合起来，促进幼儿审美素质的综合发展。

活动表演法。即根据作品的内容进行随意性的动作表演，从自身体验到的感受来加深所理解作品的外在特征和内在美。实践中发现幼儿很喜欢用身体动作表达自己的感受，幼儿喜欢一件作品时，并不一定能说出为什么喜欢，他觉得喜欢就是喜欢。因此，可边配合相应的音乐，边让幼儿用动作表达自己的审美感受，从而培养幼儿的审美情感和审美评价能力。

对比欣赏法。教师可以就同一主题的不同表现手法引导幼儿观察比较，还可以就不同画家的表现风格引导幼儿比较分析。

评价作品法。评议是一个必不可少的环节，应以幼儿间的互相评说和欣赏为主，采取多种方式来进行。

策略三：创新多变的艺术小游戏，调动幼儿的艺术表现。

1.生活环节中的艺术自主游戏

发现美与表现美的分享游戏。餐前环节中，开展了"金话筒播报""美丽播种"游戏活动，引导幼儿将感受到的美的事物、事件，用语言表达出来，这是幼儿自我表现的场所，这种活动形式帮助幼儿树立了自信，最大限度地将游戏与艺术教育元素融合在一起，培养幼儿拥有发现美的"眼睛"、描述美的"语言"。

合作玩与创意玩的音乐游戏。生活环节中，根据不同时间和空间选择不同的音乐游戏，"动物园里有什么"让幼儿在节奏的伴随下，通过拍手拍腿的方式，以问答的形式说出动物园里有什么。同时边做动作边说出动物园里有××，直到说出重复的动物时结束游戏。

2. 多变奇异的艺术游戏材料

用丰富的材料吸引幼儿进行艺术创作活动，教师为幼儿留有富于无限创意、有价值的"空白"空间，给幼儿留有充分的进行艺术探索的空间，让游戏材料与幼儿艺术表现之间进行无缝对接。逐步调整与提供低结构高自主游戏活动材料，让幼儿的艺术游戏更加体现出幼儿的主体性与自主性，满足了幼儿自由创作与自主探索的愿望。

3. 自主多元的艺术游戏展现

艺术自主游戏作为一种让幼儿"全神贯注"的活动，是生理、情感、认知、社会性等身心要素的整体卷入，其中孕育着幼儿"整个未来生活的胚芽"。他们对艺术自主游戏中的学习也因喜欢而快乐，因快乐而主动。

畅想灵动的音乐童话剧。音乐童话剧是音乐、歌曲、舞蹈和对白结合的一种戏剧表演，含有很多的音乐元素。幼儿园"真人秀音乐童话剧"重在让幼儿体验过程，在过程中获得多领域的综合发展，特别是自主的艺术感受、艺术表现、艺术创造，提升师幼艺术审美素养与能力。在《绿野仙踪》童话剧中，初次遇到铁皮人时，需要桃乐丝和稻草人用扳手为铁皮人紧紧螺丝，幼儿就想到用 Y 形的积木替代扳手；又如，扮演龙卷风的幼儿为了使"风"更加形象，提出将毛巾放在手上做奔跑的动作。以上两个案例说明幼儿在游戏中发挥想象力，学会了以物代物，参与游戏的积极性、主动性、创造性更加高涨。

策略四：挖掘生活中艺术教育资源，建构共育的艺术氛围。

1. 创建家园携手共生的艺术生活环境，让"艺术美"无处不在

美妙之音伴随幼儿一日生活。幼儿对于音乐有着一种与生俱来的情愫，只要是他们喜欢的音乐，就会以各种方式来表达自己的喜爱之情。抓住幼

儿这一特点，师幼家园共同在交流中筛选幼儿喜欢的、内容健康的不同风格的乐曲，并巧妙地融入幼儿艺术游戏中。

亲子之合共创艺美环境。艺术具有典型的创造性，独创是艺术的根本。我们充分鼓励家长参与到幼儿的艺术创作活动中，融入家长的艺术资源，形成家园共育的合力。班级艺美生活环境的创设包括家园相互沟通、激发幼儿兴趣、邀请家长参与、家园同步培养、展示个性创作、商榷呈现方式、逐步拓展思路、展示亲子作品，让班级的每一个角落彰显幼儿个性化的艺美创作，达到智慧内生、智慧共享的目的。

2. 设计突显教育价值的艺术教育内容，让"艺术美"润心践行

（1）选择贴近幼儿经验与愿望情趣的音乐欣赏内容

幼儿对各种小动物十分感兴趣，因此，结合幼儿的已有经验，大班选择了少儿舞蹈《猫鼠之夜》，引导幼儿进行欣赏。舞蹈中动感的节奏，夸张、生动、形象的舞蹈动作，舞蹈角色的内心情感等，深深地刺激着幼儿的视听感官，使幼儿有一种置身于舞蹈角色之中的感受与动行。

（2）选择贴近幼儿环境中美感事物的美术欣赏内容

大自然与周围的环境，无时无刻不在为幼儿呈现着精彩而生动的"生活课程"。中班美术欣赏活动"水果娃娃"，将幼儿熟悉的水果融入了美术欣赏活动中，取得了意想不到的效果。活动中，教师以自由欣赏多幅画作的方式，引发幼儿对画面造型、色彩、想象等方面进行对比欣赏，提升幼儿个性化欣赏水平，发现几幅画面的共同之处与独创之处，随后鼓励幼儿动手绘画创造出属于自己的"水果娃娃"，展示每个幼儿不同的艺术创作。

3. 创设走进大自然与社会的机会，让"艺术美"熏陶素养

走进大自然中感受艺术之美。让幼儿从平凡的生活中寻找美、感受美，

如大地复苏的暖春之美、烈日炎炎的盛夏之美等自然景色,可以让幼儿寻找感受大自然中的音乐之声。

走进大社会中发现艺术之美。社会生活中的建筑造型、节日的街头、人和动物优美流畅的动作等都蕴藏着美。观看或参与如皮影戏、剪纸、捏面人等活动,体会传统民间艺术和地方民俗文化之美。

走进名画展馆中欣赏艺术之美。组织幼儿感受欣赏多元的艺术作品之美,幼儿审美活动的选材也应坚持浅显性的原则,从幼儿的生活、兴趣、探索、谈话和争论中选择,与幼儿紧密结合、融为一体,提供幼儿容易理解的图画、照片、图书,组织观赏画展和表演等。

【参考文献】

[1] 谷斌.论幼儿园艺术教育对儿童生活的背离与回归 [J].科学导报 ,2014(17):128.

[2] 王一雯.儿童立场:幼儿园艺术教育生命化的基点 [J].现代中小学教育 ,2016(1):112–115.

[3] 天津市幼儿教育教学研究室.幼儿园五大领域教育:教师指导用书 [M].天津:天津教育出版社 ,2011.

[4] 康耀南 ,朱妙珍.艺术心理启蒙:开启儿童的心灵之窗 [M].北京:电子工业出版社 ,2015.

[5] 胡媛.基于生活化的幼儿美术教育研究 [J].教育教学论坛 ,2014(25):145–146.

[6] 王叶.华德福艺术教育理念在幼儿园的应用研究 [D].长沙:湖南师范大学 ,2015.

幼儿园艺术教育活动中培养幼儿学习品质实施策略的研究

（中国学前教育研究会立项课题 课题编号：K20160539）

天津市北辰区北仓幼儿园 郭红梅

【摘要】在深入贯彻《3—6岁儿童学习与发展指南》的过程中，针对幼儿园和家长在幼小衔接、艺术教育存在的认识问题，结合北仓幼儿园艺术教育研究实践，探索了在艺术教育活动中培养幼儿学习品质的策略，力求在发展幼儿审美素养的同时培养幼儿在艺术活动中的学习品质，扭转了家长的观念，指引教师放眼幼儿长远发展的目标，洞见幼儿品质形成的同时，推进教师专业素养的提升，为幼儿在快乐的艺术教育中获得情感、态度、能力等终身发展的品质探索了一条新路径。

【关键词】幼儿园艺术教育活动；学习品质；实施策略

一、问题的提出

（1）家长在幼小衔接问题上出现重知识技能，轻能力、品质、习惯的错误观念，大班出现了前所未有的幼儿流失现象。

（2）家长对幼儿园艺术教育追求功利的问题：追求比赛成绩和学科技能。

（3）教师在艺术活动中能关注艺术领域核心价值的落实，对借助艺术教育活动培养幼儿学习品质方面缺乏认识和经验。

（4）北仓幼儿园10年艺术领域教育的研究中，我们发现幼儿在艺术活动中的投入、专注、创造、想象、合作，恰恰是幼小衔接中诸多的关键学习品质和态度，是幼儿一生有益的学习品质。

二、核心概念界定

（一）幼儿园艺术教育活动

幼儿园的艺术教育是通过艺术审美教育，培养幼儿感受、理解、表现、鉴赏、创造美的能力，且能够陶冶幼儿情操，发展幼儿智力，促进其自身各种因素的平衡协调，实现个性全面和谐发展。幼儿园艺术教育活动，是指幼儿园艺术教育实施中，有目的有计划地组织幼儿参与的艺术教育活动。此课题主要研究的是音乐和美术相关的活动。

（二）学习品质

学习品质主要指儿童在学习情境中的学习态度、学习习惯、倾向等与学习密切相关的基本素质，是在幼儿期开始出现与发展，并对幼儿现在与将来的学习都具有重要影响的基本素质。我国《3—6岁儿童学习与发展指南》和美国专业研究团队对学习品质的关注基于七方面：好奇心和学习兴趣、积极的学习态度、专注力与坚持性、想象力和创造力、问题解决能力、反思能力、主动性与合作性。

（三）实施策略

实施策略指在实施幼儿园艺术教育活动中培养幼儿学习品质采取的适宜方法。

三、研究目标、内容和方法

（一）研究目标

通过优化幼儿园艺术教育活动，探索幼儿园艺术教育活动中培养幼儿审美素养的同时培养良好学习品质的适宜性策略；在此实践过程中培养幼儿参与艺术活动的好奇心和学习兴趣、积极的学习态度、专注力与坚持性、想象力和创造力、问题解决能力、反思能力、主动性与合作性等良好学习品质以及良好的情感体验。

（二）研究内容

（1）筛选促进幼儿审美素养提高和学习品质培养的适宜的艺术活动内容。

（2）对筛选的幼儿园艺术教育活动内容进行实践，梳理培养幼儿审美能力和学习品质的有效策略。

（3）艺术教育活动中培养幼儿学习品质的评价方式。

（三）研究方法

研究方法包括文献法、观察法、行动研究法、经验总结法。

四、研究的结果和结论

（一）幼儿学习品质外在行为表现特征

根据中外有关幼儿学习品质形成的研究，结合教学实践活动中观察幼儿的典型行为表现，归纳出小中大班八种学习品质外在行为表现的一般性特征（如表1所示），对今后在艺术领域教育活动的实践中观察幼儿的行为表现，分析幼儿学习品质的发展情况提供了观察基础和理论依据。

表1 各年龄班幼儿学习品质外在行为表现的一般性特征

项目	小班	中班	大班
主动性	愿意参与活动，微笑、爱模仿	活动中微笑，积极回应问题及他人建议	活动中表情愉悦，主动参与活动，表达自己的感受
专注力、坚持性	眼睛注视，注意时间在5分钟	参与活动投入，眼睛注视或伴有体前倾，围绕问题或情境做事，注意集中时间10分钟	参与活动积极，眼睛注视或伴有体前倾，围绕问题或情境积极表达，积极做事，注意集中时间15分钟左右
好奇与兴趣	对看到或即将尝试的活动用拍手等方式表示喜欢	在提示信号之后做出语言动作等反应	参与讨论活动中的问题，针对环境或活动中的变化提问，对新事物、新方法喜欢探寻
计划性	做事情目的性不强	语言表达或描述设想，实施中经常会变化	能用语言或图像符号表达设想，有自己依据，并依照实施
问题解决能力	有解决问题的意识	尝试想办法解决遇到的简单问题	运用适宜的办法解决问题，反复尝试直到成功
想象力、创造力	用简单的动作或语言表达自己的想象	能用语言、动作表现自己对事物的想象，利用原有经验拓展延伸	敢于表达有自己的想法，并用形象的语言表达，用与他人不同的方法完成活动，用多种方式表征现实
反思能力	可以在成人提示下回忆自己的行为做法	不成功会问为什么？并在成人引导下尝试找出问题	愿意回顾自身的行为，对于自己觉得不成功、不满意的结果会发现问题，找寻原因
合作能力	在教师引导下和伙伴共同活动	开始出现合作意识，用语言表达合作意愿	自发、主动与同伴合作完成作品或感兴趣的事情

（二）艺术教育活动中培养幼儿学习品质选材适宜性的探索

符合幼儿年龄特点的生活中美的事物、美的声音、美的艺术作品都是教育内容。艺术游戏中的新的创作方式、新的探索内容也可以作为重要的教育内容（如表2所示）。

表2 各小组实践活动内容一览表

教研组	活动内容
美术欣赏组	"几个圆圈" "神奇的造纸师" "绳画创想" "奇妙的点点" "点线之舞"
创意美术组	"光影魔术" "秋天的树林" "星云图" "滴滴乐" "水墨古诗"
民间艺术组	"美丽的蝴蝶" "好玩的四方连续" "欢欢喜喜过新年" "好看的衣服" "小厨师" "庆丰收"
合唱组	"爱的人间" "鲜花开" "小羊羔" "梦之船" "和鸟儿一起歌唱" "我爱洗澡" "小白船"
打击乐组	"小宝贝" "小星星" "门铃变奏曲" "杯子变奏曲" "米老鼠进行曲" "铃鼓舞" "走路"
韵律舞蹈组	"吹泡泡" "牧场小乖乖" "劳动狂想曲" "朋友舞" "佩奇的旅行"

（三）艺术教育活动培养幼儿学习品质的策略探索

实践中发现,艺术教育活动中培养幼儿学习品质分为"个性"策略和"共性"策略。

1. 个性策略方面

（1）打击乐活动培养幼儿学习兴趣和专注力的主要策略

策略一：运用递进式的节奏游戏。

层层递进的节奏游戏,即节奏模仿—节奏传递—节奏接龙三个不同的游戏,幼儿在 5～8 分钟之内快速地经历了从模仿节奏到自主创编节奏的深度跨越,幼儿始终全神贯注、乐在其中。

策略二：运用与音乐同步的动态图谱全程指挥。

这种图谱充分运用了电化教学科技的手段,将某种乐器的演奏方法、特定的节奏型和音乐结合起来,随着音乐的播放幼儿能够准确地看到屏幕上呈现出与自己当下同步的演奏方法,指挥幼儿边听音乐边看动图进行演奏,培养了幼儿专注演奏和迅速反应的能力。

策略三：多种感官参与的节奏游戏。

打击乐和节奏活动本身就是多种感官参与的艺术活动,看、听、说、唱、打,综合了视觉、听觉、触觉等多种感官功能。心理学表明,运用多种感官参与活动有利于形成更丰富的感知体验,获得更多的认知信息,提高学习过程中的专注力。

（2）幼儿合唱活动中培养幼儿专注力以及合作的学习品质策略

幼儿合唱能让幼儿在感受体验的方式之中不断体会到和声的美感,同时培养幼儿参与合唱的兴趣、专注力及合作学习的品质。适合在大班进行实践。

策略一：情境线索贯穿策略。

《梦之船》《小白船》都是充满意境美的作品,运用情境贯穿的策略有益于幼儿在情境中体验音乐美。这里的情境一般可以选择适合作品的音乐故事、音乐动画等。

策略二:形象的声部图谱策略。

幼儿初步进行二声部合唱时,结合幼儿的年龄特点,采取形象的声部图谱,让幼儿根据自己演唱的内容(用图画和符号表示),在图谱的指引下准确进入。此方法让幼儿在学会准确进入分声部演唱的同时,培养幼儿的符号识别能力、专注力及合作演唱的能力。

策略三:声部自选策略。

在二声部合唱活动中采取幼儿自由选择声部演唱的方法,很多时候会产生人数的偏差,和声效果会达不到最佳状态,在幼儿专注倾听整体的演唱的基础上,反思原因,主动调整,帮助幼儿更好地进行合作演唱,在尝试解决问题中培养幼儿合作学习的品质。

策略四:动作暗示策略。

幼儿合唱活动中在关键和声部分,教师要善于运用手势、口型等肢体动作暗示幼儿在音高、强弱等需要注意的地方加强关注,让幼儿在唱好的同时学会倾听他人、控制自己的声音,学会合作演唱。

(3)律动舞蹈活动中培养幼儿的活动兴趣和想象力的学习品质策略

策略一:情境激活策略。

"劳动狂想曲"活动中运用了形象的"脏乱差"的房间背景图,激发幼儿为小矮人打扫房间的愿望,激活幼儿生活经验联想,大胆模仿,创编擦地、擦玻璃、刷马桶的动作,并随音乐大胆表演。大大激发了幼儿对律动活动的兴趣和想象创作的品质。

策略二：故事带入策略。

故事带入可以不断让幼儿感受音乐的情绪、段落的变化，联想生活中的经验，促进幼儿对音乐的感受欣赏，激发幼儿表现音乐的兴趣和积极性。

策略三：角色引领策略。

赋予幼儿一个有趣的角色，激发幼儿参与律动活动的兴趣，调动幼儿主动参与根据音乐情绪和结构的创编活动。

（4）美术欣赏及创意美术活动中培养幼儿想象力、创造力的学习品质策略

策略一：借形想象策略。

借助光照射事物投影的形象或实物形状，引发幼儿大胆想象，孩子们用勾画、添画、实物拼摆等方法创作。引发幼儿对活动的兴趣，激发幼儿想象及创意表达。

策略二：情感呼唤策略。

艺术活动是幼儿对客观世界的一种认识，教师利用情感呼唤的方式，借助画面或音乐的意境，不断引发幼儿的情感共鸣，激发幼儿参与的兴趣和主动性。

策略三：创作规划策略。

在欣赏和创意美术活动中，针对中大班幼儿的年龄特点，可以培养幼儿在创作之前相互讨论创作意向、创作打算，让幼儿有目的地去创作，从而培养幼儿计划学习，有目的地想象创作。

（5）民间艺术活动培养幼儿专注、坚持、反思解决问题的学习品质

策略一：试错—反思—调整策略。

剪纸活动，尤其是对称剪，二方连续、四方连续剪纸都是幼儿非常感

兴趣的，但活动中易出现折叠、剪纸方向不对造成作品不成功的现象。教师把这种过程当成幼儿通过艺术学习获得学习品质的重要资源，让幼儿尝试错误，通过启发性问题，还原剪纸作品并发现问题，让幼儿在解决问题的过程中形成反思品质和坚持成功的品质。

策略二：关键点点评策略。

艺术活动中培养幼儿的学习品质，点评很重要，主要有两个指向，一是指向目标中体现的重难点能力，请幼儿说一说："你用了什么方法，怎么成功的？"二是指向幼儿在完成作品的过程中的新经验、新方法，尤其是体现自主克服困难解决问题、创作想象、表达丰富的新创意。点评的过程中，也不要忽视幼儿欣赏自我和他人作品的重要性。

2. 共性策略方面

共性策略一：营造浸润式的艺术氛围。

优质的艺术教育活动，要让艺术气息萦绕在整个活动中，使幼儿时刻都在感受欣赏，接受陶冶，从内心油然而生地去喜爱当下看到的、听到的内容。其中教师自身语言的感染力、艺术作品的美感、音乐活动中教师的演唱演奏、从头至尾音乐的运用、在美术活动中运用恰当的音乐等方式都能起到很好的作用。

共性策略二：智慧回应推动幼儿学习品质发展。

让幼儿在艺术活动中充满主动学习的热情与兴趣，教师要运用多样的回应智慧。一是归纳提升，教师在回答幼儿问题的时候善于归纳，让答案完整、明确，对幼儿的艺术认知和情感体验都有帮助。二是善于追问，根据幼儿的回答追踪提问，让幼儿进行更深层次的分辨和思考，引领幼儿更加投入，主动学习。

《〈3—6岁儿童学习与发展指南〉实施问答》中李季媚教授指出："学习品质是贯穿在各个领域的活动和幼儿的生活与游戏中的。"从此精神中我们可以清晰地感受到教师要树立艺术教育中的儿童观和过程观，科学处理教师支持与幼儿主体作用发挥的关系，尊重幼儿的所思、所想、所做，在活动过程中充分体验到愉悦、满足。

五、成果与不足

（一）研究效果

1. 促进了幼儿良好学习品质的形成

通过日常大量艺术领域教育活动的实施，借助连续观察的学习故事评价，幼儿在艺术活动中的好奇心和学习兴趣、积极的学习态度、专注力与坚持性、想象力和创造力、问题解决能力、反思能力、主动性与合作性方面都能趋于稳定发展。

学习品质的形成是一个长期的过程，表现出的伴随性、隐含性、过程性的特点，课题组以激发幼儿参与艺术教育活动兴趣为切入点，不断将艺术教育中的策略转换成日常游戏中的指导方法，秉持科学的教育观，将艺术教育活动中幼儿相关学习品质典型特征行为表现进行分析，在日常生活和区域游戏中加以巩固指导，促进幼儿稳定的习惯、态度的形成。

2. 教师能关注艺术教育价值实现兼顾关注幼儿学习品质培养

艺术教育活动有其独特的活动内容和形式，教师既要在活动中关注艺术领域本身的核心价值实现，还要在活动中不断分析符合当前幼儿发展的学习方式和特点，将幼儿在活动中形成良好的习惯、态度作为重要目标。在此双重关注之下，教师更加关注幼儿活动的过程，将眼光落在幼儿的当前表现和长远发展上，促进教师专业成长。

3. 转变了家长重知识技能轻能力情感态度的认识

通过家长开放日、亲子艺术节体验、家长会艺术案例分享等活动，让家长真正与孩子一起走进艺术，体验其中的教育价值，感受艺术本身的魅力和参与其中的情感释放，使能力与素养得到提升。

4. 成果的社会影响

幼儿园的三个艺术教育活动在天津市第十届幼儿园优秀教育活动评选中获一、二等奖；四次承办幼儿园音乐全国培训；幼儿园被评为全国美术教育联盟园，多次接待甘肃、唐山及北辰区姐妹园所的观摩学访。

（二）研究的不足之处

（1）研究中，反映出教师自身专业知识的不足，特别是音乐和美术方面的素养需进一步提升，为了更好地针对不同的艺术教育内容、准确地把握关键经验，给幼儿成长提供最适宜的支持。

（2）学习品质形成的评价方式还应该更加科学，如，分析案例中幼儿典型行为表现还应突出，观察故事的量也要增加。

【参考文献】

[1] 李季湄, 冯晓霞.《3—6 岁儿童学习与发展指南》解读 [M]. 北京 : 人民教育出版社 ,2013.

[2] 希森.热情投入的主动学习者:学前儿童的学习品质及其培养[M].霍力岩, 房阳洋 , 孙蔷蔷 , 译 . 北京 : 教育科学出版社 ,2016.

[3] 教育部基础教育司.《幼儿园教育指导纲要 (试行)》解读 [M]. 南京 : 江苏教育出版社 ,2002.

[4] 李季湄.《3—6 岁儿童学习与发展指南》实施问答 [M]. 北京 : 北京师范大学出版社 ,2014.

区域活动中培养幼儿良好学习品质的策略研究

（中国学前教育研究会立项课题　课题编号：K20160562）

天津市武清区第二幼儿园　邓宝芹　沙建萍

【摘要】3—6 岁是幼儿养成良好学习品质的重要时期。幼儿的好奇心与学习兴趣、主动性、坚持与专注、想象与创造、反思与解释等学习品质是奠定其终身学习能力的基础。当前以幼儿自主游戏为主的区域活动已成为幼儿园的主要课程之一，本研究主要探讨在区域活动中如何培养幼儿的良好学习品质，通过运用"五环节"特色区域活动、巧创区域活动环境、合理投放区域活动材料、采取适宜有效的教师支持策略、进行科学的教育评价等方式促进幼儿学习品质发展。

【关键词】区域活动；学习品质；策略

一、课题的提出

《3—6 岁儿童学习与发展指南》指出，幼儿在活动过程中表现出的积极态度和良好行为倾向是终身学习与发展所必需的宝贵品质。幼儿阶段是培养良好学习品质的关键期，幼儿的好奇心与学习兴趣、主动性、坚持与专注、想象与创造、反思与解释等学习品质能为其将来形成健全的人格和终身学习的能力奠定坚实的基础。

虽然人们对学习品质的培养越来越重视，但是一些教师对学习品质包含内容的认识还不够深入，对不同性别和年龄的幼儿在学习品质各方面的表现及个体差异存在认识盲区。在培养幼儿学习品质时，存在方法欠缺的问题，导致幼儿的兴趣得不到正确支持，主动性没有充分发挥，创造需求得不到满足，幼儿遇到困难时也不会主动寻求解决方法。

当前幼儿园的课程中以幼儿自主性活动为主的区域活动已经成为幼儿的主要活动方式之一。如何把学习品质的培养融合在幼儿园区域活动中，教师如何通过创设区域环境、材料投放、制订规则、运用评价等手段为幼儿在区域活动中学习品质的培养保驾护航，成为亟须解决的问题。

二、核心概念界定

（一）区域活动

区域活动，也称区角活动、活动区活动，是指教育者以幼儿感兴趣的活动材料和活动类型为依据，将活动室的空间相对划分为不同区域，让幼儿自主选择活动区域，在其中通过与材料、环境、同伴的充分互动而获得学习与发展的一种活动形式。

（二）幼儿学习品质

本研究认为幼儿学习品质是指能反映儿童自己以多种方式进行学习的倾向、态度、习惯、风格等。具体包括五方面主要内容：好奇心与学习兴趣、主动性、坚持与专注、想象与创造、反思与解释。

三、幼儿学习品质发展水平的现状分析

（一）调查对象

幼儿园 3—6 岁全体幼儿 189 名，调查对象情况如表 1 所示。

表 1　调查对象分布表

变量	组别	人数	百分比／%
性别	男	91	48.1
	女	98	51.9
年龄班	小班	50	26.5
	中班	70	37.0
	大班	69	36.5

（二）调查问卷

本研究采用陕西师范大学王庭照、蔡欣欣 2015 年在《幼儿学习品质评估工具的编制与初步使用》中编制的"幼儿学习品质发展水平调查问卷（教师评定版）"，问卷信度检验结果显示 α 系数是 0.981，信度较好。问卷采用 5 点计分，分数越高表示幼儿学习品质发展水平越高。

（三）调查结果与分析

1. 幼儿学习品质发展的总体情况

本研究运用 SPSS22.0 对调查数据进行分析，了解幼儿学习品质各维度及总分的平均数，同时以中值 3 为比对值，进行单样本 t 检验，分析幼儿学习品质的具体发展水平，如表 2 所示。

表 2　幼儿学习品质总体及其各维度得分状况

内容	N	平均值	标准差	t	p
好奇心与学习兴趣	189	3.5193	0.71927	9.925	0.000
主动性	189	3.6448	0.67556	13.123	0.000
坚持与专注	189	3.5968	0.77500	10.587	0.000
想象与创造	189	3.2857	0.75601	5.196	0.000
反思与解释	189	3.3486	0.74007	6.476	0.000
总分	189	3.4791	0.66275	9.937	0.000

如表 2 所示，幼儿学习品质总分平均数为 3.4791，且显著高于中值 3（$p < 0.001$）。在各维度得分上，"主动性"得分最高，"坚持与专注""好奇心与兴趣"次之，"反思与解释"较低，"想象与创造"的均值最低，各维度的均值显著高于中值 3（$p < 0.001$），处于中等以上水平。但幼儿学习品质中"想象与创造""反思与解释"有待进一步提高。

2. 不同类别幼儿学习品质发展水平的差异比较

以幼儿性别、年龄为自变量，以幼儿学习品质发展水平为因变量进行独立样本 t 检验，以考察不同类别幼儿学习品质的发展水平及特点。

（1）不同性别幼儿学习品质的差异比较，如表 3 所示。

表 3　不同性别幼儿学习品质的差异比较

内容	性别	人数	平均数	标准差	t	p
好奇心与学习兴趣	男	91	3.4427	0.81707	−1.414	0.010
	女	98	3.5904	0.61046	−1.399	
主动性	男	91	3.4959	0.77020	−2.982	0.000
	女	98	3.7832	0.54221	−2.945	
坚持与专注	男	91	3.4198	0.84593	−3.095	0.025
	女	98	3.7612	0.66590	−3.068	
想象与创造	男	91	3.2571	0.78105	−0.500	0.295
	女	98	3.3122	0.73502	−0.499	
反思与解释	男	91	3.2821	0.76413	−1.193	0.415
	女	98	3.4104	0.71537	−1.190	
总分	男	91	3.3795	0.73869	−2.006	0.015
	女	98	3.5715	0.57192	−1.987	

由表 3 可知，在学习品质总分上，女孩的平均数要高于男孩，且差异显著（$p < 0.05$）。各个维度上，"好奇心与兴趣""主动性""坚持与专注"方面，女孩显著高于男孩（$p < 0.05$）；在"想象与创造"和"反思与解释"维度上，差异不显著（$p > 0.05$）。

（2）不同年龄幼儿学习品质的差异比较，见表4所示。

表4　不同年龄幼儿学习品质的差异比较

内容	年龄	人数	平均数	标准差	F	p	LSD
好奇心与兴趣	小班	50	3.2257	0.80971	7.524	0.001	大班＞小班 中班＞小班
	中班	70	3.5245	0.57900			
	大班	69	3.7267	0.71460			
主动性	小班	50	3.3500	0.77837	8.578	0.000	大班＞小班 中班＞小班
	中班	70	3.6536	0.54928			
	大班	69	3.8496	0.64225			
坚持与专注	小班	50	3.2440	0.89287	8.368	0.000	大班＞小班 中班＞小班
	中班	70	3.6457	0.60737			
	大班	69	3.8029	0.75809			
想象与创造	小班	50	2.7480	0.65504	21.597	0.000	大班＞小班 中班＞小班
	中班	70	3.4143	0.63275			
	大班	69	3.5449	0.75294			
反思与解释	小班	50	2.8756	0.71044	18.796	0.000	大班＞中班＞小班
	中班	70	3.3968	0.54975			
	大班	69	3.6425	0.76764			
总分	小班	50	3.0887	0.67884	15.152	0.000	大班＞小班 中班＞小班
	中班	70	3.5270	0.50483			
	大班	69	3.7133	0.67347			

由表4可知，在幼儿学习品质总分上，存在显著性差异（$p < 0.05$），经过不同年龄幼儿之间的两两比较，中班和大班的幼儿显著高于小班的幼儿，且在五个维度上，中班、大班幼儿均显著高于小班幼儿（$p < 0.05$）；在"反思与解释"方面，大班的幼儿也显著高于中班的幼儿（$p < 0.05$）。

四、区域活动中培养幼儿良好学习品质的策略

（一）"五环节"特色区域活动

我们在借鉴高瞻课程"计划—工作—回顾"三环节模式的基础上，结合自身教育实践，进行了有益的尝试和丰富，探索出了"五环节"区域活动特色开展模式。"五环节"区域活动特色开展模式是指在区域活动开展中按照教师导入—幼儿计划—游戏—整理收拾—分享五个环节进行。通过五环节区域活动特色开展模式的实践运用，为教师培养幼儿的学习品质提

供载体和平台，促进幼儿学习品质的发展。

1. 教师导入环节

此环节教师可以用激励性的语言、设置具体问题和挑战任务吸引幼儿入区游戏，激发幼儿好奇心，培养兴趣和主动性。同时教师可以利用此环节呈现开放、包容和支持的态度，与幼儿建立亲密关系，渗透困难的解决方式，使幼儿获得安全感，从而更加大胆主动地进行探索与创造。

2. 计划环节

此环节是培养幼儿计划性和目标意识等学习品质的重要方式。通过做计划引导幼儿明确任务，培养任务意识，进而使区域游戏更主动、更有目的性，遇到困难时也会更容易坚持专注地解决。不同年龄的幼儿，做计划的详细程度不同，小班不要求太详细，中、大班就要深入一些。同时引导幼儿利用绘画、小组讨论、填计划单等多种方式做计划，鼓励分享计划，引导幼儿根据实际情况更改计划。

3. 游戏环节

游戏环节是区域活动的主要环节，是幼儿坚持与专注、想象与创造能力培养的重要时刻，此时教师的主要任务是认真观察，还有适时适宜地介入与退出，观察、指导、支持幼儿的游戏活动，鼓励幼儿完成计划任务，适时提醒、赞扬和认可，提供激励的语言、有意义的活动和挑战的选择，支持幼儿的创造与探索。

4. 整理收拾环节

这是幼儿获得分类、整理经验，发展分工合作能力和坚持专注能力，养成良好学习习惯和学习品质的重要环节。教师可以借助各种标志引导孩子学会收拾。

5.分享环节

分享环节是促进幼儿学习品质中反思与解释方面发展的重要环节，也是通过合理确定评价内容、标准与方式促进幼儿多方面学习品质发展的重要环节。此环节应关注幼儿学习品质的表现，充分发挥教师、同伴的作用进行分享评价，通过活动记录单、环境布置、作品成果展示等方式进行回顾与分享。

（二）巧创区域活动环境

1.创设丰富、多元、具有一定挑战性的区域物质环境

教师创设丰富、多元的区域物质环境，这样能更好地满足幼儿天生的好奇心和广泛的学习兴趣。同时区域物质环境的创设还应具有一定的挑战性，既不能过于简单幼稚，又不能过于复杂困难，根据幼儿的"最近发展区"，创设物质环境，从而促进幼儿的发展。还要注意考虑男孩、女孩不同的兴趣偏好，适当体现变化性，保持幼儿的新奇感与神秘感。

在此过程中要充分利用幼儿园空间教育资源，合理安排各区域位置，区域间可利用柜子、桌椅、栅栏、KT板等巧设隔挡，区域内可利用墙面、桌面、柜子（包括侧面和背面）、地面等灵活布局，通过巧创物质环境支持幼儿主动性和坚持专注的学习品质的发展。

2.营造开放、宽松的区域活动心理环境

开放、宽松的心理环境是幼儿发挥想象与创造的必要条件，其中教师的鼓励与支持对幼儿学习品质的培养至关重要。如在区域内允许幼儿自主选择站、坐、蹲、趴等姿势，鼓励幼儿提问和大胆尝试新鲜事物，耐心倾听幼儿的想法，引导他们进一步查找资料，动手探究去找到答案。例如当幼儿兴奋地跟教师分享他的"发现"时，教师的一句"这个发现很有趣""你

还发现了什么""你再试试看""说给我听听";等等,就可以激发幼儿的好奇心和学习兴趣。

良好的规则意识是区域活动顺利开展的基础和保障。教师可以通过师幼共同制定区域规则,采用多通道理解规则,图文并茂、编成儿歌、张贴上墙的方式呈现规则,引导规则更好地内化为幼儿的良好学习品质。

（三）合理投放区域活动材料

1. 提供充足的、有趣的、新异性的材料

提供充足的、有趣的、新异性的材料能鼓励幼儿参与到活动中去,激发幼儿的观察欲望,使幼儿产生好奇心与兴趣。例如引导幼儿开展种植活动和饲养活动,对这些自然的动态的活动幼儿有着浓厚的兴趣。还可以在图书区投放关于学习品质内容的优质绘本,例如关于幼儿好奇心培养的《神奇校车》系列,此外,利用洞洞书、立体书、声光书、翻翻书等形式多样的绘本类型也能吸引幼儿的好奇心并产生阅读兴趣。

2. 根据不同年龄、不同性别幼儿的心理发展特点投放材料

材料投放应考虑幼儿间的差异。如对于小班幼儿来说,投放外观鲜艳生动、具有一定情境性和趣味性、操作方式新奇的材料可以激发幼儿的学习兴趣。教师还可以根据男孩女孩喜欢游戏的不同类型设计拟人化的游戏任务,激发幼儿的学习兴趣,提高活动的主动性。

3. 投放低结构化、富于层次性的材料

低结构化材料的多变性特点更易激发幼儿的好奇心与创造力,吸引他们积极主动地去玩,同时不同的材料呈现方式和不同难易层次的材料,能满足幼儿的个体差异。投放的游戏材料应充分考虑它的趣味性、知识性、层次性、操作性、竞技性、合作性等特征。如数学区材料"图形铺路",

孩子们非常喜欢，材料有从易到难的五张铺路背景图，另外有大小不同的正方形、长方形、梯形、三角形共 20 张，方格模板一个。通过不同图形组合设计每个方格的不同拼法，既可一人玩也可多人合作，还可随能力的增强挑战更高的难度。

（四）适宜有效的教师介入策略

当幼儿在区域活动中出现问题或遇到困难时，教师首先要观察分析，适时地进行介入，采用适当的支持指导方法。当幼儿遇到困难寻求帮助时，教师可通过复述问题，帮助幼儿理清思路，引导其自主解决。也可以发挥榜样作用，示范积极的学习品质。还可采取同步介入指导法，教师与幼儿同步地去玩相同的材料和玩具。或采用角色介入指导法，教师以某个角色参与到幼儿的活动中去，在角色情境中间接推动游戏的进展。同时巧借百科全书、各类材料工具、各种社会资源、网络资源等提供支架。教师通过这样的有效指导介入和良好的师幼互动，能促进幼儿自主游戏螺旋式向上发展。

（五）科学的教育评价

1. 对区域活动的评价，内容要多元化，不仅要关注认知、技能的发展，还要关注幼儿学习品质的表现

如自主游戏时是否认真专注？遇到困难时是如何处理的？同以往相比哪些方面有进步？教师关注点的转移能带动幼儿对学习品质的反思。

2. 评价主体要多元化，通过教师评价、同伴互评、集体讲评等方式，合力促进学习品质的发展

如让幼儿将作品或活动记录单带回家，将游戏情况讲给家长听，幼儿在亲子交流中巩固了活动经验，促进幼儿反思与解释学习品质得到发展。

3. 评价方式多元化，多措并举提升幼儿学习品质

"儿童有一百种语言"进行表达，教师要鼓励幼儿用自己的方式进行分享评价。可以通过活动记录单助力幼儿反思，也可以通过桌面摆放、展板张贴、墙饰布置、柜台陈列等形式展示作品，从而体验良好学习品质带来的学习快乐和收获。

【参考文献】

[1] 中华人民共和国教育部. 3—6岁儿童学习与发展指南 [M]. 北京：首都师范大学出版社, 2012:2–3.

[2] 蔡欣欣. 大班幼儿学习品质评估工具的编制与初步试用 [D]. 西安：陕西师范大学, 2015(5):65.

[3] 刘圆圆, 杨宁. 对《3—6岁儿童学习与发展指南》中"学习品质"的理解与思考 [J]. 教育导刊, 2014(2):11–15.

[4] 黄双, 吴玲. 幼儿学习品质：问题反思与支持策略 [J]. 天津市教科院学报, 2015(1):84–86.

[5] 王永芳, 刘尧. 在区域活动中关注与支持幼儿学习品质的发展 [J]. 课程教育研究, 2016(33):220–221.

第三篇　幼儿园管理与文化建设

幼儿园班级"家庭式"管理的理论与实践

（中国学前教育研究会立项课题 课题编号：G20180298）

天津师范大学学前教育学院、天津市幼儿师范学校 徐之泓

【摘要】力求"以幼儿为本，科学管理，健康第一"的教育理念，建构班级"家庭式"管理理念的原则，探索改变班级组织方式，让师生成为班级学习生活的主人；营造家庭温馨、和谐的亲情氛围，让幼儿当家做主；并以"我的家庭我做主"为切入点，人人为班级管理献计献策。同时，在班级管理中关注幼儿个体需求，为每个幼儿提供个性化的支持，自主创设物质环境，让幼儿成为环境的主人，总结了班级幼儿一日生活各环节管理小妙招。最终达到提高教师的班级管理水平与能力，促进幼儿健康成长。

【关键词】幼儿园；班级管理；家庭式；理论与实践

一、课题的由来

我曾是幼儿园教师、业务园长，现任高职教师，并承担幼儿园班级管理课程的教学，经历了亲身管理班级、指导教师管理班级及幼儿园班级管

理课程授课等，站在不同的视角，审视幼儿园班级管理，有喜有忧，多数教师越来越重视班级管理的时效性，通过班级管理培养幼儿良好习惯。有的幼儿园小学化严重，在班级管理中出现了"重知识的传授，轻习惯的培养"；有的非专业幼儿教师在幼儿园班级管理中不了解班级管理的内容和方法，违背幼儿的身心发展规律常常采用说教的管理方法；还有新入职的教师不知该从哪里入手进行班级管理等问题。造成了幼儿园班级管理的质量问题，从而影响了幼儿健康成长。

因此，"十三五"期间，我们深化幼儿园班级管理的研究，探索"一个班级就是一个家庭"的管理模式，以幼儿园班级"家庭式"管理的理念，帮助教师理解掌握幼儿园班级管理的科学、有效的方法和策略。从而提升幼儿园的保教质量，促进幼儿身心的健康发展。

二、理论依据

《幼儿园工作规程》指出：幼儿园日常生活组织，应当从实际出发，建立必要、合理的常规，坚持一贯性和灵活性相结合，培养幼儿的良好习惯和初步的生活自理能力。《幼儿园教育指导纲要（试行）》明确指出：幼儿园必须"科学、合理地安排和组织幼儿一日生活"。幼儿园班级管理，是为了实现幼儿园的保育和教育目标，科学的、合理的管理才能保证幼儿在园健康快乐地成长。幼儿园工作是复杂而具体的生活管理、教育管理和游戏管理等活动，这些活动是幼儿养成良好习惯和幼儿园一日活动得以顺利开展中不可缺少的重要环节。因此，认真做好班级的管理工作，让班级工作井然有序就显得至关重要了。

什么是管理？西方管理理论发展的三个时期的代表人物对此有不同的定义。古典管理派的代表人物之一，法国管理学家法约尔认为"管理是一种分配于领导人与整个组织成员之间的职能",管理就是实行计划、组织、指挥协调和控制。行为科学管理学派的代表赫西·布莱查尔特认为:管理是个人与群体共事,以达到组织的目标。现代科学管理学派的代表西蒙认为,可以把"决策的制定当作管理的同义词"。他认为决策的制定贯穿管理的全过程,包括确定目标和实现目标的手段两方面。

本研究的管理,采用的是我国管理学者翟立林的定义。即管理是"通过组织计划来行动,把一个机构所拥有的人力、物力、财力充分运用起来,使之发挥最大效果,以达到机构的目标,完成机构的任务。"

班级管理的含义是班级教师通过组织、计划、实施、调整等环节,把幼儿园的人、财、物、时间、空间、信息等资源充分运用起来以便达到预定的目的。管理是指通过计划、组织、领导、控制及创新等手段,结合人力、物力、财力、信息、环境、时间这六要素,以期高效地达到组织目标的过程。

教师在幼儿园班级管理的角色和地位应该是班级活动内容的设计者,班级活动环境的创设者,班级活动过程的观察者、引导者,班级活动进展的支持者。幼儿一天的生活学习是在班级中度过的,作为一名幼儿教师,如何做好班级管理工作就尤为重要了。幼儿园教师队伍素质、管理能力如何是决定一所幼儿园质量的关键因素,对于幼儿的全面发展具有重大的作用。

三、研究成果

(一)班级"家庭式"管理理念建构的原则

幼儿园班级承载着实现教育目标的任务,科学、有序的管理能促进幼儿身心和谐发展。班级就像一个家庭,教师就像家长,计划、实施、总结、评价班级内外的人、财、物,管理着家庭每个成员的吃、喝、拉、撒等。

教师根据常规要求全面地、灵活地组织各项活动，带领班级科学地实现保育和教育的过程。可见，规范的、合理的、符合幼儿年龄特点的游戏化、生活化的组织管理方法就尤为重要了。

在研究初期，通过问卷调查，系统地了解园长在幼儿园班级管理上的理念和指导，及幼儿教师的班级管理的现状，得到探求问题的相关数据，为实现研究目的提供重要资料。班级"家庭式"管理，是一种满怀母亲的热爱与胸怀，让幼儿健康、快乐地成长。为了更好地开展研究，对班级"家庭式"管理原则进行了讨论，确立了正面引导、描述性、闭上嘴巴教、放手不放眼等四项原则，并以这四项原则为指导开展研究。

正面引导原则：就是带给孩子正能量正面信息，并且具有引导性的正面引导的原则。如教师指导进餐时说："小朋友吃饭不掉米粒特别棒。"而不是说："我看谁掉米粒了。"

描述性原则：就是教师的语言要详细、具体、清楚地传达给小朋友。我们教师高估了孩子的语言理解和运用能力，说给孩子的话都是比较概括性的，如"坐好了""认真听""好好吃饭"等，什么叫坐好了？认真听？好好吃饭？

闭上嘴巴教原则：就是让幼儿自主学习生活，探索尝试，教师观察幼儿，支持幼儿。幼儿园教师都认为用嘴教，其实把嘴巴闭起来你会发现同样教了很多，效果会更好。

放手不放眼原则：就是把生活、学习、游戏的权利交还给孩子，包括生活环节的选择、学习内容的制定、班级规则的建立等，我们将这些交还给孩子，教师要做的就是放手不放眼。

（二）班级"家庭式"管理理念的实践成果

教师是幼儿管理工作的主要实施者，是幼儿健康成长的引领者。通过访谈对教师、幼儿家长和幼儿进行多次正式和非正式深度访谈，了解园长、教师和家长对幼儿园班级管理的重要性的认识及其行为、收获和困惑；深入班级观察了解教师教育现状及存在问题；运用调查分析法定期对教师班级管理和幼儿发展情况进行调查、总结、分析，掌握研究现状，并根据调查发现的问题，及时调整研究方案。依据幼儿的身心发展规律和年龄特点，在班级管理上确定了"家庭式"管理理念。

1. 班级"家庭式"管理理念，让师幼成为班级学习生活的主人

幼儿园教师应成为幼儿学习活动的支持者、合作者、引导者。知！知道一个理念，其实很容易。悟！对理念有自己的见解，需要用心去思考。行！将理念落实到行动中。让每个教师真真正正做到将科学、有效的育儿方法，落实到教育行为中。

如果想管理好一个班级，就要像管理一个家庭一样。我们开展了"如果教师要站在一个妈妈的角度来想孩子，而不是站在一个幼儿教师工作的角度上，你会关心孩子的哪些方面呢？"的讨论，小班家长会关心"能不能吃好""我的孩子快乐不快乐""离开我睡觉会不会哭""与小朋友相处愉快吗？"等。到了中班下学期，大班上学期家长才开始想孩子要上小学了，要做哪些准备？等等，因此，做教师的要站在家长的角度为孩子着想，教师必须关心孩子三个问题，生活、情绪、学习。计划好他们的生活和学习，孩子才能健康成长。

（1）改变班级组织方式，营造亲情氛围

改变班级组织方式，营造自然、宽松的家庭气氛。教师常常对幼儿说："你们的家有爸爸、妈妈和你，这是小家，咱们班里有教师、小朋友，是大家，教师就像妈妈一样爱你们！家里的事，人人参与，我们大家都要爱这个家。"开展了"我为教师起名字"的讨论活动，孩子们为教师冠名为徐妈妈、爱

妈妈、小姨妈妈等。教师创设了尊重、理解、信任、接纳、平等、支持、适宜的生活方式，为幼儿提供充满爱、我是主人、主动参与学习生活的空间。教师用实际行动，践行了自己也是班级的主人，感动了幼儿，班级成为他们可以信赖的家，教师是他们幼儿园里的妈妈。自由、自在、自主的家庭气氛，时常可以看到孩子们自由地与教师、同伴交流，自主选择自己喜欢做的事情，随处可以听到孩子们开心的笑声，在这样一种环境中，幼儿不再有胆怯，能够充满自信，发挥潜能，获得积极的自我建构和发展。

（2）改变班级管理方式，让幼儿当家做主

①以"我的家庭我做主"为切入点，人人为班级管理献计献策。

当家做主是班级每个成员的权利，每一个成员有权对家事做出决定，师幼都应该成为班级学习生活的主人。开展"我是班级小主人，我为班级献计献策"活动，请幼儿为班级管理出谋划策，提出合理化建议，如玩具如何摆放、活动区命名、班级的规则制订、图书区增添哪些图书、喜欢玩的游戏等，幼儿的建议被采纳后，收到了意想不到的教育效果，增强了他们的主人翁意识，有了当家做主的感受，他们更加热爱这个班集体。如开展了"今天我是小班长"活动，全班每天一名幼儿轮流担任小班长职务，同时将担任小班长幼儿的姓名和照片张贴在专栏里，履行小班长工作职责，为班集体服务。能当班长，为班级服务，幼儿感到无上光荣，荣誉感和幸福感不断增强，逐步学会做人、学会生活、学会学习、学会管理，全面发展。

②关注幼儿个体需求，为每个幼儿提供个性化的支持。

班级师幼人人冠名，承担任务，培养获得感、责任感。值日生工作是中、大班幼儿最喜欢的，一周一次已经不能满足他们的需要，为此，教师与幼儿商议开展了"班级小主人做什么？"活动，确定了班级"十大员"即卫生管理员，午睡管理员，广播员，礼貌监督员，玩具管理员，植物园管理员，领操员，玩具柜管理员，洗手，擦嘴，喝水检查员，学习管理员，幼儿自己选择冠名，并承担相应的班级管理职责，每天佩戴标志工作，两周轮换一次重新冠名。在"十大员"活动中，努力让每一个幼儿都能充分地经历与体验，突破班级的界限，建立轮流制度。他们的组织能力、责任心、自信心不断提高，孩子们更加热爱这个"家"。

③自主创设物质环境，让幼儿成为环境的主人。

《幼儿园教育指导纲要（试行）》指出：环境是重要的教育资源，应通过环境的创设和利用，有效地促进幼儿的发展。环境是一种隐性的教育资源，也是一个重要的教育途径，能影响幼儿的情感、态度、认知、行为和个性的发展，并完成其他教育形式不能达到的教育目标。

在环境的创设中，让幼儿成为家庭环境创设的参与者，参与环境布置全过程，自己设计、自己布置，如幼儿提出想法，摆放哪些家具，怎样摆放？墙饰布置哪些内容？活动区投放哪些材料等，大家讨论通过后，搜集材料进行布置，成为环境创设的主人。在环创中，教师应成为支持者，提供的材料要全面、丰富，满足幼儿多元化、多层次的需求，为幼儿的尝试探究、发现问题、解决问题提供帮助。并根据幼儿的需要随时调整更换环境，达到环境育人的目的。

2. 班级幼儿一日生活环节管理小妙招

班级是幼儿园的"细胞"，班级管理工作的好坏可以反映出办园水平的高低，直接影响幼儿身心健康成长，也是每一位带班教师天天要面对，而且必须妥善解决的问题。在实践中提炼了幼儿园班级生活管理入园"礼貌用语"、轻松"如厕"、趣味来"盥洗"、健康来"饮水"、快乐进行时"户外活动"、温馨"进餐点"、甜蜜"午睡"、不舍"离园"、有序"环节过渡"等小妙招。因版面字数所限，下面，分享两个环节小妙招。

①甜蜜"午睡"小妙招：怎样帮助小班幼儿尽快独立入睡？

【环境法】营造一个舒适的安静的室内环境，墙面上有幼儿睡梦中的图片，使幼儿置身于午睡的环境之中。

【陪伴法】幼儿年龄小，很多幼儿在家里都是家人陪伴入睡。教师要尽可能离孩子近一些，或者坐在孩子的身边，给孩子以安慰，或轻轻抚摸。

【故事法】孩子躺下后，引导幼儿听安静的优美的午休小故事，幼儿在教师的抚摸和柔美的故事中，放松心情，安静入睡。（新入园的幼儿教师可以说："我们躺下一起来听喜洋洋的故事吧。"）

【游戏法】小班幼儿喜欢玩"藏猫猫"的游戏。午睡前将枕头藏在被子里，引导幼儿在床上看一看、找一找，什么物品藏起来了？枕头宝宝藏到哪里了？找到后，用小脸亲一亲花枕头，抱一抱自己的枕头，看一看枕头宝宝的花衣裳，有没有自己认识的颜色、小动物等。再放平枕头压一压，整一整，枕一枕，体验舒服柔软的感觉，使幼儿在不知不觉中枕着枕头宝宝睡一觉。

【奖励法】鼓励幼儿独立入睡，告诉幼儿睡醒后枕头下会有新发现。为幼儿准备喜欢的小礼物，如小粘贴、小红花，放在枕头下。教师发现孩子的进步后，要及时地给予表扬和鼓励，让孩子以后还愿意自己独立地入睡，久而久之自己就能独立睡觉了。

【榜样法】表扬自己入睡的小朋友。孩子喜欢模仿，很有上进心，也非常愿意得到别人的鼓励，所以我们要为幼儿树立榜样，让其他幼儿向其学习，逐步养成独立午睡的好习惯。

②不舍"离园"小妙招。

【游戏法】为了幼儿安全有序离开班级，晚餐后组织幼儿进行便于收整的自由游戏活动，随着家长来接陆续离开班级。同时家长来接，有的幼儿游戏没有尽兴，会盼望明天继续游戏，早晨会高高兴兴来幼儿园。

【活动法】离园前开展的小活动：

● "一日新闻带回家"活动：教师帮助幼儿回顾当天的游戏、生活、学习活动的内容，让幼儿加深印象，并请幼儿回家说给爸爸、妈妈听。

● "你赞我，我赞你"活动：请幼儿对自己和同伴一天的学习生活进行总结评价，教师引导幼儿说一说，"你做了哪些好事？""你有哪些进步？""哪位小朋友帮助了你？"等等，对幼儿提出表扬、建议和期待。

● "我的小任务"活动：教师交代一些任务，如：提示第二天值日生工作，搜集游戏废旧材料明天带到幼儿园，周末要洗澡、剪指甲、理发等需要幼儿完成的任务。

● "离园10分钟"活动：离园前请幼儿小便，提醒多喝半碗水；检查幼儿的面部、衣着、鞋子等，面不脏、衣不反、鞋不倒、袖不湿、裤裆不能有大小便，提示并帮助幼儿整理；指导幼儿整理自己的物品；提出离园要求，如今天吃鱼、吃肉，不要再玩器械，以免中风等。

● "小红花送给你"活动：为了鼓励幼儿的进步，教师送红花给每个幼儿，并对幼儿说："一朵红花（小粘贴）送给你，告诉你我有多爱你！"让幼儿感受教师的爱，明天继续高高兴兴来幼儿园。

总之，研究过程中，我们看到了不一样的儿童，他们是主动的、有能力的班级管理者，他们会管理、会协调，让教师们发现了了不起的儿童，建立了全新的儿童观。研究基本达到了预期的效果，也收到一定的成果。幼儿园班级管理的方法博大精深，但班级管理目前为止并没有真正的、合适的、全面的方法体系。每个人都有不同的方法进行管理。所以管理的具体的、适宜的方法还需要大家在实践中去探索适合实际情况的管理方法才是最好的。我们将认真总结经验，把这次课题的结题，作为新的研究的开始。

【参考文献】

[1] 李季湄, 冯晓霞.《3—6 岁儿童学习与发展指南》解读 [M]. 北京 : 人民

　　教育出版社 ,2013:16,27.

[2] 中华人民共和国教育部 .3—6 岁儿童学习与发展指南 [M]. 北京 : 首都师

　　范大学出版社 ,2012:2-3.

[3] 李季湄, 肖湘宁 . 幼儿园教育 [M]. 北京 : 北京师范大学出版社 ,2003:10.

[4] 唐淑, 虞永平 . 幼儿园班级管理 [M]. 南京 : 南京师范大学出版社 ,1999.

幼儿园本土文化资源整合的实践研究

（天津市学前教育学会立项课题　课题编号：SXH135GL045）

天津市西青区教师发展中心　张严

天津市西青区第一幼儿园　贾卫灵

【摘要】幼儿园本土文化资源，在遵循孩子们年龄特点、发展水平、兴趣需要和学习特点的基础上，充分挖掘杨柳青文化，融入幼儿园的一日生活和教育活动中，让幼儿体验到杨柳青本土文化的深刻内涵和文化底蕴，感受到家乡文化的悠久历史，使幼儿对家乡文化、本民族文化乃至祖国文化产生自豪感，进一步培养幼儿爱祖国、爱家乡的情感，从而促进幼儿的发展，并为幼儿园开展本土文化资源整合的实践研究提供参考。

【关键词】幼儿园；本土文化资源；整合

一、问题的提出

《幼儿园教育指导纲要（试行）》（以下简称《纲要》）指出，幼儿园要"充分利用社会资源，引导幼儿实际感受祖国文化的丰富与优秀，感受家乡的变化和发展，激发幼儿爱家乡、爱祖国的情感"。地域文化作为一种重要的教育资源，越来越为幼儿教育工作者所重视，挖掘地域文化成为幼儿教育研究中的一个热点问题。

杨柳青是一个历史悠久的古镇，是我国首批魅力古镇之一，这里蕴含着丰富的教育资源。如驰名中外的杨柳青年画、风筝、剪纸，小南河霍元甲故居，华北第一宅石家大院，铃铛阁等名胜古迹，杨柳青特色小吃槟榔糕、酥糖……而我们地处古镇中心区，地域文化气息浓厚，应该让孩子们受到耳濡目染的熏陶。让教育回归生活，回归自然，这是《纲要》中的新理念。然而，无论是从研究资料上看，还是我们本土幼儿教育实践来看，我们教学活动的内容对杨柳青文化的挖掘和利用本土资源较少，应该说忽视了本土传统文化的开发与利用，低估了本土文化资源的获得对幼儿的教育功效，造成幼儿对本土文化认识意识、情感体验的缺乏。因此，杨柳青本土文化资源的整合与开发尤为重要。

鉴于上述认识，根据教研实践园的实际情况，在遵循幼儿年龄特点、发展水平、兴趣需要和学习特点的基础上，充分挖掘杨柳青文化，融入幼儿园的一日生活和教育活动中，让幼儿体验到杨柳青本土文化的深刻内涵和文化底蕴，感受到家乡文化的悠久历史，使幼儿对家乡文化、本民族文化乃至祖国文化产生自豪感，进一步培养幼儿爱祖国、爱家乡的情感，从而促进幼儿的发展。

二、研究设计

本课题所要达到的目标和研究的内容，就是以杨柳青本土文化资源为基础，以陈鹤琴、陶行知等我国教育家的教育理论为指导，借鉴国内先进园所开展本土教育的经验和方法，研发具有杨柳青本土文化特色、饱含时代教育特点的教育内容，为幼儿修品行、养习惯、长知识、塑精神、促发展，探索适宜的教育方法和途径。具体如下。

（一）研究的内容

充分利用杨柳青本土文化资源，建构园本教育内容，促进幼儿健康发展，使之成为中华民族传统文化传承的有效途径。

1. 挖掘适宜幼儿园（小、中、大班）的杨柳青本土文化资源内容

本研究重点选取杨柳青本土文化资源中与当代核心价值观（科学发展观、建构和谐社会）相一致的优秀内容，将其作为幼儿园本土文化教育核心内容。

2. 创设富有本土文化内涵的幼儿园环境

在与环境的互动中，激发幼儿对杨柳青本土及亲社会、爱家乡的情感。

3. 以杨柳青年画为主线，建构年画教育系列活动

主要研究杨柳青年画教育环境的创设，杨柳青年画欣赏活动的组织与指导等。

（二）研究的方法

1. 文献法

一方面，通过文献检索出杨柳青本土文化中与当代中国社会主义核心价值观相符合的精华内容，设计相应的园本教育内容；另一方面，检索国内其他地区本土文化和教育系统中有关内容，以便为我园进行园本教育内容的设计提供有价值的借鉴。

2. 观察法

在研究过程中，观察并记录幼儿的表现，主要观察选择的教育内容是否适合幼儿（幼儿感兴趣吗？操作活动是否适合幼儿？难易程度等），教

师的引导是否有效、存在问题等。

3.行动研究法

随着园本课程的开发和对教育资源的挖掘与整合，适宜的本土文化课程更能体现《纲要》要求，符合儿童身心发展特点与发展需求。因此课题研究方案文本设计完成后，需要多次深入一线教育实践，在与教师充分研讨过程中，不断对课题方案进行检验和修正。

（三）研究的成效

幼儿是在与周围世界的直接接触和相互作用中获得认知的，在认知的同时，幼儿的心理也会有所变化。本土文化与游戏相结合，让幼儿在游戏中获得良好的文化熏陶，对自己的家乡有了更多的认知。

1.融合本土文化特色，拓宽活动内容

我们把本土文化融入幼儿的一日生活，根据幼儿的经验及需要、本土资源教育价值，挖掘和充实教学内容，通过搜集相关的素材、制作相关的玩教具，打造特色主题场景，让幼儿尝试体验操作，在活动中充分感受本土文化带来的魅力。

2.挖掘本土文化资源，凸显活动特色

我们打破传统教学方式，把相关的游戏内容与生活经验结合起来，融入本土文化，让幼儿掌握主动权真正成为游戏的主人，通过自主、自发性探究，提高幼儿学习能力，使幼儿主动地接受本土文化艺术的熏陶。

3.课题研究更加突出园所独有的特色

本课题研究中我们不断组织活动，不断反思，不断修改积累了大量的经验，为课题的顺利开展奠定了实践基础，最终完成结题报告。

课题研究更加突出园所独有的特色，增强了社会认知度和百姓满意度，更加调动和提高了教师们的积极性，同时培养了一批批自信、阳光的孩子。

三、研究成果

随着时代的进步及幼儿园课程改革的不断深入，传统文化对幼儿发展的重要性也日益凸显，通过开展主题活动，适宜地引入本土文化资源，对促进幼儿的发展、教师的成长及提升教育教学质量有着极大的推动作用和实践意义。

《纲要》指出，"充分利用社会资源，引导幼儿实际感受祖国文化的丰富与优秀，感受家乡的变化和发展，激发幼儿爱家乡、爱祖国的情感"。任何主题活动都不是单一的存在，一定是整合的、相互渗透的，为此有效地、最大限度地挖掘和利用身边有价值的教育资源和教育契机，以促进幼儿的最大发展，是我们选择与拓展幼儿园活动内容的宗旨和前提。

（一）以本土文化为载体建构特色育人环境

1. 营造浓郁的本土文化氛围

环境带给幼儿的教育是潜移默化的，通过创设本土文化艺术教育的环境，我们将年画元素融入班级环境，让幼儿在环境中感知本土文化的特色与魅力，促进幼儿在环境中获得审美体验。

2. 创设特色区域民俗"风情街"

杨柳青镇历史沉积久远，文化底蕴深厚，并以"杨柳青年画"驰名，杨柳青的剪纸、风筝等也是中国民间艺术瑰宝。借此我们以杨柳青传统民俗为载体，将风筝、剪纸、年画等体验融入幼儿园环境，利用幼儿园楼道、走廊等空间，创设了民俗风情街，为幼儿提供认知素材、玩教具，通过体验操作，满足幼儿不同感官的需要，通过打造富有教育性、探究性和体验性的艺术区域，帮助幼儿建立一个动态的学习环境（其中包括民俗艺术体验区、民俗小吃街）。引导幼儿通过观赏、体验制作艺术作品，初步感受本土民俗文化艺术的精巧和工匠精神，体验其文化内涵，从而激发幼儿热爱家乡文化的情感。

（二）整合杨柳青文化资源，打造特色活动

幼儿园充分利用丰富的本土资源优势开展园本特色主题教育活动。结合城乡接合部的独特位置，周围丰富的自然资源也与幼儿的生活息息相关，为此我们尝试对本土文化资源的教育价值进行挖掘，来满足幼儿积极探索和主动发展的需求。

我们通过学习、调查、实践增强对家乡自然文化资源的认识，挖掘其中的教育价值，使之成为幼儿可接受的活动内容，发挥其教育作用。通过梳理、研讨、实践、调整、再实践的探究过程，整合教育资源素材，捕捉幼儿的关注点，生成了许多具有园本特色的主题活动，丰富了幼儿的活动内容。

1. 以杨柳青年画为主线，建构年画系列活动

为促进幼儿对本土文化的认识与认同，幼儿园遵循全面性、整合性等原则，我们通过搜集大量的年画素材，精心挑选、梳理、创新，使之成为符合幼儿生活经验的教育内容，便于幼儿理解。通过实践积累编辑成册，形成年画教育系列活动，并落实到日常活动中，使幼儿通过感知、体验、操作等感受杨柳青年画特有的文化魅力，促进了幼儿获得有益的发展。在研讨实践的过程中，教师还编制了《杨柳青民间游戏集》《杨

柳青民谣集》等本土文化教学素材，建立了丰富的本土文化资源库，拓宽了幼儿园的课程内容。

2. 结合本土文化特色，开展特色主题活动

天津风筝历史久远，工艺精湛，是古老的传统手工艺品，民间艺术珍品之一。放风筝已经成了很多人日常生活休闲娱乐的方式之一。春天是放风筝的好时节，我们将每年的三月定为"风筝节"，通过风筝主题从五大领域架构教育内容，从语言领域的"话说风筝"、艺术领域的"画风筝"到科学领域的"制作风筝"等不同层面丰富了主题内容，并结合亲子活动的方式进行风筝绘画互动，既增加了亲子感情，也让家长们了解了幼儿园的多彩文化，使幼儿园寓教于乐的氛围得到升温，获得了广大家长的好评。不仅让孩子们感受到天津风筝的特色与魅力，激发幼儿爱祖国、爱家乡的情感，也让孩子们对风筝的结构、如何使风筝飞起来有了科学的认知与体验。

《3—6 岁儿童学习与发展指南》（以下简称《指南》）中指出，让幼儿在良好的社会环境和文化熏陶中学会遵守规则，形成基本的认同感和归属感。所以在秋天这个硕果累累的季节，给孩子们一个返璞归真、回归自然的完美契机，让他们在自然中体验丰收的喜悦，了解我国农耕文化的源远流长，从而激发幼儿热爱大自然及爱祖国、爱家乡的情感。

我们将每年的农历十月初十定为"丰收节"，挖掘资源，整合五大领域，让幼儿在健康、社会、艺术等领域都有所发展，并发动家长一起参与，现在的家长比较年轻，他们对于农作物的生长也不是很了解，因此我们决定不仅给孩子一个平台，也要给家长们一个平台，发挥教育合力，通过让家长、教师、孩子共同收集秋季成熟的农作物，既丰富了我们的丰收节活动，又更好地增加了大家的常识认知，增进了亲子关系。

3.走进传统节日，丰富幼儿的活动内容

我国传统节日文化源远流长，节日习俗也是千姿百态、各放异彩。我们组织了丰富的传统节日教育活动：端午节，教师和孩子们一起包粽子；中秋节，教师和孩子们一起制作月饼……教师提前做好准备工作，帮助幼儿积累经验，丰富幼儿的知识，使幼儿更好地理解本土节日的文化内涵。

我们将每一个传统节日都融入了教学中，活动以传承和创新的形式共同走进中华民族的文化习俗。在传统文化节日里感悟精神力量，在中华优秀文化中积聚内心自信，并把民族精神的传承与道德好习惯的养成结合起来，让每一个幼小的心灵都受到强烈的震撼，从而增强民族自尊心、自信心和自豪感。

4.认识二十四节气，感受大自然的神奇

二十四节气是我国传统文化的瑰宝，是古代人民经过长时间的交往总结出的科学规律，用来指导人们的农事活动。自古以来，人们的生活都离不开二十四节气，人们通过独特的方式诠释着对节气文化的传承，形成了独特的民俗和文化现象。二十四节气展现了中国人的智慧与传统的大自然观。同时二十四节气延伸到五大领域的内容对幼儿的审美情趣、感受能力、文化品格和科学态度等方面的培养都具有重要的意义。

5.挖掘传统体育游戏，形成园本游戏特色

我们利用家乡的本土资源，变废为宝，优化幼儿户外游戏，将传统体育游戏融入户外活动，为促进幼儿身心健康发展，我们还制作了体育玩教具，易拉罐做的高跷、纸箱做的花轿、皮筋、长绳、沙包……利用这些特别的玩具开展丰富多彩的体育游戏活动。

另外，为了更好地将本土文化与户外活动相融合，结合幼儿年龄发展特点，在幼儿园大班编排了杨柳青特色娃娃操，在轻松欢快富有节奏感的音乐中，幼儿通过身体各部位协调灵活的运动，提升了身体素质，从而激发了幼儿对本土文化艺术的认知体悟和喜爱之情。

（三）以本土文化为载体，促进家园共育

《指南》中指出，"建立良好的亲子关系、师生关系和同伴关系，让幼儿在积极健康的人际关系中获得安全感和信任感，发展自信和自尊"。

1.利用家长、社区资源开展亲子活动

陪伴是促进亲子关系的最有效方式，而目前很多家长的陪伴意识比较薄弱，因此我们坚持一月一主题，开展形式多样的亲子活动。亲子活动是幼儿园教育教学活动中的重要组成部分，家庭和谐、温馨的氛围能够促进孩子健康快乐地成长。

除了开展传统节日活动，我们还开发了园所节日活动：我们通过开展"风筝节"亲子活动，让幼儿与父母共同装饰风筝，放飞风筝，体验制作带来的乐趣；"亲子年画活动"，共同制作年画，增进亲子关系，感受本土文化艺术的美。

在亲子活动中，家长能够观察到自己孩子在集体生活中的成长与变化，同时能加强幼儿园与家长之间的联系，增进教师与家长的关系，还能够及时向家长宣传新的教育观、儿童观，让家长了解孩子在幼儿园的生活、学习情况，能够主动配合幼儿园的教育教学工作，做到家园共育，提升教育理念。

2.挖掘家长资源，开展家长助教活动

幼儿园工作离不开家长的配合，家长都是来自不同的行业，对于幼儿园来说各行各业的家长是特殊的教师，家长中也有能工巧匠。我们将家长资源整合起来，当进行某个主题活动时，我们便与家长联系，进行家长助教活动。我们通过挖掘家长资源，拓展了教育范围，丰富了教育内容，同时对形成三位一体的教育和幼儿发展起到了促进作用。

本次课题使我们更深刻地认识到文化传承要从娃娃抓起，幼儿园教育活动应当反映当地文化背景与特色，把幼儿日常的生活体验和所在城市的文化融入幼儿园开展的教育教学活动，通过整合多种教育资源，开展系列主题教育活动，让幼儿直接感受家乡的变化和人文气息。将本土文化资源适宜地融入日常的教育教学活动中，不仅丰富了教学内容，而且扩大了形式，提高了教师开发和运用教育资源的能力，调动了幼儿学习的主动性，从而促进幼儿的全面发展，对幼儿园可持续发展也有着极大的实践意义。

作为教育者我们也深深感到，前进的脚步不会停歇，在充分利用本土文化资源建构园本特色活动上我们还有很长的路要走，还要不断汲取新的理念，不断创新实践，为促进幼儿的可持续发展延伸我们的研究之路。

【参考文献】

[1] 陈宛兰. 开发利用本土文化资源增强园本课程内容的适宜性 [J]. 教育导刊,2011(2):44–46.

[2] 黄桂梅. 利用本土文化资源开发园本课程 [J]. 甘肃教育,2012(14):20.

[3] 贾丽. 园本特色主题教育活动的开展 [J]. 内蒙古教育,2014(1):31.

[4] 王荣荣. 浅议儿童文学的价值 [J]. 当代幼教,2010(10):27–28.

[5] 梁洁铃. 利用岭南本土文化开展幼儿活动的研究 [J]. 吉林教育,2018(36):173–174.

[6] 李庆彩. 本土文化融入幼儿园文化建设的探索与实践 [J]. 中国农村教育,2019(1):52–53.

[7] 魏俊杰 . 儿童爱国主义教育的可行性研究 [J]. 青年与社会 ,2019(11):265–266.

[8] 王晓宇 . 当代高校教师职业道德问题与应对策略 [J]. 青年与社会 ,2019(11):266–267.

[9] 杨丹 , 徐颖聪 , 李欣垚 , 等 . 中国传统文化融入幼儿园课程存在的问题及对策 [J]. 幼儿教育 : 教育科学 ,2019(3):11–13.

[10] 沈敏 . 以传统节日为依托开展学前传统文化教育 [J]. 教育 ,2019(2):50.

在幼儿园课程建构与实施过程中
提升园长课程领导力
——以天津市河西区幼儿园为例

（中国学前教育研究会立项课题　课题编号：K20160587）

天津市河西区第四幼儿园　唐晓岩

【摘要】本研究依据课程研究的相关理论，基于天津市河西区幼儿园课程研究的现状，围绕课程理论素养的增进是园长课程领导力提升的根基、课程建构领导力的积淀是园长课程领导力提升的增容、课程实施领导力的跟进是园长课程领导力提升的成效三方面进行研究。不断优化适宜的课程，在研究课程的过程中提升领导力。

【关键词】课程理论素养；课程建构领导力；课程实施领导力

园长课程领导力是每一个幼儿园的管理层都要面对的一个课题。本研究试图梳理出园长在课程领导力方面需要具备的课程理论素养，以及在幼儿园课程建构与实施过程中，如何提升自身的领导力，能够依据不同园所课程发展的实际情况确定自己的行动路径,把握幼儿园质量提升的课程关键点,以区域联动的方式带动不同层级的园所在园本课程、特色课程的建构与实施中形成丰富的实践经验,以促进课程品质的提升,创造不同特色的课程建构与实施的研究实例,从而发挥一线园长、教师实践经验丰富的优势,将课程的建构与实施及领导力的研究扎根于实践的土壤。

一、课程理论素养的增进是园长课程领导力提升的根基

当我们面对实践中遇到的种种关于课程领导力的问题时,我们要回到本源,不断增进我们自身的课程理论素养,这是提升园长课程领导力的根基。理念是行为的先导,通过对课程基础理论、领导理论、结合园所实际情况所应具备的课程理论素养进行有针对性的学习与交流,修炼园长课程理论素养。

我们围绕课程基础理论、领导理论和结合园所实际情况所应具备的课程理论三方面加强自身课程理论的提高。通过问卷我们发现,大家普遍觉得自己缺乏课程建设的理论基础,因此我们购置了大量图书来丰富我们的课程及领导理论,通过聆听专家的讲座以及学习专家推荐的书籍,关注全国教育大会讲话中的精神,在其中把握思想的精髓,并随时对课程建构进行学习。同时我们利用交流的时间丰富自身的管理经验,开展多方面的研讨。其中一个比较好的增进的方法是通过思维导图将自己掌握的理论与实践结合在一起,先将自己的所学关键点列出,再将实践之中的典型案例进行积累,并运用对应的方法进行有效而深入的思考。让所学为根,让所思成基,这样才能做到让园所的课程更具生发性,体现课程的生命力。

但在实际的学习过程中,我们会发现课程理论素养的积淀是一个无止境的过程:一方面大家都忙于日常的工作,自身的学习和增进就需要一直

保持强大的好奇心和求知欲；另一方面如何将学到的东西真正结合到自身园所的课程建构与实施中去，是一个任何专家与同伴都不能替代的工作。这也是我们常说的实践智慧，这样的过程需要一个广博学习的基础，也需要一个将零散的知识区进行综合的运用并进行再创造的能力。

二、课程建构领导力的积淀是园长课程领导力提升的增容

基于幼儿园独特的、富有特色的文化底蕴所表现出的课程品质与价值判断，是具有坚实基础的、富有生命活力的课程建构。依托于行动研究法，将国家与地方课程、园本课程、特色课程相整合，在办园历史坐标上寻根，在办园现实坐标上突破，提升园长课程建构能力。

（一）确定坐标点在课程建构中是至关重要的一环

依据园所地理位置、办园理念、目标、特色，找到自身发展优势，确定课程所处阶段，知晓园所的课程坐标，找准课程的最近发展区，架构课程体系，有效衔接幼儿园课程与园所文化，听取教师意见，统整多方资源，积极有效落实课程内容，提高课程建构领导力。

在确定课程坐标点的过程中，首先需要园长做好自己身在哪里的客观分析，在研究的过程中课题团队中的每一个人职业发展的阶段都各有不同，确定坐标点的关键时间段在于自己或团队发生改变的时期，课题组成员在研究时期发生的改变大致分为园所的变更、职务的变更，随着幼儿园办园模式的改革，我们也遇到了全新的挑战，这包括探索新的集团化管理模式的挑战。无论是哪种情况，都需要根据多方面的现状画好这张地图，找到自己的坐标点，为课程建构打下基础。

在园所发生变更的时候，园长要沉稳下来，需要大量的调研了解园所过去课程发展的情况、教师课程实施的现状，再结合自身的优势加以综合性的分析，明晰课程发展的切入点，要与之前园所的特色发展紧密地衔接，忌否定过去，另起炉灶。比较好的办法是对原来已有的经验进行智慧性的提升，加入新的理念与行动。

在领导角色发生改变的时候，更为重要的是进行合理的规划，确定新的发展目标。当角色改变的时候，他人对于你在课程领导力方面的表现一定也会有新的期待。例如，当你从一名教学副园长成长为一名园长的时候，你需要具备更强的课程设计能力，这标志着你在课程建构方面拥有更多的自主空间，需要审时度势地确定新园所的课程特色，还需要借鉴你以往的研究优势，在继承与发展中确定好课程发展的坐标点。

随着河西区集团化办园这种新的模式的发展，新建园所如何在集团总园已有研究的基础上进行合理移植，这个过程不建议简单地照搬照抄，而是建议在原有基础上进行一些新的架构。让新建园所的课程研究既有与集团总园课程一致的地方，以便尽快促进园所的教学质量，同时结合自己园所环境和教师的现状围绕某个分支进行进一步的探究，形成一些独有的实践经验以促进园所更富创造性地发展。例如河西区美棠幼儿园，在河西一幼集团化办园思想的引领下，在充分遵循园情、研究学情、思考人情的背景下，确定了从幼儿身心健康入手、从快乐运动起步的课程研究。河西区艺林幼儿园在传承总部河西十七幼品德特色的基础上，通过五大领域及园所文化核心生成艺林幼儿园"树"文化，文明之树、健康之树、好学之树、蕴美之树……以课程促发展，育树成林。河西区德贤幼儿园首先将河西八幼集团总部的"语言教育"课程建构体系经验、课程教育资源和课程教学策略移植到位，同时聚焦适合且适宜自己的课程体系，开展"主题区域游戏的语言教育"，主动创生，彰显自身的课程风采。

作为园长抑或是教学副园长，甚至是普通的一线教师，都需要修炼课程领导力。课程领导力既是一种感性体悟，更是一种理性提炼。需要对幼儿园独特的、富有特色的文化底蕴进行价值判断，将感性体悟转化为理性提炼，提升课程建构的能力。

（二）优化课程方案需要强化课程建构的核心意识、深度意识、系统意识

依据每个园所所处的不同发展阶段，完善和系统架构适宜的课程体系，整合多方资源，发挥信息技术优势，推进资源共享的平台建设，提升教师信息搜索与自主学习的能力，实现课程建构的均衡化。

在课程进行到一个阶段后进行课程反思是课程建构非常重要的一个部分，这样的反思是为下一阶段优化做好准备的关键。这个过程需要对前一阶段的尝试进行回顾、汇总和分析，特别是在课程取得阶段性成果的时候，需要从点、线、面、立体、空间的不同维度去审视课程的现状，从而确定如何进行优化。

以我园阅读特色课程为例，"十二五"期间，我园将园所阅读特色教学进行了系统化整合，出版了《悦读视界——河西四幼阅读特色课程建设的实践研究》一书。在实践中，我们越发感受到图画书中蕴含着极其丰富的宝藏等待我们去发掘。"十三五"期间我们申报了中国教育学会的课题《图画书主题发展课程模式的研究》。

图画书主题发展课程是最大价值化地挖掘图画书中所蕴含的多领域教育价值，关注幼儿的生活与兴趣，灵活运用多种形式，以主题的形式进行整合，促进幼儿全面发展的课程。课程模式是典型的、以简约方式表达的课程范式，图画书的最大价值化是课程的核心理念，为了便于教师更好地实施课程，我们把模式主题确定为 Reading-GIFT，解读为阅读像是一件礼物，蕴含着丰富的价值来促进幼儿的发展。其中用 G—games 表示课程中

的游戏性；I—idea 代表幼儿的各种想法与创意；F—full 代表全面发展，即图画书与各领域的整合；T—team support 代表课程的支持系统，保障课程的实施可能。Reading-GIFT 教学模式的提出既是对过往研究的新的提升，同时也开启了课程优化的新的阶段。

三、课程实施领导力的跟进是园长课程领导力提升的成效

再好的课程建构都是纸上谈兵，课程实施的领导力需要建立学习团队、回归教学实践、完善评价体系，形成持续的跟进，才能不断稳步提升，达到教育教学质量的真正提质。

（一）增强课程实施的指导力，把握好实施的关键问题

课程在学校实施成功与否的决定因素是教师的专业素养和专业化程度。营造学习研究的氛围，增强教师专业自觉，提高发展内驱力、自信心和坚持力，增加激励机制，制定不同层级教师的培养目标，为教师搭建理念转化为行为的桥梁。以河西区德贤幼儿园为例，因为是新建园所，园长面对一批新教师，从开园准备的过程中就将园所的课程理念融入培训之中，从基础学起，从环境创设、课程设计，了解教师的优势特长，及早对课程的实施做好规划与设计，为课程的实施打好基础。

将文本课程转化为日常实施，将教育理念转化为教学实践。建立以人为本的课程管理制度，制定科学规范的考核制度和保障机制，规范课程设置和课程结构，深入教学一线，加强课程开发的引领，提升教学实践的有效性，优化解决问题的策略，实现课程实施效益的最优化。作为课程的领导者，一定要关注课程实施的过程，走进课程实施的现场，进行技术和经验方面的微观指导。通过看环境、看方案、看活动现场、看幼儿作品、看课程观察评价来掌握课程实施的具体问题。并且记录下教师的困惑点，收

集教师实践过程中的问题。在走入的基础上还要记得走出现场，从思想和理念方面宏观把握，在共同解决问题的过程中进一步明晰课程中最为关注的点是什么？实施的过程有没有偏离《幼儿园教育指导纲要（试行）》以及《3—6岁儿童学习与发展指南》中提出的教育教学目标的要求，确保在实施的过程中围绕主线，在正确方向的引领下再进行创造性地实施，帮助教师整体的提高和行动上的跟进。以十七幼为例，日常教学中就采用大班共享活动区的模式，促进幼儿主动性和创造性的提升，在准备创优活动的时期，结合教师的优势，在课程的环境创设、户外创造性体育活动的开展等方面都进行了开创性的尝试和探索。

（二）增强课程反思的指导力，磨砺好课程中的每一颗珍珠

树立"立足过程，促进发展"的评价理念，建立和完善发展性评价体系，整合多方资源参与课程评价，制定课程评估项目和标准，加强课程实施过程的常规性管理，不断总结课程实施经验。借鉴幼儿学习故事过程性评价方式，通过教师教学故事，提升教师总结实践经验的能力，提高评价的实效性。以我们进行的游戏案例为例，我们通过录像的方式记录下游戏的全过程，不断根据这些资料进行游戏活动的调整。教师通过书写游戏中的一个个小案例对游戏组织的全过程进行反思，并结合我们进行的图画书主题活动找到我们之前并没有梳理出来的一些线索，通过学习故事和教学故事为课程实施积累一些里程碑式的活动案例。

在课程的实施过程之中，我们有时候会满足于取得的成果，但是作为课程的引领者，你需要对自身进行的课程研究持批判性思考的思维模式，具备课程的反思意识，在完成一定阶段之后需要系统思考课程建设处在什么样的发展阶段，在实施的过程中文本的设计和真正实施的现实情况是什么。在这个过程中我们最需要关注到幼儿真正接触到的课程现

场是什么状况,家长感知到的课程是什么,避免课程仅仅停留在文本上,而没有真正地落地。幼儿和家长接触到的是日常教学中每一个鲜活的活动,这一个个活动需要在实践中不断进行打磨,在这样的磨砺中才可以透出珍珠般的光泽。

挖掘中华优秀传统文化中的教育价值,走进天津最具代表性的古文化街,开展"故里寻踪、悦读沁园"的主题系列活动。无论是十八街麻花、狗不理包子、耳朵眼炸糕的美食非遗,还是泥人张、杨柳青年画的手艺非遗,都将我们的思绪拉回到拥有美好的"天津记忆",从而感受中国味、天津味、文化味。带领教师和孩子们一起,共同搜集资料、尝试探究、经历失败、调整策略、分享经验,我们一同经历、一同成长,让悦读文化的种子在教师、幼儿、家长的心中生根发芽。

皮影戏是中国民间古老的传统艺术。自从教师从古文化街买回唐僧师徒四人的皮影开始,孩子们就想亲自尝试制作皮影,表演皮影戏。于是教师就借着"吃丈夫的螳螂"的表演区剧目,开始与孩子们共同探索制作螳螂的皮影。从卡纸制作的螳螂皮影,到过塑的透明螳螂皮影——解决了结实耐用的问题;从用双脚钉连接活动部位的螳螂皮影,到用不同材料连接的螳螂皮影——解决了连接部位的问题;从正面面对观众的螳螂皮影,到身体各部分灵活活动的螳螂皮影——解决了角色互动的问题;从黑色轮廓投影的螳螂皮影,到彩色投影的螳螂皮影——解决了光影投射的问题。我们将其戏称为螳螂皮影经历了几代的"变迁"。我们采用教师教学故事与幼儿学习故事的方式呈现主题的发展进程与幼儿的学习历程,并将其呈现给家长,提升家长科学幼小衔接的理念。

课程领导力的研究是一个不断循环向纵深发展的研究过程,园长的课程领导力更需要园长换一个全新的角度去阐述和理解课程理论与实践,避免"只缘身在此山中"的迷茫，只有确定坐标，不断深化，才能让园所的课程更好地促进教师的专业发展和幼儿的全面发展，研究始终在路上。

【参考文献】

[1] 夏心军.校长课程领导力：学校特色发展的应然选择[J].教育理论与实践,2012(5):15–18.

[2] 王怡.对幼儿园园长课程领导力的理性思考[J].陕西教育学院学报,2012(1):117–120.

[3] 朱家雄.幼儿园课程管理转型过程中存在问题辨析[J].幼儿教育,2002(11):4–5.

操作学习积经验 以动育人促发展

（天津市学前教育学会立项课题 课题编号：SXH135GL027）

天津市河北区第一幼儿园 于淼 张稳艳

【摘要】特色的建设与发展是每一所幼儿园的追求与梦想，随着学前教育改革进程的推进，幼儿园都在努力探索园所特色建设。园所始终坚持教科研为先导，借助课题研究深化特色亮点，从聚焦特色内涵夯实根基、完善五精特色活动体系两方面，将操作学习以动育人特色研究向深度、广度延伸，把《3—6岁儿童学习与发展指南》所倡导的先进教育理念和科学教育方法落到实处。

【关键词】特色；操作；育人；实践；发展

自 2012 年 10 月教育部颁布《3—6 岁儿童学习与发展指南》（以下简称《指南》）以来，未来中国幼儿园教育将朝着更加富有特色、体现特色育人、尊重幼儿身心发展特点的方向发展。在"十三五"期间，我园以《指南》为依托，打造"操作学习以动育人"办园特色的实践研究这根主线，将主动参与、操作体验、快乐成长作为园所的特色理念。在深化提升的过程中借助课题研究，使特色建设得以深化。更加强调以动手能力为主的操作学习，在各种活动中培养幼儿解决问题的实践能力，让操作动手在五大领域和各种活动中"无时不在、无处不在"。"操作学习，以动育人"特色就是全面落实素质教育要求的一个有效载体，它会为幼儿的一生发展奠定基础。

一、聚焦特色内涵夯实根基，特色建设步步为营

（一）从特色确立到解读特色内涵

2009 年，河北区教育局提出："强化特色与文化建设，提升园所内涵"的专题研讨与论坛，借助专题研讨进一步梳理办园理念——"珍重童心，让幼儿拥有快乐童年"。凝练特色理念——主动参与　大胆操作　互动体验。我们对特色解读为：操作学习以动育人——对幼儿来说，强调让幼儿在摆弄操作材料、游戏玩耍体验中，积极主动参与活动，习得经验，全面发展，这样的学习是适合幼儿的认知特点，深受幼儿喜爱的学习方式；对教师和家长而言——操作育人，倡导操作学习的方式，调动幼儿多种感官参与活动，促进幼儿身心和谐发展。凝练特色内涵：调动多种感官参与，突出动手能力，让幼儿大胆操作、主动参与、互动体验、快乐成长。

（二）从特色解读到挖掘特色生长点

"操作学习，以动育人"特色就是全面落实素质教育的要求，在认识层面形成新的生长点，在实践层面达成新的着眼点，突出体现"四个强调"，强调以动手能力为主的操作学习，在各种活动中培养幼儿解决问题的实践能力，为幼儿一生发展奠定基础；强调幼儿多种感官参与，让幼儿主动参与、大胆操作、互动体验、快乐成长；强调让操作动手体验在五大领域和各种活动中达到极致——无时不在、无处不在；强调探索操作学习成果既要通过幼儿的成长去体现，又要通过操作方式的成果去体现，实践—探索—研究操作方式更应是成果的体现。"操作学习，以动育人"特色就是全面落实素质教育要求的一个有效载体。

（三）从特色定位到梳理特色目标

在"十三五"期间，围绕着加强园所特色建设这一主线，唱响园所特色建设的主旋律，精准地把握特色建设发展思路，在征集广大教师意见基础上，制订《河北一幼特色建设三年实施方案》，形成办园特色建设三年总目标、五大具体目标。

1. 总目标

借助"十三五"立项课题，进一步深化园所办园特色研究，学—思—行有机结合，建构"操作育人"特色活动体系，实现精细的特色管理；师生共同创建与特色吻合的环境文化，展现精美的环境风貌；以一日各环节活动全方位操作育人为载体，探索操作学习的方式，完善精品的园本课程；教师人人践行园所特色，驾驭园本活动，争当特色名师，打造精英的教师团队；以一幼"四季"多彩活动为舞台，用孩子的言行折射特色培育硕果，成就幼儿精彩的快乐童年。

2. 五大具体目标

精细的特色管理：以1—3—3管理模式，推进园所特色建设管理，坚持以人为本的管理机制，引导全体教师挖掘园所特色内涵，形成学—思—行特色建设管理体系，逐步运用现代化管理方法和手段，进行精细的特色管理，使特色管理常态、优质，打造一幼特色品牌。

精美的环境文化：从彰显办园特色角度出发，进一步优化园所室内外环境，本着整体规划、布局合理的原则，师生共同创建与特色相吻合的园所文化环境，打造动态性、多元性的园所环境，体现园所精美、精致、宜人的现代环境风貌气息。

精英教师队伍：围绕特色建设工作，坚持深化改革特色骨干教师培养培训制度，不断创新教师管理机制，扎实日常精细化教学工作，努力为每位教师提供成长和发展的平台，力争打造一支适应未来教育发展需求，由园所名师和首席教师、有独特教学风格的特色骨干教师和青年后备力量组成的高素质专业化的教师精英队伍，促进园所办园特色持续发展。

精品园本课程：进一步深化"十二五"课题研究成果，在《指南》精神指导下，完善园本课程资源，以一日各环节活动全方位操作育人为载体，探索操作学习的方式，完善精品的园本课程。五域并举，各具特色，各有强项，彰显特色品牌。

精彩的快乐童年：将操作学习活动融入幼儿的一日生活的各个环节之中，让幼儿运用多种感官参与活动，在直接感知、动手操作和亲身体验中习得各种经验，使幼儿身心和谐健康、操作体验乐学、交往友爱明理、主动活泼自信。

二、完善五精特色活动体系，建设成果欣欣向荣

（一）积聚管理动力实现精细的特色管理

推进园所特色建设与园所整体工作统筹协调，制订特色建设实施方案，确定目标与举措，在干部层面推动，探索精细特色管理；在班级层面推行，打造特色班级环境；在教师层面推进，立足岗位驾驭特色活动；在家长层面推广，宣传特色携手实施教育，为园所特色建设积聚动力。

1. 成立特色建设领导小组

由一把手担任组长，规划园所特色建设实施方案。聘请专家、领导组

成顾问专家组，进行培训和指导。

2. 成立特色建设推动实施组

由教学部门带领班级教师组成特色建设推动实施组，立足于实际，尝试多种方法，组织实施探索特色。

3. 建立特色建设制度与评价机制

制度的建立保障了特色建设有序健康的发展，包括特色建设例会制度、家长对幼儿园特色建设评价制度、特色教师评选制度、特色班级评选制度、河北一幼特色建设设施设备管理制度。

（二）营造育人氛围展现精美的环境文化

1. 打造园所特色文化裙带

在特色景观打造中，结合园区特点，昆石园"快乐童年仿铜浮雕壁画"——体现园所珍重童心，让幼儿拥有快乐童年的办园理念；金狮园"操作学习，以动育人"特色长廊——凸显办园特色内涵；意奥园"操作育人特色橱窗"——突出多元多彩课程文化。实现了一幼三个园区在建筑风格上的统一与协调、个性与特色。

特色楼道文化包括楼道长廊环境及楼梯文化，楼道长廊环境建设有向家长及教师传递办园特色、解读特色内涵的启迪童心操作育人长廊，有体现师生互动、操作美味的美食操作香飘满园长廊，有出自师幼双手制作的妙笔生趣童心飞扬长廊。同时楼梯文化将数、量、形等与数学有关内容渗透于每个台阶中，让幼儿置身于数学知识的海洋中，将美味面点制作步骤图呈现在台阶中，让幼儿在观察中掌握面点制作要领。特色文化廊厅以展示园所特色定位及特色内涵为主，通过班级教师积极践行园所特色，选准班级主攻方向，将日常对幼儿实施特色活动的图片及幼儿动手制作的作品，进行成果展示。

园所文化裙带以充分利用一切教育资源、精心设计每一寸空间为理念，将园所办园特色得以外显，园所成立的师生特色讲解团，成为园所对外宣传的平台，使园所特色得到师生及家长的广泛认可。

2. 打造班级特色环境风貌

开展特色班级和特色区角的创建，形成以班级为基础，全园人人参与特色建设的局面。为教学班配备移动鼠标、iPad 等信息技术设备，满足特色发展需要。根据教师所需购置与特色建设相关的图书及杂志。班组成员立足本班的特色定位及特色突破主方向，确定班级特色环境创设一条原则及立体思路，一条原则是：师生家长"三位一体"打造班级特色环境的原则；立体思路是：主题墙体现班级特色，吊饰彰显班级特色，活动区融入班级特色，家长园地宣传班级特色。班级特色环境创设渗透以幼儿为主体的根本理念，体现"三性"：特色环境为幼儿发展服务的教育性、特色环境让幼儿成为班级主人的主体性、特色环境与幼儿对话与交流的互动性。

（三）注重园本培训打造精英教师队伍

"学"字当先，由园长导读学习，在干部层面，开展"特色建设干部论坛"活动，并由干部担任园所特色培训专员，带头解读园所特色发展历程，通过开展各种、各级的特色培训和实践活动，精准地把握特色建设发展思路。由教学部门带领班级教师组成特色建设推动实施组，立足实际，尝试多种方法，组织实施探索特色。在加强组织领导的基础上，建立河北一幼特色建设管理制度和特色工作评价机制，制度保障特色建设有序健康的发展（包括特色建设例会制度、特色班级创建制度、特色教师评选制度、园所特色建设评价制度）。围绕特色建设工作，坚持深化改革特色骨干教师培养培训制度，不断创新教师管理机制，扎实日常精细化教学工作，努力为每位教师提供成长和发展的平台，力争打造一支适应未来教育发展需求，由园所名师、首席教师、有独特教学风格的特色骨干教师和青年后备力量组成的高素质专业化的教师精英队伍，促进园所办园特色持续发展。

（四）借助课题研究完善精品园本课程

1. 体现特色课程"四性"特点

一是教育目标的全面性——与《指南》所倡导的五大领域目标整合，使幼儿通过操作得到身心和谐发展；二是课程内容的综合性——通常以"主题"活动为单位，将多领域的知识经验联系在一起，或以领域为切入点，在活动组织实施中注重领域融合；三是幼儿参与性——注重给幼儿提供充分参与活动的条件，让幼儿主动参与亲身操作，通过动脑、动手、动口，得到锻炼与提高；四是活动方式的灵活性——特色课程组织安排在时间、空间、环境、人员上相对灵活，内容丰富多彩，形式灵活多样。

2. 探索"五大"活动特色课程内容

在探索特色园本课程中，我们主张将操作学习活动融于幼儿一日生活中，通过幼儿园、家庭协同实施。依据活动理论，将课程分为两大类，即以物为对象的操作活动和以人为对象的人际交往活动，在实施特色课程中，探索五种活动：一是启蒙探究活动——快乐体育、操作数学；二是趣味美育活动——创意彩泥、玩转打击乐；三是生活劳动活动——快乐小厨师、能力小超人；四是游戏体验活动——角色长廊、区域游戏；五是情境主题活动——升旗仪式、生日聚会。在践行办园理念与特色的过程中，重构课程体系，融通特色环境，综合实施五大特色课程的内容，为特色建设注入新的活力。

3. 拓展园本课程做精园本活动

将课题研究成果进行汇编，形成园本特色活动专辑，为每位教师配备专业书籍，园本活动实现全覆盖，纳入幼儿一日教育活动，科学统筹园本活动在一日生活中的比例，以名师带教活动为引领，以常态教学为主攻方向，立足日常教学活动的主渠道。我们通过多种形式的教研活动，不断增强教师反思能力，并针对操作学习数学、玩转打击乐、妙手小厨师三个园本活动进行日常精备课教研活动，自觉和富有成效地提高园本活动实施的能力。

（五）一幼"四季"活动成就精彩的快乐童年

一幼的"四季"活动是在《指南》精神的引领下，以"健康季、乐学季、明理季、自信季"为核心的"四季"活动内容。健康季以饮食文化节、亲子运动会为代表，健康季的活动不仅包含身体健康的内容，还要包含心理健康的内容，保持良好的心理状态是幼儿身心健康的一方面，而管理好情绪是幼儿保持良好心理状态的重要部分。乐学季以园所文化展示为重点，幼儿在活动中养成积极主动、认真专注、敢于尝试和探究、乐于想象和创造等良好的学习品质，是我们在乐学季想要达到的最终目的。明理季以"爱"为主线，强调的是懂得道理，明白礼仪。自信季以"长大我能行""能力小超人"活动为依托，创设愉悦的活动氛围，从点滴小事做起，尊重孩子的意愿，让每个孩子都有自我展现的空间和时间，促进其积极主动参与活动。让幼儿有主动学习、大胆操作、互动体验、独立发展、展示特色的舞台和空间。

课题研究为特色深化注入动能，助推园所发展。教师在特色环境创设上有了新突破；幼儿在特色活动参与中实现新发展；各岗位在业务练兵中形成新思路；保教质量在特色研究中有了新提升；园所特色宣传有了新进展。近两年，接待来自丹麦 33 位师生组成的交流团参观访问，南京市大厂实验幼儿园等四所幼儿园 18 位教师来园观摩交流，及东丽区、滨海新区姐妹园园长和教师参观学习，围绕着园所特色展示，进行了特色环境及园本特色活动展示，得到来自国外师生及国内幼教同行的一致认可。借助报纸媒体宣传，《天津教育报》《今晚报》和河北有线《新视点》栏目都对我园特色建设进行宣传报道，形成了一幼特色知名度。行走在特色建设在路上，用孩子的言行折射特色培育硕果，努力打造一幼特色品牌！

幼儿园美术特色文化建设的实践研究

（天津市学前教育学会立项课题 课题编号：SXH135YS020）

天津市津南区第三幼儿园 刘颖

【摘要】 美术教育在潜移默化中提高幼儿的审美能力，逐渐成为幼儿发展过程中不可或缺的一部分。但是在当前的幼儿教育中，教师常常忽略了孩子们的积极主动性，美术教育没有得到科学有效的教学途径。于是我们从创设环境，营造多种美术创作氛围；科研创新，建构和谐的美术特色；家园共育，促进美术特色发展；长远发展，提升幼儿园内涵进行深入研究，从而促进幼儿园美术特色文化建设。

【关键词】 幼儿园美术；美术特色；文化建设

一、课题相关研究

美术教育是幼儿认识和把握世界的一种方式，是幼儿发展的一种表现，学前儿童艺术教育旨在丰富儿童的情感，培养初步感受美、表现美的情趣和能力。《3—6岁儿童学习与发展指南》（以下简称《指南》）明确指出：

幼儿艺术领域学习的关键在于充分创造条件和机会，在大自然和社会文化生活中萌发幼儿对美的感受和体验，引导幼儿学会用心灵去感受和发现美，用自己的方式去表现和创造美。《幼儿园教育指导纲要（试行）》（以下简称《纲要》）指出：要避免教学重视表现技能或艺术活动的结果，而忽视幼儿在活动过程中的情感体验和态度的倾向。在美术创作中，不能以成人美术的标准对幼儿的美术进行评价，要注重幼儿及其自发性的探寻，欣赏他们作品中蕴含的思想、活力和愉悦。《国务院办公厅关于全面加强和改进学校美育工作的意见》（以下简称《意见》）提出：通过开展丰富多样的活动，培养幼儿拥有美好、善良的心灵，懂得珍惜美好事物，能用自己的方式去表现美、创造美，使幼儿快乐生活、健康成长。

幼儿园的办园文化是一所幼儿园办园方向之魂，是一所幼儿园持续发展的内驱力。我们以文化的内涵作为基调，以美育为出发点，根据幼儿发展的需要和特点，通过对幼儿进行有目的、有计划、有组织的美术的艺术熏陶，帮助幼儿在活动中建立起以创造力为核心的审美心理结构，促进其人格完善和社会化发展的研究。美育是一种认知的手段和方法，在美育中结合中华优秀传统文化是落实美术教育的重要途径。本课题在政策要求的指导下，以弘扬传统文化为落脚点开展本课题研究，以丰富幼儿园美术特色文化建设的研究成果。

二、课题研究的目的

本课题以《纲要》《指南》《意见》精神为指导，以美术活动为载体，以幼儿生活和美术活动经验为中心，以幼儿独特、新颖的作品表现为内容，借助多种艺术表现形式，整合多种美术表达方式，来创造新颖独特的艺术形象，使幼儿能大胆表现与感受美，提高幼儿自我探索的能力和艺术修养，促进幼儿各方面和谐发展，努力形成幼儿园鲜明的具有艺术特色的园所文化，在艺术特色的基础上形成特有的办园优势，促进幼儿园的可持续发展。

（1）营造美术特色氛围。通过装饰文化走廊、班级文化墙、美化幼儿园等方式，建构一个有特色的浓郁艺术环境，努力发挥环境育人功能。

（2）丰富师幼活动，推动教师成为艺术特色的实施者。结合生活积极开展各种园级、班级活动，丰富师幼文化生活，提升师幼的精神境界。通过开展多样的社团活动，培养幼儿的特长，陶冶幼儿的性情，锻铸幼儿的品格。

（3）建构家园合作，推动家长成为艺术教育的参与者。建立家长学校，加强家园社区合作，赢得家长和社会各方力量的支持，让家长参与幼儿园建设和管理。

（4）培育园所艺术文化特色。加强幼儿园文化建设与美术教学紧密结合，依据地域和园情建构适合幼儿园发展的特色节日，推进特色办园，形成自己的品牌。

三、课题研究的方法

本课题以行动研究法为主，以文献法、观察法、个案分析法等为辅。

1.行动研究法

全体参研教师在实践中发现问题、解决问题，提高研究水平，总结经验，逐步转化研究方法。

2.文献法

提前进行收集、分析、整理相应的文献资料，确定一个课题的大体方向以及课题的整理流程。

3. 观察法

对研究对象进行有目的、有计划的系统观察，通过观察来积累原始资料，并加以理性分析与研究。

4. 个案分析法

针对幼儿个人状况，逐一分析，做出深入的理性分析研究，得出比较科学的事实结论。

四、课题的研究过程

1. 创设以美术为切入点的园所文化，营造多元化美术活动的氛围

《纲要》中鲜明地提出："环境是重要的教育资源，应通过环境的创设和利用，有效地促进幼儿的发展。"那么我们应当如何利用我们的园所教育环境对孩子们的艺术培养起到最大限度的帮助呢？

（1）采用幼儿作品布置园所大环境，增强幼儿美术创作的信心

首先是我们对于外在环境的创设，将艺术氛围打造于我们园区内的各个角落。例如：用小动物水彩画等装饰园所的门框，用孩子们自身创作的简笔画布置园区，在教室内放置孩子们的手工泥塑作品。用多种多样的艺术形式以及丰富的色彩激发儿童对美术艺术创作的兴趣。

（2）将国内外美术大师的经典作品引入幼儿环境中，提升幼儿审美能力

在幼儿创作的环境中可以融入国内外大师的作品，使美术的艺术进入幼儿的视野，比如说林风眠的《秋艳》、齐白石的《虾》、凡·高的《向日葵》等。既要包罗中国的国画色彩，也要囊括国外画家天马行空的想象力，点燃孩子们创作的激情。

（3）创设自然、富有生命的多元化美术环境

艺术教育并不局限于艺术活动的过程，应为孩子们提供一个乐于参与创作的环境。例如带孩子们去观察清泉上的小虾，感受齐白石爷爷画中虾的惟妙惟肖；或去动物园观察奔放的骏马，使孩子们理解徐悲鸿画中骏马的不羁。在家庭环境中父母应该鼓励孩子们创作的意识，在日常活动中为孩子们采购所需的创作材料等。

2.传承和尊重中国传统文化，感知多元化民族艺术表现背后的文化内涵和人文情怀

中华文化博大精深，将优秀传统文化融于美术教育中将会释放出不一样的光彩。例如从传统的剪纸拓展出皮影戏；从传统建筑以及传统的建筑工艺，拓展出故宫、晋祠等。而在将两者结合的同时应对活动的开展形成心理预期，比如我们是否可以将美术与传统结合起来，孩子的接受程度是多少，我们应该开展什么样的活动。

如：

表1

活动序列	活动名称	活动流程
活动一	中国传统文化	秦兵马俑（泥工）、民间花馍（欣赏）、京剧脸谱（欣赏表现）
活动二	色彩冲击波	一片花（手指点画）、花儿朵朵（水粉）
活动三	丰收	金灿灿的稻田（水粉画）、柿子熟了（蜡笔画）
活动四	一岁一年	大阿福（泥工）、福娃（欣赏）、美好的中国结（编织）
活动五	剪纸皮影艺术家	窗花（剪纸）、皮影戏（欣赏）
活动六	未来画	开心的小学（意愿画）

在活动开展的过程中，孩子们始终沉浸在一种轻松快乐的氛围中，使他们更加放松，更大地激发了他们的创作想法。教师在这一过程中，应当仔细观察孩子们的变化，为我们完善课题提供更多的素材。

3. 让多元化美术活动自然地渗透在幼儿的生活中

（1）利用生活中常见的物品制作装饰画，引导幼儿感受无所不在的艺术

在提高幼儿审美与创作能力的同时，更应引导他们树立艺术来源于生活的理念。比如通过让幼儿选取他们随手可得的材料来进行创作，感知生活的方方面面都是艺术，推动孩子去发现和欣赏身边的美。

（2）带领幼儿在自然中用心感受艺术美

大自然中蕴含着艺术的美，我们可以带幼儿去附近的公园观察参天的大树、清澈的河流、灵动的鱼儿。让他们切实地感受大自然的魅力，用心去体会艺术带给他们的快乐。这样，幼儿的创作会更加生动，艺术教育活动会更加有趣；幼儿对于这个世界的理解会更加丰富，更加有归属感。

4. 挖掘家长资源，鼓励幼儿大胆表现美

幼儿的家庭环境以及父母对于教育的重视程度也极大地影响了孩子自身的发展前景，所以在我们的美术教育中，应当时常与家长进行互动，开展各项创作以及亲子活动，既锻炼了孩子与父母的合作，也加强孩子的组织参与能力。比如开展"亲子变废为宝时装节""我为家里添新色"等活动，在这样多元化的活动中，将创作作为一种兴趣延伸在生活的每一个角落。

5. 尊重、欣赏幼儿的美术作品，激发幼儿美术创作的兴趣

（1）用具有发展性、多样化的眼光来评价幼儿作品

国外有一个十分有趣的研究，科学家将两盆一样的花放在同样的环境下，不同的是一盆花天天享受着悦耳的音乐，而另外一个则听着抱怨与咒骂。意想不到的是，听音乐的花越长越盛，而那个天天被咒骂的花朵枯萎了。

这就如同《纲要》中对于教师的要求是一样的，"以发展的眼光看待幼儿，既要了解现有水平，更要关注其发展的速度、特点和倾向等。"在日常教育中教师要及时关注孩子的成长变化，并且多加赞赏与鼓励，使孩子们在一个健康愉悦的环境下茁壮成长。

（2）评价方法综合化、多元化，促进幼儿有个性地发展

在日常教育中，我们常以学习成绩来衡量孩子的学习能力。但是越来越多的数据表明，孩子的学习能力有很多方面。在日常教育过程中，要多去观察孩子的发展，从品德教育、学习成绩等多方面对孩子进行评价，促进幼儿个性化的发展，尤其要避免伤害孩子的自信心。

（3）评价中注重尊重幼儿的感受，增强幼儿自信心

在对齐白石的《虾》进行美术欣赏时，孩子们沉浸在教师绘声绘色的讲述中，之后教师向孩子们提问。孩子们总是有着千奇百怪的回答，这个说虾很可爱，他们是大自然的小动物；另外一个调皮鬼说我觉得这个虾一定很好吃。在这个时候我们的教师应认真倾听孩子们内心真实的想法。例如在这个活动中，问题并没有唯一的答案，教师要积极引导幼儿学会勇敢发言，增强自信。

五、课题研究成果

随着课题的展开，我园取得了一些阶段性的成果。

（一）创设美的环境，营造艺术熏陶

在园所进门处，设置了大量的动物水彩画，让孩子和家长们在入园时就受到艺术氛围的感染，促进幼儿视觉审美感知能力的提升。园区内的小石头等也在幼儿的创作下穿上了新衣。在教学中优化了课程结构，将艺术创作深入幼儿的日常课程中。每学期各班级会组织不同类型的美术实践活

动，如泥塑、剪纸等，培养了幼儿手、眼、脑协调活动的操作能力。

（二）提高教师素养，打造创新团队

参与本课题研究的每位教师不仅查阅了丰富的资料，相互交流讨论，还进行了实地考察，在丰富本课题的同时，积累了很多的经验，发表了多篇关于本课题的论文。他们在发展自身能力的同时，更有利于幼儿得到优质的美术教育，发展了幼儿的想象力和创造力。

（三）家园携手共育，开发幼儿潜能

我们园区已开展了各项融于幼儿日常生活的亲子活动，加强了幼儿园与家长之间的联系，为幼儿提供情感沟通与满足的机会，促进了幼儿情感和人格的发展，体验了美术活动的乐趣，使美术教育真正成为塑造人的教育。

（四）建构特色文化，发展优质教育

本次课题的研究很大程度地锻炼了教师的各项能力，加强了他们的长处，补足了他们的短板，为未来建设更好园区做出了新的努力，让幼儿在园所中创造力与自我表达的愿望不断被激发，培育幼儿良好的个性品质和健全的人格。

六、存在的问题与思考

在本次以美术教育为课题的研究中我们取得了丰硕的成果。但是由于是摸着石头过河，还存在一些不足。我们还应当在以下环节进行优化。

（1）多元化活动目标应更加细化。主要体现在我们应按幼儿年龄进行划分，在小班教学中应注重幼儿的认知能力和兴趣方面的培养；在中班教学中应注重想象力与物品创新建构方面的培养；在大班教学中应注重培养孩子的动手创造的实践能力。这样分层级将更有针对性,利于优化教学模式。

（2）加强教师教育理念的更新,激发幼儿在绘画中思维的发散性及绘画方式的多样性。应打破教师的固化思维,在日常教学中我们会发现教师往往会限制孩子们的奇思妙想,这些想法有时虽不现实,但这是孩子们独有的想象力,教师应当注意鼓励和培养孩子们的想象力与个性化。

（3）加强幼儿美术活动多元化评价的研究,激发幼儿的美术活动兴趣及自信。幼儿完成主题创作后,应该鼓励他们进行互评,既可以使孩子们看到自己和别人的不同,不断提升自己,又能提升孩子与他人的交流能力。

（4）处理好教师在幼儿美术技能上 "怎样教"的问题。教师的思维往往会限制孩子们的创作,在教师开展活动时,应该将创作的意念和技巧传授给孩子,同时不限制他们的奇思妙想,这是我们应该继续研究的课题。

【参考文献】

[1] 中华人民共和国教育部 .3—6 岁儿童学习与发展指南 [M]. 北京 : 首都师范大学出版社 ,2012:2-3.

[2] 中华人民共和国教育部 . 幼儿园教育指导纲要 (试行)[M]. 北京 : 北京师范大学出版社 ,2001.

[3] 欣闻 . 国务院办公厅印发《关于全面加强和改进学校美育工作的意见》[J]. 党政干部参考 ,2015(22):56.

[4] 邱学青 . 给幼儿园教师的 101 条建议·游戏指导 [M]. 南京 : 南京师范大学出版社 ,2011.

[5] 许琴 . 利用乡土资源 , 呈现农村幼儿园游戏活动的生态环保特色 [J]. 新

作文 (教研版),2018(7):174.

[6] 冯海青 . 浅谈幼儿园美术活动中的评价及策略 [J]. 新课程 (小学版),2016(8):218.

[7] 徐丽 .《幼儿园创意美术教育实践和研究》课题研究报告 [J]. 家教世界 ,2019(33):14–15.

[8] 丁乐 . 在学习中绽放自己 [J]. 学前教育 : 幼教版 ,2010(11):51–52.

第四篇　家庭与幼儿园协同育人

新常态下家园共育的实践研究

（中国学前教育研究会立项课题 课题编号：K20160559）

天津市北辰区宸宜幼儿园 王淑青

【摘要】家园共育是幼儿教育的可靠保证，是促进幼儿健康发展的必由之路。在新常态背景下，家园共育中存在着很多问题。本研究针对新常态下家园共育的现状，探索家园共育的新方法、新模式，通过新常态下家园共育新主体的建构、新常态下家园共育"三三一"模式的探索以及新常态下家园共育新教育生态的打造，解决家园共育中存在的问题，实现亲师幼同发展、共进步。

【关键词】家园共育；新常态；"三三一"模式

一、问题的提出

（一）家园共育的重要性及现状

《〈幼儿园教育指导纲要（试行）〉解读》中指出，"家庭是幼儿园重要的合作伙伴。家庭和幼儿园作为促进儿童发展的主体，双方都要积极主动地相互了解、相互配合、相互支持，共同促进儿童的身心发展。"而当前家园共育存在很多问题，如教师对家长的指导缺乏专业性和针对性、家长教育观念落后且在家园共育中缺乏主动性、家园共育流于形式等。本研究以新常态为视域，通过探索家园共育新主体、新模式、新环境，在实践中创新家园共育新方法，提升家园共育质量。

（二）研究文献综述及理论依据

1. 研究文献综述

本课题以"家园共育"为关键词在中国知网上进行检索，发现 2015 年至 2019 年的期刊文献共计 589 篇。通过整理分析发现，家园共育是近几年来大家普遍关注的热点，且已经成为很多发达国家和地区教育改革的重要议题。

2. 研究的理论依据

《幼儿园工作规程》中指出：幼儿园应当主动与幼儿家庭沟通合作，为家长提供科学育儿宣传指导，帮助家长创设良好的家庭教育环境，共同担负教育幼儿的任务。《3—6 岁儿童学习与发展指南》中强调：要重视家庭教育对幼儿终身学习和发展的重要影响，只有家长和幼儿园共同努力，才能有效地促进幼儿健康成长。虞永平教授在《家园共育的核心理念和现实关切》[①]中指出，家园共育之"共"，不在时间，不在空间，我们追求的家园共育在于双方有合作和协同的意识，这才是家园共育工作的本质。

二、概念界定

新常态："新"即"有异于旧"，"常态"是相对稳定的状态。"新常态"，

---

①《家园共育的核心理念和现实关切》是虞永平教授在 2016 年 6 月 11—12 日在厦门举办的海峡论坛"首届家园共育现代化主体论坛"上讲座的题目。

是不同以往、相对稳定的状态，这是一种趋势性、不可逆的发展状态。本研究基于六新，即"新国家政策、新教育态势、新规划片区、新园所教师、新家长群体、新教育挑战"，研究家园共育工作的新思路、新模式。

家园共育：本研究将家园共育界定为家庭和幼儿园互相尊重、互相配合，为幼儿身心健康发展而进行的一种教育实践活动。

三、研究目标、内容及方法

研究目标：本课题旨在结合当前新常态的背景，以亲师幼为三主体，在交互作用中建构研学共同体，探索家园共育新模式，建构良性教育生态。

研究内容：家园共育新主体——"亲师幼共同体"的建构；家园共育新模式——"三三一"模式的创生与实施；家园共育新环境——"良性循环教育生态"的打造。

研究方法：本研究前期通过问卷调查法收集家园共育的现状与问题，中后期主要运用实践研究法在园所教育教学工作中研究探索"亲师幼共同体""三三一"模式及良性教育生态的创建。

四、新常态下家园共育的现状

通过对家长、教师、园所管理人员的问卷、访谈等调查结果分析，新常态下家园共育的现状如下：

（1）家园共育内涵理解不充分：教师并未真正认识到家园共育的真正内涵在于"共"字，没有切实将自己与家长放到同等的主体地位；

（2）家园共育三主体地位不明晰：在家园共育过程中一般是教师主导、家长参与、幼儿被动接受，亲师幼三者共为主体的意识缺乏；

（3）家园共育模式不成体系：家园共育的形式虽丰富多样，但由于形式和内容没有科学的模式指引且系统性不强，故收到的效果过于依赖教师的经验和水平，家长因不理解活动的意图和没有长远的规划，参与较被动和消极，幼儿教育效果大打折扣。

五、研究成果

（一）建构家园共育新主体——"亲师幼共同体"

1. "亲师幼共同体"理论创生

"亲师幼共同体"，一方面指"亲师幼"同为主体，即家长、教师、幼儿三位一体，平等尊重，相互了解、相互支持、共同成长；另一方面，亲师幼共同体是一个研学共同体，即家长、教师、幼儿建立同理念、同方向、同学习、共成长的研学共同体，从而形成相互促进、相互作用的生态教育场。

2. "亲师幼共同体"实践探索

（1）亲师幼共同体之"共理念"

依据《幼儿园教育指导纲要》《3—6岁儿童学习与发展指南》等文件精神，以及新时代新常态下对幼儿教育的要求，根据园所的现实情况，以园所的办园宗旨、园风、园训、教风、学风作为亲师幼共同体之"共理念"为突破口，具体实践策略如下。

①园所环境浸润教育理念：通过外显环境与内隐环境的共同作用，让亲师幼充分感知体验园所的教育文化，潜移默化中接受园所教育理念。

②教师专业能力传递教育理念：用高水平的专业师资队伍实现幼儿的全面发展来赢得家长认可。

③家长主动认同教育理念：通过成立家长学校、师亲共研小组、云交流互动、线上宣传等形式和渠道传达园所的教育理念，引导家长真正认同园所教育理念，形成共同体的理念内核。

（2）亲师幼共同体之"共研共育"

亲师幼共同体形成的主要目的是"共同研究、共同教育"，即亲师幼在共研共育中，实现由片面配合到互动合作，由形式传统到多元创新，由表层收效到长远成效。亲师幼以"共同的理念"为内核凝结成共同体后进行共研共育的实践探索有：

①共研中孕育正确教育导向：完善共研共育园所管理体制，让家长真正参与到幼儿园管理、教育教学活动之中；开展共研共育活动并形成体制，如亲师辩论赛共研活动，组建幼儿游戏共研小组，开办"家庭实验室"等。

②共育中实现最大教育合力：在环境文化塑造中打造无声共育，如亲子共学、共游戏，共创楼道环境，园所宣传屏展播共育视频，云平台推送亲师幼共研共育信息、资料等；开展共育特色实践活动，如"亲师幼晨间礼仪接待"、家长参与式培训、家长社团活动等。

（3）亲师幼共同体之"共成长"：亲师幼通过共同研学解决问题、达成共识，共同成为家园共育的"受益者"，实现共成长。在共成长的过程中，家园关系和谐共荣，师生关系温暖友爱，家庭氛围温馨舒适，亲师获得多方面提升，幼儿在良性的教育生态中健康成长。

（二）创生与实施家园共育新模式——"三三一"模式

1."三三一"模式的创生

在课题的不断深入研究进展中，通过对实践经验的总结分析，借鉴陶行知倡导的"三共思想"（即"师生共学、共事、共修养"）以及对教育生态学等相关理论的参考，逐渐形成家园共育的新模式："三三一"模式，其具体释义为："三"——"亲、师、幼"三个主体，即亲师幼互为主体，平等尊重、相互了解、相互支持、相互促进；"三"——"三共"，核心是一个"共"字，共研究、共教育、共成长；"一"——"一个研学共同体"，即形成一个亲师幼同理念、同方向、同研学、同进步的稳定、和谐、充满正能量的共同体。

2."三三一"模式的实施步骤

（1）体验—感动—信任—认同

在入园前的亲子活动中让幼儿体验到教师的爱，让家长体验到教师的真诚、耐心和投入，用实际行动赢得幼儿和家长的信任；借由家长学校、专家讲座诠释家园共育的重要性，提升家长对园所教育理念的认同度，进而将家长吸纳到家园共育之中。

（2）引导—配合—参与—主动

教师通过形式多样的活动项目将"三三一"模式渗透于幼儿园各项工作中，引导家长转变观念，从配合参与逐步成为共研共育的主动发起者、实施者，幼儿则是共研共育活动的推动者、实践者，使共研共育由单向互动到三主体交互作用，建构良性教育生态，具体活动示例如下。

①基于组织架构式的活动项目：小班针对入园分离焦虑，开展"阶梯式"缓解特色活动；入园适应后在"三三一"模式下开展班级文化建设，凝聚亲师幼共同体；中班正式开启亲师幼共同体的共研共育模式；三主体的研学能力水平提升后，通过"班风走进家风""书香家庭评比"等活动将园所教育理念、内容、方式初步延展到家庭中；大班以"生活化课程"为抓手，通过"家庭实验室""幼小衔接"等活动将家庭教育与园所教育深度融合，实践"三三一"模式的效度和广度。

②基于问题导向的活动项目：亲师幼针对幼儿游戏、生活中的问题共同研学解决。如：针对小班"娃娃家"游戏中幼儿没有角色意识，开展"娃

娃漂流记"活动；园所操场新建的卫生间没有防蚊蝇的帘子，师亲幼共研设计门帘。在共研解决问题中，"三三一"模式正在驱动良性教育生态的隐性建构。

③基于研究方向的活动项目：园所在课题、专题研究，园本课程、游戏的研发方面，引入"三三一"模式，让亲师幼成为教科研的参与者、研究者、受益者。如：生态课程的研发中，亲师幼经历整个全收获的过程，共同收获生活经验、能力及爱、感动和快乐；文明礼仪课题的研究中，通过制订、实施计划，开展"守时观念"的研究，同步提升"守时观念"。在各类科研过程中"三三一"模式趋向科学化、合理化。

（3）交流—反思—调整—提升

充分利用现代化交流平台及信息媒介，让亲师之间能够及时高效地反馈困惑和问题，并在共研共育中不断成长。如：截取各班微信互动情况进行交流，使家长感受到教师的专业与用心；定期截取班级活动视频，反思教学行为的适宜性，不断反思提升自己的专业素养。

（三）打造家园共育新环境——"良性循环教育生态"

1.建构"三三一"教育生态系统模型

如图1所示，本研究将亲师幼置于"三角形"生态循环系统之下，家长、教师位于底边两端，共同托起顶点的幼儿。系统内含一个个小的亲师幼循环系统，三个"大三角"和向上的"箭头"代表整个系统处于不断上升、成长、进步的趋势。系统中的亲师幼是重要分子，三主体之间能量不断涌动，共促整个系统不断向上发展。

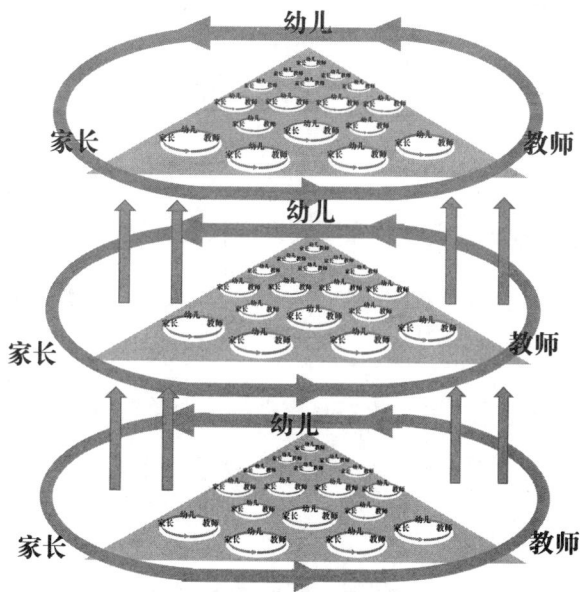

图1　"三三一"教育生态系统模型

2."三三一"良性循环教育生态的打造

（1）建立起有爱、有温度的教育场

幼儿教育是有温度、有情怀的教育，三主体间建立起有爱、有温度的教育场，才能让"三三一"教育生态系统良性运转，故园所多策并举打造温情教育场，如用高尚的师德风范赢得幼儿的喜爱、家长的尊重与认可；开展"爱满宸宜""省亲"等特色活动，让亲师幼相互表达爱并让"爱"延续；开展丰富多彩的亲子活动，增强亲师幼之间的情感。

（2）"三三一"理念化为亲师幼的教育信念

"三三一"理念是在家园共育实践中逐渐形成的。园所在加强宣传"三三一"理念的同时，积极运用"三三一"模式，让家园关系更和谐、师幼关系更亲密、亲子情感更浓厚、家庭生活更幸福，使其成为亲师幼的教育信条并长久地坚持下去。

六、研究成效与反思

（一）成效

1. "三三一"模式初创生，家园共育现状真突破

在幼儿教育中亲师幼共建研学共同体，"共研、共育、共成长"，这是"三三一"模式创生的基础。"三三一"模式下亲师幼交互影响形成良性的教育生态系统，在本教育生态系统中，家园关系融洽、幼儿全面发展、教师专业能力增强、家长育儿水平提升，这是"多赢"局面，有效解决了园所家园共育中新常态问题。

2. "三三一"教育生态初建成，园所保教质量稳提升

将生态学引入学前教育领域，即把幼儿园作为一个教育生态循环的场地，把亲、师、幼作为幼儿园教育生态系统中互相影响的生态教育因子，通过促进三因子间"有爱""有温度"的互动来促进幼儿的成长与发展，营造良性教育生态，这是提升幼儿园保教质量的创新之举。

3. 亲师幼共同体见成效，快乐携手大进步

在亲师幼研学共同体的作用之下，三者有了较大成长和进步：家长教育理念转变，对园所的教育认同度提升，主动参与园所教育，家庭教育水平和能力提升；教师专业指导水平提高，逐渐形成一支年轻的，有教育情怀、智慧真爱、奋进精神的教师队伍，园所教育品质提升，家长的满意度、社会的认可度增强；幼儿在园的快乐指数增强，各项能力稳步发展，良好生活习惯养成度提升、个性品质往好的方向发展。

（二）反思

在本课题的研究中，理论与实践相结合，创生"三三一"模式，有效解决了新常态下家园共育的问题，丰富了家园共育研究成果。但"三三一"模式只是在本园进行了实践，并未在其他园所进行实践，因此对于其普适性和推广性还有待进一步研究。

【参考文献】

[1] 李季湄, 冯晓霞.《3—6 岁儿童学习与发展指南》解读 [M]. 北京：人民教育出版社 ,2013.

[2] 朱丽君 . 幼儿园家园共育的积极互动策略研究：以森林幼儿园为例 [D]. 上海：上海师范大学 ,2017.

[3] 宋文霞 . 家园共育 , 携手同行 [C]// 国家教师科研基金管理办公室 . 国家教师科研专项基金科研成果 2019(五),2019:33–34.

[4] 朱世芳 . 幼儿园家园合作共育教育模式探析 [J]. 学周刊 ,2019(22):166.

家园沟通的内容、途径
及其形成教育合力的有效性研究

（中国学前教育研究会立题项目 课题编号：K20160550）

天津市红桥区第十幼儿园 姚葵花

【摘要】良好的家园互动关系是幼儿园各项活动顺利开展的保证。在本研究中，我们旨在探究系统化、全面化、平等化的家园沟通内容和个体性、集体性、主题性的家园沟通途径，具体研究中侧重从理念认知上辨析家园沟通的现状、深化家园沟通内容与途径的新理念，探究了实践中的系统化的、全面化的、平等化的家园沟通内容，并且结合许多事例和实例进行展示，同时在实践中，我们还探索了个体性的、集体性的、主题性的家园沟通途径。

【关键词】家园沟通内容；家园沟通途径；教育合力

一、问题的提出

《幼儿园教育指导纲要（试行）》指出：幼儿园应与家庭、社区密切合作，与小学相互衔接，综合利用各种教育资源，共同为幼儿的发展创造良好的条件。陈鹤琴在其著作《家庭教育———怎样教小孩》中提到，"幼稚教育是一种很复杂的事情，不是家庭一方面可以单独胜任的，也不是幼稚园一方面可以单独胜任的，必定要两方面共同合作方能得到充分的功效。"因此，在幼儿教育过程中，只有两者充分沟通，才能弥补幼儿园教育资源的不足，才能形成教育合力，促进幼儿全面健康和谐地发展。那么，我们应该关注家园沟通的哪些系统化的内容呢？家园沟通的途径有哪些呢？我们怎么做才能形成最大的教育合力呢？

二、研究内容

（1）家园沟通的相关概述：家园沟通概念的界定、家园沟通的理论依据、家园沟通的必要性、家园沟通的原则。

（2）家园沟通的现状分析：探究家园沟通的参与者、时间、内容、途径、教育合力的效果等的现状并进行分析。

（3）丰富家园沟通内容的系统性建构：分别从园所和家庭两方面来建构系统的、全面的沟通内容。

（4）探索家园沟通途径的有效性策略：探究有效的家园沟通的实践途径及实现教育合力的最佳策略。

三、研究方法

（1）文献法：搜集和分析与"家园沟通"相关的文献资料并进行详细地梳理与分析。

（2）访谈法：主要通过对家长、教师进行有关家园沟通的参与者、时间段、内容、途径、教育合力的谈话来了解家园沟通目前的现状。

（3）经验总结法：重点包括对家园沟通内容、途径以及所形成的教育合力等相关经验进行总结。

（4）案例分析法：通过观察和记录，对家园沟通中出现的典型事例进行分析和反思。

四、研究成果

1. 从理念建构上重新细化和深化了家园沟通内容及途径的认知

（1）提升了教师、家长对家园沟通重要性与差异性的认知

教师的专业教育水平以及综合素养，对于家园沟通效果有着极为重要的作用。因此，我们注重引导教师家园沟通能力的提升。很多教师在沟通的时候往往只强调幼儿园、教师对家长的指导，而我们强调的所谓"沟通"，不仅是双方面的沟通、交流、帮助，更应该是个体的、独特的、具有差异的。因此，在实践过程中，我们邀请骨干教师等有经验的教师给大家进行经验分享，通过师徒结对子的方式启发年轻教师关注不同年龄段家园沟通的内容、途径以及与每个家长互动时都要尊重个体差异，并且要找到针对不同年龄段及不同类型家长的沟通内容及途径。

（2）促使教师、家长共同反思家园沟通的若干现状

在研究中，我们通过非正式的访谈和观察了解到家园沟通时家长方面的现状。首先，很多家长虽然很重视家园沟通，但是缺少沟通的主动性，一些家长认为家园沟通就是教师找家长进行沟通。其次，很多家长认为自己不会沟通，不知道怎样和教师进行沟通。最后，家长不能够把握有效沟通的时间机遇。经过现状分析，我们进行了家园沟通内容及途径的各种讨论，促进了双方的反思。

（3）树立了教师和家长进行家园沟通内容的新理念

我们对沟通内容的现状进行了了解：通过入园和离园的交谈环节进行每日的沟通。首先，我们会注重倾听和了解家长沟通时所关注的内容。其次，

我们会利用入园和离园环节简短地与家长交流下幼儿一日生活或者最近的发展及表现。通过一学期的随机交谈，我们发现家长在入园时由于沟通时间比较短，沟通最多的问题是幼儿的多饮水问题、情绪问题和幼儿昨日的表现问题；在离园时，沟通最多的问题是幼儿今日的在园表现。总体来讲，双方沟通的时间比较短，双方沟通的问题比较单一，沟通的家长具有固定性，而且沟通的发起者主要还是教师，缺少沟通内容的丰富性和双向性。

（4）细化了教师和家长进行家园沟通途径的新思路

我们进一步观察了沟通途径的现状：利用学期初、学期末的家长会和每学期的问卷调查进行沟通。为了进一步了解家园沟通中家长的需要，在家长会上我们会请家长来说一说他们最关心的问题，我们也会利用每学期的家长问卷调查归纳总结家长的心声，并做出相应问题的解答。为了让家长能够更加了解幼儿园的生活安排和学习游戏，我们也会利用家长会、家长橱窗、家长微信群、家长进课堂向家长积极宣传园所特色、班级特色、幼儿学习、不同年龄段的学习特点。

通过这些形式，我们发现家长参与度不统一，而且家长参与幼儿园的途径具有高控性。因此，我们细化了新思路，即一种体现个体性、集体性、主题性的家园沟通途径。

2. 在实践中开展了系统化、全面化、平等化的家园沟通内容

（1）利用学期的不同时间维度，我们尝试着开展了系统化的家园沟通内容

我们会按照学期时间维度安排利用多种沟通途径向家长系统地介绍幼儿的学习与生活。例如学期初我们先利用新学期家委会向家长介绍了本学期的园所教学、保卫、食堂的内容安排；然后向家长沟通每月的工作重点，请家长安排好自己的时间来参与园所活动，例如新学期家长会、运动会、

故事表演会、新年联欢会等具体内容的沟通;再次向家长介绍每周的教育周计划与家长需要配合的活动材料,同时通过每周五的家长进课堂活动来邀请家长观察幼儿的表现和幼儿园的生活;最后关注每天的沟通,重点是关注幼儿一日生活中的不同表现,如进步的地方或者需要共同提高的地方。教师们可以依据从整体到部分的时间、从整个学期的"大时间"安排到每天"小时间"的观察,这样依据时间的维度和丰富内容的安排便能为我们和家长进行有效的沟通铺垫了基础,教师们也知道可以和家长们沟通什么内容了。

(2)利用幼儿的一日生活环节,我们尝试着开展了全面化的家园沟通内容

我们依据一日生活环节的不同活动安排可以和家长进行沟通,让家长了解幼儿在幼儿园生活的方方面面。

利用多种途径展示幼儿一日生活中所包含的教育活动、区域活动、户外活动、生活活动:我们通过家长进课堂、家园橱窗的周计划、家园教育活动展示墙等多种沟通的途径,向家长展示健康活动、社会活动、语言活动、科学活动和艺术活动,并且通过观察孩子们的表现与家长积极沟通每个孩子五大领域的发展水平;通过家长共同参与的区域活动或者通过图片、视频向家长沟通和展示自由探究的区域活动,介绍不同的区域设置的教育价值及幼儿的活动表现,向家长沟通需要家园收集的材料及幼儿需要发展的能力;通过生动有趣的户外活动和亲子运动会等主题活动,展示了不同年龄段及不同游戏发展的动作技能;通过多种途径与家长沟通,引导家长了解幼儿一日生活活动,让家长在沟通中习得正确的育儿观。

（3）利用丰富的多种家园活动，我们尝试着开展了平等化的家园沟通内容

充分利用园所的大型展示活动给予家长主动参与的机会。例如利用六一联欢会和新年联欢会活动，教师可以给予家长自由展示的机会，发挥每个家长的优势，让家长自己来选择、准备和表演节目。这样家长们就会主动地与教师沟通自己节目的适宜性，家长也会有一种主人翁的参与意识。

充分利用家长职业资源和特长爱好，请家长参加家长助教活动。幼儿园的家长来自各行各业，是幼儿园教育的宝贵资源，让家长们"当家做主"，进课堂当教师，给孩子讲解或演示。

同时我们还会利用班级特色为家园沟通搭建不同的内容，让家长成为平等、有趣的参与者。例如大二班开展了绘本阅读的班级特色主题活动，所以班级教师会邀请家长参与到亲子共读的各种活动中，请家长协助幼儿来进行绘本小主播的手册制作，请家长在家里每天为幼儿睡前读一本好书，请家长带领幼儿一起来动手制作绘本，这样关注个性化的班级特色为教师和家长在固定的日常沟通中又增加了更多的互动内容。

3. 在互动中探索了个体性、集体性、主题性的家园沟通途径

（1）针对不同年龄段和不同家长类型，探索了个体性的家园沟通途径

针对不同年龄段，我们尝试了具体的、整体个别性的沟通途径。例如小班侧重幼儿入园情绪和入园适应问题，中班侧重幼儿学习游戏发展，大班侧重幼小衔接的引导。为此，结合不同年龄段家长的关注需求，还尝试了面向小班家长设立了家庭访问、家园联系册、家长心愿站、家长生活委员会、家园美食品尝会等具体形式来加强小班家长与教师的沟通；面向中班家长重点尝试了家园手拉手共建发展档案、家长与幼儿每日播报、家长协助幼儿完成的自我介绍活动、幼儿能力小小比赛等活动引导家长了解幼

儿的学习游戏发展；面向大班家长充分利用每日晨间活动、定期离园小型家长会、家园小任务、亲子画报展、亲子日记说、小小面试者等途径沟通全面的幼小衔接知识。

针对不同家长类型，我们采用了灵活的、具有针对性的沟通途径。在面对民主型的家长时，教师可以通过个别谈话的途径或者家园共育的途径，直接客观地向家长讲述幼儿的各种情况，适时地与家长互动提出自己的建议和想法；在面对专制型的家长时，教师应该通过个别谈话、经验分享、辨析性的讨论方式来循循善诱地引导家长尊重和了解幼儿的学习发展；在面对放任型的家长时，教师应采取长期沟通的途径将幼儿的点滴进步反映给家长，通过长期的、定期的沟通途径引导他们主动参与到幼儿的学习中来，感受幼儿进步带来的快乐。

（2）利用传统、现代手段和有效的互动环境，探索了集体性的家园沟通途径

首先，利用传统和现代的手段进行集体性的家园沟通。建立多渠道的沟通方式，强化家长和教师主动沟通的意识。研究中，我们发现QQ群、博客、微信群已经成了家园沟通最直接、最快速的途径，不过我们通过研究发现，利用"写信"这样比较传统的沟通途径也能够进一步深刻地、深入地、多方面地了解家长的心理变化和活动感受。所以，我们会鼓励家园沟通时尽量尝试这两种不同的媒介沟通载体。

其次，利用家长讲座和家长沙龙进行集体性的家园沟通。幼儿园通过举办家长学校，召开家长座谈会、家长委员会和家长护导队等活动密切地同家长联系，向家长群体宣传科学育儿知识。

再次，利用家园互动的集体性环境进行隐性的家园沟通。其中，我们主要利用家园橱窗园地、家长留言、家长育儿经验分享园地、家园温馨园地、

家园特色活动手拉手等多种途径，把园所的活动、班级的特色活动、家长关注的问题和想沟通的问题寓于环境中，充分利用环境隐性的沟通作用。

最后，利用学期初的家长心愿访谈和学期末的家长问卷调查进行集体性的沟通。每学期开学的时候利用家长会和家长们谈一谈、聊一聊，并且创设了班级的家长心愿访谈，请家长们将自己的想法和建议随时和教师进行沟通。每学期的期末向家长发放匿名的家长问卷调查，针对一学期园所、班级、教师、幼儿的表现和家长进行"无负担的沟通"。

（3）结合多样的节日和主题活动，探索了主题性的家园沟通途径

在研究中，我们尝试着依据节日和季节的变化来探索主题性的家园沟通途径。例如根据季节的主题：我们在春季会邀请家长来参加种植活动；夏天我们邀请家长一起来做可口的美食；秋季我们会邀请家长一起来参加秋季运动会；冬季我们邀请家长一起来制作冰灯、参加新年联欢会；等等。此外，我们还根据节日的主题开展了丰富的、有趣的、多样的家园互动活动，如利用端午节我们会邀请家长一起来园包粽子、划龙舟，共同庆祝端午节；我们在中秋节也会邀请家长一起制作月饼、做小兔等，共同感受节日的氛围，增进幼儿园与家长的交流与互动。

在研究中，我们还结合各种主题活动进行了多种主题性的家园沟通。例如开展了亲子故事大赛、亲子消防安全主题绘画展、亲子文明出行等主题活动。在我们开展的一个有关爱护自己的"家园安全知识竞赛"的主题活动中，我们邀请家长们来参加知识安全竞赛活动，了解各种安全知识。

总之，通过研究，我们建构了新的园所家园沟通的系统，提升了教师和家长家园沟通的理念认知，同时在实践中开展的系统化的、全面化的、平等化的家园沟通内容和探索的个体性的、集体性的、主题性的家园沟通途径，都明显地提升了教师和家长家园沟通的技巧和能力，使得我园的各

项工作得到了家长们的好评，使得我园的教师得到了家长们的认可，更使得家长成为教师引导幼儿成长道路上最得力的合伙人。

【参考文献】

[1] 陈鹤琴 . 家庭教育 : 怎样教小孩 [M]. 北京 : 教育科学出版社 ,1981.

[2] 马静 . 浅谈幼儿教育家园沟通的实施路径 [J]. 当代家庭教育 ,2020(31):22–23.

家园共育，促进幼儿
良好行为习惯养成的教育研究

（天津市学前教育立项课题　课题编号：SXH135JYGY009）

天津市红桥区第一幼儿园　张雅洁　岳欣

【摘要】良好的行为习惯是科学、有序、健康生活的前提和基础。学前期作为个体毕生发展的重要奠基时期，是个体良好行为习惯形成的关键期。而幼儿园和家庭对幼儿行为习惯的培养、督促、形成有积极作用，幼儿园在家长的配合下，对幼儿良好的品德、生活、劳动、卫生和学习习惯加以引导，使幼儿的身心得到全方位的发展。双方积极主动配合，相互了解、沟通、支持，共同完成幼儿的启蒙教育。

【关键词】行为习惯；家园共育；家园合作

一、问题的提出

良好的行为习惯是我们每一个个体科学、有序、健康生活的前提和基础。学前期作为个体毕生发展的重要奠基时期，是个体良好行为习惯形成的关键期。幼儿园和家庭作为幼儿社会化的第一个重要场所，对幼儿行为习惯的培养、督促、形成有积极作用，而二者合力更会起到事半功倍的效果。

综合前人研究结果，本课题中幼儿良好行为习惯主要包括以下几方面：良好的品德习惯、良好的生活习惯、良好的劳动习惯、良好的卫生习惯和学习习惯。

家园共育主要是指幼儿园在家长的配合下，使幼儿的身心得到全方位的发展，双方积极主动配合，相互了解、沟通、支持，共同完成幼儿的启蒙教育。

在前人的大量研究中，已经逐步开始重视家园合作在幼儿行为习惯培养中的作用，但仍存在以下问题：第一，研究视角多从教师或幼儿园出发，家庭的作用比较被动；第二，研究中提出的家园沟通方式过于形式化，指导内容缺乏针对性，结果很难被家长真正接受并内化为今后教育子女的能力，影响了家长参与合作的主动性和积极性。第三，研究忽视了家长教育观念存在的差异性，缺乏对家长关于"幼儿行为习惯重要性以及培养方式、家园共育方式"等相关观念的澄清。

二、内容与价值

基于以上分析，提出本课题的研究。

（1）幼儿园如何培养幼儿形成良好行为习惯。

（2）家庭中培养幼儿良好行为习惯的方法。

（3）幼儿园如何与家庭形成合力，为幼儿良好行为习惯形成营造良好氛围。

本研究的有效开展不仅会丰富幼儿良好行为习惯养成教育的相关理论，同时，会为幼儿期家庭教育观念与行为的相关研究提供实证支持，细化和明确幼儿不良行为习惯形成的消极因素，促进家园共育的开展。另外，本研究的相关成果可以丰富我园教师业务水平，为教师更加专业地观察、记录、评价幼儿提供依据，为教师更有效地与家长开展家园合作提供可行性的措施。

三、研究方法

本课题以问卷调查法、文献法、行动研究法等作为主要研究方法，通过对小班组三个年龄班共 75 名幼儿进行为期两年的追踪研究，从理论和教学实践两方面探索教师如何在教学实践中培养幼儿行为习惯，如何指导家长，进而形成家园合力，引导幼儿养成良好的行为习惯。

四、研究成果

（一）本研究的对策建议

（1）开展相关系列主题教育活动，让幼儿在游戏活动中获得相应的情感体验，并内化为自己的行为习惯。

在实际的教学活动中，我们可以通过"三八妇女节"主题活动，向幼儿进行爱父母的教育；利用"六一儿童节"组织活动，向幼儿进行爱教师、爱他人的教育。

同时，我们要充分发挥区域游戏在幼儿行为习惯养成中的积极作用。区域游戏不仅能让幼儿表现道德行为，而且能挖掘其中潜在的品德，为幼儿形成良好行为习惯提供了一个有效的途径。

（2）在幼儿一日生活中，为幼儿创设和谐、温馨的心理氛围，用游戏化的语言鼓励幼儿，及时为幼儿树立学习的同伴榜样，引导幼儿养成良好的行为习惯。

（3）充分挖掘五大领域教育活动的内涵，在教育活动中，潜移默化地帮助幼儿习得和强化正确的行为方式。

（4）抓住幼儿在园一日生活中的各种教育因素，结合幼儿的年龄特征进行随机教育。

培养幼儿正确的行为习惯要了解幼儿特点，关爱幼儿生活，幼儿时期的孩子处在身体迅速发展的时期，而动作发展又是其重要的标志。培养幼儿正确的行为习惯，要利用幼儿爱模仿的特点，不仅要研究教师如何教，还要注意幼儿如何学，这也反映了教师教育思想的深刻变革。培养幼儿正确的行为习惯，不要把成人的想法强加给孩子，学前孩子的需要没有合理与不合理之分，只有成人引导对待的区别。

（5）在集体活动中培养幼儿良好的行为习惯。

在游戏中培养幼儿的合作、谦让和分享意识。如孩子在玩积木时，教师总是把小朋友分成若干小组，把积木放在桌子中间，小朋友都到中间去拿自己有用的，做自己喜欢做的模型，如果剩下的积木不够，就大家共同做一个，使小朋友学会谦让和配合。

（6）在培养幼儿良好行为习惯时，教师要有恰当的方式和方法。

心理学研究结果表明，当孩子很小的时候，更容易建立和养成习惯。如果及时发现不良行为，很容易纠正。当不良习惯累积并变得稳定时，它们会影响良好习惯的形成，不易于调试。从幼儿园开始，教师应开始指导孩子们专注于学习活动，能够专心倾听，积极思考，从一开始就培养孩子对任务的意识，并养成良好的学习习惯。同时，将孩子的能力成长需要结合起来，逐步进行，并逐步提出具体和适用的要求，使良好的学习习惯可以由小到大不断地、稳定地发展。

（二）家庭中培养幼儿良好行为习惯的方法

1. 创设良好的家庭环境和氛围

家长要在家庭中创设良好的教育环境。父母要给孩子营造一个互相尊重、和谐愉快的家庭氛围。让孩子感受到家庭的温暖、愉快，得到爱心的熏陶，保持稳定的情绪，让孩子自发产生上进心和自信心。同时，家长要将幼儿园的教育模式引用到家庭教育中，给孩子与幼儿园同等的行为规范标准要求，巩固孩子在幼儿园学到的良好行为习惯。

2. 重视家庭成员对幼儿的言传身教

孩子好模仿，思维具体形象，家长的行为无时无刻都在影响着孩子，父母良好的行为习惯是孩子学习的直接范例。人们常说：父母的一言一行都在默默地影响着孩子，孩子是父母的一面镜子，有什么样的父母，就会有什么样的孩子。随着孩子年龄的增长，家长的言行会直接决定孩子的人生方式。为了让孩子做一个文明的人，家长在公共场合应当率先遵守公共秩序，要求孩子不做的，父母一定也不能做，要求孩子做到的，父母必须首先要做到。

3. 成人要针对幼儿行为习惯的发展特点给予科学引导

采用科学的教育方法来养成儿童良好的行为习惯极为重要。有一个例子就是母亲带孩子去散步，当孩子看到马路上的一根羽毛时，他捡起羽毛，蹲在地上玩。不同的母亲采用了不同的教育方法，有的母亲立即阻止孩子"不要玩，它太脏了"，孩子不得不勉强离开。有的母亲采取了另一种方法，她首先称赞了孩子能在地面上发现羽毛。然后，和孩子说羽毛很脏，所以我们要给它洗澡，使它变得更漂亮。这样，孩子会很高兴地带着羽毛回家。在后一种方法中，父母不仅尊重孩子，而且增加了亲子活动的机会。同样，由于使用了不同的教育方法，导致了两种完全不同的教育结果，值得深思。

4. 家长要为幼儿树立正确的、比较具体的榜样

教师和家长应有效地利用幼儿的这种求上进的心理需求，对幼儿的良好表现及时做出肯定评价，使幼儿获得正面强化刺激，将正确行为固化下来，教师要对能自觉遵循常规的幼儿及时鼓励和表扬，这样就能促进幼儿养成良好的行为习惯。

5. 家长对幼儿的行为习惯养成教育要持之以恒

教育的成败贵在坚持，教育幼儿养成良好习惯尤其如此。教育孩子需要时间，需要家长们投入大量的时间和精力。父母都望子成龙，他们也会尝试用不同的方法去培养孩子，但往往是虎头蛇尾，开始时雄心勃勃、信心十足，但半途而废，不能坚持下来。要培育孩子养成良好习惯，就需要持之以恒，家长要有足够的时间和耐心。教师在幼儿园教育孩子日常行为习惯时，为了让孩子养成好习惯，也应当持之以恒，直到好习惯形成。

6. 家长要利用生活中的不同时机强化巩固良好行为

在行为巩固教育时，应当积极采取各种手段来激励幼儿坚持良好行为。在实施教育时要根据不同的孩子区别对待，对行为习惯较差的孩子进行个别帮助，对行为习惯好的幼儿及时进行表扬，激发他们坚持好的行为习惯的主动性和积极性，这对幼儿良好行为的养成作用很大。

（三）如何通过家园共育，帮助幼儿养成良好的行为习惯

在对幼儿的良好行为习惯培养中，我们要重视家园合作的作用，幼儿园与家庭形成合力，为幼儿营造良好氛围，不断强化幼儿的积极行为。

首先，幼儿园应该制定并完善有关家庭参与的书面政策，因为确立一个政策是保证幼儿园创设和家庭牢固的伙伴关系的第一步，也是家庭参与

幼儿的教育圣湖从理想变成现实的桥梁。

其次，可通过家长微课教育，微信沟通，让家长进行系统的幼儿德育理论学习；家教期刊时刻发挥着它们的宣传和交流作用；通过家园联系手册，以书面形式每周联系，真正做到与家长随时沟通，使家长能随时了解幼儿在园的情况，教师能随时了解幼儿在家的情况，进行有针对性的教育。

（四）本研究的创新点

在研究中我们发现，无论是教师还是家长，其"观念"的契合度和正确性在家园共育中起着至关重要的作用。这也提示我们，今后在实际工作中，幼儿园应该重视教师和家长的观念，从园所角度出发去帮助教师和家长澄清、转变相应的教育理念。

转变认知——幼儿园通过前期调查对家长和教师的观念现状进行了了解，并组织针对性强的相关培训，从成人角度，重视幼儿行为习惯的培养。

多途径同步——利用现代化的多媒体和通信手段，合理利用园所微信公众号，实现幼儿园教育和家庭教育的同步和统一，在教师和家庭的协同合作下，帮助幼儿逐步养成良好行为习惯。

园所推动——园所要利用多种时机，逐步实现向家长的全方位开放，依靠家长力量，组织家长志愿者队伍，通过园所—家长志愿者—幼儿家庭的传递方式，更好地维护家园间的信任合作关系，搭建家园交流的平台。

五、研究成效

首先，在课题研究中通过学习、交流与实践，引导教师养成反思、研究的习惯，及时记录、总结教育实践中的成败，提升理论与实践水平。在行为习惯教育中，教师能把行为习惯的内涵有机地融入幼儿一日活动中，不断加以渗透，能注意观察不同幼儿在活动中的情况，分析不同幼儿的行为表现，设计和实施多种形式的主题教育活动，教师的科研能力、实践能力得到了提高，同时，教师的教育理念在逐步地更新，研究的步伐也在不断地加大。其次，通过这段时间的研究实践，我园幼儿的行为习惯较之前有了很大进步，涌现了一大批不乱丢纸屑、勤剪指甲、主动洗手、垃圾分类的"卫生之星"，主动向教师和小朋友问好、游戏时不争抢玩具、和小朋友和睦相处的"礼貌之星"，穿戴整洁的"仪表之星"，不挑食不偏食、不掉米粒、主动擦嘴漱口的"餐饮之星"，能与人分享玩具、主动帮助别人的"友好之星"以及上课积极动脑主动举手发言的"言谈之星"。另外，在课题研究中，我们欣喜地看到家长的观念意识在逐步转变，家长树立了正确的教育观，他们对培养幼儿良好行为习惯的重要性有了更高的认识，对自身的行为习惯也有了明显的改善。

六、研究展望

本研究通过大量的教学活动案例总结出了多种培养幼儿良好行为习惯的方式和方法，为更好地实现家园合作提出了可行的意见和建议，并通过相应的实验设计，为幼教工作者如何通过家园合作培养幼儿良好的行为习惯找到了比较有效、可行的教育对策。

【参考文献】

[1] 李季湄，冯晓霞.《3—6岁儿童学习与发展指南》解读 [M]. 北京：人民教育出版社，2013:28,37.

[2] 中华人民共和国教育部.3—6岁儿童学习与发展指南 [M]. 北京：首都师范大学出版社，2012:1-2.

[3] 中华人民共和国教育部. 幼儿园教育指导纲要（试行）[M]. 北京：北京师范大学出版社，2001:2-9.

[4] 中华人民共和国教育部 . 幼儿园工作规程 [M]. 北京 : 首都师范大学出版社 ,2016:22-23.

[5] 陈鹤琴 . 家庭教育 [M]. 上海 : 华东师范大学出版社 ,2019:33-60.

[6] 叶圣陶 . 叶圣陶教育名篇 [M]. 北京 : 教育科学出版社 ,2013:11.

[7] 陶行知 . 陶行知教育名篇 [M]. 北京 : 教育科学出版社 ,2013:22-25.

城乡接合部幼儿园家庭教育指导策略的研究
——以蓟州区第五幼儿园为例

（中国学前教育研究会立项课题　课题编号：K20160537）

天津市蓟州区第五幼儿园　吴彩伶

【摘要】城乡接合部地区幼儿生源复杂，家长的家庭教育观念较为陈旧，对学前教育规律缺乏认识。幼儿园有责任和义务指导家长进行科学育儿，从而实现家园教育的一致性。本文主要从教师、家长、幼儿园三方面说明如何充分利用幼儿园这个教育"场"，开展以幼儿园为中心的家庭教育指导策略研究，从而优化教育影响，减少教育浪费，提高儿童家长科学教育的素质与水平。

【关键词】城乡接合部；家庭教育；指导策略

一、研究背景

对幼儿园家庭教育指导策略的研究，是当今学前教育共同面对的一个重要课题，它对幼儿园、社区、家庭和个人有着重要而深远的意义。作为幼儿活动的最主要场所，指导家长进行科学养育，是幼儿园义不容辞的责任和义务。充分利用幼儿园这个教育"场"，开展以幼儿为中心的家庭教育指导策略研究，优化教育影响，减少教育浪费，提高家长科学教育的素质与水平，提高家庭对幼儿潜能开发及教育过程中的正面效益，具有很高的现实意义和指导作用。

二、研究意义

立足本园实际，通过研究，形成具有可操作性的、科学而系统的家庭教育指导策略；帮助家长获得科学育儿经验，使家长树立正确的儿童发展观，优化亲子关系，提高家庭保教质量；通过家园合作，为幼儿提供更科学、更适宜的一致教育；培养具有亲子教育理论和经验的教师队伍，提高课题组教师的家长沟通能力。

三、城乡接合部幼儿"家庭教育"的现状

（一）家长方面

大部分家长学历偏低，在孩子的养育问题上，大多家庭都是以妈妈为主，爸爸在孩子的教育问题上付出很少。有的家庭由于父母工作繁忙，孩子直接由祖辈人养育。目前大部分家长已经能够认识到"家庭教育"的重要性，但在理念的落实过程中方法欠缺。

通过对我园 100 组家庭（农村家庭 83 个，城区家庭 17 个）进行问卷调查，发现家长受教育程度在初中以下的占 72%，这部分家长多以个体经营、雇工、散工等维持生计，平时疏于对孩子的教育或教育不当，更谈不上交流、沟通与陪伴。有 62% 的孩子主要由妈妈照顾，其他家庭则多以祖辈照料为主，爸爸虽然是孩子的主要养育者，但是能够真正参与孩子的教育成长的相对较少。85% 以上的家长认可科学的教育观念，也知道科学育儿对孩子

形成良好的行为习惯，培养孩子的探究能力，以及孩子的终身成长有着重要的意义。家长们虽然知道不能以孩子成绩评价他们的发展，但在实际的教育过程中，仍有 68% 左右的家长实际行为与观念不相符，他们不懂、不了解幼儿的年龄特点，欠缺科学的育儿方法，其中甚至有 47% 的家长还希望幼儿园能给孩子多教一些拼音、算术、生字等。

（二）教师方面

我园属于库区搬迁新建园，教师多为中小学转岗教师，年龄普遍偏高，从事幼教工作时间短，专业理论知识相对缺乏，且长时间从事中小学教学工作，他们面对新的岗位、新的幼教专业知识，普遍接受能力较差，并且家园共育能力不足。他们认为"爱"孩子就是平时多抱抱孩子、夸夸孩子，缺乏深入的基于幼教专业理论、知识指导之上的"爱"。尤其是在面对一些理念新、层次高的家长时，教师们的专业知识不能满足其所需的教育引领。同时，对那些教育观念相对保守、陈旧的家长，教师所能给出的引领，更是缺少专业理论知识的支撑，以至于平时工作中相对简单、粗暴，造成家长的不理解。还有个别思想相对顽固的教师认为幼儿园的所谓"家园共育"，其实就是教师布置各类"家庭作业"，由家长带着孩子来一起完成。有些教师甚至还认为个别家长就是盯着教师的不足，诚心找毛病，所以从心里排斥与家长合作。

四、提高"家庭教育"能力的有效策略

（一）做好教师培训，提升家庭指导能力水平

（1）做好中小学转岗教师的岗后培训。首先要学习幼儿教师基本的专业理论知识与技能，同时要学习如何与幼儿家长进行沟通、指导家长如何科学育儿，从而提高教师指导家庭教育的能力。

组织教师学习与人沟通的礼仪。我们邀请区教研室领导为我园教师进行礼仪专题培训，同时将教师礼仪纳入幼儿园日常工作考核中，努力引导教师做到"内外兼修、德行兼备"。

自信沟通。组织教师进行演讲比赛，为教师搭建展示的平台；组织各班进行家长工作经验分享交流会，引导教师学习如何与家长有效沟通，做到沟通有条理、有内容、有思想、有自信。

智慧沟通。学习如何与不同性格、不同职业、不同文化水平、不同教育理念的家长进行沟通，以及沟通的策略。组织教师开展读书分享会、读书心得交流，学习沟通的方法、技巧、策略，提高教师有效沟通的能力。

通过对教师平时进行家长工作的观察，我们了解到，教师们自从经过课题研究后，再和家长交流起来时，她们变得自信、从容、有礼，交流的条理性也增强了，对孩子教育问题的针对性和指导策略也更加突出，家园之间的沟通也开始变得更加和谐、有效。

（2）将家园共育作为幼儿园一项重要工作。为了提高教师对家园共育工作的认识，我园邀请姐妹园园长为教师进行专题讲座。同时，定期组织各年龄班教师开展家长工作经验交流讨论活动，一方面分享自己工作中一些"家园共育"合作的成功案例；另一方面将大家存在的问题拿出来共同研讨，寻求解决之法。

这样，既使教师认识到家园合作的重要性，又帮助教师从心里接纳了家长，接纳了家长工作，从而把家长当成自己的合作伙伴。我们通过对课题研究前后教师的家长工作情况进行对比，发现她们由原来对家长工作的排斥，变得积极主动，有理、有法。

（二）办好家长学校，提升家长教育水平

（1）将家长工作纳入幼儿园工作计划。每学年根据幼儿园实际情况，制订幼儿园家长工作计划，详细设计出家长工作的日程，专人负责组织实施，园长检查监督。

（2）邀请专家为家长进行科学的家庭教育知识、教育方法的培训。如邀请本片区小学校长为家长进行"关注孩子习惯养成，做科学育儿的父母""如何在幼小衔接阶段培养孩子的好习惯"专题讲座，使家长了解所谓入学准备不是单一的读、写、算等知识准备，而是注意倾听、坚持、动手动脑解决问题等良好习惯和能力的准备，而且不是到了大班才做的事，而是从小班入园就开始了。邀请中医院儿科主任医师为家长讲解幼儿传染病防护与幼儿安全事故的处理办法，提高广大家长的安全自护能力。

（3）发挥优秀家长的榜样带头作用。通过组织育儿经验交流会，表彰优秀家长，让他们现身说法，分享自己成功的育儿经验，从而带动其他家长，同时促进家长之间的联系，为家长交流互助提供了平台。

（4）开展家庭教育研讨活动。以年级组为单位，邀请同年龄段幼儿家长来园参加家庭教育讨论会，每次活动提前确定主题，由教师或家长提出问题或实例，组织家长结合问题有针对性地进行分析、讨论，大家谈一谈、说一说自己育儿过程中是如何做的，让家长们在这种和谐、温暖、轻松的氛围中有所收获，通过这种良好的互动使家长们获得先进的教育方法和信息。

（5）组织读书分享活动。利用第三方读书软件（如樊登读书、喜马拉雅），教师向家长、家长与家长之间分享好的、优秀的家庭教育方面的书籍，在教师与家长中创建良好的学习氛围，从而促进教师与家长各方面能力的成长。

（6）分门别类、个别指导。首先，组织教师学习如何与不同类型的家长进行沟通，有效提高教师与家长沟通的能力。然后，各班教师将本班幼儿家长分门别类，再有针对性地指导其家庭教育。如：有的家长对自己孩子特别溺爱，教师在与这样的家长进行沟通时，要先对他孩子的优点给予充分肯定，家长一般会对教师的尊重回报以尊重。在此基础上，教师再客观、委婉地点明孩子的不足之处，家长接受起来就比较容易了。有些家长对孩子的教育问题不闻不问，任其自由发展，对于这种类型的家长，我们要先激发他们的责任感，争取各种机会让他们参与到孩子教育活动中，让他们明白放任不管只会给孩子的成长带来危害，提起他们对孩子教育的重视程度。有些孩子的接受能力比较差，家长显得很焦急，我们则是要让家长看到孩子的每一点进步，让他们明白不要横向比较，家长对自己的孩子有信心了，在与教师交流时才会变得积极主动，对幼儿园和班级的工作才能做到主动配合。

（三）加强家园联系，形成家园沟通机制

1.定期举办家长会

通过召开各种类型的家长会，能够有效促进教师与家长、家长与家长之间的相互联系，有利于加深教师与家长彼此之间的了解，促进家园互动。如：每学期初，我园组织召开新生家长会，帮助新生家长了解"分离焦虑"、如何配合教师做好幼儿的入园准备等，从而帮助幼儿尽快适应幼儿园生活；学期初中大班幼儿家长会，向家长公布教育计划，使家长了解教育目的和教育内容，宣传国家的教育方针、政策、法规，帮助家长树立正确的家庭教育的思想和观念；每学年年级组专题家长会，向家长介绍幼儿园各年龄段幼儿的生理和心理特点，争取家长尽量配合协同幼儿园的教育。

2. 进行"开门办学"活动，倡导"家长请进来，教师走出去"

家长请进来：组织丰富多彩的活动，如亲子运动会、游园会、家长半日开放、亲子美食制作分享活动、体验式家长会等，让家长近距离了解幼儿园教育的同时，向家长传递科学的教育理念和教育方法，了解游戏活动对幼儿发展的重要意义，也能更好地理解教师的工作，从而充分调动家长的积极性，发挥其主动性。如：亲子美食制作分享活动较之前的游园会活动，家长代办、包办的现象明显减少，卫生状况、节约意识也大大增强；通过组织体验式家长会，家长们参与家长会的积极性大大增强，同时在体验中更加深入地理解幼儿园开展各项活动的目的，对一些育儿方法学得更加透彻，平时教育孩子更加游刃有余，和孩子相处起来更开心。

教师走出去：教师深入幼儿家庭进行家访，将加强教师与幼儿家长的联系作为一项日常工作来抓，切实让家长感受到幼儿园的教育理念以及对幼儿的关爱之情，争取使家长和幼儿园同心同力，使家庭教育对幼儿园教育起到良好地促进作用。

3. 多渠道开展家园沟通工作

如乐教乐学平台、微信公众号、美篇等，我们通过平台定期发布幼儿园活动及班级动态等，让广大的家长朋友能在第一时间了解自己的孩子在幼儿园生活与学习情况；班级建立微信群，教师在群内及时反馈幼儿在园情况，向家长推荐好的书籍、科学的育儿方法、优秀家长好的育儿经验等；家长园地设立放心记事本，家长接送幼儿时将需要教师注意的、帮助的问题记录在本，方便教师及时关注到，以便给幼儿及时合理的照顾；建立幼儿成长档案，把幼儿在不同时期的一些事情都以照片、文字、图片的形式记录下来，家长通过翻阅、记录幼儿的成长档案，更好地了解幼儿园的教育以及课程内容和培养目标，从而进一步发现自己孩子的潜能和弱项，同时，家长在档案袋记录过程中也能深入幼儿的教学中来，进一步改善了家庭教育的质量。

（四）借力使力，共建良好家教风气

1. 参与互动，共建良好教育风气

我们利用个别家长的职业特点，邀请家长来园参与幼儿园的教育教学活动。如：学期初，我们邀请在区中医院儿科工作的家长，为全园小朋友的家长讲解幼儿常见传染病预防与防控；邀请在眼镜店工作的家长，为小朋友们讲解如何保护眼睛及预防近视眼；在爱牙日，我们邀请教师亲属——美丽的牙医姐姐，为幼儿讲解如何保护牙齿；邀请在小区当保安的家长为小朋友们讲解防暴、防拐的知识；邀请在小学当教师的家长为家长朋友们讲解如何做好孩子的幼小衔接；等等。

通过这种借力使力的模式，家长朋友们对幼儿园的工作的支持力度明显加强，如今年的环保时装秀，就有大量的家长制作了亲子时装，和自己的孩子一起走秀；今年的六一亲子作品展，家长、幼儿共同参与制作的作品明显增多，家长包办代替的逐步减少。

2. 采取多种形式为幼儿园周边的幼儿家长进行育儿指导

在这方面，我们联合周边村委会、村干部及村卫生所，开展幼儿传染病预防与防控知识讲座，联合村图书室组织开展读书活动，联合村委会组织开展家教知识分享、幼儿入园准备专题讲座等。同时，我园还开设2—3岁入园前幼儿亲子课堂，每周组织一次活动，家长与宝宝在教师的组织下一起游戏、学习，让宝宝感受集体生活的同时，引导家长学会在游戏中观察孩子、了解孩子，逐步掌握一些科学的育儿方法，密切亲子关系，提高家庭教育质量。

　　之前，大部分家长认为把孩子交给幼儿园，自己就省心了，教育就是教师的责任，通过幼儿园组织一系列的活动，家长们的学习意识明显增强，之前的这种观念有大幅度好转。

【参考文献】

[1] 阿尔弗雷德·阿德勒. 儿童的人格教育 [M]. 田颖萍, 译. 北京：台海出版社, 2016.

[2] 中华人民共和国教育部. 幼儿园教育指导纲要（试行）[M]. 北京：北京师范大学出版社, 2001.

探索家长义工、义教制度的建立，
搭建家园共育平台

（天津市学前教育学会"十三五"研究课题　课题编号：SXH135JYGY019）

天津经济技术开发区泰达第二幼儿园　王玲　薛丽华

【摘要】本课题立足家园共育，强调要重视家庭教育对幼儿终身学习和发展的重要影响，倡导建立良好的亲子关系，注重家长对孩子言传身教和潜移默化的影响。只有家长和幼儿园共同努力，才能有效地促进幼儿身心健康成长。

【关键词】家长义工、义教；家园共育

一、研究背景

在幼儿园开展"家长义工、义教"的目的及意义在于：充分发掘家长的知识和技能资源，在教师的组织协助下，参加义工、义教的家长通过幼儿园这个平台把自己的专业知识、技能，通过与幼儿的积极互动、交流，传授给好奇心强的孩子们。家长义教可以丰富园所的教育元素，使幼儿更广泛地接触社会活动和科学知识，为园所的发展提供了良好的契机，同时达到监督园所管理、参与园所活动、关注园所教学、参与家园共建的目的。家长义工、义教活动不仅协助了园所的工作，也为家园合作交流提供了更为畅通的渠道，营造更为和谐的家园情谊，进而为幼儿营造一个良好的成长氛围，最终建立起家园之间良好的和谐关系，为家园共育搭建起一座沟通的桥梁。

二、核心概念界定

1. 义工（志愿者）

联合国将义工（志愿者）定义为"不以利益、金钱、扬名为目的的，而是为了近邻乃至世界进行贡献的活动者"，指在不为任何物质报酬的情况下，能够主动承担社会责任而不关心报酬、奉献个人时间及精神的人。家长义工必须具备如图 1 所示的四种精神。

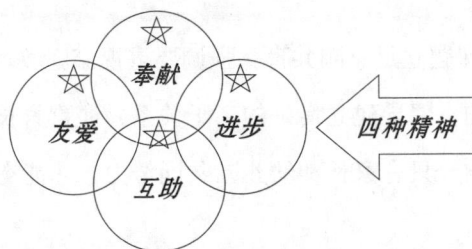

图 1　家长义工必须具备的四种精神

家长义工是指在没有任何物质报酬的情况下，自愿、无偿地利用自己的时间、技能等资源为幼儿园提供帮助和服务的幼儿父母、（外）祖父母以及其他监护人。

2. 义教

幼儿家长们在各知识领域与行业工作，在前期调查问卷形式的调研中，有一些家长可将自身领域的特长活动带到幼儿园与幼儿进行互动分享活动，例如：中学物理教师可在幼儿园开展科学实践活动；家庭绘本爱好家长，将我国经典绘本活动带到幼儿园与幼儿共读；爱好国学的家长将节气知识做成 PPT 与幼儿分享；等等。

3. 义工、义教制度

我们充分认识到家长义工、义教的重要意义，把家长义工、义教作为依法办园、自主管理、民主监督、社会参与的现代化幼儿园制度的重要内容，建构幼儿园、家庭、社会密切配合的育人体系。根据家长参与的意愿、能力等条件，结合幼儿各年龄阶段特点，制定义工、义教计划及实施措施，形成义工、义教制度。

三、理论依据

探索义工义教制度工作的主要理论依据为维果茨基"社会建构理论"。

社会建构理论认为，个人知识的积累需要通过和不同社会对象的交流，并在此过程中不断吸取不同的知识，来修正、完善、建构自己正确的知识体系。具体说来，就是幼儿教育不仅要做好园所教育，也要利用社会资源，让不同行业、角色的人们也参与到幼儿教育中来，家长义工、义教制度正是依据这一理论建立的。

四、研究目标和内容

（一）研究目标

（1）通过长期的家园共育课题引领，从多方面开展家园共育科研探索，形成了具有我园特色的家园共育模式，其中家长义工、义教为家园合作增添了活力与动力。家长义工广开思路，家长义教拓展资源，开阔幼儿视野，为促进园所管理、服务、教育各方面工作全面上台阶提供可能。

（2）家长义教可以丰富园所的教育元素，为园所的发展提供良好的契机；同时达到监督园所管理，关注园所教学，参与园所活动，参与家园共建的目的。

（3）家长义工活动不仅协助园所的常规工作，也为家园合作交流提供更为畅通的渠道，营造更为和谐的家园情谊，进而为幼儿营造一个良好的成长环境氛围，最终建立起家园之间良好的和谐关系，形成了家园之间和谐发展的环境，为家园共育搭建起一座沟通的桥梁。

（二）义工内容

（1）建立园所常规义工工作流程（如图2所示）。

（2）建立园所大型活动义工工作流程（如图3所示）。

（3）建立园所外出社会实践活动家长义工工作流程（如图4所示）。

（4）建立年级活动义工工作流程（如图5所示）。

（5）建立班级活动义工工作流程（如图6所示）。

常规义工工作流程一：
家委会成员与教师共同分工

常规义工工作流程二：
入园园所执勤制度

常规义工工作流程六：
离园环节秩序维护

常规义工工作流程三：
晨间检查执勤制度

常规义工工作流程五：
楼层巡视

常规义工工作流程四：
早操环节秩序维护

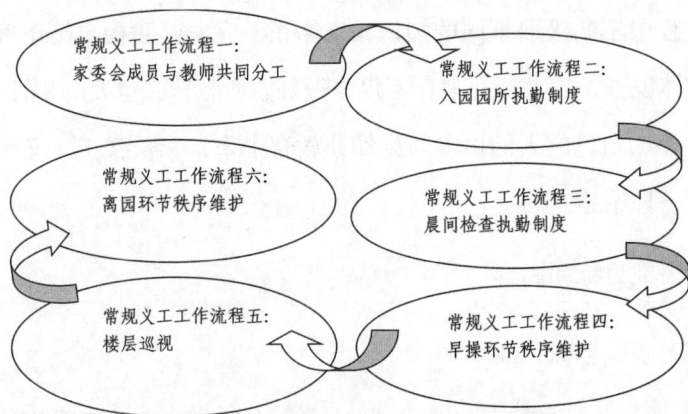

图2 常规义工工作流程

大型活动义工工作流程一：
　　义工家长参与大型活动准备会议

大型活动义工工作流程二：
　　每位义工家长责任落到具体环节，配合相关教师工作

大型活动义工工作流程四：
　　义工家长参与活动后的反思交流

大型活动义工工作流程三：
　　义工家长参与维持活动秩序，落实计划

图3　大型活动义工工作流程

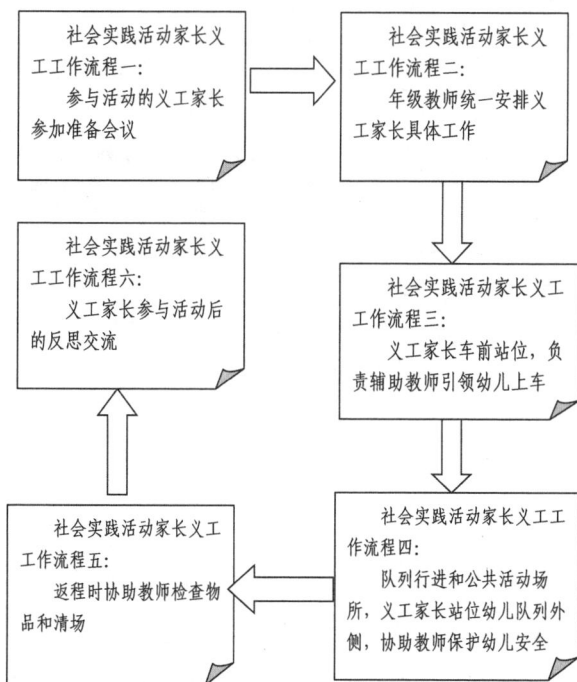

社会实践活动家长义工工作流程一：
　　参与活动的义工家长参加准备会议

社会实践活动家长义工工作流程二：
　　年级教师统一安排义工家长具体工作

社会实践活动家长义工工作流程六：
　　义工家长参与活动后的反思交流

社会实践活动家长义工工作流程三：
　　义工家长车前站位，负责辅助教师引领幼儿上车

社会实践活动家长义工工作流程五：
　　返程时协助教师检查物品和清场

社会实践活动家长义工工作流程四：
　　队列行进和公共活动场所，义工家长站位幼儿队列外侧，协助教师保护幼儿安全

图4　社会实践活动家长义工工作流程

年级活动义工工作流程一：
义工家长参与活动准备会议，统一安排计划

年级活动义工工作流程二：
义工家长协助布展等准备工作

年级活动义工工作流程四：
工家长参与活动后的反思交流

年级活动义工工作流程三：
义工家长参与维持活动秩序，向幼儿和家长介绍作品

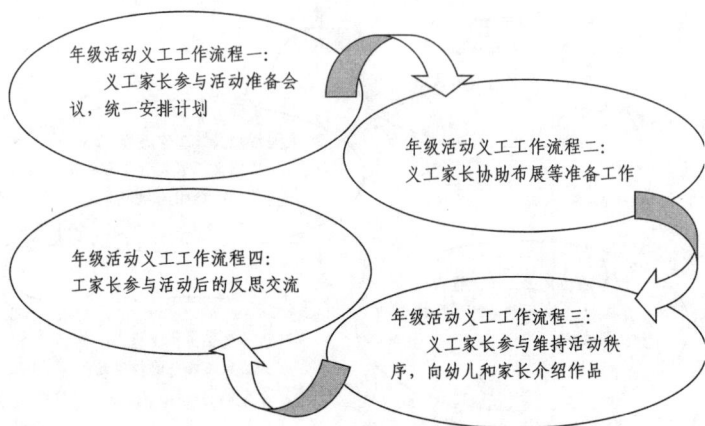

图 5　年级活动义工工作流程

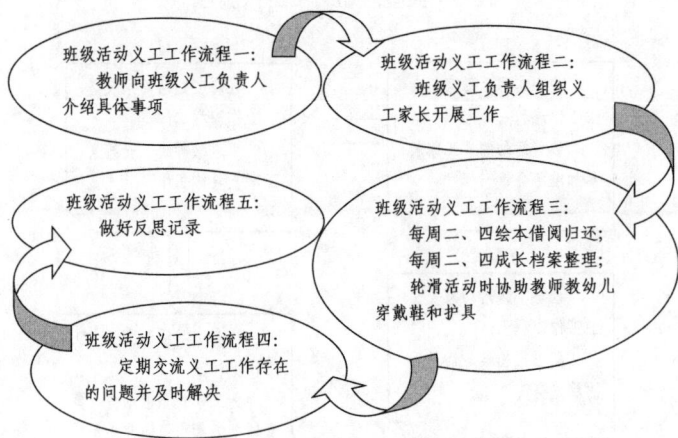

班级活动义工工作流程一：
教师向班级义工负责人介绍具体事项

班级活动义工工作流程二：
班级义工负责人组织义工家长开展工作

班级活动义工工作流程五：
做好反思记录

班级活动义工工作流程三：
每周二、四绘本借阅归还；
每周二、四成长档案整理；
轮滑活动时协助教师教幼儿穿戴鞋和护具

班级活动义工工作流程四：
定期交流义工工作存在的问题并及时解决

图 6　班级活动义工工作流程

（三）义教内容

（1）教育活动中在教师的指导下渗透家长义教参与内容。

（2）在区角活动中义教家长参与活动，学会观察、记录与指导、反思。

（3）家长义教参与园所讲师团，协助园所做好园所家长学校的工作。

五、研究步骤

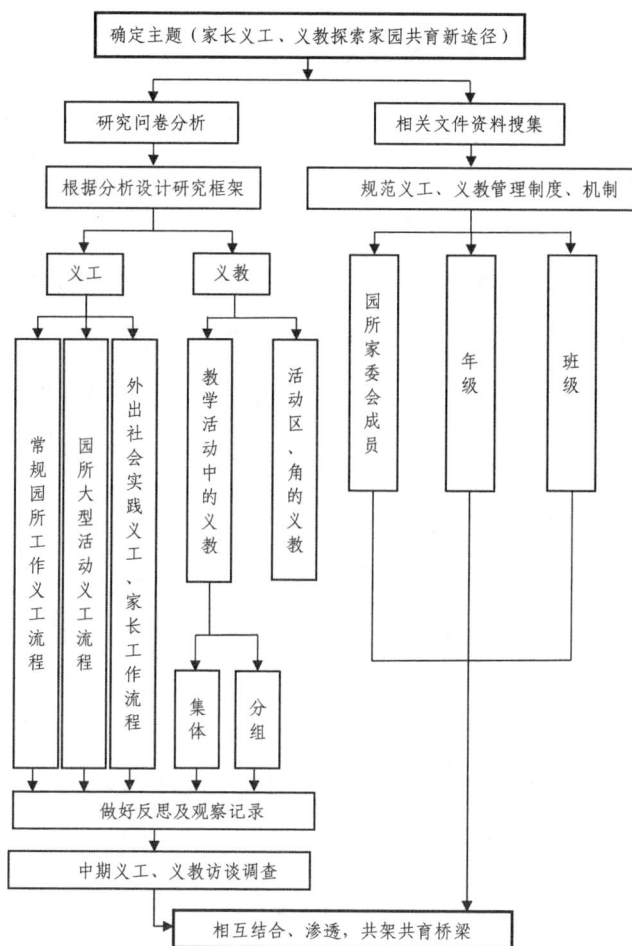

图 7　义工义教研究步骤

六、课题研究的方法

（1）前期问卷调查法：针对课题内容，设计家长参与义工、义教活动的意愿。

（2）分析、总结法：汇总家长参加义工、义教人数及其特长，进行目标策划。

（3）行动研究法：针对家长义工、义教意愿和目标，制订本阶段具体实施内容。指导家长针对参与义工、义教活动，学会反思并进行文字记录。

（4）访谈法：设计访谈记录表，不定期与家长、幼儿进行访谈，包括面对面访谈、电话访谈、微信访谈、网络访谈等。

本课题研究主旨在于建立一种全新有效的家园合作形式。教师通过对全园家长参与义工、义教调查问卷分析确定本课题研究框架。

（1）园所如何引领义工、义教家长做好参与、传达、共教共育等工作？如何通过课题研究完善幼儿园家长委员会的职责？

（2）通过课题研究如何建立与完善长效义工机制？

（3）通过课题研究如何建立与完善长效义教机制？

七、课题研究的基本过程

（一）调查分析阶段

本研究旨在分析我园利用家长义工资源的现状，提出一些针对性的建议。通过家长义、工义教调查问卷，了解家长参与幼儿园活动的具体情况。

本园共 280 名 幼儿，实发调查问卷 256 份，收回 204 份，有效问卷 165 份，可提供义工的家长 83 人次，可提供社会实践场所的 85 人次，可参与义教的家长 7 人。通过以上的统计数字显示，愿意来我园参与义工义教活动的家长积极性较高、知识资源丰富、数量满足本课题需求。家长们发挥自己的优势，为园所幼儿提供各种各样新鲜讯息，丰富了幼儿的生活。

（二）完善明确家长义工、义教拥有的权利

（1）知情权：每次活动前应告诉家长义工活动的目标、内容、实施情况、参与人员，让家长志愿者了解园所的规章制度，了解幼儿园家长义工工作的价值等。

（2）选择权：家长义工参与幼儿园的服务领域是多种多样的，家长可以按照自身的特点与爱好，选择自己愿意或者是希望参与的活动。

（3）建议权：家长义工有权利对所参与活动的各方面提出自己的建议。

（4）获得工作保障的权利：如提供工作制服、提供工作期间的餐饮等。

（5）参加评比表彰的权利。

（三）明确家长义工、义教者应承担的义务

（1）遵守幼儿园的各种规章制度。

（2）履行经本人签署的义工服务承诺书。

（3）接受相关指导。

（4）服从幼儿园对义工服务工作岗位的安排。

（5）认真完成义工服务工作任务等。

（四）教师对幼儿园家长义工、义教的指导

教师对家长提供适当的指导，可以使家长义工了解活动目标与内容，明确自身承担的任务，掌握与幼儿沟通的技巧。

教师对家长义工的指导通常可以分为书面指导和口头指导两种方式，偶尔也有教师对家长义工进行实地指导，即提前安排家长义工到活动场所进行"排练"。

目前教师采用最多的是口头指导的方式，即教师面对面告知家长活动的注意事项，或者教师给家长打电话，告诉其具体任务以及和任务相关的一些情况。

针对义教家长的活动内容，教师针对相应活动年龄班的幼儿的学习特点、已有经验、适宜的方法与义教家长进行沟通交流，最后确定可实施方案。

活动后，教师指导义教家长做好活动反思工作，并组织义教家长之间开展分享互动活动。

（五）建立家长义、工义教登记制度

在了解家长做义工、义教的愿望之后，我们对家长所提供资源进行了整合统计，通过划分阶段、层次使家长的义、工义教活动目的明确，计划清晰。如表 1 所示家长委员会义工值班登记表。

表 1　家长委员会义工值班登记表

班级	时间	报名家长姓名
大一班	9.1	乔佳、任益萱、宋博林、刘兴妍、金灿
大一、二班	9.2	杨媛、杜津瑶、杨兵翔、禹鑫淇、赵子墨
小二、中一、大一班	9.3	李子涵、康贺淇、李芮萱、李家旺、周林杰
大一、二班	9.4	杨昀轩、乔佳、任益萱、杜津瑶、杨兵翔
小二、中一、大一班	9.7	李子涵、康贺淇、杨昀轩、刘兴妍、金灿

（六）家长义工、义教活动实践

自 2016 年 9 月，课题组教师每周均组织家长进行义工、义教活动，在日常教学、班级区角专题活动、园所大型活动、园外社会实践、日常园所秩序维护、新生入园家长工作等方面取得了显著效果，积累了宝贵的经验和资料以及家长义工资源的传承，有效促进了家园和谐及家园共育，使幼儿在五大领域特别是社会性发展方面受益匪浅。

（七）建立家长义工、义教后的反思制度

每一次家长义工义教活动结束后，我们课题组的成员都要和家长一起就参与活动的形式、方法、内容进行反思与研讨，找出有针对性的问题进行剖析总结，通过不断的反思提升我们引领家长参与活动的能力。

（八）家长工作

1.以老带新的沟通方式

三年一个周期对于幼儿园的成员来说变化是很快的，如何让家长更快地融入幼儿园这个集体中来，我园长期采取了以老带新的工作方式。每年授予热心参与幼儿园管理及各项活动的毕业生家长终身家长义工合作证书。新生家长会聘请毕业生家长来园介绍他们在园期间的心得体会，从教师以外的角度现身说法给新生家长答疑解惑，引导新生家长积极参与幼儿园各项共育工作。

2.规范管理，完善家长委员会的工作机制

家长委员会的组成有班级、年级、园级，设立家委会主任、副主任、委员等职责。幼儿园为家委会委员设立办公场所，实施家长驻园管理办公制度，让家长们找到了与幼儿园沟通更便捷的渠道，让家长由园所管理的看客转化为当事人。

3.家长义工的轮流、轮换制度

轮流、轮换制度也是为所有有需求的家长提供公平的参与机会和平台，使家长在参与义工、义教活动的过程中切实地做到与孩子共同成长，为家园共育一体化奠定坚实的基础。

4.年级间家长义工协作，促进各项工作有序开展

我园根据各年龄班特点，开展不同的社会实践活动，各年级家长义工会积极配合本年级教师，一起肩负起外出安全、秩序维护的工作，得到家长的支持、配合、合作，使我们能开展更多符合孩子发展规律的社会体验及实践活动。

5. 不断壮大的家长义工队伍

我园家长义工由最初的家委会少数成员及某一班级发展到每个年级大多数班级的家长都参与进来。且由最初的目的型转换为服务型。目的型也就是希望借义工活动，能关注自己的孩子在园情况。在一段义工时间后这些行为就会悄然转化，家长义工送孩子入园后会迅速走上自己的岗位，热情服务于全员家长与幼儿。

八、成效及思考

通过三年的家长义工、义教志愿者实践活动研究，孩子们、家长们都非常认可家长义工、义教走入园所。

家长义工不计报酬、乐于奉献的精神通过他们的言传身教，逐渐渗透到孩子内心深处，对孩子成长至关重要，促进了幼儿社会化发展的进程，家长本人也在此过程中收获了快乐和成就感，提升了社会责任感。很多毕业后小朋友的家长仍然长期参加义工、义教活动。

在课题开展的近三年时间内，教师针对中大班幼儿进行了随机访谈，接受访谈幼儿83人，他们对家长义工非常喜欢，乐于和家长义工交流，义工家长的孩子们为他们父母的工作感到骄傲自豪。更多的小朋友希望自己的父母参与到活动中来。

家长义工、义教建构了幼儿园教育与社区教育、家庭教育的融合互动机制，形成了园内与园外、园所与家庭、园所与社会三维立体共育模式。丰富多彩的主题活动和社会实践，使孩子外化为行为，内化为素质，逐步养成良好的生活习惯、学习习惯和文明礼貌习惯，夯实了素质教育基础。

【参考文献】

[1] 列夫·谢苗诺维奇·维果茨基 . 维果茨基全集：第 6 卷·教育心理

学 [M]. 合肥 : 安徽教育出版社 ,2016.

[2] 教育部基础教育司 .《幼儿园教育指导纲要 (试行)》解读 [M]. 南京 :
江苏教育出版社 ,2002.

[3] 中华人民共和国教育部 .3—6 岁儿童学习与发展指南 [M]. 北京 :
首都师范大学出版社 ,2012:2-3.

[4] 刘翠兰 . 家校合作及其理论依据 [J]. 现代中小学教育 ,2005(10):10-
12.

[5] 蔡宝来 , 卓念 . 美国基础教育改革新举措 : 家庭教育融入学校教育
中 :《赋予家长学校席位》解读 [J]. 外国中小学教育 ,2007(12):1-
4,17.

第五篇　游戏、观察和评估

幼儿发展视野下建构游戏的实践研究

（天津市学前教育学会立项课题　课题编号：SXH135YX045）

天津市教育科学研究院　于浩

【摘要】建构游戏是学前儿童最喜爱的游戏之一，对幼儿学习发展具有不可替代的作用。本课题研究立足幼儿发展视角，在观察和了解幼儿建构游戏的基础上，系统地探讨建构游戏的个体发展特点、影响因素以及具有普遍性适用规律的指导策略，研究出建构游戏的核心价值、幼儿建构游戏发展水平线索以及从环境、教师以及幼儿三方面促进建构游戏开展的策略，研究增进教师对幼儿游戏行为的认识，提高教师指导游戏的能力，促进幼儿园游戏质量的提升。

【关键词】建构游戏；幼儿发展视野

一、研究意义

游戏是幼儿的天性，游戏也是幼儿园的基本活动。游戏以其自由、自主、自发的特征，满足每个幼儿的兴趣、需求和能力，是促进幼儿学习与发展的重要途径。建构游戏以其操作性强、玩法灵活多样深受幼儿和教师的喜爱。但幼儿园建构游戏中普遍存在着一些问题，主要表现为教师对建构游戏核心价值认识不足，缺乏幼儿搭建水平与发展线索的知识经验，不能从幼儿游戏需求出发给予有效的指导，导致幼儿的建构游戏时常处于低水平重复的状态，建构游戏的教育价值不能得到充分实现，影响了幼儿在建构游戏中的学习与发展。

二、概念界定

（一）建构游戏

建构游戏是幼儿使用各种结构材料进行建筑和构造的游戏，对幼儿获得大量的有关数量、图形和空间的核心经验以及审美、创造能力的发展具有独特的价值，是幼儿阶段一种不可缺少的体验。本研究中的建构游戏是指发生在幼儿园活动室，幼儿使用积木、乐高等专门的结构材料建构物体的一种游戏。

（二）幼儿发展视野

幼儿发展视野下的建构游戏主要以幼儿为对象，从个体发生学的角度探讨游戏的个体发生和发展、儿童建构游戏的年龄特点和个体差异、建构游戏的分类、影响儿童建构游戏的因素、儿童建构游戏的发展价值等问题。在儿童发展视野下，游戏被看作一种发展的"不成熟"现象，是处于发展过程中的儿童所特有的一种行为。

三、研究目标与内容

（一）研究目标

（1）在微观层面上研究幼儿建构游戏的发展，为教师支持幼儿建构游戏的深入开展提供依据。

（2）提升教师观察幼儿游戏的意识，提高分析、支持幼儿自主游戏的能力，促进教师专业化发展。

（3）满足幼儿游戏天性，使其获得游戏自主性体验，操作、创造、思维等能力获得充分的发展。

（二）研究内容

（1）建构游戏对幼儿发展的核心价值。

（2）不同年龄班幼儿积木、乐高游戏建构水平发展。

（3）教师支持幼儿建构游戏有效的方法策略。

四、研究成果

（一）建构游戏对幼儿发展的核心价值的研究

1. 提升幼儿科学探究能力

建构游戏是一种非常精细化的活动，需要幼儿通过操作大小不同、形状各异的积木、乐高材料进行搭建和拼插，动手操作探索、动脑思考，在头脑中形成一定的设计思路，发挥想象力和创造力。幼儿在建构游戏过程中，经历反复操作、探究解决建构问题和设计的过程，才能创造性地再现出所要搭建的作品，这一过程促进了幼儿科学探究能力的提升。

2. 发展幼儿对空间关系的理解

幼儿在搭建中，感受着材料间的空间距离、位置，以及建构作品之间的距离，不断估计、调整着材料间的空间位置，促进幼儿对材料之间空间关系的理解。还会运用到材料的分类、规律排序、高度、比例、三维空间等诸多相关的数学经验，有效促进幼儿数学能力的发展，尤其是空间几何能力的发展。

3. 培养幼儿良好的学习品质

建构游戏以其神奇独特的魅力，令幼儿向往和着迷，幼儿不厌其烦、反复尝试、不断调整，这对幼儿的自主性、主动性、专注、耐心、克服困难、坚持到底等良好品质的磨砺具有积极的促进作用。在大型建构游戏中，幼儿分工合作、相互协商，共同解决困难，体验合作带来的愉悦感受，增强团队意识，发展合作能力，促进社会性发展。

（二）不同年龄班幼儿建构游戏内容特点与建构水平发展线索

1. 不同年龄班幼儿建构游戏内容特点

对研究中近百个幼儿建构游戏案例进行统计与分析，发现不同年龄班幼儿在搭建内容方面表现出一定的喜好倾向，表现出共性特点和独特之处，如表1所示。

表1　小、中、大班幼儿积木和乐高建构游戏内容

搭建内容	小班	中班	大班
积木游戏	花坛、城堡、高楼、房子、恐龙	大桥、幼儿园、办公大楼、动物园、游乐场、飞机场、体育馆、家、动物酒店	天安门、幼儿园、商场、八里台立交桥、未来城市、小区、人民公园塔
乐高游戏	蛋糕、小汽车、跷跷板、手枪、小花、小动物、大吊车、公园、城墙	机器人、轮船、复杂的车、大桥、城堡、家、餐厅、停车场、动物园	游轮、货车、直升机、观光电梯、幼儿园、商场、派出所与巡逻车

（1）在自主游戏中，幼儿表现出更多自己的想法和喜好，建构主题内容远比教师预计得更为丰富，幼儿的想象力和创造力得到极大的激发，幼儿的兴趣性体验得以实现。

（2）幼儿建构内容紧密结合生活经验，建构作品多来自日常生活中接触的事物或绘本、动画片中熟悉的事物，同时体现出幼儿创造性地构想现实生活的特点。

（3）不同年龄班幼儿建构内容由单一的建筑物逐步向较为复杂或有情节、场景的建筑物延展过渡，建构主题内容越来越丰富。

2.不同年龄班幼儿建构游戏水平发展线索

（1）幼儿积木建构水平发展线索

①建构技能。

小班：建构技能多以简单的平铺、延伸、堆高为主。堆高大小无顺序，仅满足于高度的不断上升。

中班：建构技能集中在叠高和架空上，并基本上呈对半分布。积木建构规模有所扩大，但显得大而空，新颖独特性还不够。

大班：讲究对称，具备转向、穿过、平式联结和交叉联结等建构技能，搭建出不同场景、情节，复杂的建筑群。

②思维方式。

小班：对自己的建构活动缺乏计划性，常有主题与动作技能脱节的现象。主题不明确，造型不形象。

中班：能按照自己设定的建构主题进行建构，没有整体的安排和具体的想法，整个游戏时间内，都只是为建房子而建房子，为搭车库而搭车库，没有太多的延伸。

大班：有详细的规划与设想，还能设计图纸，按照图纸搭建材料。积木游戏自然地融入其他游戏，积木的造型更丰富，独特性也增强不少。

③行为特点。

小班：建构活动常被其他事物吸引而中断。在建构过程中，幼儿边搭建边以此进行游戏。

中班：能集中一段时间搭建，有了初步结果，便会与同伴交谈。游戏中幼儿会主动邀请同伴共同搭建，但没有明确的分工，合作性不强。

大班：幼儿开始出现真正的合作搭建，共同制订计划、分工、讨论与改进，搭建完成后大家用辅助材料在建构作品上进行游戏。

（2）幼儿乐高建构水平发展线索

①建构技能。

小班：幼儿搭建有着较强的随意性。建构技能以完全重叠为主。

中班：幼儿在完全重叠和部分重叠的基础上出现阶梯排列，并且逐渐出现围合的方式，喜爱探索主题套装搭建和特殊积木的用途和连接方式。

大班：幼儿出现了墙壁连接，搭建简单柱结构、复合柱结构、烟囱型结构。

②思维方式。

小班：幼儿对特别形状的乐高感兴趣，发现搭建的几块乐高像什么就说搭建什么，也会因为不像而改变。

中班：游戏注意时间延长。运用多种建构技能来操作多样化的材料，有自己独特的创造性。

大班：幼儿能够根据建构物体的特性来选择材料，创造力增强，能够独立解决或选择小组合作方式解决建构过程中遇到的问题。

③行为特点。

小班：大部分幼儿为独自游戏，个别幼儿会和同伴交流。

中班：幼儿从独立游戏逐渐发展为联合游戏、合作游戏。

大班：能够以小组合作的方式进行合作搭建。

（三）立足幼儿发展建构游戏指导策略的研究

1.幼儿发展视角下建构游戏的环境

（1）创建以幼儿为主体的游戏空间

在设置建筑区活动空间时，教师应遵循几大原则：各区域之间应有明显间隔，将建筑区设置在远离安静区域处；建筑区内保持较大空间利于幼儿建构，避免设置在通道上；选用合适的区隔物进行区隔，在放置材料的柜子与操作空间之间贴上"一米线"，避免取放材料时影响其他幼儿的搭建。同时，创设专门的作品展示区，供幼儿彼此交流与欣赏，给予幼儿建构精神的肯定与鼓励。

（2）提供符合幼儿年龄特点和兴趣需求的游戏材料

小班：要提供体积小的积木，便于幼儿操作。还可投放体积大、轻便的塑料泡沫质积木，发展幼儿多种感知觉，练习搭、叠高等动作技能。适当提供一些辅助材料，例如小动物玩具，引发游戏情节，学习搭高、围合等搭建技能，丰富游戏内容，激发幼儿兴趣。

中班：需要投放较多数量的建构材料，满足游戏需求；投放中、大型积木等建构材料，注意材料尺寸、形状要体现数学关系，便于造型。还应提供一定数量的平面板，支持幼儿用来当作隔离板或楼层与地面连接。提供结合幼儿搭建主题投放辅助材料，如交通标志牌、树、灯等，方便幼儿对现实生活中的物景进行模拟，启发幼儿进行想象创造。

大班：建构材料种类要更丰富，数量要充足，积木投放4—5套，增加不规则形状的积木，使造型更加多样化，更富表现力，支持幼儿完成合作搭建大型建筑物的愿望。

还要注意，各班盛放建构材料的柜子要高度适宜，柜子的摆放要方便幼儿拿取，粘贴标记提醒帮助幼儿收纳材料；辅助材料可以根据游戏主题的需要，适量投放。

2.幼儿发展视角下建构游戏中的教师

（1）重视和欣赏幼儿的游戏

教师要重视幼儿建构游戏，在幼儿搭建时，教师在一旁认真报以微笑地观看和欣赏，充分给幼儿探究的时间，善于等待，并允许幼儿存在尝试错误，以有效传达对幼儿的重视、关注与欣赏。教师认真倾听幼儿的愿望和需求，允许幼儿按自己的想法搭建，不能将自己的主观想法强加给幼儿。在游戏时间结束时，如果有的幼儿想把作品保留下来，第二天继续游戏，尽量满足幼儿的意愿，以表达对幼儿游戏成果的尊重；如果实在没办法保留，可以将作品拍照分享展示。

（2）满足幼儿自主游戏的需求

幼儿是游戏的主人，在建构游戏中他们展现自我、表现自我，他们在思考与实践的过程中不断想象与创造。教师要满足幼儿自我实现的需要，支持幼儿挑战建构游戏中遇到的各种问题，让他们体验成就感和自信心。教师要时刻谨记以"幼儿为本"的教育观，给幼儿机会自主选择玩什么、怎么玩、跟谁玩，给幼儿留出挑战困难的时间和空间，切忌指挥、导演幼儿游戏，教师要在幼儿需要帮助的时候，给予材料、环境、技巧等的支持。

（3）支持幼儿获得胜任感体验

教师要善于担当游戏支持者角色，当幼儿遇到困难时，首先尽可能地让幼儿有充分探究操作的机会和时间，当幼儿无力解决或即将放弃时，教师适时介入点拨，引导幼儿克服困难搭建出自己满意的作品。可以为幼儿提供一些材料支架帮助，例如在建构区提供相关的建筑物海报书籍、一些建筑和物品图片，还可以以问题引导幼儿进行思考和深度实践探索，为幼儿搭建台阶，帮助幼儿自己解决问题，让他们获得胜任感和成就感。

（4）引发幼儿深度学习探究

建构游戏更重要的价值在于过程性的操作、探索与思考，为实现这一价值，在建构过程中教师要给予幼儿最大化的探索空间，随时留意幼儿在游戏中遇到的或提出的问题，判断其中蕴含的教育价值，通过设置"问题情景"来向幼儿提出新的挑战，引发幼儿对问题的深入思考、探索、讨论，并提高幼儿逐渐精进思考层次、锻炼逻辑思考与问题解决能力，助推幼儿在不断解决问题过程中获得主动学习和发展。

3. 幼儿发展视角下建构游戏中的同伴

（1）共同游戏

鼓励幼儿同伴共同游戏，通过潜移默化的方法，促进幼儿建构游戏水平的提高。还可以开展平行班联合搭建游戏、混龄班主题搭建游戏等，让幼儿之间有更多互动、交流的机会，丰富搭建经验，学习更多的搭建技能。另外，还可以通过参观的方式，带领幼儿到其他班级参观不同的搭建成果，激发幼儿的灵感，开拓思路，创造更多的建构主题。

（2）同伴分享

教师要重视建构活动后幼儿展示分享作品的环节，发挥同伴相互影响作用，创设多名幼儿相互欣赏、相互分享的机会，给予幼儿欣赏同伴的作品、谈论作品的时间，请幼儿介绍自己作品的得意之处、创意想法，讲述自己解决问题的方法，并请幼儿现场演示，以使幼儿获得成就感，激发更多幼儿的搭建兴趣和欲望。同时教师帮助幼儿梳理无意识和零散的经验，生成新的游戏情节。游戏结束后的分享成为一个相互交流、相互启发的过程，成为孩子们期待的愉快时刻。

【参考文献】

[1] 李季湄,冯晓霞.《3—6岁儿童学习与发展指南》解读[M].北京:人民教育出版社,2013.

[2] 刘焱.儿童游戏通论[M].北京:北京师范大学出版社,2004.

[3] 邱学青.学前儿童游戏(4版)[M].南京:江苏教育出版社,2008.

[4] 英格里德·查鲁福,卡仁·沃斯.与幼儿一起建构积木[M].陈知军,译.南京:南京师范大学出版社,2017.

幼儿园主题背景下有效开展区域活动的实践研究

（天津市学前教育学会立项课题　课题编号：SXH135YX020）

天津市北辰区实验幼儿园　张远　宋哲坤

【摘要】随着各种主题活动不断开展，区域活动的种类和形式也越来越多地呈现出来，而且作为集体教学活动的延伸和扩展，区域活动在主题活动开展中也发挥着极其重要的作用。但在实际幼儿园教育教学中明显存在着区域活动与主题相脱节等现象，通过以北辰区实验幼儿园为样本，有效运用调查法、观察法、行动研究法等对主题背景下区域活动开展进行全面、深入的调查，探索主题背景下区域活动中环境创设、材料投放与教师指导的有效性，并提出具体可操作的优化措施。

【关键词】主题背景；区域活动；幼儿

一、问题的提出

教育部相继下发《3—6岁儿童学习与发展指南》和《幼儿园工作规程》，强调"最大限度地支持和满足幼儿通过直接感知、实际操作和亲身体验获取经验的需要"，区域活动所具有的优越性，使得它越来越受到人们的普遍重视和高度关注。当下我国幼儿园注重集体式教学，普遍采用主题式课程，即课程的某个时段或某一单元所要讨论的中心话题，具有开放性、综合性、整体性的特点。区域活动作为集体教学的补充和拓展，在主题活动开展中也发挥着极其重要的作用。因此，在主题背景下开展区域活动显得尤为必要。但是在实际活动过程中，主题背景下区域活动状况如何？活动中存在哪些问题？环境的创设、材料投放与教师指导实施是否有效？针对这些情况的系统研究较为缺乏，且相关研究停留在思辨层面，研究方向零散，研究结果缺乏具体操作指导。故本研究以本园为样本，对主题背景下区域活动开展进行全面、深入的调查，探索主题背景下区域活动中环境创设、材料投放与教师指导的有效性，并提出具体可操作的方法措施。

二、研究成果

（一）奠定主题背景下区域活动的理念

做好调查工作，进一步明确研究目标。我们以发放"幼儿园区域活动中教师指导"的调查问卷的形式，对各年龄段教师进行座谈，了解、分析、寻找出园内教师共性问题，确定了课题研究方向和内容，分别为"主题区域活动的概念和意义"、"主题区域活动的具体内容"、"主题区域活动规则制定"及"主题区域活动中教师指导方法"。为研究提供理论支持，理清研究思路，明确研究任务。

（二）确立并实施主题背景下区域活动的各项因素

1.影响主题背景下区域活动有效开展的因素

在物质环境方面，我们着重研究材料的投放方式。不同的投放方式对幼儿的游戏行为会产生不同的影响，投放方式受到目标、幼儿年龄特点、区域功能和幼儿经验的影响。研究结果表明，开放式投放更能激发幼儿高水平游戏，使游戏效能多元。

在幼儿方面，主题活动中经常会出现幼儿不会玩、不爱玩或游戏水平过低等现象。分析其重要原因是幼儿对材料不熟悉，对材料不感兴趣，对游戏规则不熟知，不知道怎样玩。教师要通过不同途径丰富幼儿经验，包括幼儿的生活经验和游戏经验，为后续活动奠定基础，只有这样幼儿才会玩出水平，玩出学习，玩出发展。

在教师方面，专业水平高的教师，通过观察和有效指导能更好地实现主题背景下区域活动。

2. 针对主题活动目标，确立主题性区域活动的目标

教师根据各类区域的不同教育功能，将主题背景下区域活动目标深化为各区域活动的发展目标，使各区域、各领域实现内在的联系。尤其要注重领域间互补的内在联系，教育目标强调整合性，即对孩子全面发展促进作用的整合，从幼儿学习角度出发，包括情感态度、知识、经验、能力等整体和谐。

3. 创设主题背景下的区域环境

（1）教室大环境结合主题创特色

班级环境创设中，教师要让位于幼儿，幼儿成为创作和表现的真正主人。我们将主题目标、内容要点等融入主题大环境之中，通过营造形象逼真的主题大环境，丰富幼儿与主题相关的经验，增强幼儿学习的兴致，自然地将幼儿带入主题活动中。

（2）以幼儿为本的过程性主题墙

主题墙是主题活动预设与生成的催化剂。墙面主要展示主题活动的内

容、学习过程、相关信息资料以及幼儿的作品等，能够引导幼儿关注主题、参与主题、追寻主题。例如，大班主题活动"准备走进小学"中，从幼儿的实际需要出发，主题墙以幼儿"问题"形式出现，收集并记录幼儿入学前的困惑，并用图片、绘画的形式呈现在主题墙上，突显该主题重点、亮点和特色，过程呈现具有动态性。我们意识到活动中的幼儿的问题是墙饰呈现的主要内容，有价值的问题是根据幼儿的兴趣、需要，由幼儿自发确定或师生共同建构而诞生的。

"自由墙"呈现幼儿的想象力。我们尝试在主题墙上适当"留白"，让它变成幼儿展示自己作品、表现创造能力的"自由墙"。

（3）主题性区域环境

区域活动为幼儿的感知、操作、学习提供了更自主的空间、丰富的游戏材料、合理的空间、充足的时间和宽松和谐的氛围。例如，在小班"秋天来了"主题活动中，幼儿在区域内通过观察、操作、记录进行探索。观察生长变化的过程，将自己的发现记录下来，一个阶段后进行归纳、小结，并提出自己的疑问。教师在活动区应该引导幼儿在与环境的互动中，在原认知基础上放手让幼儿发现问题、提出问题，实现幼儿或者幼儿群体自主解决问题。在幼儿发现探索实践中，不仅提高了其对区域活动及主题的兴趣，而且培养了操作能力和解决问题能力。

（4）为主题助推的"家园之窗"

家园之窗是家长关注、了解、参与主题活动的窗口，它承担着"班级信息来源站"和"主题活动资料库"的任务，为家长参与主题活动提供宣传窗口。

4. 提供主题性区域活动的材料

（1）根据幼儿的年龄特点，投放区域活动材料

主体性区域材料提供要与幼儿年龄特点紧密相连，每个年龄阶段具有不同特点，小班重情境，中班重操作，大班重探索合作，区域活动可以成为幼儿进行主题探索的有效载体。

（2）提供有层次性的材料

主题性区域活动的材料不但强调与主题有关，材料投放还要具有一定的层次性，层次策略的具体方法（材料的数量适宜、删减、添加、组合）便于幼儿按需自由选择。横向层次性策略：同一活动，不同难度；同一目标，不同区域；同一区域，不同难度。

（3）提供有整合性的材料

在传统的区域活动中，材料一般有严格的分类放置特点，各种材料都有固定的位置，幼儿只能在某一区域内操作相应的材料。为了让幼儿更好地掌握主题内容，进行主题性区域材料的操作，我们将区域材料进行整合。注意区域之间材料的组合、使用。在大班益智区同类材料组合放置，实现多种材料创新主题拼搭；中班美工区部分实现整合。工具类辅助材料，也加入主题活动中，如胶棒、剪刀的使用等也展开相应活动。

（4）提供具有交替性的材料

追随幼儿的兴趣，提供相应的材料，开展主题区域活动。结合中四班"我的牙齿"主题开展区域活动，幼儿在与环境和材料的相互作用中主动学习、主动探究，依据幼儿兴趣，投放相应材料，充分调动幼儿活动的欲望，通过牙齿模型、牙科诊所、牙齿医院等材料不断更替，为幼儿提供了展示自我、进行创造性活动、进行实际操作、便于学习交往的支持性环境。

（5）提供有低结构性的材料

低结构材料对幼儿来说有很大的自主空间，其教育目标是比较隐蔽的，材料简单、玩法也多变。例如在大班创设一个"材料超市"，拓展活动的游戏性，给孩子扩大材料使用的空间，让原本单一材料发挥更多游戏的价值。低结构材料的游戏，引导孩子带着情景活动，符合中大班孩子的年龄特点，而且过程愉悦，有助于培养孩子求合作、懂互帮、不气馁、求成功的良好品质。

5. 教师有效指导策略

（1）支持幼儿主题区域活动的观察指导方法

①观察儿童，识别游戏。幼儿在区域活动游戏类型；在活动中幼儿的行为发展水平；幼儿对活动的兴趣点在哪里？

②分析发展，预设目标。幼儿的发展阶段；下一阶段能达到的水平；教师主题教育目标；活动可能的发展方向。

③运用策略，支持游戏。选择了哪些目标；用什么样的方法支持目标达成（材料、空间、同伴、经验）。

（2）丰富幼儿主题相关经验的内容和途径

①针对幼儿共同的疑惑、适合集体探究的问题，开展集体活动；

②利用晨间和过渡环节的碎片时间，开展指导活动；

③利用环境与幼儿发生互动，丰富幼儿的游戏经验；

④利用计划和分享环节，给幼儿展示的平台，引发同伴模仿学习。

（3）创设支持性环境

支持性墙饰(将幼儿作品分解上墙让幼儿了解步骤)、吊饰(作品欣赏)、大屏幕循环滚动孩子们以往活动的照片，在桌面下可以放材料和幼儿作品图片形成隐形的教育，唤醒幼儿原有经验或激发活动的兴趣。

（4）材料的调整

材料取放位置调整，根据幼儿年龄特点，唤醒幼儿原有经验，方便幼儿选择。新材料的投放，采用由简到繁的投放策略。材料的整合，同种作用的材料进行归类，到可替换材料的投放。

（5）家园合作

主题活动完成需要家长的支持与配合，调动家长参与热情，例如："玩具漂流"将幼儿园新投放的玩具带回家。再将游戏新玩法带回班里分享，通过家园共育整合教育资源，促进幼儿发展。

6. 深入班级主题区域活动，开展观察，提高评价科学性

例如我们选择中四班作为观察班级，每周定时定点进班观察，结合中四班"牙齿"主题开展区域活动，教师承担利用观察形成课程、指导区域活动的实践工作，研究人员担任观察员。中一班教师以幼儿为本的主题在小组中分享，得到了专家的认可，并为观察分析工作提供了分析案例，使得观察工作更加有效。同时，运用观察方法开展活动，更加注重幼儿学习兴趣，探索活动组织的最佳策略，不断优化活动设计和教育行为。

7. 提供交流分享平台，课题研究深入开展

2020年6月13日，园所举行了主题为"幼为本，促发展"的第六届教师论坛活动。活动中，各位教师基于对幼儿的观察，从不同的方面阐述了"幼为本，促成长"的领悟，将自己开展班级主题区域活动的感悟和做法与大家进行交流共享。有的班级主题是从观察幼儿一个小故事引出教师应该遵循生命的本源，唤醒和呵护孩子们潜在的情感，实现快乐成长；有的则从观察活动教育案例入手，与大家交流分享他的所思所做。教师通过细致观察幼儿行为，不断提升自身专业能力。

8.制作主题活动手册，教师专业能力不断提升

每个班级从学期初开始，准备主题活动手册，包括主题活动方案、主题网络图、主题教案、幼儿作品、家长助教、环境创设、主题教研、主题背景下教师感悟成长等，帮助教师更好地理解实施课题。此外，我园骨干教师在教研活动中起到了模范带头作用，主动承担观察组实验班展示，利用观察形成课程，指导区域活动。同时，在片区教研中，以观察为基础研究以幼儿为本的过程性主题墙饰，并向各园园长分享经验。教师们在日常的教育活动中，通过观察幼儿行为，会用有意义的方式"看"和"听"，实现与幼儿有效互动，对游戏材料进行调整，参与全国玩教具大赛，分别取得市级和区级的佳绩，专业能力得到提升。

9.依托专家引领，有效发挥教师研究共同体

聘请天津师范大学学前教育系主任梁慧娟博士作为主题背景下区域活动观察指导组的指导专家，定期来园进行实地指导，在课题组研究过程中，幼儿在不同的区域活动会出现不同的问题，这些问题都在专家的启发引导下才得以解决。例如在"大树我的朋友"活动中，幼儿对大树有多粗特别感兴趣，教师们作为观察者、协助者和合作者，让幼儿亲历测量大树的科学探究过程，为幼儿提供参与活动的空间、材料等，如观察记录、关键经验提升、教师指导策略，让幼儿在"做中学"的活动中进行猜想和假设，用分组活动方式进行实验操作来验证并记录信息，师幼共同讨论、交流寻找适宜的验证信息结果。教师们利用思维导图，分组探析本次活动对于幼儿能力的发展，从每一个活动细节进行分析，收到了良好的学习效果。

【参考文献】

[1] 中华人民共和国教育部.幼儿园教育指导纲要 (试行)[M]. 北京 : 北京师

范大学出版社 ,2001.

[2] 唐迎珠 . 活动区游戏的观察分析与调整策略 [J]. 早期教育 (教师版),2016(1):12–13.

[3] 霍力岩 , 孙冬梅 . 活动区材料应该具有探究性和引导性 [J]. 幼儿教育 ,2005(17):10–11.

[4] 白雪梅 . 主题背景下幼儿园区域活动的有效策略 [J]. 延边教育学院学报 ,2014(1):112–114.

[5] 邓双 . 示范性幼儿园区域活动材料投放与教师指导的有效性研究 [D]. 长沙 : 湖南师范大学 ,2012.

利用废旧材料让数学活动游戏化

（天津市学前教育学会立项课题　课题编号：SXH135KX020）

天津市武清区教育教学研究室　曹学文

【摘要】当前垃圾分类、废旧材料再利用日益受到人们的重视，废旧材料具有贴近幼儿生活、易于感知、可塑性强、易于操作的特点，幼儿园中利用废旧材料进行数学活动，不仅可以培养幼儿变废为宝的环保意识，同时可以帮助幼儿在与废旧材料的互动中获取数学认知，积累数学经验，促进数学思维发展。本研究通过对各种废旧材料的探索，获得利用废旧材料的策略，从而促进数学活动的游戏化。

【关键词】废旧材料；数学活动游戏化；策略

一、问题的提出

幼儿园以游戏为基本活动，幼儿数学活动的游戏化是必然趋势。同时由于数学内在的数理逻辑性、抽象性和幼儿思维具体形象性的特点，这就要求幼儿园的数学活动必须考虑幼儿身心发展的特点，将抽象的知识外化为具体的、可操作的游戏活动。

但在幼儿园数学活动材料制作的实践中，存在操作材料提供不足、操作材料固定化、教学方法单一的现象。数学活动游戏化缺乏一定的材料支撑，而购买的数学玩教具价格昂贵、数量不足，而且存在玩法单一、变化性不足的缺点。一些教师也存在忽视废旧材料的作用，不善于"变废为宝"进行数学操作材料制作，缺乏开展数学游戏化策略的现象。

为引导幼儿在"玩中学、学中玩"，给孩子提供丰富的数学操作材料，我们充分发挥废旧材料低成本、丰富性、低结构化的特点，利用废旧材料促进数学游戏化活动，使枯燥的数学知识变得具体、形象、生动和游戏化，激发幼儿学习数学的兴趣，并获得数学经验。

二、核心概念界定

（一）数学活动游戏化

本研究中的数学活动游戏化是指将幼儿数学教育的目标、要求融于各种游戏之中，用游戏的方法展示出来，让幼儿从中感知、体验、积累有关数学的知识和经验。

（二）废旧材料

本研究中的废旧材料是指那些在日常生活中长时间不使用或失去其原有功能的，能够应用到幼儿园数学活动中的安全、卫生、无毒的物质。

三、研究内容

本研究的主要内容是探索利用废旧材料促进幼儿数学活动游戏化的策略。研究采用的废旧材料是幼儿所喜爱和感兴趣的、能够诱发幼儿进行自主操作的材料，具有易于获得、贴近幼儿生活、易于感知、可塑性强、易于操作等特点，如大小不等的瓶子、雪糕棒、空易拉罐、长短不等的吸管、纸杯、各种瓶盖、用过的扑克牌、水彩笔笔盖、各式纽扣、废旧台历、蛋糕盒、各种包装纸箱等。通过探索利用废旧材料的方法，挖掘其在数学活动中的价值，积累利用废旧材料开展数学游戏的案例，并进一步总结出相关策略和有益经验。

四、研究成果

（一）利用废旧材料促进数学活动游戏化的策略

1. 收集废旧材料，进行整理分类，积累数学的直接经验

首先，挖掘园所和教师资源，寻找身边所有可利用的废旧材料，如幼儿园厨房的各种纸箱和瓶瓶罐罐等。其次，发动家长和幼儿一起收集，例如雪糕棒、蛋托、瓶盖、报纸、纸盒等。同时将点数、排序、分类等数学经验渗透在收集过程中。例如在收集瓶盖的过程中，我们进行点数游戏，按瓶盖颜色进行分类的数学游戏，不同大小的瓶盖还可以进行正逆排序或套嵌游戏，等等，然后按照自己喜欢的方式对各式瓶盖进行分类收纳。在收集纸盒的过程中，我们开展"收纳大王"游戏，看谁的收纳箱装的纸盒多，引导幼儿在摆放纸盒过程中不断进行测量、比较，在实际操作中进行空间感知，积累数学经验。最后，在收集完废旧材料后要引导幼儿根据废旧材料的种类进行分类摆放，并知道一些分类整理的方法。如在收集蛋托时，根据收集的蛋托大小不一的情况开展"蛋托分家"游戏，根据用途将蛋托进行剪裁分类。

2. 共同制作数学玩教具

在数学活动游戏化实践中，数学玩教具的设计和制作是一项"大工程"，

通常制作足够数量的数学玩教具是费时费力的，所以幼儿数学玩教具的制作不能只靠教师，而是应该充分发挥幼儿的想象力和创造力，师幼共同设计制作数学玩教具，这样不仅能增强幼儿对数学活动的兴趣，也会提高对操作活动的主动性。同时玩教具制作的过程也蕴含着丰富的数学经验。如幼儿利用废旧盒子和毛线制作迷宫，用蛋糕盘制作时钟认识时间，把纸盒做成果树进行数物配对游戏等。在各种材料的辅助下，幼儿的数学游戏充满活力，孩子们玩自己制作的数学玩具时也更加积极主动，这样不仅可以让知识的掌握更加牢固，同时能在自主制作中体验学数学的乐趣。

3. 赋予材料以游戏情境，激发幼儿学习兴趣

幼儿喜欢趣味性、游戏性强的数学操作材料。废旧材料制作的玩教具如何吸引幼儿的兴趣？如何吸引幼儿在操作时保持专注？这就需要教师在废旧材料再利用的过程中加强废旧材料的趣味化和情境化设计。如在小班数学材料制作过程中，要设计加入更多的拟人化游戏情境，用具体形象、趣味性强的游戏内容吸引幼儿的注意力。

例如用漂亮的酸奶饮料瓶制作成十几个瓶宝宝，画上眼睛和嘴巴，肚子上画上不同数量的圆点，排列方式有横有竖，再加上数字1，2，3…在小班的数学区里，玩喂瓶宝宝吃糖的游戏，写着数字几就喂几颗。又如在写有数字的鞋盒上打若干孔，用牙签和纸板做成小蜜蜂牌，小蜜蜂身体上贴上各种实物或者数字、加减法、圆点等图片让幼儿给小蜜蜂找家。有趣的情境游戏增强了幼儿进行数学活动的兴趣。

4. 废旧材料制作的玩具要体现不同层次

幼儿在数学方面的能力是各不相同的，为促进每个幼儿都能在原有水平上有所进步，也为了更有针对性地指导，教师应在利用废旧材料时制作

不同难易程度的玩教具。同时教师应及时发现幼儿在操作过程中出现的新的教育契机，不断生成更加深入的探究活动，使材料在活动中发挥最大的作用。例如在学习数的分解时，我们投放了颜色、大小不同的瓶盖，让幼儿开展"翻瓶盖"的游戏活动。教师首先引导幼儿选择不同颜色或不同大小的瓶盖进行分解，而幼儿在操作过程中发现不仅可以通过颜色、大小来分，还可以利用正反练习。有的幼儿在活动过程中发现了更直接的方法，他们将瓶盖分别放进两个盘子里面，每次每个盘子放的数量不同，再记录、整理，很快大家掌握了数的分解组合方法。

这样鼓励幼儿依据不同特征变换分类方法，幼儿通过观察、比较、分类操作等互动环节，进行了多角度的探索与发现，满足了不同能力幼儿的需要，促进了幼儿思维的发展，同时促进了幼儿的想象力、创造力的培养。

5.废旧材料制作的玩具要符合幼儿的发展水平

利用废旧材料制作数学玩教具要考虑幼儿不同的发展水平。不同的年龄班可能投放相同的废旧材料制作的玩具，但在玩法上应体现差异性。如小班为幼儿提供扑克牌，引导幼儿根据颜色进行分类，到小班下学期不仅根据颜色分类还可以根据红桃、黑桃、方片、梅花四种不同的花色进行分类，引导幼儿区分同种颜色下的不同图形。针对中班幼儿的发展水平，扑克牌分类游戏可以扩展到按照数字进行分类或按照数字加颜色的双重分类。大班幼儿则可利用扑克牌玩拼图游戏，将扑克牌按不同的方式剪开，可以是直线剪也可以是曲线剪，可以剪2块也可以剪成3或4块，然后根据数量、花色进行拼接，通过统计相同数的不同拼法，掌握10以内数的分解和组合。根据幼儿不同的发展水平，设计符合不同年龄幼儿发展水平的废旧材料玩具，提高了幼儿数学学习的兴趣，促进数学活动游戏化的有效开展。

6.废旧材料制作的玩具要承载数学教育目标

废旧材料制作的玩具要考虑趣味性和游戏性，但更要蕴含一定的数学教育目标。在利用废旧材料设计玩具的过程中，首先要考虑的就是通过操作玩具材料，幼儿可以获得哪些数学领域的关键经验。而低结构的废旧材料在其中发挥着重要的作用，因为低结构的废旧材料具有可塑性强的特点，便于教师根据数学教育目标进行创造，例如利用蛋托开展的点数、一一对应、分类、排序、找位置等各种数学游戏。

7.挖掘废旧材料的一物多用性

很多废旧材料具有一物多用的特点，要充分挖掘废旧材料的一物多用性。例如根据幼儿的兴趣，用废旧的皱纹纸和橡皮泥做成大小不一、颜色各异的糖果，利用这些幼儿喜爱的"糖果"，可以引导幼儿开展比大小、点数、分类、比多少、排序等多种数学游戏活动。又如利用废旧报纸可以开展"看谁剪的面条长"的数学游戏活动，或开展剪形状、拼图、二等分、四等分等游戏活动。通过挖掘废旧材料的一物多玩属性，引导幼儿对废旧材料产生兴趣，从而利用废旧材料让数学活动游戏化，促进幼儿的数学水平发展。

总之，有效地利用废旧材料能够促进数学活动游戏化地开展，废旧材料的利用是需要方法的，需要教师、幼儿及家长从生活、学习中不断积累来发现。

（二）教师教育指导策略

1.树立在生活中渗透数学教育的意识

首先，教师要牢记数学领域的发展目标，增强对一日生活中教育契机的敏感度，并能抓住契机帮助幼儿积累相关的经验。例如，秋天果实成熟，教师可以带领幼儿开展"幼儿园的果树""大自然的收集"等活动进行数量相关的知识的渗透。

其次，教师能够有意识地挖掘科学教育活动中的数学教育价值，并自然融入科学教育中。例如，小班教师在用布制作天气预报教具时，有意识地将背景布上的按扣、纽扣和记录天气的太阳、风、花、草、人物等上的扣子和扣眼数量设计成可以练习对应的材料，使幼儿边练习系扣，边对数字产生兴趣；中、大班教师有意识地利用天气预报，让幼儿在每天的记录中去感受时间概念，利用观察和记录引导幼儿去发现天气变化的规律，了解天气变化与人和动植物之间的关系等。从而使数学成为幼儿和教师津津乐道的话题。

2. 提高教师在生活中选材的能力

当传统课堂成为数学教育的唯一途径时，教师出示、演示教具，幼儿操作的模式就会成为幼儿学习数学的主要方法，最终导致幼儿对数学活动不感兴趣，而且幼儿不会解决生活中遇到的问题。例如，大班幼儿明明在课堂上会用玩具自己点数 30 以内的数量，然而却怎么也数不清秋天收获时放在一起的 30 个柿子，这一现象就是幼儿没有在生活中学习、在学习中生活造成的结果。

因此教师要提高在生活中选择教育内容的能力，提高将数学教育融入幼儿生活中的能力，让课堂不再成为对幼儿进行数学教育的唯一途径，学会在天气预报、值日生、自然角、户外活动等丰富多彩的活动中汲取数学教育的营养。

3. 形成让幼儿积极主动学习数学的教学模式

根据教师的实践结果，探索出以生活、游戏、科学教育作为数学教育的主要途径，生活中以午点、进餐前后、喝水环节的探索为主，其他环节为辅。科学活动重点依托的是园内已有的动植物和幼儿能够感知到的天气变化等自然资源进行数学教育。游戏重点探究的是益智玩具、角色游戏区（娃娃家、商店等）。

在开展活动中可参考以下模式进行：

开始部分：激发兴趣，与幼儿一起探究；

基本部分：操作、体验，给予幼儿与废旧材料互动的机会，提升幼儿的活动经验；

结束部分：感悟分享，兴趣点的延伸创新，肯定幼儿在游戏中的创造性表现。

4. 加大对数学操作材料制作与使用的培训

研究初期，教师对数学教育的理解比较狭隘、片面，有的甚至仅局限于数数、分解组合和加减等数学技能上，这种状况影响了教师在生活中帮助幼儿建构数学经验的兴趣和视角，也产生了许多困惑和疑问。这时，首先要加大对教师的培训，通过培训提高教师对数学操作材料的重视，通过对数学操作材料制作和使用的培训，提高教师利用废旧材料让数学活动游戏化的能力。

5. 创设问题情境促进幼儿的学习

通过数学游戏化，提高幼儿解决实际问题的能力是数学教育的核心，因此教师要善于捕捉生活中的问题情境，要善于创设与幼儿实际生活密切相关的数学教育契机，引导幼儿学数学用数学，这里的问题情境意识有两方面：

第一，抓住幼儿生活和探究活动中遇到的问题进行引导；

第二，创设一定的问题情境引发幼儿思考如何解决问题，例如"我们身边的数"活动。

这些活动，由教师发起，引导幼儿解决生活中的实际问题，获得成功，从而产生对数学的兴趣和探究欲望，并进一步感受到数学的价值，体验成功的喜悦。

6. 增强利用废旧材料的创新意识

幼儿园教育的创新离不开幼儿，而从幼儿与废旧材料的互动中发现亮点与兴趣点，与幼儿一起探索新游戏，才是真正的创新教育。幼儿在探索废旧材料的使用中发挥了想象力与创造力，在操作使用废旧材料制作的玩教具中，使儿童获得了数学的直接经验。创新教育，不只教师要善于发现，更要引导幼儿有一双善于观察的眼睛，引导幼儿学会正确的观察方法，养成主动探索的习惯。

【参考文献】

[1] 黄瑾 . 学前儿童数学教育与活动指导 [M]. 上海 : 华东师范大学出版社 ,2014:21.

[2] 徐丽萍 . 幼儿园利用废旧材料自制玩教具的研究 [J]. 新教育时代电子杂志 (教师版),2017(3):16.

[3] 蔡葵花 . 幼儿园数学区角适宜性材料投放的优化设计 [J]. 漯河职业技术学院学报 ,2017(3):108–110.

[4] 汪莉萍 . 谈废旧材料在幼儿园小班区域游戏中的应用对策 [J]. 才智 ,2018(19):25.

《3—6岁儿童学习与发展指南》背景下幼儿园主题游戏活动的实践研究

（中国学前教育研究会立项课题 课题编号：K20160589）

天津市静海区第三幼儿园 张运艳

【摘要】《3—6岁儿童学习与发展指南》中指出幼儿园要以游戏为基本活动。游戏是幼儿最为喜爱、最基本的学习与活动方式。为此教师要能在幼儿游戏中挖掘有价值的内容，遵循高自主、低设计的理念，与幼儿共同确定、生成适宜的游戏内容，创设适宜的主题游戏环境，提供有效的支持与帮助，促进幼儿游戏围绕主题不断深入开展。在主题游戏深入开展的过程中，促进幼儿学习兴趣、学习品质、学习方法等多方面能力的提升。

【关键词】主题游戏；学习发展；有效策略；组织实施

一、课题提出

《3—6岁儿童学习与发展指南》（以下简称《指南》）中提出："幼儿的学习是以直接经验为基础，在游戏和日常生活中进行的。要珍视游戏和生活的独特价值。"可见游戏在幼儿学习与发展中的重要性。分析其原因在于游戏是幼儿出于自己的兴趣和愿望的自由活动，能给幼儿带来身心愉悦，是幼儿最喜爱、最基本的学习与活动方式。而目前幼儿游戏活动中经常会出现：强调教师的设计，忽视幼儿自主自发生成的游戏；强调游戏的统一表现，忽视幼儿自由的表现；强调表面的"自主"，忽视建设性的引导。由此造成时而"假"游戏、时而"乱"游戏的现象，幼儿的内在学习兴趣、需求得不到重视，幼儿的学习品质、学习能力等得不到提高，游戏活动价值得不到充分发挥。

主题活动是幼儿围绕着一个主题，以自己的生活为基础，以实践和游戏为活动形式，教师适时适度地予以支持和引导，使孩子们在活动中体验探究的乐趣、习得相关的经验，促进幼儿健康和谐地发展。那若能有效地将游戏活动与主题活动整合起来，遵循高自主、低设计的理念，为幼儿提供一个生活、游戏、学习为一体的课程内容，引领幼儿的游戏、学习围绕主题深入开展，定能更有效地发挥游戏价值，促进幼儿发展。为此确立课题："《3—6岁儿童学习与发展指南》背景下幼儿园主题游戏活动的实践研究"。

二、研究内容与目标

依据幼儿兴趣需求，结合《3—6岁儿童学习与发展指南》目标确定适宜的游戏主题，建构主题游戏活动课程方案。在主题游戏背景下捕捉有价值的游戏行为，通过识别、诊断与回应，提高教师分析解读幼儿行为的能力及主题游戏活动有效的组织与实施能力。通过主题游戏活动的开展，促进幼儿积极主动、乐于探究、敢于创造等学习品质、学习能力的发展。

三、课题研究结论

（一）主题游戏内容的确定与选择

1. 贴近幼儿生活

生活中蕴含着丰富的教育资源，要真正让教育回到真实、鲜活、丰富的生活中来。如，春天到了，院内踏青是孩子们最喜欢、最熟悉的活动内容。院子里同是开花较早的漂亮黄色小花，它们样子看似相同，但又有区别，枝条也不太一样。咦，它们是什么呢？孩子们产生了好奇，于是一场探究"迎春花和连翘花"奥秘的主题游戏开始了。秋天到了，孩子们喜欢在草地上嬉戏，总会捡起草丛中的落叶、小草、小石子，再找来树枝架起废旧瓶瓶罐罐生火煮饭等——"野外餐厅"的主题游戏随之生成，它是孩子们生活中的乐事，此后的日子里搭建餐厅，设计菜单，招聘服务员、外卖小哥等游戏相继开展。再如，雾霾天气，孩子们来园、离园途中都要戴上厚厚的口罩，户外活动偶有取消，家人不让自己出门玩耍，孩子们很苦恼，感受到了雾霾天气已经严重影响了人们的日常生活。为此依据孩子们的生活所感，开展了"环保小卫士""保卫蓝天"等主题游戏。在活动中，孩子们主动地去了解造成雾霾天气的原因、雾霾的危害、生活中应该怎样保护环境等，并通过制作宣传海报、争做环保宣传员等方式来践行对保护环境的承诺。孩子们生活中切身感受的事件孩子们最关注，主题游戏活动开展起来也能真正调动孩子参与的积极性与主动性。

2. 关注幼儿兴趣点，注重幼儿的发展需求

在确定主题游戏内容时，关注幼儿兴趣并把游戏主动权还给孩子，同时更要科学分析幼儿的发展现状，识别孩子在游戏中遇到的困难，助力幼儿的发展需求。如，有一个升入大班的孩子带来了五子棋，很多孩子被棋

类游戏有输有赢的规则所吸引，每天总有很多孩子争着要玩棋。于是教师和孩子们共同调整班级区角，增添象棋、军棋、五子棋、自制游戏棋等。但在游戏活动开展过程中教师慢慢发现，部分孩子们有玩棋的热情，但是棋技欠佳，经常出现有的幼儿乱走棋，有的幼儿则因为不会玩而苦恼，同时出现有的幼儿不能正确对待输赢的现象。于是教师引领孩子们展开讨论：在玩棋游戏中你遇到了哪些困难？你想学哪种棋，怎样学？……为此在孩子的兴趣点和实际需求的基础上生成了"三幼好棋手"的主题游戏活动。组织开展了"认识各种各样的棋"、"向谁学下棋"和"学棋技"（孩子们感兴趣的各类棋）以及"下棋礼仪"、"三幼棋手大比拼"等丰富多彩的游戏活动。棋类游戏中的棋技问题还与小组教育活动相结合，进行了专门的各类棋的基本技法的学习活动，孩子根据意愿自选想学的棋。教师、小朋友、家长都可以成为棋师，除区角游戏时间，每天的餐前、自由活动、离园前等时间都是分享棋技的好机会。游戏、学习来源于孩子的兴趣和需要，所以孩子学习探究的主动性、积极性十分强。通过活动的开展孩子们会玩棋了，才真正感受到了棋类活动的乐趣；了解了多种棋的玩法与规则；知晓了各种下棋礼仪；幼儿的竞争意识和良好的竞争品质得到了锻炼；培养了幼儿遇到困难积极动脑，认真探究问题的能力；同时在游戏中增进同伴间的情感。

（二）主题游戏环境的创设

1.创设与主题相关活动区，发挥区域功能

要根据主题游戏的需要，创设符合幼儿发展需要的游戏区域并提供活动材料。让幼儿通过自身的摆弄、操作去感知、思考、寻找问题的答案，巩固、拓展主题游戏内容，习得生活、游戏经验。如，在"神奇的纸"的主题游戏活动中，有孩子观看了造纸术的视频，产生制作一张属于自己班的纸的想法。于是教师请孩子们去收集造纸的方法、造纸的材料……"纸工坊"活动区域出现了，并投放制作纸浆的材料（投放各种废旧纸等，目的是探究出适宜做纸浆的材料）、筛子、造纸框、白乳胶、木棒等。孩子们在不断地操作尝试中终于造出了第一张纸，高兴地悬挂在班级最显眼的地方。此后区域中又投放了各种不同的纸，孩子们立刻有了新的想法，尝试做不同的纸，如彩色纸。接下来各种能制造出颜色的五花八门的材料出现在活动区，如各种有颜色的蔬菜、水果、各种颜料等，经过孩子们的反复操作、探究尝试，一张张带颜色的彩纸制作成功。其间孩子们经历了一次次的失败、一次次的调整改进，最终获得成功。在整个过程中，孩子们发现问题、想办法解决问题、不气馁等能力和品质得到锻炼与提升。

2. 创设百宝箱，为主题游戏活动随机所需提供支持

为幼儿准备的游戏材料一般是根据游戏发展需要提供的。因此，往往在游戏深入开展以后，幼儿临时生成的游戏没有材料支持，会出现断层现象。为了避免这一现象，我们在各班级设置了百宝箱。在开展主题游戏活动前期让幼儿收集各种各样与主题相关的材料，有些材料前期也许无法使用，就将其存放在百宝箱中，其中包括成品及半成品材料。随着主题游戏的不断深入，丰富多样的材料会作为替代物或制作物品等派上用场，使主题游戏活动开展得有声有色，同时培养了幼儿的创新能力和解决问题的能力。

3. 创设与主题游戏呼应，"会说话"、开放式的主题墙饰

一是主题游戏网络展示。

用实物、图片来代替文字展示主题网络，并随着游戏活动的深入，不

断丰富网络内容。使幼儿随时了解主题游戏的内容与进程，并设想自己还要做什么。孩子每天来园的生活、游戏、学习都会在心中有小小的计划。开放式会说话的环境能使幼儿全身心地投入活动中去，明确了探究的目的，提高了探索的机会，有利于幼儿任务意识、主动学习等多方面能力的发展。

二是主题游戏活动轨迹展示。

在主题游戏背景下的每次游戏活动，教师鼓励孩子们用喜欢的方式记录自己游戏的内容或结果，并用适宜的方式在墙饰上展示。主题墙饰的创设源于孩子的游戏过程，所以主题发展脉络清晰，环境体现了动态性、发展性、互动性的特点。这样"会说话"、开放式的环境是真正属于孩子们自己的，他们乐于利用墙饰分享、交流自己游戏中的成功、收获、困难和疑惑，从而更好地发挥环境育人的教育功能。同时"会说话"、开放式的墙饰是让幼儿清楚自己做了什么、正在做什么、将要做什么，有利于让幼儿成为真正的主动学习者。

（三）主题游戏的组织实施

这个过程是教师和孩子们共同经历研究、调整、再研究、再调整的过程。

1. 主题游戏的预设

主题游戏的预设离不开对与主题相关内容的价值分析。预设主题网络是由许多与主题有关的子题编制而成，教师预设与师幼预设相结合形成。

教师预设。是教师对主题价值以及主题目标的理解，并根据孩子已有经验、能力水平、兴趣的预测，对主题提出了一系列的假设。教师通过创设一定的环境、条件，帮助目标的实施与完成。从目前探究的情况来看，教师预设的内容是不可缺少的，尤其是小班。

师幼预设。是主题游戏确定后教师和孩子共同讨论，根据幼儿兴趣、需求共同预设相关内容。例如与孩子讨论：对这个主题你知道什么？你还想知道什么？你的问题是什么？你对什么感兴趣？等等。讨论后将孩子们关注的点可以通过孩子投票、教师进行价值判断后的策略引领等方式进行筛选，并初步预设确定适宜的主题游戏内容。

2. 主题活动的推进

（1）兴趣的激发。主题内容是幼儿感兴趣的，幼儿学习的动力才会源源不断产生，在问题呈现时才能创造性地表现出自己的认识和想法。主题内容来源于孩子的兴趣和需要时，教师需要为孩子创设与主题相关的环境，关注孩子的兴趣点，顺势引导。主题来源于教师引发时，教师要通过各种各样的方式来引发孩子的兴趣，调动幼儿参与的积极性。一般采取创设问题情境、创设相关环境、投放与主题有关的材料、谈话讨论等方式，将主题情境进行相应的渗透，不断引发孩子的关注与参与活动的主动性。

（2）主题的开展与拓展。主题游戏活动实施的过程是教师和孩子们共同经历研究、调整、再研究、再调整的过程。需要预设、调整、实践、反思这样反复循环的过程。教师应成为幼儿学习活动的支持者、合作者、引导者，要创设有利于幼儿展现其主体性的机会与条件，通过幼儿创造性的活动，促进其发展。所以幼儿对主题产生兴趣之后，教师要根据幼儿的兴趣、需要、水平有序组织开展与主题相关的活动内容，推进主题游戏不断深入。

一是，预设活动要为幼儿提供参与尝试的机会，让幼儿通过探索活动、亲身体验来认识周围的事物。预设活动本身是一种情景，是一种可以引发幼儿生成主题的诱因，幼儿会因此而产生许多问题、兴趣与需要，也可以因此而积累各种学习经验，成为生成活动的基础，因此教师预设活动也是孩子们生成活动有效开展的前提。

　　二是，要把握好预设和生成内容的有效融合，使主题内容不断深入。教师预设主题和幼儿生成主题两者之间不是截然分开的，是一种"你中有我，我中有你"的关系，在具体的活动过程中是可以相互转换的。一个主题的拓展生成首先要分析内容是否有价值，是否贴近幼儿的生活，能否发挥幼儿的自主性，能否帮助幼儿提升解决问题的能力，能否有利于幼儿的实践操作获得新知，等等。通过实践我们梳理主题游戏活动生成的有效策略为：关注孩子的话题、问题——识别孩子的"真兴趣"；分析游戏中蕴含的价值——找到游戏中蕴含的"学习机会"；和孩子一起明确游戏新问题、新想法——丰富和拓展主题。如，由大班孩子们的兴趣引发的"三幼好棋手"第四板块"三幼棋手大比拼"主题游戏开展过程中，预设活动包括：班级棋类比赛、全园挑战赛、好棋手评选等内容。在进行班级比赛的过程中，孩子们受电视棋类赛事的启发，有了很多的想法。再如，全园挑战赛要有领队，要有主持人，要有裁判、记分员，邀请谁来观战，怎样组织大家报名等一系列的问题。于是在孩子们关注点上，教师顺势引导生成了"赛事工作人员竞选""制作挑战赛宣传海报""赛事标志征集"等多个主题背景下的游戏活动。通过活动我们真切地感受到了，关注孩子的有价值的兴趣，让孩子做游戏活动的主人时，他们的智慧是我们想象不到的，各种能力都得到了锻炼和发展；同时他们会保持持久的兴趣并能克服困难寻求办法来实现自己的想法，且能带动感染身边的人。

　　通过课题研究，幼儿学习兴趣、自主学习能力及良好的学习品质、学习习惯均得到更好的发展；教师观察分析能力、主题游戏组织与实施能力不断增强；研究过程中形成近17万字的文本资料，为园本课程建设提供参考依据；30余篇论文、案例获市级奖项，一篇论文在市级刊物发表。

基于图画书的幼儿园游戏活动的创新与实施

（天津市学前教育学会立项课题 课题编号：SXH135YS009）

天津市河东区第二幼儿园 张民

【摘要】本文运用行动研究的方法，尝试把图画书教育元素与幼儿园游戏活动结合起来，促进幼儿的全面发展。基于图画书的幼儿园游戏活动的设计原则和策略为：明确幼儿园游戏活动的目标；以图画书为载体对幼儿园游戏活动进行内容创设，其中包括如何选择图画书；预设每一个游戏活动的实施策略；建立幼儿园游戏活动的评价体系。与此同时，将图画书的幼儿园游戏浸润到整体环境及材料，让图画书成为幼儿更好的学习、游戏伙伴。

【关键词】图画书；游戏活动；幼儿

游戏是幼儿的基本活动，对于满足幼儿的身心发展需要，促进幼儿的全面发展意义重大。把游戏活动的主体精神与图画书中的多元教育价值结合起来，在主题游戏、区域游戏和一日生活游戏中让图画书成为幼儿更好的学习伙伴，更好地促进幼儿在游戏中和游戏化的活动中，生动活泼、积极主动地学习与发展。

一、以图画书为载体开展幼儿园游戏活动的研发

（一）研发背景与问题

图画书又称为绘本，是一种以图画为主，文字为辅，甚至是完全没有文字而全是图片的书籍。图画书所讲述的不仅是一个故事，还被渐渐纳入幼儿园教学活动之中，就像是个无声的教师，在潜移默化中伴随着幼儿的成长。目前，通过图画书的阅读开展幼儿园游戏活动的研究较为零散。鉴于图画书的本质特点和传播功能，结合幼儿的认知特点，以及我园多年在游戏研究中积淀的丰富经验，本研究以图画书为载体开展幼儿园游戏活动的实践性探索，使幼儿对图画书更加喜爱，同时让幼儿的游戏活动更加丰富多彩。

（二）研发目的与方法

本文采用行动研究法从微观角度出发，把游戏活动的主体精神与图画书中的多元教育价值结合起来，研究图画书在幼儿园游戏活动中所发挥的价值，探讨可供借鉴的建立以图画书为载体的幼儿园游戏活动的内容与途径，促进师幼共同发展。

（三）研发的游戏活动设计

1. 明确以图画书为载体的幼儿园游戏活动的目标

教育的核心目的是促进幼儿身心的全面发展。《幼儿园教育指导纲要（试行）》中也指出幼儿园的教育是从不同的角度促进幼儿情感、态度、能力、知识、技能等方面的发展。而游戏既是幼儿的存在方式，又是幼儿教育的存在方式。那么，游戏活动的目标也是促进幼儿这些方面的发展。具体还

要落实到每一个游戏活动中，并共同完成这些目标。

2. 挖掘以图画书为载体的幼儿园游戏活动的内容

根据幼儿的发展水平选择适合其年龄水平的图画书，引导幼儿在已有经验的基础上建构有益于身心的新经验。教师在设计游戏时既了解幼儿的身心发展规律和学习特点，又要全方面地了解图画书，包括从幼儿的体验、认知建构、意识和无意识的对话、文本视界的转变及情感能量的释放对幼儿图画书中的"游戏精神"进行阐释。在图画书和游戏活动的来源上，有时是由幼儿在阅读图画书时的兴趣或疑问而来，有时是教师为了促进幼儿的全面发展而设计出来的，有时是教师与幼儿互动的结果。

3. 预设以图画书为载体的幼儿园游戏活动的实施策略

在活动组织上遵循循序渐进的原则。由图画书引入，有时由于游戏活动的需要或者活动的深入情况不同而从图画书的任意部分引入，然后自然地引出游戏活动，游戏活动也要分为不同层次，难度逐渐深入，并且要在情境中自然衔接，最后幼儿之间分享感受和收获，教师适当地做总结。

主要以小组教学的形式。游戏活动就是让幼儿体验、感受并参与到活动中来，这不仅符合幼儿的发展特点，在操作中培养幼儿的情感和能力，还有利于提供更多交流互动的机会，同时有利于教师观察和指导每一名幼儿。

虽然基于图画书的幼儿园游戏活动是为班里多数幼儿设计的，但也会考虑到幼儿的个体差异，在同一游戏中设计不同的角色、应用不同的材料或者下发不同的任务。

4. 建立以图画书为载体的幼儿园游戏活动的评价体系

游戏活动实施后的评价一方面包括对每个或者系列游戏活动的反思评

价，这是为了教师可以根据评价调整和修改前面的游戏活动内容，或者是发现更适合促进幼儿发展的图画书进而更换图画书；另一方面还包括对整个游戏活动体系有效性的评估。

因此，基于图画书的幼儿园游戏活动的研发路径为：明确教育目标和幼儿发展水平→选择和解读图画书→设计具有游戏精神的游戏活动→实施考察→反思调整。这时的反思调整可以回到上述任何一个环节，形成循环系统，直至形成相对成熟的游戏活动。

评价主体是幼儿、教师、研究者共同参与的过程，但是以教师自评为主，因为教师是基于图画书的幼儿园游戏活动的设计者、实施者和研究者，直接与幼儿互动，可以根据幼儿的情况随时调整自己的教育行为。

二、以图画书为载体开展幼儿园游戏活动的创新与实施

（一）在常态化图画书阅读中，挖掘游戏活动主题

教师有目的、有计划地筛选与幼儿年龄特点相符，深受幼儿喜爱的素材，在阅读中与幼儿一起讨论这些图画书可以开展哪些游戏活动，把静态的图画书内容变为动态的游戏活动，从而使幼儿爱玩的天性得以充分释放。

1.贴近幼儿生活，达成幼儿的能力培养

通过阅读《阿力会穿裤子了》《鳄鱼不刷牙》后，师幼开展了生活游戏"穿穿脱脱"和音乐游戏"刷牙歌"，通过音乐和舞蹈帮助幼儿掌握穿衣服、刷牙的方法，使幼儿了解一系列的日常行为动作，提升幼儿的独立性以及自理能力；在自主阅读《脸，脸，各种各样的脸》一书中，幼儿感知多样的表情，学会一一对应，了解整体与局部的概念；在集体阅读《换一换》《我的友情要出租》《躲猫猫》中，孩子们感受到友情的慰藉和伙伴间分享的快乐，由此生成的无论是玩"剪刀、石头、布"的猜拳游戏，还是"一二三

木头人""迷藏捉""找朋友"的游戏，都能玩得很开心。

2.与领域教学相融，促进幼儿的主动学习

随着"小蓝和小黄""我是彩虹鱼""彩色的乌鸦"阅读活动的开展，拓展生成了泥塑、色彩融合的游戏，使幼儿惊奇地发现当两种颜色重叠、相融后，竟然产生另一种颜色，有了尝试探索更多颜色相融的愿望，同时这种变化激发了幼儿的想象力，开展了多种形式的美工游戏；读了《蹦》和《哇》，孩子们玩起了跳呼啦圈游戏，通过游戏提升幼儿参与的乐趣，了解"蹦"的意义；在阅读了《母鸡萝丝去散步》《鸭子骑车记》后，大班的孩子讨论、创设出了不同形式的户外体育游戏；在阅读《大家来听音乐会》《不来梅的音乐家》后，师幼在一日生活的转换环节中开展了"击鼓传花""寻找带头人"的游戏，充分调动幼儿的多种感官，感受音乐的独特魅力；通过益智区的钥匙开锁游戏，孩子们再一次深入阅读《晚安，大猩猩》，使幼儿通过开锁了解钥匙和锁的关系，提升动手能力，丰富生活经验积累。

3.感受传统节日，提升幼儿的情感体验

《端午节》《团圆》《过春节》等图画书，以富有传统文化特色的图画，原汁原味地讲述了我国传统节日的来历、习俗，使幼儿从图画书中找到自己或身边生活的影子，引发情感的共鸣。师幼开展了竞技游戏"划龙舟"、音乐游戏"包饺子"，用游戏的方式演绎中华优秀传统文化。

（二）在深入化图画书解读中，演变游戏活动形式

幼儿只有在游戏中才是完全、真正享受着自由的。幼儿可自由结伴，也可以独自游戏，他们用自己感兴趣的方式，全身心地投入游戏中，在游戏中再现图画书故事情境，自主积累游戏经验和能力。

1.借助一本图画书开展多种游戏形式

例如，图画书《好饿的毛毛虫》是一本充满了诗情与创意的图画书。幼儿对富有韵律的语言、每页书中圆圆的洞特别感兴趣。故事中的绿叶、大地、蝴蝶、五彩缤纷的果实、炽热似火的太阳，都是幼儿身边的事物、熟知并喜爱的食物；故事中展现的星期一、星期二……都是幼儿每天所经历的时间。因此，教师挖掘其中的各项元素创设游戏情境，开展多种形式的游戏活动，来了解更多的水果，感知蝴蝶的生命周期，理解一个星期的概念和数字，从中更能感受到生命的美丽。

借助故事中的内容，教师和幼儿一起进行语言游戏，学习量词的表述，尝试用"如果我是毛毛虫，我喜欢吃……"和"如果我是毛毛虫，我会……做"的句式说一句完整的话；用肢体表现毛毛虫和蝴蝶的动作；用毛绒球、毛绒棒、糖纸……做毛毛虫、蝴蝶，用毛毛虫、蝴蝶道具演毛毛虫、蝴蝶；用自己绘制好的食物、玩具、做事情的图片，来试着安排自己一周所要做的事情；开展数学游戏，巩固5以内数量对应关系及数列关系。

2.借助一本图画书开展不同难易程度的游戏

同样是借助《好饿的毛毛虫》一书，我们尝试在不同的年龄班开展体育游戏活动。小班幼儿戴上毛毛虫的头饰，把自己想象成那只可爱的、独一无二的毛毛虫，在垫子上"双手双膝着地向前爬"；中班游戏活动增加了难度，每一名幼儿身上贴着1—7其中的一个数字，幼儿爬到终点后要取到与自己身上所贴数字相应数量的食物（如一个苹果、两个梨子、三个李子、四个草莓、五个橘子……），幼儿在游戏中乐此不疲地重复着故事中的语言，并不断增加着食物的品种和数量，幼儿在游戏中用自己的方式尝试着学习；大班幼儿的活动就更具有挑战性了，孩子们在"匍匐爬"的同时，创设了丰富的游戏情境，用拱形门、平衡木、多个轮胎、垫子等器械搭建了毛毛虫成长过程中所走过的路——想象着毛毛虫要"钻、攀、爬、纵跳"，最后变成一只美丽的蝴蝶飞舞起来（幼儿用快速跑表现"飞"的动作），情境的创设中既有活动量大的区域又有活动量小的区域，幼儿自主地在游戏中尝试多种运动技能，并根据自身运动能力选择一个或多个任务，培养勇于挑战、超越自我的精神。绘本的融入增强了户外游戏的趣味性，幼儿在游戏中感受到了毛毛虫变成一只蝴蝶这样生命的美丽、生命的不可思议。

在丰富的阅读活动中，幼儿对图画书越来越感兴趣，对图画书游戏更是乐此不疲。在实践与探索中教师采用多样化的引导策略，从游戏活动主题、活动设计、情感表达等多方面深入分析，选取适宜的关键点，并在游戏活动中让幼儿有更多的机会思考"可以玩什么""我们要怎样玩"，为幼儿的自主游戏提供适时引领，让幼儿有更多的自主权；为幼儿的游戏提供支持，让幼儿有更多的选择权；为家长的参与提供教育智慧，家园合作，让幼儿有更多的游戏权。

（三）在情境化的阅读过程中，营造游戏活动环境

为幼儿提供一个色彩和谐、形象生动、内容丰富、有效互动的环境，可以激发幼儿的好奇心，从而在与环境的互动中不断地激发幼儿的阅读兴趣，培养幼儿自主学习的能力，让图画书成为幼儿更好的游戏伙伴。

1. 以图画书为依托，创设走廊环境

秋季，结合季节特征，在楼梯两侧的墙上分别以"秋收"和"冬藏"为主题创设图画书环境。《不愿冬眠的小刺猬》富有童趣、画面色彩明快、故事简洁，深受幼儿喜爱。教师选取图画书中的主要图片形成故事线索，

用无纺布作为主要材料，以生活中的棉花、果壳等废旧材料为辅助创设生动活泼又富有立体感的墙饰。

在另一面"冬藏"的墙饰中，不仅有《不愿冬眠的小刺猬》的延续，还有《雪孩子》中的一个场景和几个由近到远、由深到浅的小脚印，其余则是小面积的留白。"冬藏"的简洁、留白正好与"秋收"的丰富多彩形成鲜明对比，有繁亦有简，不仅从视觉上形成和谐。另外，留白也为幼儿提供了一个"舞台"，激发幼儿开展丰富多彩的阅读活动的兴趣。在幼儿以后的阅读活动中，他们会发现更多与"冬天"相关的故事，以此来丰富自己的阅读经验。

2. 依托主题阅读环境，引发自主游戏

教师根据本班幼儿的年龄特点及学习兴趣选择了某一系列的图画书进行班级环境及主题的创设。如《鼠小弟》系列、《小鳄鱼克罗迪和他的朋友们》《大脚丫跳芭蕾》《小鸡海蒂》等。教师将图画书故事的封面展现在一楼大厅，同时将图画书故事中的主人公或场景汇集在同一画面中，并以一条主线《阿罗有只彩色笔》贯穿。

开始的时候，当幼儿看到各种颜色鲜明的动物、人物呈现在眼前时，有的只是欢喜和好奇。随着班级活动的不断开展和深入，他们会在走廊中发现"这是我们班的毛毛虫""老师给我们讲过大脚丫跳芭蕾的故事""鼠小弟够不着苹果，是海狮帮他的"……

与这些相匹配的是每个班的图画书的主题游戏，如中班的《小鳄鱼克罗迪和他的朋友们》《小狐狸的枪和炮》《精灵鼠小弟》，大班的《小鸡海蒂》和《大脚丫》系列、《搬过来搬过去》系列。并且这些图画书内容也浸润到各个区域活动，孩子们可以在表演区表演图画书的内容；在美工区制作

"神奇的蛋""毛毛虫"等;在科学区了解测量和"鞋码";在图书区自制图书《母鸡萝丝去散步》等;在户外体育游戏中玩"搬过来搬过去";一日生活的过渡环节玩图画书的猜谜游戏。

三、以图画书为载体开展幼儿园游戏活动的活动成效

在基于图画书开展幼儿园游戏活动的深入研究中,我们关注了幼儿的图画书阅读与游戏的融合,探究了游戏的核心价值,教师们充分挖掘图画书的教育元素,寻找恰当的角度,发挥图画书在幼儿园游戏活动中的多重作用,形成幼儿阅读活动与游戏活动的最佳切入点,从而引导幼儿在游戏中和图画书形成互动,让孩子的游戏内容变得更为丰富;在此幼儿不仅创意出多样的游戏活动,而且更加喜爱阅读,更加喜爱图画书,更加体悟出图画书中所传递出的精神世界;在阅读与游戏共融的进程中,也将这种游戏精神延伸到各个家庭,不仅增加了亲子阅读的情趣,还有更多的游戏生发出来,从而最大限度地发挥游戏的作用和价值。

【参考文献】

[1] 教育部基础教育司.《幼儿园教育指导纲要(试行)》解读 [M]. 南京:江苏教育出版社,2002.

[2] 刘焱.儿童游戏通论 [M]. 北京:北京师范大学出版社,2004.

[3] 彭懿.世界图画书:阅读与经典 [M]. 南宁:接力出版社,2011.

[4] 孙瑛.幼儿园绘本游戏课程的目标与实施 [J]. 学前教育研究,2017(2):64-66.

建构游戏中幼儿合作学习行为
分析及指导策略研究

（天津市学前教育学会"十三五"研究课题　课题编号：SXH135SH013）

天津市东丽区教师发展中心　张春丽

【摘要】随着幼儿自我意识的不断发展，其个体对周围世界的接纳愿望逐步强烈，活动形式从单一的个体游戏逐步过渡为群体游戏，合作愿望逐渐增强，合作学习就会应运而生。教师应抓住这难得的教育契机，给予适时关注和支持，促进幼儿合作学习。本课题以幼儿建构游戏为载体，在大量研究分析幼儿合作学习行为的基础上，探索出六大合作指导策略，对提高教师培养幼儿的合作意识及分析幼儿合作行为能力有着现实的指导意义。

【关键词】建构游戏；合作学习；行为分析；指导策略

一、研究目的与意义

合作学习在 20 世纪 70 年代兴起于美国，80 年代被引入我国，在幼儿教育领域，合作学习的重要意义逐渐被广大幼儿教师所认识。培养幼儿学会合作学习的品质已是当前教育的重要目标之一，是幼儿未来发展、适应社会、立足社会不可或缺的重要素质。苏联心理学家维果茨基提出：随着幼儿自我意识的不断发展，其个体对周围世界的接纳愿望逐步强烈，在活动形式从单一的个体游戏逐步过渡为群体游戏的同时合作的愿望也逐渐增强。幼儿在学会合作学习的过程中逐渐克服自我中心，同时能够养成一种协商合作和利他的亲社会行为。本课题以建构游戏为载体，旨在教师在自然状态下，学会观察分析幼儿在建构游戏中合作学习的行为表现，探索积极有效的指导策略，促进幼儿合作学习，促进教师专业化成长。

二、核心概念界定与研究文献综述

1. 核心概念界定

建构游戏是指幼儿利用不同的建构材料，按照一定的计划或目的来组织、操作建构物体或材料，通过与建构活动有关的思维和创作塑造物体形象，创造性反映周围生活的游戏。

合作是指两个或两个以上的个体为了实现共同目标（共同利益），而自愿地结合在一起，通过相互之间的配合和协调（包括语言和行动）而实现共同目标（共同利益），最终个人利益也得到满足的一种社会交往活动。

合作学习：是以合作学习小组为基本形式，对于幼儿来说，在游戏、生活、学习中，能主动配合、分工合作，协商解决问题，从而确保活动顺利进行，同时每个人都从相互配合中体验到合作游戏的快乐。

2. 研究文献综述

国内外有研究者认为幼儿在2—6岁各年龄阶段都有合作行为存在，但在4岁左右发展最快。日本学者岩田纯一曾指出：中班幼儿可以与同伴一起玩耍，甚至还出现了关系良好的小群体，这是合作学习的必要条件。4 岁左右之所以是幼儿合作行为与合作学习水平发展的重要转折点，其原因之一是 4 岁左右，幼儿开始能够站在对方的立场来考虑问题，并能开始推测他人的心理状态如想法、信念、知识等。建构主义认为，知识不是通过教师传授得到，而是学习者在一定的情境即社会文化背景下，借助其他人（学习伙伴）的帮助，利用必要的学习资料，通过意义建构的方式而获得。由于学习是在一定的情境即社会文化背景下，通过人际间的协作活动而实现的意义建构过程，因此建构主义学习理论认为"情境"、"协作"、"会话"、和"意义建构"是学习环境中的四大要素或四大属性。

三、课题研究目标与内容

1. 研究目标

（1）自然状态下，学会观察分析幼儿在建构游戏中合作学习的行为表现。

（2）探索教师采取主动观察、适度应答、积极评价对幼儿发展的促进作用。

（3）建构游戏中探索积极有效的幼儿合作学习指导策略。

2. 研究内容

（1）建构游戏中幼儿合作学习的行为表现方式。

（2）以"幼儿学习故事"为载体，探索如何对幼儿合作学习行为进行积极的评价。

（3）针对幼儿合作学习的行为方式教师采取什么样的指导策略更为适宜。

四、研究方法与实施步骤

（一）研究方法

（1）观察法；

（2）行动研究法；

（3）叙事研究法；

（4）经验总结法。

（二）实施步骤

1.课题准备阶段（时间：2017.03—2017.08）

主要任务：收集资料、编制表格、制订课题研究计划、撰写开题报告。

2.课题研究实施阶段（时间：2017.09—2019.12）

主要任务：明确分工、确立实验班、运用表格及视频等工具进行观察记录、阶段分析总结、撰写"学习故事"、撰写课题研究的中期报告。

3.课题结题阶段（2019.12—2020.07）

主要任务：收集课题研究资料、撰写研究报告、完成研究成果汇编等工作。

五、课题研究过程与成效

（一）客观分析了幼儿合作学习行为

1.自我中心占主导

幼儿仍处于自我中心的思维发展阶段，著名的瑞士心理学家皮亚杰所设计的"三座山实验"，是自我中心思维的一个典型的例证，无论是直觉行动思维，还是具体形象思维，都是一种以自己的直接经验为基础的思维。

这就使得它们均带有一种自我中心的特点，倾向于从自己的立场观点认识事物。因此，幼儿在建构中往往会按自己的意愿进行拼搭，而不会关注到同伴的想法和需求，随着幼儿思维的发展，抽象思维慢慢开始萌芽并发展，这个时期的自我中心特点会逐渐消退，幼儿开始学会从他人和不同的角度来思考问题，会逐步接受同伴的想法和做法。

2. 合作意识渐增强

从幼儿的游戏水平发展看，平行游戏和联合游戏出现较多，虽然幼儿之间有交流和互动的成分，但他们仍然按照自己的意愿建构，并不能围绕一定的目标和分工来进行有组织的游戏，只有到大班末期才开始出现有组织、有目的的合作游戏。但从同伴交往的角度看，幼儿之间良好的同伴交往关系会产生安全感和归属感。所以，他们愿意找自己喜欢的同伴共同游戏，幼儿在与同伴交往时经常会表现出明显的愉快、兴奋，更自主地投入各种活动。因此，幼儿在游戏中选择自己喜欢的同伴一起参加活动，合作学习初具雏形。

3. 自然使用替代物

瑞士心理学家皮亚杰认为："儿童需要游戏，尤其是象征性游戏。原因在于儿童难以适应周围的现实世界，儿童不得不经常使自己适应于一个不断地从外部影响它的由年长者的兴趣和习惯组成的社会世界；同时又不得不经常使自己适用于一个对他来说理解得很肤浅的物质世界。因此，为了达到必要的情感和智慧上的平衡，为了满足他自己的需要，儿童就去做象征性游戏。"苏联心理学家列昂节夫指出："不是在想象的情境里产生游戏行为，而是操作与行动不相符合时，才产生出想象的情境。所以，不是想象规定游戏行动的，而是游戏行动的条件，创造了产生想象的必要。"因此，幼儿乐此不疲地寻求替代物来满足自己的精神世界需要，同时这些替代物给了幼儿很大的想象空间，让他们的内心世界充满丰富的想象，将自己对周围世界的认识通过替代的表征形式充分地展现在他们的游戏之中。

4. 合作过程起冲突

在日常生活游戏中，幼儿之间发生冲突是最平常不过的事。儿童发展心理学研究结果表明，前运算阶段幼儿的思维和言语最突出的特点就是自我中心。处在这个阶段的幼儿只能站在自己的视角而不能站在他人的视角考虑问题，不能认同和接纳与自己不同的观点，很少关注别人的想法。所以，他们都认为自己是对的。西方社会冲突论的主要代表英国社会学家拉尔夫·达仁道夫认为，"冲突是社会进步的动力"。当幼儿之间发生冲突时，如果教师能够适当引导，借助冲突的焦点让幼儿共同讨论，建立新的认知经验，就会促进幼儿的社会性发展。因此，要关注幼儿之间的冲突所蕴含的教育价值，明确冲突是幼儿社会性发展教育的重要途径。

5. 游戏进展出瓶颈

苏联教育家维果茨基认为，"儿童有两种心理发展水平。一种为'实际发展水平'，可用学习任务加以检测，观察儿童是否能独立完成任务。第二种为'潜在的发展水平'，以儿童能与教师，或更有能力的同伴合作完成任务加以检测，这两种水平之间的距离就是最近发展区。"基于此又产生了新的教学理论——支架式教学，把学习任务逐渐由教师转移给学生自己，最后撤去支架，由学生自行解决问题或任务的过程。上述观点可以看出，当幼儿在原有的经验水平上出现了发展的瓶颈，并不意味着幼儿就停留在原有水平上，没有了发展空间。维果茨基指出：游戏创造了儿童的最近发展区。即幼儿通过游戏会发挥出超越自己实际能力和水平的潜在表现，这种表现往往会通过教师给予幼儿一个支架，幼儿潜在的发展水平就会显现出来，从而在原有基础上获得新的发展。

（二）探索了合作学习的指导策略

1. 投放难度适宜的建构材料

建构游戏的材料种类花样繁多，且能塑造出各种不同造型，但每种材料都有其局限性和延展性。中大班幼儿的搭建技能逐渐成熟，在材料的投放上可以考虑选择有一定难度的建构材料，需要幼儿三三两两商量琢磨怎样使用的材料。定期投放新的建构材料以及辅助材料，幼儿容易关注到这些新材料，调动了幼儿参与游戏的积极性。当新材料不会使用时，产生一定难度，这时能力强的幼儿往往会成为合作团队中的领导者，他们会将自己探索的经验、玩法和使用诀窍分享给其他幼儿，在其活动过程中发生了合作学习，在共同探讨的过程中提高合作能力。

2. 设计合理的建构主题

不同的建构主题对于中大班幼儿的合作行为有不同的影响，在现实建构游戏中，幼儿之间的合作并不多，诸如"盖高楼"，因为该主题以具体事物为主，而且比较简单，限制了幼儿之间的交流，幼儿更多的是先完成自己的任务，再去寻求合作；而虚拟的建构游戏"我的小小社区"，促使了幼儿之间的交流，让幼儿通过自身生活经验产生建构的想法，绘制出心中的愿景，再通过分工、合作来完成建构任务，活动开始就提供了更多寻求合作的机会。但不管哪种主题，都有促进幼儿合作学习的机会，因此，教师应该合理设计建构游戏的主题，有意促进幼儿之间高水平的合作。

3. 鼓励不同性别幼儿合作游戏

张丽玲教授在《儿童合作行为中的性别角色差异研究》中提出"要改变儿童性别角色概念，以缩小儿童的合作行为中的性别差异"。建构游戏中，教师应鼓励、表扬不同性别幼儿的合作。在游戏主题设置方面，尝试设置异性交往的主题游戏，使异性幼儿之间相互配合、相互帮助、共同完成任务变成一种习惯，促进幼儿健全人格发展。教师可以运用自己的言语评价来引导幼儿与异性同伴交往，根据不同的主题内容分别让幼儿对性别角色有一定的认知，同时有合作成功的体验，让不同性别的幼儿对彼此有更加积极的认识，感受同伴合作学习的重要性。

4. 适时介入强化幼儿合作意识

幼儿合作意识将影响师幼之间的互动与合作，直接影响合作行为的发生与否。通过多次观摩幼儿的建构游戏，可以发现幼儿合作意识并不强，特别是在游戏一开始。因此，教师应该巧妙地、适时地、恰当地介入游戏，仔细观察幼儿正在做的事情，倾听幼儿的自言自语和幼儿之间的对话，了解幼儿正在进行的活动。在了解幼儿意愿和他们的中心话题之后，教师以"伙伴"的身份介入游戏中，学会制造问题，让幼儿产生合作的想法，学会邀请同伴参与合作，共同解决正在面临的困难，引导幼儿潜移默化地合作学习。

5. 借助偶发事件的契机

由于幼儿之间存在建构技能、性格特点、语言表达能力等方面的不同差别，有时候幼儿合作之间会产生各种问题。在游戏开展前容易有分组问题产生，如何能礼貌地邀请同伴参与游戏。在游戏过程中出现游戏材料的矛盾，如何与同伴分享资源，如何与同伴协商借用物品；如果小组间有不同的想法，怎样尝试商量解决……在建构游戏过程中，教师应关注游戏状态下的偶发事件进行适宜指导，使幼儿在建构游戏中更主动地参与合作、共同完成作品，获得成功的体验。

6.利用游戏分享环节

游戏分享环节既是给幼儿展示的机会，更是帮助幼儿梳理经验激发进一步游戏的愿望。利用游戏分享环节把游戏中发生的闪光点、产生的问题、怎样解决问题以及以后的设想进行交流。通过幼儿之间的分享，可清晰地看到自己小组与其他小组的不同，进而借鉴其他组成功的经验，渐渐地幼儿形成相互配合、自主分工合作的良好行为，合作学习也应运而生。

六、研究结论与思考

（一）研究结论

（1）教师把握好幼儿合作行为指导策略，有利于促进幼儿社会性发展。

（2）创设合作机会和环境，有利于引发幼儿合作学习的动机，提高幼儿学会解决问题的能力。

（3）通过实践研究，提升了教师专业技能和素养，更能准确观察幼儿的行为，更好地支持幼儿的学习。

（二）研究思考

研究对象主要集中在中大班幼儿，研究的结论还有待进一步在实践活动中加以证实。研究方法多以行动研究法和实证研究法为主，缺乏科学的数据分析。在今后的研究过程中应借助科学的研究方法，增强研究的信度和效度。

【参考文献】

[1] 高觉敷 . 西方心理学的新发展 [M]. 北京 : 人民教育出版社 ,1987.

[2] 华爱华 . 幼儿游戏理论 [M]. 上海 : 上海教育出版社 ,2003.

[3] 张兰香 . 冲突是幼儿社会性发展的重要课程资源 [J]. 教育理论与实践 ,2019,39(5):41–42.

[4] 俞芳 , 郭力平 . 对维果茨基"最近发展区"理论的重新解读 : 整合游戏背景与教学背景下 ZPD[J]. 上海教育科研 ,2013(8):9–12.

[5] 张丽玲 . 儿童合作行为中的性别角色差异研究 [J]. 天津师范大学学报 (基础教育版),2000(1):12–16.

幼儿游戏行为观察的实践研究

（天津市学前教育学会立项课题 课题编号：SXH135YX024）

天津市滨海新区塘沽教育中心 张荣

【摘要】幼儿是喜欢游戏的，幼儿在游戏中多方面能力和技能、情感态度都能得到个性化的发展。作为一名幼儿教师能否客观、具体地了解、把握幼儿的这些情况，以便给予幼儿发展以有效的专业化支持是目前幼儿教育存在的最大问题之一。教师经常在观察儿童的游戏，但往往是偶然的、无目的的，其结果是"几乎不知道儿童在游戏时间都做了些什么"。因此，获得幼儿发展的客观、理性的信息，给予幼儿有针对性的、适宜的支持与帮助是进行此项研究的目的和意义所在。

【关键词】幼儿游戏行为；观察

一、问题的提出

简单地说，游戏活动作为幼儿园课程的主要内容，肩负着促进每个幼儿健康发展的任务。幼儿的发展状况、发展水平、发展特点以及在发展中他们有怎样的需求，这些都是我们面临的需要认真思考与研究的问题，因此获得幼儿在游戏中发展的相关信息，给予有针对性的、适宜的支持与帮助是进行此项研究的目的和意义所在。

所谓"幼儿游戏行为的观察"是指在幼儿游戏的情境中观察他们的行为，对他们的个性、需要、兴趣等不同方面进行多种形式的记录，获取幼儿发展过程中的相关信息，确定相应的支持性策略，调整教师的教育行为。

此项研究的目的是结合幼儿在园游戏活动的现状设计出有效易行的游戏行为观察记录表在教师日常工作中使用。研究内容聚焦于游戏行为观察记录表在教师日常实践中的适用性并在此过程中引导教师把握观察的视角，获取儿童发展需求的信息。

二、研究过程与成果

此研究共分为三个阶段。

（一）第一阶段为设计并试用、调整游戏观察记录表格的初始阶段

在此阶段以行动研究法为主贯穿全过程，组织课题组成员针对"幼儿游戏行为的现状""游戏对儿童个体发展的促进作用"等方面进行反思，开展相关的学习与研讨，运用观察法将日观察记录表在日常游戏活动中试用。

游戏行为观察记录表的设计宗旨是试图引导教师关注儿童在不同的游戏活动中个体的参与状态如何；个体的能力、技能方面的原有经验与新经验在游戏中的关系；个体在游戏中是如何自我发展的；个体在游戏中的发展需要哪些方面的支持；在游戏中个体与同伴群体的关系是怎样的状态等。设计初衷是考虑到教师日常工作的繁杂，欲将此表设计为室内各种游戏观察的通用表格。

在表格内容的设计中采用了以关注幼儿学习品质的关键词汇为引导的方法，如"选择游戏的目的性""对游戏的兴趣性""材料的选择与使用""同伴交往状态""作品完成情况""游戏的规则意识"，这几个短语的引领既有导向性又给了教师宽松自主的观察和分析的空间。

在这一阶段为了便于课题组教师之间的沟通交流，观察表仅限于在美工区试用。美工区活动常常伴随平面或立体作品的出现，而作品本身也反映出儿童游戏的状态、水平，因此美工区作品分析记录表也在此阶段推出试用，同阶段还推出游戏行为观察月情况分析记录表（如表1—表3所示）。

表1　幼儿游戏行为日观察记录表（美工区）

观察区域（游戏内容）_____　　班级_____　　观察时间_____　　观察教师_____

项目	姓名			
选择游戏的目的性				
对游戏的兴趣性				
材料的选择与使用				
同伴交往状态				
作品完成情况（可附图片）				
游戏的规则意识				
教师的分析				

表2　美工区幼儿作品分析记录表

园所_____　　幼儿姓名_____　　性别_____　　年龄（精确到月份）_____

作品类型	作品名称	作品展示	作品分析
平面作品	作品1	（作品照片）	作品分析［主题来源（班里的活动还是自己的兴趣）、色彩的运用、构图的现状、材料的使用、创意的特点（细腻或粗犷）］通过作品的现状还可以分析出小朋友发展的水平、兴趣取向、审美水平、色彩的倾向性、认知的水平、以往的生活经验、自身发展的需求等
	作品2	（作品照片）	
造型作品	作品1	（作品照片、正面及不同侧面）	
	作品2	（作品照片）	

表3　幼儿游戏行为观察月分析记录表（班级）

班级＿＿＿＿＿　　　　　年、月＿＿＿＿＿　　　　　教师姓名＿＿＿＿＿

幼儿姓名	项目													案例数量	类别	综合分析、综合印象及支持性策略或思考
	参与各区域游戏次数及作品数量															
	艺术		科学		角色		建构									
	次	数	次	数	次	数	次	数	次	数	次	数			

观察人数共计：＿＿＿＿＿人

在近一个学期的使用体验中，针对日观察记录表格在格式设计和项目内容的表述上又进行了两次调整。有些项目增加了说明性文字，有些项目提示更加具体明确，便于教师理解操作，如表4、表5所示（加下划线的部分为每一次改进调整的部分）。

表4　美工区游戏观察记录表（调整版）

班级＿＿＿＿＿　　　　　观察时间＿＿＿＿＿　　　　　观察教师＿＿＿＿＿

区域材料投放情况：				
幼儿姓名	目的性	兴趣性	材料的选择和使用	作品情况（可附照片）
教师的分析（包括幼儿的交往状态）：				

表5　美工区游戏观察记录表（二次调整版）

班级_____　　　　观察时间_____　　　　观察教师_____

区域材料投放情况（可以图文结合的方式体现）：				
幼儿姓名	选择游戏内容及材料的目的性（客观描述）	达到目的的过程中对材料的兴趣性（客观描述）	选择了哪些材料，如何使用的（客观描述）	作品情况（可附照片）
教师的分析（包括幼儿的交往状态）：				

这样的调整是为了引导教师在观察幼儿游戏过程中能够思考游戏状态与游戏材料提供二者之间的关系，进一步理解游戏环境对于支持儿童在游戏中发展的重要性。这一阶段还结合教师们的实践反馈将通用表格的设计思路改为各区域游戏专用表格的设计，在此阶段完成了美工区游戏观察表的定稿。

（二）第二阶段以观察法为主试用各区域观察记录表，并运用行动研究法验证记录表的可行性

在第一阶段以美工区游戏观察为突破点的基础上，此阶段增加了建构游戏和角色游戏的观察实践，并获得教师实践体验的信息反馈，不断调整表格的适宜性、可操作性。结合建构游戏的特点及其所蕴含的教育价值，在表格的项目内容中设计了建构能力及水平的发展现状、问题解决的能力、社会性发展的体现及作品的水平几个部分，并结合游戏背景进行综合性观察与分析记录，如表6—表8所示。

表6 建构游戏观察记录表

观察时间＿＿＿＿＿＿＿ 观察教师＿＿＿＿＿＿＿

建构主题背景或来源、建构周期					
幼儿姓名	建构水平	建构中的角色（社会）		有无问题的解决（简单描述）	作品照片
		主导	辅助		
教师的分析：					

表7 建构游戏观察记录表（调整版）

观察时间＿＿＿＿＿＿＿ 观察教师＿＿＿＿＿＿＿

建构主题背景或来源、建构周期					
幼儿姓名	建构行为	建构中的角色（社会）		有无问题的解决（简单描述）	作品照片
		主导	辅助		
教师的分析：					

表8　建构游戏观察记录表（二次调整版）

班级_____　　　　　观察时间_____　　　　　观察教师_____

建构主题背景或来源、建构周期（同一背景及周期中不用重复填写，有调整及变动时再行表述。此项内容视具体情况调整版面空间）：					
幼儿姓名	建构技能	建构中的角色（社会）		有无问题的解决（简单描述）	作品照片
		主导	辅助		
教师的分析：					

　　针对用怎样的词汇表述幼儿在建构游戏中水平现状的导向性观察更易于被教师们普遍理解和把握也进行了多次的尝试和调整，由表6中的"建构水平"调整为表7中的"建构行为"再调整为表8中的"建构技能"，最终与教师们达成一致定稿为"建构技能"。在建构主题、背景一栏中也获取了教师们的实践反馈又进行了文字说明补充细节，这个不断调整的过程也是我们在此课题的研究中不断地思考、改进和验证观察记录表的可行性过程。

　　角色游戏反映了儿童多方面的发展，包括语言的发展、交往能力的发展、自我意识的不断提高、生活技能的再现与提升等，因此，在这个表格的项目设计中力图将这多方面的发展要素以关键词的方式呈现在表格中，试图引领教师们有目的地观察和发现每个个体儿童发展的轨迹。观察表的不断调整也是在与教师们不断的互动中逐步地改进，以达到可推广性、普遍适用性的目的，如表9、表10所示。

表9　角色游戏观察记录表

班级_____　　　　　　观察时间_____　　　　　　观察教师_____

游戏主题背景或来源简介：				
幼儿姓名	角色意识	语言的运用	情境中的动作技能	游戏状态描述
教师的分析：				

表10　角色游戏观察记录表（修改版）

班级_____　　　　　　观察时间_____　　　　　　观察教师_____

游戏主题背景或来源简介（此项内容视具体情况调整版面空间）：				
幼儿姓名	角色意识			语言的运用（幼儿的语言再现）（角色语言的表达、语言发展中好的词汇句子的表达、礼貌用语）	情境中的技能状态
	强	中	弱		
游戏状态描述：					
教师的分析：					

　　在角色游戏观察表的调整过程中将表9中的"角色意识"（试图通过简单语言表达）调整为表10中的"强、中、弱"三个水平的选择式记录。在"语言的运用"一项增加了观察提示的文字说明，便于教师理解和操作。

（三）第三阶段为不断解决问题，针对性研讨、推广记录表阶段

在前期实践研究的基础上不断解决过程中的相关问题，继续开展有针对性的研讨、讲座与交流，并将记录表逐层推广，覆盖所有国办幼儿园全体教师。

到此阶段，我们初步完成了应用"游戏行为观察记录表"对儿童在美工、建构、角色游戏中进行观察的实践与研究的尝试，并将此套表格在全区幼儿园推广使用且得到了积极的反馈，填补了各园园本课程中关于课程评价的部分空白。

三、研究收获

收获一：通过三年的实践研究初步完成了计划中的游戏观察表的设计与使用，收获了美工区、角色区、建构区、幼儿美工作品分析记录表和月汇总分析记录表一套五份及关于幼儿游戏行为观察的记录表格，并在我区各园推广使用且验证了表格的适用性及可具推广的价值，如表11—表15所示。

表 11　美工区游戏观察记录表

班级_____　　　　观察时间_____　　　　观察教师_____

区域材料投放情况（可以图文结合的方式体现）：				
幼儿姓名	选择游戏内容及材料的目的性（客观描述）	达到目的的过程中对材料的兴趣性（客观描述）	选择了哪些材料，如何使用的（客观描述）	作品情况（可附照片）
教师的分析（包括幼儿的交往状态）：				

表 12　角色游戏观察记录表

班级_____　　　　　观察时间_____　　　　　观察教师_____

游戏主题背景或来源简介（此项内容视具体情况调整版面空间）：

幼儿姓名	角色意识			语言的运用（幼儿的语言再现）（角色语言的表达、语言发展中好的词汇句子的表达、礼貌用语）	情境中的技能状态
	强	中	弱		

游戏状态描述：

表 13　建构游戏观察记录表

班级_____　　　　　观察时间_____　　　　　观察教师_____

建构主题背景或来源、建构周期（同一背景及周期中不用重复填写，有调整及变动时再行表述。此项内容视具体情况调整版面空间）：

幼儿姓名	建构技能	建构中的角色（社会）		有无问题的解决（简单描述）	作品照片
		主导	辅助		

教师的分析：

表 14　幼儿游戏行为观察月分析记录表（班级）

班级_____　　　　　年、月_____　　　　　教师姓名_____

幼儿姓名	项目												案例数量	类别	综合分析、综合印象及支持性策略或思考
	参与各区域游戏次数及作品数量														
	艺术		科学		角色		建构								
	次	数	次	数	次	数	次	数	次	数	次	数			

观察人数共计：_____人

表 15　美工区幼儿作品分析记录表

园所_____　　　幼儿姓名_____　　　性别_____　　　年龄（精确到月份）_____

平面作品	作品 1	（作品照片）	作品分析［主题来源（班里的活动还是自己的兴趣）、色彩的运用、构图的现状、材料的使用、创意的特点（细腻或粗犷）］通过作品的现状还可以分析出小肌肉发展的水平、兴趣取向、审美水平、色彩的倾向性、认知的水平、以往的生活经验、自身发展的需求等
	作品 2	（作品照片）	
造型作品	作品 1	（作品照片、正面及不同侧面）	
	作品 2	（作品照片）	

收获二：参与研究的教师通过使用观察记录表使其观察技能与能力在原有基础上有了不同程度的提升。这一结论在研究中期的调查问卷中已集中反映出来。

收获三：通过使用观察记录表明确了观察的目的。

教师们从原来的不知观察什么、如何观察变为有目的有兴趣地去观察幼儿的游戏行为，并从中发现问题，进行分析，给予有效的支持。

收获四：教师们在参与实践研究的过程中深刻地理解游戏在儿童发展过程中的重要性，真正认识到游戏也是课程的深刻含义。

收获五：在表格的设计、使用、调整的过程中，我们不断地认识、思考和关注到儿童在游戏中"群体经验的共享"和"个体经验的独特性"不断地碰撞并推动着儿童在其中得到多方面的能力、技能的发展。

【参考文献】

[1] 华爱华 . 幼儿游戏理论 [M]. 上海 : 上海教育出版社 ,2015.10.

[2] 施燕 , 章丽 . 幼儿行为观察与记录 [M]. 上海 : 华东师范大学出版社 ,2015.

提升教师观察与回应能力的策略研究

（天津市学前教育学会立项课题　课题编号：SXH135GL057）

天津市滨海新区大港教师进修学校　张丽

【摘要】观察与回应能力是教师必备的专业能力，也是教师通向幸福的必由之路。作为教研部门该如何去做，以提升其能力呢？一是创造观察与回应的环境和条件，均衡课程内容，改变教学方式，改革评价方法，让真实的互动发生；二是提供技术支持、学习资源包、简洁的格式范本等，帮助教师与幼儿高质量互动；三是提供时间以及空间的支持，改革作息制度、教学方案和教研方式等，使教师获得信心和勇气，持续观察、记录、回应、反思与分享，形成良好的教学研究习惯。

【关键词】教师；观察与回应能力；提升策略

观察与回应，既是教师专业能力的体现，也是促进其专业发展的动力。我们认为，观察与回应能力的提升，是需要以真实的教学环境为基本条件的，这样观察、回应才会真实而有效；实践中，如何观察、如何回应是有章法可循的，必要的技术支架能够为教师减轻负担，赢得更充裕的观察、记录、解读、回应的时间；观察与回应能力，是教师通向幸福的必由之路，在此过程中的同伴互助与分享也是必要的，是师爱与师能的集结号。那么作为教研部门所要做的事情有哪些呢？一是创造观察与回应的环境和条件，让真实的互动发生；二是提供技术支持，帮助教师与幼儿高质量互动；三是提供时间以及空间的支持，使教师获得信心和勇气，持续观察、记录、回应、反思与分享，形成良好的教学研究习惯。

一、观察与回应能力提升的条件策略

在有着诸多规则束缚的教室里、在以灌输传授为主的教学中、在单调统一的活动里、在师幼对抗的关系中，我们是见不到真实的儿童的，以此为基点的所有"观察与回应"都是海市蜃楼，虚幻而无意义。只有建立在"真实"之上的互动支持，才具有促进孩子真实地学习和发展，帮助家长、教师与幼儿建立积极关系的价值。如何使有意义的"观察与回应"发生呢？

策略一：均衡课程内容，看到多样发展的幼儿。

加德纳的多元智能理论揭示每个人的优势领域是不同的，只有为儿童提供丰富全面的学习活动，儿童的优势、闪光点才会显现出来。我们将课程内容结构化，融入一日生活之中，最大限度地保证课程全面而均衡。

主题活动整合五大领域教育内容，持续而渐进地日日推进；典型活动指向语言、艺术；生活活动、百草园活动朝向健康，日日进行，四部分课程内容均衡而全面地为幼儿提供学习的机会。为教师能够看到全面、多样发展的儿童创造条件。"主题·游戏"课程内容框架如图1所示。

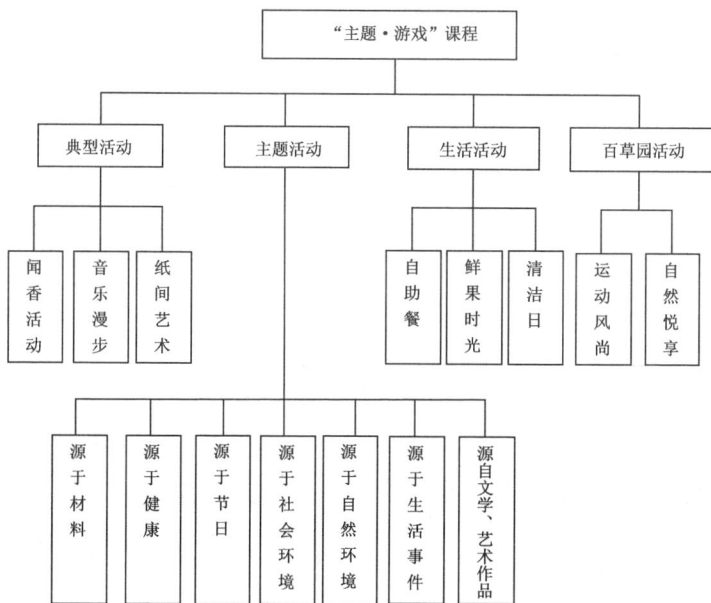

图 1　"主题·游戏"课程内容框架

策略二：改变教学方式，看到松弛舒展的幼儿。

"被生活""被游戏""被学习"等一方主导另一方服从的教学方式下的师幼关系是紧张、局促带有一定虚假性的。其实，孩子对万事万物充满好奇与求知的欲望，他们讨厌的不是学习的内容，而是学习的方式。当教学方式转变时，教师不再一厢情愿地"强买强卖"、追求即时地学会时，师幼关系也随之而变。

改变之一：和传统教学方式说再见

（1）和传统绘本教学说再见——以浸润式的"闻香活动"替代。

（2）和传统音乐教学说再见——以熏染式的"音乐漫步"替代。

（3）和传统数学教学说再见——以渗透式的"生活中的数学"替代。

（4）和传统绘画教学说再见——以全息式的"第二种语言"替代。

（5）和传统的集体操说再见——以自主式的"班级操和游戏"替代。

改变之二：了无痕迹地教

（1）把"教"物化于环境、材料之中，用"工作"的方式推进。

（2）将"家长动员"纳入主题建构，家园合作成为必需。

改变之三：高度重视幼儿工作之后的"分享活动"，使其成为真正基于经验之上的"集中教学活动"

一种和谐、快乐的"教与学"关系，势必带来一份互相尊重、积极的师幼关系，在一个安排妥善的环境中也不会有太多的"不"字。孩子们是自由、松弛、愉悦的，无须看成人的眼色行事，不用简单机械地回答"是""好""行"，成为环境和自己主人的孩子，才是真实的孩子，也就是教学故事情感在线的主人公。

策略三：改革评价方法，看到灵动鲜活的幼儿。

很久以来，文本档案作为评价的一个显性呈现，因其仅限于文字、表格和照片的静态描述，所以缺乏连续性、真实性和生动性，较少说服力且费时费力。因此，将其取消，变为电子资源库，由教师提供原始素材，教师、家长、幼儿一起整理归纳，共同评价。其实施要点如下。

（1）教师将主题活动的计划发送给每个家长，家长自行下载。

（2）教师建立班级微信群，每天将孩子活动的照片、视频发送到群里，家长将与自己孩子有关的内容下载并和孩子一起观看、讨论或者询问照片的内容，并作记录。

（3）家长根据教师的提示，定期将孩子的立体作品、平面作品、表演、游戏等拍照或录视频进行留存。

（4）其他如孩子在家的表现、趣事等也一并入档。

（5）主题学习结束后，教师会根据档案中的记录、日常的观察，对幼儿在该主题的学习中获得了哪些经验和发展、存在哪些问题、预期解决的方法做出总结和评价。

（6）家长根据自己的观察了解对幼儿提出希望和建议。

（7）需要时可做成 PPT、电子相册等形式。

（8）所有内容均清晰地记录具体日期。这样一来，孩子学习和发展的线索便鲜活起来。

二、观察与回应能力的技术策略

细节观察与回应，包含四个小要素：观察、记录、解读、回应，这四个小要素循环往复，相互依赖。我们为教师提供的技术支持策略有以下几个。

策略一：提供学习资源包，为教师解读幼儿提供理论支持。

当教师尝试透过幼儿的语言、行为来解读其原因时，文献、资料、理论便显现出其价值，为支持教师们有针对性地学习和思考，会和研究专题同步，建立相应的学习资源包，其中的资料是精心筛选的，而非泛泛。比如，如何撰写教学故事，我们为教师们提供相关资料：新西兰的学习故事被作为评价的方式，它关注儿童的成长和发展历程，其评价的三个过程为注意、识别、回应。学习故事的三个特点：

①"取长式"——我们看到一个有自信、有能力的学习者；

②学习故事的"过程性"——评价是课程的一部分，推动课程发展；

③学习故事的"叙事式"——帮助我们建立儿童、教师、家长之间的连接。

当然，如果教师们还想细致地学习，便可参看我们提供的书籍目录，如《另一种评价：学习故事》《聚焦式观察：儿童观察、评价与课程设计》《观察儿童》等。

策略二：系统学习，明确观察与回应的基本要点与方法。

做事情之前，需要对所做之事有清晰的认识和了解，这样会避免走不必要的弯路。利用区级教研聚焦"观察与回应"的基本要素先期学习，过程中采用了"实践＋总结＋分享＋反思"循环研究的方式。明确的要点如下。

1. 观察与回应的对象是谁？

要讲每一个孩子的故事，而不只是特殊的孩子，要关注那些像影子里的不容易被发现而被忽视掉的孩子，教学故事首先是要有公平性的。

2. 观察与回应的内容有哪些？

关注什么就会在教育行为中反映出什么，我们应关注孩子的优点和长处，帮助孩子建构自尊和自信。

3. 观察与回应幼儿时应注意什么？

教师不要戴着有色眼镜、以固有认知来观察孩子，一定要基于孩子自身，并切忌横向比较。

4. 如何观察与记录？

（1）明确观察的内容

观察的对象基本可分为两类：一是活动中的幼儿；二是幼儿的作品。

游戏中的幼儿重点观察：语言、动作、表情、情绪、交往，是否遇到问题与困难，如何解决的。

幼儿作品可分为两类：表征性作品，如绘画、摄影、泥塑、纸工、手工制作、舞蹈、歌曲、戏剧表演等幼儿作品；记录性作品，如游戏设计、活动计划书、设计图、记录单、调查表、心情记录等。

（2）明确记录的方法

①即时性观察记录。

我们要求：A.每位教师随身携带一个小本子，先三言两语记下来，等到有时间时再据此回忆详细记述；B.随身携带手机，便于捕捉记录幼儿工作的状态、方式、方法等。

②计划性观察记录。

A.叙说式的观察记录。

我们要求：教师要及时把幼儿的行为表现、教师与儿童或儿童与儿童之间的交流对话进行追记，同时辅以照片、视频帮助补充和印证，才能较客观、具体地还原鲜活的现场。

B.表格式的观察记录。

我们要求：根据观察内容预先设计，用"√"或"×"划定选项即可。

C.影像式的观察记录。

我们要求：教师"适度地疏离现场"，避免记录人兴致勃勃地"看进去"，而忘记摄录的角度和内容。

（3）简洁的格式范本

相应的格式范本为教师们提供了观察记录工具，信手拈来，非常便捷。例如，如表1所示闻香活动观察记录单。

表1 闻香活动观察记录单

时间		周一	周二	周三	周四	周五
闻香情况		《狐狸爸爸鸭儿子》闻/频3.1	《达芬奇想飞》闻/频3.2			
		认真倾听	对结尾的猜想	认真倾听	对结尾的猜想	
姓名	××（值日生）	√				
	××	√	新颖		新颖	
	××	0				

填写说明：

①观察时间教师自定，可连续观察一周，也可更长；

②观察内容自定，根据故事的主题、情节、风格以及闻香的内容方式来确定；

③闻香情况一栏中，《》中是故事名称；"闻/频3.1"是观察项目代码，表示闻香活动、视频录像、3月1日；"0"表示不专心；"√"表示认真倾听；"新颖"说明具有独创性；

④姓名一栏，"××（值日生）"表示这个孩子是闻香的值日生，可对其"任务意识""主动性"等方面进行观察。

三、观察与回应能力提升的时间策略

时间是成就事物的基本保障。为使"观察与回应"的结果发挥持续的效应，我们采用以下策略。

策略一：改革作息制度，看到有能力的幼儿。

如表1、表2所示两份作息表，我们可以很清楚地看到，上午将区域活动和教学活动合二为一，时间由8：30一直到10：00，一个半小时的时间，孩子们有了完整做事的时间，也就有了创造"魔法"时刻的时间和空间。教师需要不断地反思如何利用环境材料为孩子们的学习提供有可能的支持。另外，孩子离园后，增加了教师集体备课的时间，这种备课，是三位教师讲述当日孩子们的故事，包含遇到的问题，孩子的表现，令人兴奋、沮丧的事件等，实质上是"备孩子"。

表2　原作息

预期时间	典型活动
7：30—7：50	晨间活动
7：50—8：30	早餐
8：30—9：00	区域活动
9：00—10：00	教学活动
10：00—11：00	户外活动
11：00—11：30	餐前准备活动
11：30—12：00	午餐
12：00—12：10	睡前十分钟
12：10—14：30	午睡
14：30—15：30	区域活动
15：30—16：20	户外活动
16：20—16：40	餐前准备活动
16：40—17：10	晚餐
17：10—17：30	离园活动

表3　改革后作息

预期时间	典型活动
7：30—7：50	晨间活动
7：50—8：30	自主早餐
8：30—10：00	工作时间、鲜果时光
10：00—11：00	户外活动
11：00—11：30	闻香活动
11：30—12：00	自主午餐
12：00—12：10	睡前十分钟
12：10—14：30	午睡
14：30—15：30	午后时光
15：30—16：20	百草园活动
16：20—16：40	音乐漫步
16：40—17：10	自主晚餐
17：10—17：30	自选活动
17：30—	教师集体备课

策略二：增加教师表达频率，滋养教师反思精神。

改革教学方案，取消之前的教学笔记、教学反思、教养感悟等形式，改变与教学方案分离的状况，直接将"教学故事"作为教学方案的一部分，做到"日日有故事"。这样，教师们一天活动结束后，把自己的发现、感受直接记录下来，并与活动内容、方式相呼应，既是当日的观察、评价、反思，又是延时回应的依据，为接下来的活动提供依据。

调整教研活动结构，每次区域教研、园所教研就用一个教学故事开场。

方法是教师们自由申报，教研员进行审核并助其调整修改。内容上要求比较宽泛，不做限制。既可讲自己教室里的故事，也可讲其他教室里发生的故事。听者各取所需，各自共鸣就好。

策略三：舒展教学研究周期，以时间换深度。

时间是研究得以深入的保障。就一个专题的研究而言，采用"讲述自己的故事—评述—实践—讲故事"这样循环往复的过程，从容舒缓颇具实效。比如，我们在进行"表演游戏的组织策略"时，首先成立了"表演游戏"研究小组，之后自主学习相关理论，组织集体教研：自由讲故事。把自己对表演游戏的理解用视频、照片、表演、文字的方式讲给大家听。每个人的着眼点不同，涉及价值、环境、材料、幼儿的行为表现、学习如何发生、评价等多种因素，研讨基于个人经验，更具针对性；对某些问题经过辩论初步达成共识，再分头实践，再聚集讲故事。如此数次后，根据大家的意见确定研究主题，再聚集时，大家讲的都是同一主题下的故事，比如"材料提供的故事""规则的故事"等，只是着眼点和理解不同而已，真正做到了"差异即资源"。

四、观察与回应能力提升的空间策略

教学故事中记录的"观察与回应"折射着教师对儿童的热爱、对工作的奉献以及行动的智慧。"讲出来"便是一种宣泄、一种倾诉、一种分享，因此，我们提供了班、园、区三维空间，为教师带来更多信心、勇气、尊重以及为师的幸福，也更加促进了"观察与回应"能力的提升。

策略一：班级故事会。

班级故事会，主要面向幼儿和家长，教师们会根据班级现状自主决定进行的时间。方法有：

①把孩子们在日常生活和学习中的表现，制作成微视频，利用网络发送到班级联系群中。

②根据班级中近期某些共性问题或者个别幼儿或家长出现的问题，用讲故事的方式现场讲给孩子和家长听。一个基本的原则是：张扬优势、长项、优点，从欣赏、赞美、尊重的角度进行讲述。

策略二：园级主题分享会。

由教师主动发起，或幼儿园根据各班主题进展情况适时组织召开汇报分享会。参加人有园内教师、专业研究人员、家长，汇报以 PPT 的形式，图文并茂地将主题开展的过程进行分享。汇报的内容主要是课程前六个动作的典型场景、精彩瞬间、环境创设、幼儿的创作成果、教师的反思、幼儿的发展评价、下一个主题的预想等。最后将主题活动文件包纳入园所资源库成为共享资源。这样做的意义在于：一是对教学策略加以总结、提炼与升华；二是对幼儿的发展形成纵向的了解，为个别化学习提供有意义的支持和帮助；三是鼓励家长的参与与支持；四是将主题进行的历程作为职业生活的一段美好回忆，感受自身的成长。

策略三：区域故事大赛。

"故事大赛"便是区级展示的平台和空间，为激发教师们的研究热情，让自己的教室每一天都有令人惊喜、震撼、感动的好故事发生起到了很好的促进作用。故事大赛是源于教师们的日常工作和生活，无须刻意准备，不会耗费时间和精力，并且无论作为讲故事的人还是听众都会是一次分享和收获，因此受到教师们的欢迎。

在课题研究的过程中，我们深深感受到教学故事对于提升教师"观察与回应"能力的价值，今后也会将其作为一种重要的研培方式，为提升教师诸多能力而服务。

游戏中的幼儿学习、发展评估与支持的实践研究

（中国学前教育研究会立项课题 课题编号：K20160574）

天津市静海区第二幼儿园 李天云

【摘要】 游戏是幼儿最基本的学习与活动方式。教师要为幼儿创设自主开放的游戏环境，把游戏的主动权还给孩子，学习运用不同的观察方法评估，发现幼儿游戏背后的学习。研究有效策略，支持幼儿在游戏中深入学习与发展。发现游戏中幼儿的兴趣与关注点，分析游戏价值，确定游戏内容。充分利用活动前后谈话，丰富游戏经验，提供适宜的支持性环境材料，用挑战性问题引导幼儿思考，帮助幼儿拓展游戏情节，推进游戏进程，支持幼儿在游戏中学习与发展。

【关键词】 游戏；幼儿学习；发展；评估；支持

一、课题提出

爱游戏是幼儿的天性，游戏是幼儿最喜爱、最基本的学习与活动方式，幼儿的学习发展离不开游戏。在幼儿游戏中，提供适宜的游戏环境，观察

分析幼儿游戏中行为表现，发现、支持、促进幼儿游戏中的学习与发展也是教师必备的专业能力。在现在的幼儿游戏活动中我们不难发现有一些所谓游戏幼儿并不感兴趣，如：在角色游戏区里，幼儿被赋予某个角色，即使没有兴趣，也要坚守岗位，操作区里教师精心制作的玩具在孩子手里无聊地摆弄……孩子看似在游戏，但是体现的是教师的意愿与经验，完成的是教师的"任务"，孩子们在游戏中缺乏自主，没有快乐的体验，重视游戏的形式，强调教师的设计、导演，忽视幼儿的自主表现，对游戏中幼儿的学习与发展缺乏关注，忽视幼儿内在需求、学习兴趣、探索能力、主动学习习惯等各方面能力等问题的关注，致使教师对游戏中幼儿表现分析评估不是很准确，提供的支持不到位，使幼儿游戏活动不深入，游戏活动价值不能充分发挥，不能最大限度促进幼儿的学习与发展。基于以上论述，我们对幼儿园游戏活动环境的创设、支持，游戏中教师观察发现幼儿游戏、学习的能力，对幼儿游戏行为表现分析、反思与支持的能力进行研究，确立课题为：游戏中的幼儿学习、发展评估与支持的实践研究。

二、课题概念界定及国内外相关研究理论

（一）概念的界定

游戏：是儿童在某一固定时空中，遵从一定规则，伴有愉悦情绪，自发、自愿进行的有序活动。

幼儿学习、发展：心理学理论中，一般认为"学习"是主体通过与环境相互作用导致能力或倾向相对稳定变化的过程。"发展"是个体整体的有序变化，变现为数量、质量和结构的变化。无论是学习还是发展，都是主体的积极的变化过程。学习推动发展，发展是学习的基础，又表现为学习的过程与结果，二者密不可分。

评估：这里指评价、品评，是对一件事或人物进行判断、分析后的结论。

幼儿学习、发展评估：对幼儿主体积极变化过程的分析判断。

支持：这里指通过各种形式和途径为幼儿学习发展提供的各种类型的指导和帮助。

（二）国内外相关理论研究

皮亚杰认知发展的游戏理论：皮亚杰把游戏与认知发展联系起来，将游戏纳入了认知心理学的范畴，认为游戏是认知水平的表现形式，是随认知发展而发展的，是一种在已有经验范围里的活动，对原有知识技能的联系和巩固。

维果茨基的幼儿游戏的"最近发展区"：幼儿的游戏行为往往要高于他的日常行为水平，是他力所能及的最高水平，在游戏中幼儿总是试图超越他现有水平，所以游戏正如放大镜的焦点一样，凝聚和孕育着发展的所有趋势，游戏为幼儿的发展提供了更为广阔的背景。

陈鹤琴认为游戏能带给幼儿生理的、心理的和社交上的快感。游戏有益于幼儿的身体、智力、道德的发展。游戏就是幼儿的生活。幼儿教育尤其应当给幼儿充分的机会。依照他们的年龄，给予各种游戏材料，使他得到完美的游戏生活。

三、研究过程与结论

（一）创设自主开放的游戏环境，把游戏的主动权还给孩子

1.给孩子足够的室内外自主游戏时间

首先保证幼儿游戏的时间，不能因为其他活动而挤占幼儿游戏的时间，也不要因为游戏前的介绍或游戏后的评价而过多地占用幼儿的游戏时间。我们制定小中大班不同的时间安排表，将室内与户外场地使用时间相互交

错，确保每天室内、户外自由游戏时间各不少于 1 小时，充分保证幼儿游戏活动时间。

2. 为幼儿创设开放性的游戏空间

首先建立自主游戏区。让孩子的游戏孩子做主。我们首先改造公共角色区，去掉原先三楼楼厅各角色区域，如美发屋、开心医院等，将原先区域隔断的纸箱、屏风、桌椅，各类服装等开展角色游戏的材料，统统都放到了边上以及楼道闲置的拐角，中间空出一块相当宽敞开放的空间，供幼儿玩自己想玩的游戏。刚开始我们担心缺少环境和材料的预设，孩子会玩吗？为"孩子们不会玩"或"游戏水平降低了"而焦虑。但是通过一段时间观察，孩子们展现出了完全不一样的"游戏世界"。他们真实的游戏行为让我们重新发现：其实，孩子真的很会玩！他们玩春游游戏，带着纸盒做烧烤，带着地垫来野餐，他们玩巴拉巴拉小魔仙，他们玩植物大战僵尸，已不是我们原先所看到的超市、小吃店、理发店游戏。

其次平行班建立共享游戏区。将两个平行班共享打通，幼儿可以从班级的前后门自由走动，换班享受不同区域游戏，两个班的区域安排也有所不同和侧重。比如中四班有娃娃家超市，而中三班有服装表演店，中四班的孩子可以去中三班买服装，班级之间共享银行资源，促进幼儿交流合作。

再有多维度合理利用室内空间，使区域设置达到动静分开、开放与封闭相结合，让班级每一寸空间得到有效利用。中大班幼儿可自主挪动桌椅及橱柜，使其成为暂时的区域划分，遮挡的媒介，使区域或地面空间变大，便于纸杯、纸筒或积木搭建，桌面可以与地面结合，室内可以与楼道延伸。环境的变化，让孩子们"活"起来。

3. 科学分类投放材料，引发游戏，实现材料共享

首先，自主游戏区里设置集中材料库，分类摆放各类材料。包括橱柜

桌椅、各种区隔物、各类纸箱等大物件，以及典型性材料、原生态非结构材料、低结构材料、废旧物、自然物、服装等，幼儿按需选择。

其次，每个班级内建立材料超市，各个区域内可以材料共享。缺少的材料可以去材料超市找。材料超市的材料以低结构材料、非结构材料、废旧材料、自然物、各类动物模型、工具等为主，这里的材料是幼儿带来的，摆放方式也由幼儿做主，各类材料、工具、动物模型等分类摆放，其目的是方便幼儿寻找取放需要的材料，更加自主选择与游戏。

（二）运用不同的观察方法，观察分析游戏背后幼儿的学习

1.日常观察判断幼儿是否在真游戏

从日常观察游戏入手，提出"闭上嘴，管住手，睁大眼，竖起耳"，"在一个区观察至少十分钟，至少连续观察一周"，观察孩子是否在真游戏。设计出判定幼儿"真游戏"观察记录表（如表1所示），从意愿、表情、语言、动作、角色扮演、使用材料等方面去观察幼儿是否在真游戏。

表1 幼儿是否在真游戏

序号	观察点	是否	幼儿行为表现	幼儿游戏体验	有无
1	自主自愿选择游戏内容			自主性、自由性	
2	有无操作材料				
3	表情（专注认真、平和轻松、愉悦）			沉醉性、愉悦性	
4	语言（独白、角色、交往）				
5	动作（主动、有探究）			超越性、成就感	
6	有无角色扮演				

2.教研引领分析游戏中是否存在真学习

通过教研引领教师学会观察记录分析幼儿游戏活动。通过问题引领、现场录制视频、回放，讨论与再实践，如观看录制幼儿游戏视频后，研讨：你觉得孩子是在游戏吗？为什么？可以从哪些方面判断幼儿是否在真游戏？幼儿游戏中我们应该观察记录什么？游戏中孩子进行了哪些学习？我

们还可以支持孩子游戏怎样深入发展？最终明确观察孩子游戏，我们要分三个层次观察，进行三种判断。首先看状态：是否是开心专注地游戏？其次看价值，是否是有意义的活动，是否有学习在其中？最后看问题，游戏进行是否顺利？是否遇到困难？是否卡住？是否能逐渐向更高水平发展？确定观察的步骤：第一，观察什么？第二，什么时候观察？第三，采用何种观察方法？第四，如何分析观察资料？设计观察记录表格（如表2所示），确定不同类型游戏观察项目与观察要点，分析幼儿游戏中学习。

表2　幼儿游戏中观察项目与要点

观察时段	观察项目	观察要点
各类游戏活动	情绪	1.幼儿是否情绪愉快，有无沮丧、其他；身体有无不适、生病状况
		2.幼儿是否能控制自己的情绪
		3.幼儿表达情绪的方式是否适宜
	认知发展	1.幼儿是否具备游戏主题知识经验，是否能利用经验开展游戏
		2.幼儿是否能解决游戏中的冲突与矛盾
		3.幼儿是否能发挥想象力，创造游戏需要的角色与情节丰富游戏
		4.幼儿是否能正确使用材料玩具，发现与物体之间关系
		5.幼儿是否能以物代物，满足游戏需要
		6.幼儿能否在生活和游戏中感知和理解数、量及数量关系，感知形状与空间关系
	社会性发展	1.幼儿参与游戏是否积极主动、是否专注
		2.幼儿是否能主动表达自己的愿望和要求，是否能坚持自己的意见，有主见
		3.幼儿是否在游戏中有成就感
		4.幼儿是否能遵守游戏的规则，按规则进行游戏
		5.幼儿是否乐意与他人交往，接纳别人
		6.幼儿是否喜欢与人合作玩游戏，并被朋友选为伙伴
		7.幼儿能否通过协商、轮流、合作、分享等解决问题
	语言发展	1.幼儿是否能用游戏情景相适应的语言交流
		2.幼儿是否能用语言大胆与人交往
		3.幼儿是否能倾听、理解他人的言语并做出回应
		4.幼儿是否能用语言大胆地表达游戏后的感受
	身体发展	1.幼儿能否与材料互动，是否有运动的兴趣和习惯
		2.幼儿是否有安全意识和自我保护能力
		3.幼儿的动作是否协调、灵敏，具有一定的平衡能力和耐力
		4.幼儿能否运用已有运动经验和能力在现有的基础上不断挑战与创新
	艺术表现与创造	1.幼儿是否喜欢自然界与生活中美的事物
		2.幼儿是否主动进行艺术活动并大胆表现
		3.幼儿是否运用材料进行艺术表现与创造活动

3.利用学习故事识别幼儿真发展

运用"学习故事"，注意、识别、回应三段式，运用白描方式记录孩子的闪光点，让人感到有趣、惊喜、好奇或者困惑的事，从学习品质和发展水平两大方面去识别分析幼儿行为表现，依据《3—6岁儿童学习与发展指南》五大领域目标典型表现，学科知识技能，加以分析，看到幼儿游戏中五大领域整体的学习与发展。回应要具体，有针对性，并提出具体的支持策略，还要进行后续的观察。

（三）研究有效策略，支持幼儿在游戏中深入学习

1.发现幼儿的兴趣与关注点，分析游戏价值，确定游戏内容

在大班自主游戏区里，孩子们对"拿枪打仗"特别感兴趣，拿积木插把枪或拿根木棍都冲着对方"突突"，瞄准、躲闪。作为自发性游戏总是出现，说明孩子们感兴趣，我们怎么进行价值判断？"作战"游戏能让孩子们感到很刺激，让精力得到充分的释放，游戏中能充分发挥协商、团队协作、创造性解决问题、自我保护、自我调节等能力，但也容易诱发攻击性行为、敌对情绪。经过讨论，绘制了活动价值分析图，觉得还是利大于弊，游戏可以进行，要扬长避短，注意避免诱发攻击性行为、敌对情绪。

同时通过研讨，梳理出判断游戏价值的标准：是否来源于幼儿的生活经验和兴趣，是否有利于拓宽幼儿的知识经验，是否满足幼儿对某一事物的好奇，增进其对探究过程和方法的了解和运用，是否让幼儿从中获得快乐和发展等。

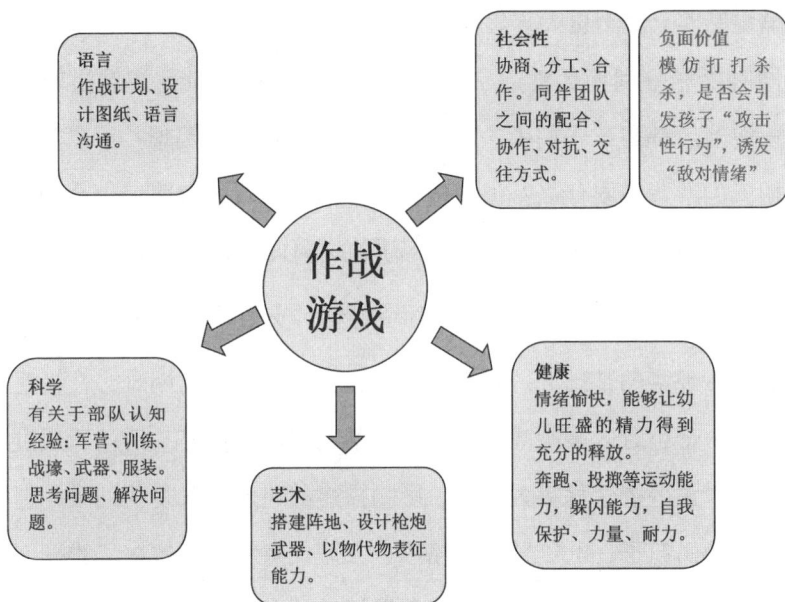

语言
作战计划、设计图纸、语言沟通。

社会性
协商、分工、合作。同伴团队之间的配合、协作、对抗、交往方式。

负面价值
模仿打打杀杀，是否会引发孩子"攻击性行为"，诱发"敌对情绪"

作战游戏

科学
有关于部队认知经验：军营、训练、战壕、武器、服装。思考问题、解决问题。

艺术
搭建阵地、设计枪炮武器、以物代物表征能力。

健康
情绪愉快，能够让幼儿旺盛的精力得到充分的释放。奔跑、投掷等运动能力、躲闪能力，自我保护、力量、耐力。

结论
　　喜欢"作战游戏"是孩子的天性，要顺应孩子兴趣。经过对五大领域价值判断，95%对孩子发展有益，有5%负面影响，我们可以通过引导，减少削弱负面影响，如通过"军事演习"方向引导避免"敌对情绪""攻击性行为"。

图1　"作战游戏"价值分析图

2. 围绕主题进行谈话，丰富游戏经验，解决游戏困难

充分利用游戏前谈话，丰富游戏经验。确定了"作战游戏"，我们首先进行了谈话：你们在哪儿看到过"打仗"？他们是怎么"打仗"的？你们想玩"打仗"的游戏需要什么？想怎么玩？孩子们说到了游戏中的枪战，电视剧中军事演习，打仗需要枪炮、阵地，等等。在谈话之后我们开始了最初的"军事演习"游戏。从分成两队开始，双方取队名，做各队标志怎么确定各自军事基地，收集材料搭建战斗堡垒，做各式武器，怎样让我们的武器更结实，威力更大，怎样不被敌方发现……

同时要充分利用活动后交流分享，解决游戏困难，拓展游戏深入。在每次游戏后都与孩子们说一说怎么玩的？遇到什么困难？可以怎么来解决？明天的游戏需要什么？怎么做？孩子们在游戏中解决一个个问题，建立起群体间的相互合作，相互约束，使游戏越来越好玩。

3.围绕主题，提供适宜支持性环境材料，支持游戏发展

在谈话观察的基础上，发现孩子们在游戏中遇到的困难，在搭建军事基地中，一个小时区域游戏，孩子们连基地都没有搭好，活动后通过谈话分析原因，觉得搭建材料太小了，影响搭建的速度，于是我们又一起搜集了各种大的奶箱子、电子琴的纸箱子、大型亿童积木，解决了难题。发现孩子们都坐在地上制作武器，我们又悄悄地放在边上两张桌子，孩子们发现后，很自然地就说，咱们到桌子上做吧！……材料的提供也是在观察的基础上，围绕进行的主题，可以是引发性的，如望远镜、机关枪等，引发情节，也可以提供一些非结构、低结构材料：如塑料花、小管子、小瓶子、皮筋等，这些材料能激发孩子更多的想法，也能帮助他们解决困难，拓展游戏。

4.用问题引领，提出挑战性问题，引导幼儿思考，帮助幼儿拓展游戏情节

在游戏进行一段时间后，游戏进入瓶颈，每天重复前面的情节，教师发现后提出："出现伤员怎么办？""队员技术落后怎么办？"问题的引领让孩子们有了新的想法，衍生出战地医院、救治伤员、军训、休整等情节，由于室内自由游戏区空间的限制，孩子们又将"军事演习"游戏延伸到户外游戏中，梯子、轮胎、钻网、滚筒、积木、油桶都成为他们的作战游戏材料，

孩子们总是劲头十足，情感充沛，总能不断地解决问题，提出自己有创意的想法。

5.以合作的方式介入，推进幼儿游戏进程，促进游戏学习发展

当一个游戏产生或进行的时候，教师做一个旁观者静静地观察一段时间，在幼儿遇到困难、游戏没有进展之时，教师可以从合作开始介入，了解幼儿的真实想法，帮助幼儿获得新的经验，支持幼儿的学习与发展。如大班建构活动中，幼儿用辅助材料大树时树干底部较软，幼儿用2块只能夹住树干的两面，用多块积木围拢，圆圈又比较大，不能固定树干，尝试几次都固定不住，这时教师以合作的方式参与其中，拿着相同的积木自言自语说，要是能挡住另外两面就好了……在教师的合作启发下，幼儿在原来的基础上，用架高的方式顺利地固定好树干。

通过多个游戏研讨，梳理游戏的介入原则，首先要以观察为主，尽量不要介入幼儿游戏。如果介入一定要用问题引导幼儿自己想办法解决，而不是直接告诉他怎么做。

介入的时机：一是当孩子出现安全隐患或者求助；二是当游戏中幼儿遇到困难，怎么也解决不了，想要放弃游戏时；三是当孩子游戏总是处于低水平反复重复，停滞不前时。

幼儿游戏的研究要给予幼儿原有经验、特定情境，需要在实践中不断摸索、思考、分析和总结，研究永远在路上。

第六篇　学前教育教师发展

学前教育专业技能大赛
促进教师专业发展的实践探究

（天津市学前教育学会立项课题　课题编号：SXH135GL081）

天津师范大学学前教育学院（天津市幼儿师范学校）　苏爱洁

【摘要】为贯彻落实《中共中央 国务院关于全面深化新时代教师队伍建设改革的意见》以及《国务院关于当前发展学前教育的若干意见》的指示要求，提升未来幼儿园教师专业化素养，本研究以"学前教育专业技能大赛"为载体，通过多年实践探索，学生专业技能与专业素养得到提升；指导教师实践教学能力得到加强；园校协同、合作育人的机制推动了教师专业化培养；学前教育专业高质量办学得到广泛赞誉，并在全市中等职业学校学前教育专业建设与人才培养领域起到示范引领作用。

【关键词】学前教育；专业技能大赛；教师专业发展

一、实践探究的背景与意义

（一）实践探究的背景

教师强则教育强，教育强则国家强。党的十九大报告指出："建设教育强国是中华民族伟大复兴的基础工程，必须把教育事业放在优先位置，加快教育现代化，办好人民满意的教育。"国务院颁布实施的《国家中长期教育改革和发展规划纲要（2010—2020 年）》，提出了我国今后一个时期教育事业发展的八大任务，其中第一大任务就是积极发展学前教育，重点发展农村学前教育，这对我们从事学前教育的教师来讲，肩上的担子会更重。国务院颁布的《国务院关于当前发展学前教育的若干意见》指出，把发展学前教育摆在更加重要的位置。我们应该进一步增强责任感和使命感，加强学习和研究，不断提高应对新形势的素质和能力，努力把自己的本职工作做出成效，做出特色。

为了满足社会对学前教育人才质量的需求，为了更好地展示学生的风采，展现学生的才艺与能力，促进学生专业成长，认真落实《国务院关于当前发展学前教育的若干意见》以及全国职业教育会议精神，充分调动学生专业学习的积极性和主动性，自觉提升专业技能，在学校营造人人争当高素质、高技能人才的良好氛围，同时，推动示范专业建设，落实专业人才培养目标，根据全国职业教育会议精神，认真贯彻《幼儿园教育指导纲要（试行）》《幼儿园教师专业标准（试行）》和《3—6 岁儿童学习与发展指南》，充分认识发展学前教育的重要性和紧迫性，将大力发展学前教育作为贯彻落实教育规划纲要的突破口，作为推动教育事业科学发展的重要任务，作为建设社会主义和谐社会的重大民生工程切实抓紧抓好。加快建设一支师德高尚、热爱儿童、业务精良、结构合理的幼儿教师队伍。

（二）核心概念的界定

1. 学前教育

学前教育主要是指对 3 — 6 岁儿童所实施的保育和教育。教师是履行教育教学工作的专门人员，幼儿教师的专业化是教育教学工作的客观要求，是时代发展与教育改革的必然结果。

2. 学前教育专业技能大赛

学前教育专业技能大赛是学前教育专业人才培养目标实现的重要实践措施之一，是专业课程体系建设实践课程部分的重要组成部分，也是课堂教学在课外的一个有效延展，可以使学生在课堂教学过程中掌握的专业技能得到巩固、强化和提升。

3. 幼儿教师专业化

幼儿教师专业化是指幼儿教师职业具有自己独特的职业要求和职业条件，有专门的培养制度和管理制度。

4. 幼儿教师专业发展

"幼儿教师发展"也常被称为"幼儿教师专业发展"，指在幼儿园教育课程开发的前提之下，通过专业技能大赛这一外部因素激发教师专业发展的内部因素来实现教师的专业成长。

（三）实践探究的意义

通过学前教育技能大赛，旨在为学前教育专业师范生提供专业技能锻炼的机会，将专业理论学习通过技能训练逐步转化为专业能力，深化对专业理论的认识与理解，加深对未来教育职业价值以及对教师角色的认同，提升对教育事业的情怀。此外，通过技能大赛，可以为学生相互学习、团结合作、克服困难、开拓创新等品质培养与职业素养的打造提供机会。

通过技能大赛，进一步提升大赛指导教师专业指导水平及大赛承办者策划、组织及协调等能力，努力打造一支业务精、能力强、团结合作、拼搏向上的教师队伍，不断提升教学水平。要多开展教育教学的研究与探索，定期开展教师基本功比赛及教学比武等活动，为教师的专业成长搭建好平台。

通过技能大赛，充分挖掘职业学校技能大赛对专业技能教学体系改革的积极意义、内在价值和反馈功能，系统开发了技能学习项目及数字化教学资源，在区域层面上推进了"教学做合一"模式的改革实践，着力解决了专业技能教学内容与职场要求脱节、教学资源匮乏、教学方式和评价方式单一等问题。

通过技能大赛，密切了学前教师教育院校教师与行业学会专家及幼儿园骨干教师的联系，发挥园校合作、协同育人的机制，有效地提升了学前教育专业的办学质量，为社会输送更多的高素质善保教的专业化幼儿园师资，促进学前教育事业的发展。

二、实践探究的设计与过程

（一）实践探究的依据

1. 理论依据

（1）斯金纳的操作性条件反射理论

斯金纳的操作性条件反射理论也称为强化理论或行为学习理论，其核心是：如果一个人做出组织所希望的行为，那么组织就与此相联系提供强化这种行为的因素；如果做出组织所不希望的行为，组织就应该给予惩罚。据此让组织成员学习组织所希望的行为并促使组织成员矫正不符合组织要求的行为。[①]该理论为学生通过强化训练熟练掌握专业技能促进专业发展奠定了理论基础。

（2）班杜拉的社会学习理论

班杜拉的社会学习理论强调观察学习在人的行为获得中的作用。观察学习是指人通过观察他人（榜样）的行为及其结果而习得新行为的过程。在观察学习中，观察学习的对象称为榜样或示范者。该理论重视榜样的作用，认为人的多数行为是通过观察别人的行为和行为的结果而学得的，依靠观察学习可以迅速掌握大量的行为模式。该理论为本研究提供了理论支撑。

2. 实践依据

社会对教师职业专业化水平的需求。在《幼儿园教师专业标准（试行）》（简称《专业标准》）中，"能力为重"被定位为幼儿园教师所必须秉持的一个基本理念。就是说，在幼儿教师专业发展的价值取向上强化了能力的地位。现实中，幼儿园教师理解幼儿、与幼儿互动、有针对性地帮助每个幼儿发展等专业能力薄弱；学前教师专业院校对未来教师专业能力培养匮乏，甚至存在将艺术专业能力等同于学前教育专业能力培养的偏差，违背了《专业标准》的要求。因此，作为教师质量核心的教师专业能力的提升，自然成为新时代学前教师教育发展的重中之重。

（二）实践探究的设计

1. 研究目标

实践探究要实现的目标主要包括：推动学前教育专业建设，落实专业人才培养目标；调动学生专业学习的积极性、自觉性、主动性和创造性；

---

① 文敏.浅述斯金纳的操作条件反射理论及其在教育教学中的作用［J］.辽宁师专学报（社会科学版），2000（4）：74–75.

提升学生的专业综合素质，以适应幼儿园教育发展的需求；以赛促学，以赛促教，以赛促研，促进教育教学的针对性与时效性等。

2.研究内容

为了实现研究的目标，具体涉及的内容包括：了解学生在专业理论的心智技能与专业实践的操作技能方面的水平发展现状；实践探索学前教育专业技能大赛对学生专业成长及教师专业发展的作用；进一步修订与完善学前教育专业人才培养计划；适应市场对学前教育专业人才要求的对策研究。

3.实现的技术路线

（1）基于问题

目前，学前教育实践中存在的主要问题包括幼儿园教师理解幼儿、指导幼儿发展等专业能力薄弱；学前教师专业院校对未来教师专业能力培养匮乏，甚至存在将艺术专业能力等同于学前教育专业能力培养的偏差，违背了《专业标准》的要求。因此，作为教师质量核心的教师专业能力的提升，自然成为新时代学前教师教育发展的重中之重。

（2）提出假设

学前教育专业技能大赛与教师专业发展研究。

（3）方案设计

概括总结以往学院举办专业技能大赛的经验，形成大赛方案及实施细则。

（4）方案实施

坚持每年举办学前教育专业技能大赛，落实方案的组织实施并及时总结完善，并将大赛纳入学前教育专业人才培养方案之中，确保落实。

（5）建构模式

总结提升大赛经验，形成"天津师大学前教育学院学前教育专业技能大赛模式"，并反复实践，持续改进。

（6）经验推广

课题负责人受聘担任"天津市职业技能大赛（中职组）"赛项负责人，自 2016 年创立"学前教育专项"直至 2019 年，连续四年带领课题组负责市赛的专业指导，在全市职业技能大赛中选择性地推广"学前教育专业技能大赛模式"。

（7）持续改进

在多年全市学前教育专业技能赛项的实践探索基础上，初步形成由理念先导、目标引领、赛项统整、赛事运行、评价标准、专家组建等内容构成的"天津市学前教育专业技能大赛体系"，逐步推动全市中职院校学前教育专业化人才培养质量的提升。

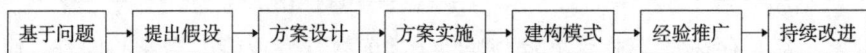

| 基于问题 | → | 提出假设 | → | 方案设计 | → | 方案实施 | → | 建构模式 | → | 经验推广 | → | 持续改进 |

图 1　课题研究思路示意图

4. 专业技能大赛的实施步骤

大赛参赛对象为学前教育专业毕业班全体学生，比赛分两个阶段进行。

第一阶段：初赛。进行笔试部分：内容为重点考查对《幼儿园教育指导纲要（试行）》《幼儿园教师专业标准（试行）》《3—6 岁儿童学习与发展指南》《幼儿园工作规程》《幼儿园政策法规》的正确理解和运用，以及教师职业道德、教育学、心理学、卫生学等内容。

第二阶段：决赛。项目包括抽签回答问题，包括《幼儿园教育指导纲要（试行）》《幼儿园教师专业标准（试行）》《3—6 岁儿童学习与发展指南》《幼儿园工作规程》、教师职业道德、教育学、心理学、卫生学等内容，说课、故事讲述、钢琴、弹唱、声乐、舞蹈、环境创设、课件制作等项目。

5. 主要探究方法

（1）观察法

通过研究者深入幼儿园实地进行定期观察幼儿教师在心智技能与操作技能各方面表现，为本课题研究提供最真实、最有效的研究资料。

（2）行动研究法

该方法是研究人员与教育实践工作者针对实际的教育活动或教育实践中的问题，不断提出改进教育的方案与计划，用以指导教育实践或教育活动，同时依据教改研究计划实施进程中不断出现的新问题，进一步充实和修正，完善竞赛内容、方式等方案，从而提出适应未来教师专业发展的职业技能目标。

三、实践探究的结果与推广

（一）实践探究的结果

（1）遵循学前教师教育与现代职业教育相融合的理念。开发设计体现幼儿为本、师德为先、能力为重、持续发展原则的"学前教育专业技能大赛方案"，连续四年推广并运用于"天津市职业技能大赛学前教育专项（中职）大赛"，得到同行普遍认同。

（2）进行学前教育专业技能大赛赛项及标准的研发，形成完整的专业大赛模式。具体包括以下几项。

①赛项目标：以赛促学、以赛促教、以赛促研、以赛促改，提升高素质善保教的专业化幼儿园教师培养质量。

②赛项（内容）设计：融合学科知识、贯通专业技能、彰显核心素养。

③大赛运行模式：初赛（专业单项技能），决赛（专业综合素养）。

④大赛评价标准：专业理论扎实、专业技能熟练、师德素养品质。

⑤网络资源建设，为学生提供更丰富的学习内容。

（3）完善全方位协同培养机制。将卓越教师培养的 U–G–S 模式引用到学前教育专业技能大赛中，依托政府项目聘请学前教育行业（学前教育学会）专家、幼儿园教学园长或名师、学前教师教育院校专家等共同参与赛项设置、命题、评判等工作，形成"园校合作，协同育人"的大赛机制，推动专业大赛的校企全面深度合作。

（4）将"专业技能大赛"纳入学前教育专业人才培养方案中，以课程方式落实计划，保障全体学生完成专业技能学分。

（5）总结学院"学前教育专业技能大赛"的多年经验，形成《天津师大学前教育学院学前教育专业技能大赛纪实》，丰富了专业领域不同类型的课程资源。

（6）形成《专业技能大赛引领专业成长——成功学生典型案例》，记载"以赛促学"的学生成长轨迹。

（7）形成《以赛促教、以赛促研——教师专业发展典型案例》，见证师资队伍的专业化发展。

（二）实践探究的影响与推广

（1）学前教育专业技能大赛为学生提供提升和展示专业才华的舞台，使学生增强了专业学习的兴趣，夯实了专业基本功，锤炼了专业本领，加深了对学前教育专业及幼儿的情感，从而坚定了终身从教的信念，也实现了举办者"以赛促学"的初衷。

（2）学前教育专业技能大赛锻炼了一批专业化的师资队伍，通过指导学生参赛、将专业技能培养融入教学改革，以及与幼儿园教师合作开展教学科研等活动，促进师资队伍的专业化发展，实现了"以赛促教、以赛促研"的目标。

（3）学前教育专业技能大赛的持续改进，推动了院校"学前教育专业人才培养方案"的修订与完善；"专业认同高，专业技能强"成为用人单位的评价共识；蝉联天津师范大学榜首的就业率与签约率是社会对学院人才培养质量认可的有力证明。

（4）课题负责人受聘承担天津市职业技能大赛（中职组）学前教育专项负责人，带领研究团队从开发赛项、设计赛程、组织培训到大赛实施，连续四年成功举办了"天津市职业技能大赛（中职组）学前教育专项"教育技能的比赛，获得天津市教委领导、学前教育领域专家、参赛学校及用人单位的一致好评，彰显出所在学校在天津市学前教育专业的示范与引领作用，有效地实现了社会推广价值。

（三）问题与展望

通过近四年的研究实践，课题研究存在：加强理论积累，研究有待进一步深入，总结提升多种形态研究成果，拓展成果推广领域等问题。

【参考文献】

[1] 教育部教师工作司 . 幼儿园教师专业标准（试行）解读 [Z]. 北京 : 北京师范大学出版社 ,2013.

[2] 马成 , 尤学贵 , 龙晓君 , 等 . 职业学校技能大赛促进专业技能教学体系改革的研究与实践 [J]. 中国职业技术教育 ,2015(17):27–32.

[3] 国务院 . 国务院关于当前发展学前教育的若干意见 [EB/OL].(2010–11–24)[2020–05–08].http://www.gov.cn/zwgk/2010–11/24/content_1752377.htm.

促进新教师专业实践能力提升有效性的研究

（天津市学前教育学会立项课题 课题编号：SXH135GL039）

天津市南开区教师发展中心 徐娟

【摘要】新教师作为教师队伍中的新鲜血液充满活力、满怀爱心、态度积极、容易接受新鲜事物、有一定的现代化技能；但同时缺乏实践经验，所拥有的专业能力不能满足实际工作需要。通过对这些教师专业能力现状进行调研，精准把脉，了解需求，以组织一日生活与设计实施保育、教育活动为切入点，以转变教育观念为前提，通过规范一日生活组织的流程，将把握幼儿年龄特点作为提升新教师专业能力的关键，以研究助力新教师专业实践能力快速提升。

【关键词】促进；新教师；专业实践能力；有效

一、问题的提出

《3—6岁儿童学习与发展指南》的实施，教师是关键。只有教师不断地发展才能为幼儿提供有意义的学习经验，从而促进幼儿的发展。《国家中长期教育改革和发展规划纲要（2010—2020 年）》和《国务院关于当前发展学前教育的若干意见》中对教师队伍建设提出了新的要求。新教师作为教师队伍中的新鲜血液，充满活力、容易接受新鲜事物、有一定的现代化技能等；但同时相对缺乏实践经验，所拥有的专业能力不能满足实际工作需要。为了能够更好地促进新教师的专业成长，我们以课题为抓手，通过研究助力新教师专业实践能力提升。

二、研究目标

（1）在《幼儿园教育指导纲要（试行）》、《3—6 岁儿童学习与发展指南》、《幼儿园工作规程》以及《幼儿园教师专业标准（试行）》精神引领下，帮助新教师掌握一日生活的组织与保育实践能力，提升保教工作专业化水平。

（2）引领新教师科学制订教育活动计划和具体的活动方案，灵活运用各种组织形式和适宜的教育方式，促进专业发展。

三、研究内容

（1）对新教师专业能力现状进行研究，精准把脉，了解需求。

（2）指导新教师合理安排和组织一日生活的各个环节，使一日生活环节的组织科学有效，符合幼儿的年龄特点和发展需要，将教育灵活地渗透到日常生活中。

（3）在教育活动的设计和实施中体现趣味性、综合性和生活化，为幼儿提供更多的操作探索、交流合作、表达表现的机会，支持和促进幼儿主动学习。

四、方法与过程

（一）研究方法

1. 行动研究法

本课题中基于新教师在实际工作中科学、合理地组织幼儿一日生活环节及教学活动设计中的问题，将问题发展成研究主题进行系统的研究，以解决实际问题。

2. 案例研究法

案例研究是借鉴案例教学法产生的，本课题通过新教师在一日生活各环节中对真实情景的描述，这个情景包含一个或多个引人入胜的问题，也包含解决问题的方法，对此进行研究与分析。

3. 观察法

本课题研究通过观察教师对一日生活环节的组织指导以及对幼儿的行为进行准确的判断和回应，进而予以适宜的指导。

4. 访谈法

通过访谈了解新教师的现状、问题，以提出针对性建议与对策。

（二）研究过程

1. 进行课题申报，成立课题组

确定6所实验园，教学园长直接参与，每个园入职1～2年的新教师为研究对象，以学习与实践研究为主，发挥内因的主导作用，实现既定目标。

2. 通过访谈、座谈等形式进行前期调研

了解新教师专业发展的现状、水平及需求，以保证研究的针对性与实效性。

3. 在调研基础上制订课题的研究方案，学习和内化课题支撑性理论

进行理论学习，明晰一日生活各环节的教育保育及环节组织的合理性、科学性与有效性，将教育灵活地渗透到一日生活中；开展科学制订与实施教育活动的研究，使教育活动的设计和实施体现趣味性、综合性和生活化，支持和促进幼儿主动学习，促进教师专业发展与能力提升。

4. 在总结阶段共同收集整理与课题相关的所有资料

全面分析总结，提升研究成果，录制了一日生活各环节组织的微视频，撰写课题研究的相关论文，汇编了案例集及新教师活动设计集锦等。

五、研究结论

（一）组织一日生活与设计实施保教活动是提升新教师专业能力的切入点

《幼儿园教师专业标准（试行）》在专业能力方面充分体现了幼儿园教育的突出特点和保教工作的基本任务，面对新教师群体，亟待解决而又满足需求的是什么？我们进行了访谈调研。

我们请新教师谈谈"步入工作岗位后你感觉最棘手的问题是什么？"有的教师说因为不熟悉一日生活环节而手忙脚乱苦恼不已；有的教师说在各环节的组织中，看到老教师怎么做就照猫画虎地学，但是没有适宜的方法；有的教师说面对孩子们的不配合，只能放大声音，希望能引起孩子的注意，结果适得其反……

又比如我们询问"你觉得自己在设计与组织教育活动中存在的主要问题是什么？"有的教师说为追求新意较少考虑孩子的发展需求，在活动实施中往往脱离目标进行不下去；有的教师说面对幼儿的即时表现或提出的问题不能有效解决时视而不见或回避；还有的教师说死背教案，

时常在下意识急切高控中"跑偏"……此外，我们也发现教师教育目标的制定宽泛，缺乏针对性，较少考虑年龄特点和前期经验，这些都不利于教育目标的落实。

通过汇总访谈的内容，了解了新教师集中而又亟待解决的问题，就是一日生活的组织和教育活动的设计与实施的能力的提升，于是我们确定以此为切入点，开展有针对性的研究。

（二）转变教育观念是提升新教师专业能力的前提

新教师刚出校门，虽拥有丰富的理论知识，但如何向实践转化是一个需要探索的过程。《幼儿园教师专业标准（试行）》中提到以幼儿为本的基本理念，《幼儿园教育指导纲要（试行）》也提出既要尊重幼儿的主体地位，又要发挥教师的主导作用，在运用这些观点进行实践时，教师们常常会出现放任或控制幼儿的极端，为此我们强化两个尊重。

1. 尊重幼儿的个体差异

虽然"幼儿为本""尊重孩子的个体差异"的理念在教师们的头脑中印象深刻，但面对教育实践中出现的问题，却较少能够以理念指导实践来理解孩子、尊重孩子。

比如午睡环节中，新教师提出了问题：小班幼儿刚入园午睡时有的孩子拿着自己的心爱物才肯上床否则就哭闹不肯入睡；有的小朋友入睡时间很短，睡醒后躺在床上翻来覆去影响别的小朋友……

又比如新学期升入中班以后，孩子在进餐过程中不能熟练地使用筷子，进餐速度非常慢。

针对出现的问题，我们再次学习什么是以幼儿为本的理念，什么是尊重孩子的个体差异等相关的内容，选取案例帮助新教师分析和理解这些理念在实践中的应用，再请教师针对自己的教学实践举一反三，帮助新教师由理念到行为的转化。

2. 尊重幼儿的学习特点

在对新教师活动设计及活动实施过程的研究中，发现新教师较少考虑孩子的前期经验和学习特点的问题，我们引领教师从活动设计到观摩有经验的教师活动再到实地观摩新教师的教育实践，从中发现问题进行研讨。

比如魏教师的数学活动"拍卖行"，教师以凑数买东西的游戏形式开展活动，但由于拍卖活动远离幼儿生活，而且教师预想用10凑数的顺序与幼儿实际出现偏差，使活动实施出现了问题。活动后通过大家的研讨与分析，教师们明确了教育活动设计一定要贴近幼儿的原有经验，一定要贴近幼儿的生活。

经过一段时间的研讨，教师们设计和组织活动的能力有了很大的提高。比如王教师的健康领域活动"我们身体里的'洞'"。幼儿通过闻味道、听声音、看东西、说想法，画"洞洞"，多种感官参与活动，多领域巧妙整合，将隐私教育自然融入，生动地引领幼儿增强了自我保护的意识。

经过一次次的实践和研讨，教师们增强了对孩子前期经验的关注，尊重孩子的学习特点，从选材—目标制定—环节设计—问题设置—师幼互动等方面不同程度得到了提高，教育观念转变了，自身专业水平及能力有了很大提高。

（三）规范一日生活组织流程是提升新教师专业能力的基础

幼儿园一日生活各环节皆教育，但很多教师对教育活动的关注度比较高，对教育活动外的环节组织有忽视。虽然幼儿园有不同季节的一日生活作息时间表，但具体到实施和落实，新教师还是比较迷茫，比如在入园环节我们看到孩子和教师问早后，选择了玩具就坐到自己的位子上，还可以干什么呢？在做操环节，教师只是在前面带领小朋友做操，当小朋友动作不规范时又怎么解决呢？特别是环节转换过程教师仍不停地组织活动，小朋友精神高度紧张；盥洗环节如何减少等待也是新教师最头疼的地方……

《幼儿园教育指导纲要（试行）》对一日生活各环节的组织提出了相应的要求，《3—6岁儿童学习与发展指南》的颁布更是对幼儿教师提出了新的挑战。因而必须从教育的要求上、从新教师普遍存在的困扰问题上加以解决。

1. 规范一日生活环节组织的流程

我们从明确幼儿在园一日生活包含的具体环节入手，研究一日活动各环节孩子应该做些什么？教师如何组织与规范管理？其依据是什么？通过细致地讨论每一个环节，新教师变被动接受为主动参与，调动了学习的主动性、积极性，大家逐渐感悟出各个环节看似不同却有着许多互通之处，环节组织更有目的性，在这个过程中明确了一日生活环节组织的规范流程。

2. 学习骨干教师的示范引领活动

在对一日环节组织规范性梳理的过程中，针对教师有困惑的环节请区内骨干教师进行教学展示，我们设计了观摩实践表格，增强观摩的目的性。观摩活动后与做课教师面对面交流互动，新教师将自己看到的亮点、不太理解或看不明白的问题及时请教，同时将自己在此环节组织过程中易出现的问题提出来，骨干教师现场答疑解惑，及时有效地解决了问题。

3. 运用经验调整自身的教育实践

新教师通过学习、研讨、实践及交流，逐步更新教育观念，在研究中不断提高自身专业能力及水平：如教师们知道了一日生活各环节如何规范、科学合理、有序地组织；有的教师明确了减少等待并不是高控幼儿；有的教师不仅知道了一日生活应怎样组织，还知道了为什么要这样组织；有的教师更加关注环节组织的细节；有的教师通过学习、实践发现自身问题，调整改进不适宜做法，如：与幼儿轻声讲话幼儿更易于接受，效果更加明显；有的教师感受到不同环节组织中音乐的特殊作用；有的教师能够融会贯通，将理念、方法迁移其他工作中，教师们感受到一日生活组织规范性的研究帮助其走了捷径。

环节前提要求，环节中观察关注，环节后用简单的语言及时总结反馈，每位课题组教师都针对自己在组织环节中的变化进行了反馈，我们也积累了相关资料，梳理了一日生活环节中对幼儿的常规要求、保教的指导要点，并将一日生活环节组织的规范流程制作成微课，以推广给所有新教师学习实践。

（四）把握幼儿年龄特点是提升新教师专业能力的关键

在对新教师教学实践观察中我们看到：进餐前孩子产生纠纷，教师及时给予解决，但受到批评的孩子哭哭啼啼影响了进餐的情绪；孩子玩沙时扬沙，玩玩具时争抢，上下楼时跑动，教师随口而出的"不要不要""不能不能"；教育活动设计与组织中，讨论和合作是幼儿学习的重要方法之一，在小班运用常常使活动无法延续……面对新教师教育实践中的问题场景，我们逐一去分析，查找到行为背后的主要原因是新教师对孩子心理特点及年龄特点不能准确地把握。

1.重新学习幼儿生理、心理学方面相关理论知识

我们带领课题组的成员重新学习幼儿生理方面的相关理论。比如当小朋友不能按照教师的要求做，有可能是孩子疲劳、好奇、好动的表现；有

时孩子活动中注意力不集中，我们就要关注到活动环节组织或者活动设计是不是注意到动静交替，集体活动与自由活动结合；对孩子一些行为上的问题，教师不能说反话，要强化正面的东西，使孩子良好的行为得到巩固。在教育活动的设计与组织中，要针对不同年龄幼儿特点和接受水平选择适宜的方法，比如小班就不适于运用合作和讨论的方法，因为他们还尚未具备这样的能力等。

通过进一步学习，新教师对幼儿生理、心理特点和年龄特点的把握有了进一步的提升。

2. 依据幼儿年龄特点进行教育指导，提升师幼互动质量

把握了幼儿身心和年龄特点，互动质量有了明显的提高。教师们懂得在日常要适时、适度、巧妙地运用儿童语言、童话语言、游戏口吻，激发幼儿听教师讲话的兴趣；教师与幼儿说话时要注意互相注视；组织活动时教师的语言要亲切，声音有强弱有起伏，对于小班幼儿更要配合面部表情和肢体语言，使幼儿能够清楚地知道要做什么、怎么做……

经过一段时间的实践研究，教师对幼儿的观察能力、发现问题能力明显增强，师幼互动当中随意性语言逐渐减少。我们深入班级寻找教师亮点，也请教师们互相观摩记录下教师在环节组织中的互动性语言。

比如在下楼时我们看到教师说："一会儿我们就要下楼了，教师用眼睛看，用耳朵听，看哪个小朋友动作又轻又安全。"下楼过程中教师注意观察"我发现不用老师说，小朋友都知道怎样下楼"，记录孩子的反应是：孩子们脚步轻轻，不推不挤非常有序。教师们分析出正是教师提示在前，将要求转化为问题，使孩子能有目的地调试自己的行为，幼儿行为更加主动。

又如：进餐中有位小朋友把奶碰洒了，教师马上说："快站起来，别把衣服弄湿了，这次没小心，下次眼睛看着自己的小碗就不会洒了。"教师对于孩子的无意过失善解、宽容，以理解性语言与幼儿交流，并提示方法对大家的启发很大。再如入园环节有的幼儿内向不能主动问早，但经过教师的帮助引导能主动问早了，虽然声音有些小，但教师还是积极鼓励他："×× 早！你真有礼貌，如果声音再大些就更棒了！"教师抓住孩子的进步及时肯定鼓励，并恰当地提出进一步要求，使幼儿乐于接受……像这样的例子出现在每个教师的身上。大家从环节思考，在情境中把握适宜性，从自己身边的同伴身上加以学习和借鉴，在培养幼儿良好习惯养成教育中归纳出四种适宜性语言沟通方式，即理解性语言、激励性语言、肯定性语言、启发性语言。大家从中感受和体验到这四种语言方式对幼儿发展的良好效果，在幼儿获得发展的同时，教师的专业能力和水平也有了较大提高。教师们进行案例收集、整理及交流，经验共享，汇编了《教师语言沟通方式案例集》。

总之，围绕入职 1 ~ 2 年以内的新教师群体，课题组帮助每一位参与研究的新教师研有所成、研有所用，课题研究为新教师培养工作注入了活力。新教师在课题组的经历，获得了一种对新形势和新事物的理解，形成适应这种新形势和新变化的正确态度，促进了新教师教育智慧的生成，促进了新教师的专业化发展，在磨炼中专业能力快速提升，在变化中不断成长：课题组内的教师在很短的时间已成长为区域青年教师中的佼佼者，两位教师获区级教坛新锐，4 位教师获校级教坛新锐；在南开区优质课大赛中两位教师获一等奖；在南开区新教师技能大赛中两位教师获一等奖，两位获二等奖；多位教师多篇论文、案例在市区获奖，课题组为其成长之路铺上基石。

但随着学前教育的发展与推进，新教师专业实践能力的提升研究中还会呈现出新情况、新问题，我们仍会密切关注这些教师以及后续新教师的成长，不断反思，大胆创新，继续探索实践课题研究中新的方法与路径，促进新教师快速全面成长。

【参考文献】

[1] 李季湄, 冯晓霞.《3—6 岁儿童学习与发展指南》解读 [M]. 北京：人民教育出版社,2013:16,27.

[2] 中华人民共和国教育部.3—6 岁儿童学习与发展指南 [M]. 北京：首都师范大学出版社,2012:2–3.

[3] 教育部基础教育司.《幼儿园教育指导纲要 (试行)》解读 [M]. 南京：江苏教育出版社,2002.

[4] 中国政府网. 幼儿园工作规程 [EB/OL].[2016–01–05].http://www.gov.cn/gongbao/content/2016/content_5067918.htm.

[5] 教育部教师工作司. 幼儿园教师专业标准 (试行) 解读 [M]. 北京：北京师范大学出版社,2013.

以区本教研促青年教师专业成长的实践研究

（天津市学前教育学会立项课题　课题编号：SXH135GL056）

天津市滨海新区教师发展中心第一分中心　李铁兰

【摘要】本文基于"如何以区本教研促青年教师专业成长"话题展开。近年来，笔者一直致力于"区本教研"的实践研究，在探索区本教研活动内容、创新教研方式上大胆尝试，以聚焦问题，改进实践，教师成长为价值取向，注重常态化的日常调研；坚持教研例会制度；拓展多元的活动策略；搭建多渠道的展示分享平台等。在教研活动主题化、团队学习经常化等教研模式下发挥出区本教研活动效率的最大化，为教研员在"区本教研"实践过程中提供了有利于提升青年教师专业能力的实践策略以及青年教师在研究过程中专业能力提升的一些变化参考。

【关键词】区本教研；青年教师；专业成长策略

一、问题的提出

教育的现代化和新课程改革是当今我国基础教育的两大热点问题。

在此背景下，教师走专业化发展道路是必然的选择。在课程改革与发展的进程中，青年教师是主力军，一直肩负着重要的责任。他们的教育思想决定着其教育行为的发展方向；他们的教育智慧和专业才能决定着教育的深度和教育质量；他们的专业精神则是课程改革与发展的内在动力。青年教师的专业成长过程，是客观条件与主观努力共同作用的一个过程，有着其自身独特的规律。因而，对这个过程的优化研究是现实需要的。而"以区为本"的蹲点教研、联片教研、网络教研等方式在青年教师专业发展的过程中起着非常重要的作用。如何提高区本教研的有效乃至高效，这是每个教研员为之思考的问题。为此，必须建立一种将理论与实践、研究和学习融为一体的区本研习的教研合作团队，让青年教师可以在"区本教研"这样的团队中一路同行、共同研习、合作分享，并通过开展具有广度和深度的教研活动，构筑一种合作、分享、学习的教研平台，以达到专业水平的快速提升。本研究正是聚焦于青年教师的专业发展，通过区本教研活动载体，致力于研训服务，着眼于问题诊断，着手于行为改进，通过实践与探索，最终优化区本教研活动路径，形成有效策略，帮助青年教师快速成长，最终提升园所教育质量。"以区本教研促青年教师专业成长的实践研究"课题正是在这样的背景下生根培植。

二、课题研究目标、内容与研究方法

（一）研究目标

（1）探索出适合青年教师专业成长的区本教研活动的有效路径和策略。

（2）以教师专业发展需求为主导，创新区本教研方式，让教师成为活动的主人，从而促进教师专业成长，提升教育质量。

（二）研究内容

（1）以立德树人为导向，研究如何创新区本教研活动方式，推动教师掌握丰富的教育教学技能，挖掘专业智慧。

（2）探索如何发挥优秀教师资源的引领作用，从而促进对有发展潜力的青年教师的培养。

（3）交流、展示、评比等区本互动平台的拓宽对教师专业成长的一些影响。

（三）研究方法

本研究采用了行动研究法、文献资料法、调查法、总结法等。

三、研究过程

（一）准备阶段（2016 年 9 月—2016 年 12 月）

（1）构思课题方案，搜集资料进行论证。

（2）建立课题小组进行相关培训。

（二）实施阶段（2016 年 12 月—2019 年 9 月）

（1）组织学习。

（2）建构并完善区本教研网络管理机制，建立、健全研究的各项制度。

（3）分析"区本教研"现状，分阶段探索符合教师专业成长需求的区本教研活动新方式，优化活动内容，助推教师专业成长。

（三）总结阶段（2019 年 9 月—2019 年 12 月）

结合研究进展情况总结、归纳各种资料。

四、研究结论

（一）"青训班"为支架的区本教研，是促进青年教师专业成长行之有效的方法

研究初期，探索以"青训班"为支架的区本教研活动方式，让青年教师在区本教研活动中通过多种内容的学习自主地发展，快乐地成长。

1. 有规划、许愿景

"青训班"中的每名学员结合自身特点规划自己成长计划。在这种准确定位自我，深刻把握自我的前提下，做好个人职业规划，在既定目标的引领下，形成德才兼备、博专结合的全面发展的复合型人才。

2. 爱读书、会学习

开展读书漂流活动。建立读书制度，要求每月至少读一本专业文章，每学期至少精读一本经典的教育著作，利用集中研习时间分享读书体会，形成了"自主学习、合作讨论、评价反馈"三步走的机制，激发青年教师学习热情，吸收和内化知识，提升教师人文素养。

3. 夯基础、重实践

一是在分析现状的基础上优化青训班活动的内容；二是在实践观察的基础上调整完善内容；三是多种方式追踪实践效果。比如在选取理论学习上取之精华，在对《3—6岁儿童学习与发展指南》学习的基础上开展分专题板块的问题式学习以及教师自学后的感悟分享等内容。在解决问题的过程中找准支点：从对碎片化的零散问题研讨调整为围绕幼儿园一日活动中存在的普遍问题和工作实际找到支点，并将之作为活动主题开展微研究，以此提高青年教师的研究力。

（二）分层开展"任务驱动"下的主题创意教研，使青年教师强项更强

1. 在青年教师中开展了"我的活动我做主"

（1）任务驱动

青训班 20 名学员结合自身优势每人自主选择一项挑战性的活动项目自主设计、主持并分享活动。

（2）时间安排

利用区本教研集中活动时间（双周一次，每次半天），每次 4 名教师，每人 30 分钟分享时间。

（3）内容形式

内容上丰富多彩，如吃货的旅行、舞动青春、多彩的刮蜡画、趣味的手指点画、创意的水果拼盘、传统的茶礼文化、好玩的音乐游戏、读书的心得体会等内容。在形式上多姿多彩，如：吴雨霏教师主持的活动"我的信息技术小妙招"采用的是专题讲座式，高意涵教师的"盒子也能编织"采用的是体验分享式，王颖教师主持的"吃货的旅行"则是实践操作式，等等。

（4）活动成效

这种任务驱动下的创意主题活动，极大调动了学员们的分享热情，不限内容的自主选择既给主持分享的教师增强了一种自信，同时拓宽了教师们相互学习的渠道，丰富了学习的内容。取人之长补己之短，赠人玫瑰手留余香。丰富多彩的内容和富有情趣的方式历练了教师多方面的才能，提升了教师综合的素质，拓展了教师专业成长的空间。

2. 在骨干教师中开展"我的活动我的招"

（1）任务驱动

探索"青蓝工程"为手段的帮扶机制，发挥名优骨干教师资源，引领、帮扶青年教师经历一个研究的过程，提升研究素养，促进专业成长。以老带新进行师徒结对，随时对徒弟进行专业指导，尤其对日常的教育教学工作随时给予指导，同时骨干教师还要注重搜集、整理、汇总日常积累的经验和存在的问题，在集中教研日时集体分享、交流及研讨解决问题。

（2）时间安排

一是在教师一日生活工作之中帮扶；二是在每月一次的区本教研活动日帮扶。

（3）内容与形式

师徒共同探讨如何创设环境、如何投放材料、如何观察与指导等具体的微研究的实践问题，为青年教师上示范课、研究课及展示课，对徒弟的活动设计进行指导等。形式采取一对一帮扶跟进式、一对二十的观摩展示、一对众的参与式培训等。

（4）活动成效

调动了骨干教师的责任意识，在传承帮扶任务驱动下目标意识增强了，专业能力得到历练，师徒在专业水平上达到互赢，促进了教育质量的有效提升。

（三)在"蹲点""联片""联园分段"等教研方式融合下强化专业引领，确保了青年教师专业的稳步提升

1. 分析现状，调整机制

（1）在"蹲点"式教研基础上创造"联片"式教研的合作机制

研究初期，教研员采取"蹲点"式教研的方式深入园所，以问卷、访

谈、看活动等多种方式了解青年教师发展现状，在此基础上组织"区本教研"例会，在例会中一般采用集中会议式商讨问题，形式单一且不够开放，限制了参会人员的发言，大多人员是一种听会状态，发言的主动性差。针对现状及时调整，以任务驱动的方式让中心组成员人人"蹲点"，负责本单位青年教师的跟踪与培养，在日常工作中搜集青年教师在工作中遇到的问题，了解每个教师的优势和不足，利用园内小联片到区域合作大联片，解决共性问题。在这样的工作机制下，大家有了方向，中心教研组例会不再是一言堂，大家有话想说、有话敢说，中心教研组真正成了提升青年教师专业成长的智囊团，更好地引领研究的方向。

（2）联园分段式互动教研网络的建构（如图1所示）

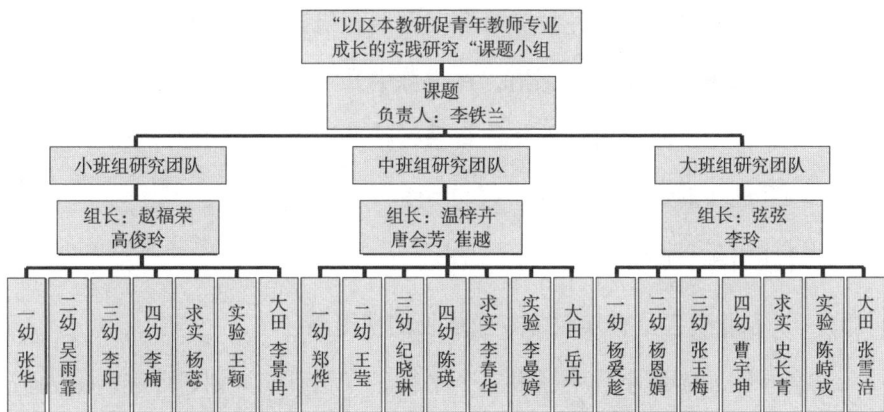

图1　幼儿园联园分段式互动教研网络图

"联园分段式互动教研网络"的建构是在原有的联园分片教研方式上生发的一种新的教研方式。"联园分片"教研是由教研员和幼儿园业务园长及平行班教研组长构成的研究共同体，按园所地理位置划分为河东和河西两大片，各片负责人均为各园业务园长，组员为骨干教师，定期进行专题性的研究性学习和实践活动。自课题开题以来，我们发现联园分片的教研方式在工作中虽然有成效，但在人员构成与研究内容的针对性上还存在一些问题。如：原有团队的人员构成主要是业务园长和骨干教师；分片不分段，研讨的问题也大多比较宏观；在教研活动中青年教师的角色往往大都为听众，很少有话语权，活动中的主角大多是老教师和骨干教师。而联园分段式的教研网络的建构，是在原有联园分片教研网络的基础上不断完善而成型的一种新的方式，是从提高青年教师专业成长的视角出发，改变青年教师原有的角色定位，在区本教研中以骨干为引领，让青年教师成为活动的主人，研究身边的问题，解决身边的事。如：在 2019 年开展的中小幼思政一体化项目研究中，"联园分段"式的区本教研方式让青年教师大显身手，获益匪浅。小、中、大三个班组组长各自带领本段青年教师团队围绕平行班研究子专题方案的制订以及德育契机如何挖掘、怎样针对各自班级幼儿现状开展文明礼仪教育等问题展开研讨，教师们结合自己的亲身体会献计献策，在交流中感悟，在提炼中升华。研讨后的分享环节呈现了小、中、大三个不同班组的集体智慧，精准地梳理了问题，达到了合作学习，相互进步的目的。

2. 专业引领，服务跟进

（1）专业引领是青年教师专业成长的快捷路径

结合本区域园所小、中、大三个平行班专题研究计划，课题研究人员定期调研，通过听、看、查、导的方式，对 20 名青训班学员进行追踪观察，关注需求，顺应需要，发现问题、及时梳理，同时在实践过程中提高引领的针对性。在专业引领下，20 名学员实践能力得到有效提升，如从对游戏设计的迷茫到组织游戏的灵活，专业潜力逐步提升，多名教师已成为园中得力干将，担当教研组长、班级组长等，成长速度优于其他教师。

（2）支持与服务是青年教师专业成长的助推剂

将园本教研和日常实践作为提升青年教师专业成长的主战场。教研员定期参与园本教研和预约教研活动，在参与活动中，重点关注青年教师在园本教研中的表现。以尊重为前提，尊重园所、尊重教师，并能和园所教师一起研讨，引导教师反思、形成问题，在尊重与分享中提出策略、解决问题。坚持以平等、合作的心态赢得园领导、教师的信任与支持。同时，注意打造特色，挖掘典型案例，发现好的典型及时推广，为园所搭建交流展示的平台，将优秀的园本教研活动进行区级展示，为青年教师提供更多的学习交流的机会，促进专业水平的有效提升。

（四）开阔教师业务提升空间，在分享、交流、互动中助推青年教师专业成长的进程

1. 拓宽学习路径

利用微信群、QQ 群、公众号等多途径、多渠道为教师提供学习的机会。由于幼儿园特殊的工作实际，每次区本教研活动青年教师都不能全员参与，有时就分上、下午两场，为了减少遗憾，我们充分利用网络教研，用现代化技术手段将优质的活动录成视频或写出文稿，通过建立教研群、每周一篇（美篇）、公众号等方式让教师们学习，参与进来。写留言、发感触，将教研群变为教师提升专业智慧的学习群。共享资源，人人参与，就连平时不爱发言的教师在交流群中也会发表看法，留下大段文字。教师们在专业成长的道路上迈出了可喜的一步，美篇制作的技能越来越娴熟，书写技能也在飞速提高。

2. 弥补外出学习不足

利用优秀视频、音频等资源开展研学，对有外出学习机会的人员提出二次培训的任务要求，同时将现场摄录的资源及时分享。

3. 拓宽评选活动渠道

在线下评选机制的基础上，充分利用线上平台开展案例、论文、活动设计等网上评选，让更多的教师们参加到活动中来，有更多的机会发表见解，调动教师反思、总结的热情。

五、反思

课题研究所带来的成果是明显的，成绩也是可喜的，实践证明，教师们的专业知识、专业思想和专业能力在这种有计划、有目的、有方法的多种方式、多元内容的活动实践探索中得到迅速提升，专业上的发展是显而易见的。如：自我管理约束能力加强了，良好的学习习惯养成了，发展方向清晰了，撰写技能提升了……当然，我们也清晰地认识到"以区本教研促青年教师专业成长的实践研究"只是一个良好的开端，我们将会继续前行，在实践中探索、挖掘适合青年教师专业发展的区本教研有效方式，拓宽视野，追求实效，努力使课题研究更有深度，让有效的区本教研活动真正成为提高教师专业水平的加油站，成为成就教师的助推器。

以"食育"特色教育为载体，
促进青年教师"微"成长的实践研究

（天津市学前教育学会立项课题　课题编号：SXH135GLD19）

天津市河西区第二十四幼儿园　赵群

【摘要】本文依据《幼儿园教师专业标准（试行）》，以"食育"特色教育研究为载体，将青年教师队伍专业发展融于研究全过程。从培养青年教师专业理想与师德、专业知识、专业能力角度出发，制定培养目标，通过选取"微"视角、确立"微"课题、创设"微"环境、组织"微"教研、实施"微"主题、抓住"微"契机等策略，在不断发现和探索解决教育实践的问题中以"小步递进"方式，真正将促进青年教师专业发展落到实处。

【关键词】"食育"；特色教育；青年教师；"微"成长

一、课题内涵解读

"十三五"期间，我园以"育健康人生苗圃"为办园特色目标，对3—6岁幼儿开展"食育"特色教育的实践研究，以"关注幼儿、关注教师、关注体验、关注自然、关注健康、关注生命"为聚焦点，实施"食育"特色教育研究，抓住课题研究契机，从幼儿健康的理念、"食育"活动的组织与实施、幼儿健康发展评价等方面，将青年教师的"微"成长过程融入对幼儿健康教育的理论学习、体验式的园本培训。基于实践问题小组研究，基于个性化探索，基于自我反思，帮助青年教师获得专业成长的自主性、实践性、过程性和超越性。

（一）"食育"特色教育内涵解读

幼儿园依据幼儿身心发展规律及特征、年龄特点等，以"养成良好的饮食习惯，拥有健康的身体"为核心目标，帮助幼儿对食物和饮食形成正确的认知，养成良好的饮食习惯，拥有健全的人格特征及健康的身体。制定各年龄段的"食育"活动目标、主题活动目标，利用一日活动中的各种资源，设计符合幼儿兴趣、需要的"食育"活动方案，将幼儿的"食育"教育与生活活动、游戏活动、教育活动、实践活动相融合，以此促进幼儿全面发展。提高教师实施"食育"的理论认识和实践经验，将"食育"教育与日常教育教学工作融为一体，与教育情境融为一体，不断提高教育教学工作的针对性和创意性。

（二）有关"微"视角的解读

"微"是指"微观"的视角和教师专业成长中细小、点滴发展和管理培养策略的精细化。

一是面对青年教师队伍群体的"微"视角。我们将此课题关注和研究对象确定为我园入职1—8年的青年教师中的代表。将青年教师入职分为不同阶段，1—3年、3—5年、5—8年、8年以上这几个阶段正是从入职的迷茫期到熟练平稳期再到成熟骨干期，也是一名专业幼儿教师职业发展的最关键时期，抓住这一时期，结合不同年限教师发展的需要，以提高青年教师的专业化提升为目标，打破精英式培养模式，强化小众视野，提升青年教师队伍的专业化水平。

二是面对青年教师群体中每一名教师个体的"微"视角。将"以人为本"的理念融入培养青年教师的过程中，即使是在同一阶段的青年教师，他们的专业基础、原有水平、经验、优势领域、性格特点、发展方向、发展需求等也不尽相同，帮助他们将教育理念真实地浸润在每一名教师的内心，塑造他们的外在行为，帮助他们确立好个人的发展方向、发展目标，解决好教育实践中发生的微观问题，让他们每个人都有成功的体验，帮助他们获得专业的知识，提升专业的能力。

三是面对青年教师专业发展着手点和发展步伐的"微"视角。当今，在促进青年教师专业发展的过程中，存在急于让青年教师快速成熟、成长的现象，容易造成根基不牢等问题。通过分析不同入职年限的青年教师亟须解决的问题，确定研究突破重点内容和方法策略，从与教师日常教育行为密切联系的、细小的、微型的问题和困惑入手，借助"建构主义"理论、自然教育思想等，帮助他们搭设支架，小步递进，高度重视和尊重青年教师发展规律，实现自我更新，自主发展，将他们成长的阶段性、持续性、渐变性、内化性结合起来，帮助他们踏实走好每一步。

四是面对青年教师专业发展实施方法和策略路径的"微"视角。结合青年教师教育生活中的实践场景，选取"微"视角，确立"微"课题，创设"微"环境，组织"微"教研，实施"微"主题，抓住"微"契机，突出"微"的小、精、活等特点，探索新的培养路径，帮助教师获得实实在在的"微"成长。

二、在"食育"课题研究中促进青年教师"微"成长的实践研究成果

（一）在"食育"特色活动研究中，以精准调研为基础，制定青年教师发展和培养目标

（1）增强教师的职业认同感，从内心真正爱教育事业，爱孩子，爱家长，加强师德师风建设，形成风清气正、积极向上的教师团队氛围。

（2）以区"七层金字塔"教师培养模式为依据，形成教师的层级管理模式，形成一支以"精英教师"为领衔，以"骨干教师"为排头，以"特色教师"为中坚，以"青年教师"为主体，年龄结构合理、专业知识丰富、理论功底扎实的教师队伍。

（3）建立健全教师培养激励机制，以不同层级教师的"职业规划"为引领，营造乐于研究、成就事业的教师专业成长信念，培养敢想敢干，创新意识强的教师队伍。

（4）以"特色教师"为抓手，提高教师的专业技能技巧，以"教师俱乐部"的形式，激活教师的技能需求，提高教师的专业技能，变自身的特长为幼儿特色、班级特色，为幼儿的发展保驾护航。

（5）以"食育"特色课程为抓手，以"研训结合"为思路，激活教师内在潜能，提高专业理论水平和科研能力。

（6）与"食育"教育相融合，从专业技能方面，深挖身边教师的资源，采取走出去，请进来的方式，分层次进行专业技能培训，让每名教师都具有一技之长，形成人人有特长、班班有特色的优质园所。

（二)在"食育"特色活动研究中创新路径，帮助青年教师深透理解"食育"内涵，提升职业素养

1."寓教于乐"体验团建乐趣

通过教师组建兴趣小组、食乐体验坊等充分感受"食育"的价值和有趣。

在共同学习愿景的激励下，教师自愿组织起来形成学习共同体。经过激励、交流、研究、展示等环节，实现个体自主成长，群体共同发展之目标。通过重建工作与生活、学习与成长、教师与幼儿的联系，让理念的转变成为教师实施素质教育的生长点。

2."寓教于言"搭设展示平台

从新时期幼儿教师应具备先进的专业理念、专业知识和专业能力三种素养出发，帮助教师准确把握科学教育理论，充分利用教育资源，有效实施教育课程，达到育人行为的优化。让青年教师将内化的学习感受、深藏的思想辨析与内心思考表露出来，鼓励他们走上"论坛"，得到职业信念理想的正强化。

3."寓教于思"引领深度思考

让"教师在前，幼儿在后"。每次活动前，先组织教师亲手操作，寻找重点、突破难点，俯下身来，体验过程。如"食育"活动主题确定后，我们先组织教师们一起学着做一做，看一看操作过程中哪些环节容易出现问题，尝一尝制作出来的食物味道如何、口感如何，讨论是否符合健康饮食的标准、营养是否全面，等等。这样的"先学"让"后教"有的放矢，让教育活动开展得更加有效，教师的教学经验得到共同提升。

4."寓教于行"助推专业发展

教师将"食育"研究活动融于日常教育教学和一日教育生活之中，每名青年教师承担相应课题内容，不断深化研究。为教师个性化发展提供平台，为教育活动提供了丰富的资源和内容，成为提高工作效率、提升工作水平的助推器。在"六一"儿童节、"迎新年"等节日到来之时，我们组织传统美食文化节、小小"食育"工坊、家庭厨王争霸赛、传统小吃一条街等丰富多样的"食育"游戏活动,享受着幼儿园生活的惬意和成长的乐趣。

（三）以"微"为径,在"食育"特色活动研究中,帮助教师获得教师专业知识、专业能力的支持性策略

1. 透过"微"视角,引领青年教师走上教育科研之路

以"3—6岁幼儿"食育"课程研究"为统整,以课题研究为起点,形成幼儿园课题研究的网络,幼儿园则整体架构研究目标和课题,形成层级研究网络,带领教师更加系统、科学、严谨地开展课题研究,帮助每一名青年教师从研究出发,带着研究任务,梳理研究问题,寻求研究途径,掌握研究方法,取得研究成果。

根据"食育"的总体目标,分别设定小班、中班、大班幼儿的教育目标,选择适宜的教育内容与方法,开展有效的观察,组织科学地评价,在一系列"食育"研究中使教师获得专业的成长。

2. 创设"微"环境,促进青年教师专业技能的提高

"体验式食育"是让幼儿通过亲身体验,教师通过创设真实的厨房环境,让幼儿浸身于小小"食育工坊"之中,在制作米饼、饺子、蛋糕等美食中,引导幼儿使用不同食材和制作工具,制作美食,分享美食,感知食物从食材到美食的制作过程,体验幼儿间合作成功的快乐。

区域活动是由教师在主题背景下投放与主题相关的活动材料的活动,让幼儿在区域活动中通过自由地"玩",巩固"食育"主题的学习内容,在区域活动的氛围下幼儿"玩"得更有兴趣,通过教师在本班"食育"主题下区域活动创设,从整体布局到材料投放,从材料投放到幼儿自主游戏,充分体现出教师的智慧和幼儿自主参与。环境创设让教师抓住了"食育"的有形的食物与无形的教育之间的教育契合点,提升了教师创设环境的专

业能力。

3. 透过"微"事件，帮助青年教师获得专业能力的发展

通过组织园级、教研组、小教研组等不同层级的园本教研活动，在活动中根据每次确定的主题，展开讨论、学会观察、学会反思才能够让教师获得成长。在"食育"课题研究中，教师从教育目标的制定到教育活动的组织，从材料提供到幼儿表现反思教师的教育行为……让每一名教师从基础做起，抓住专业提升的关键点，学会观察、反思与调整，逐步积累经验，提升教育教学能力。例如在新任职教师的展示活动"小小营养师"中从教育目标、活动形式、组织语言、活动环节、活动材料投放等引导青年教师深磨细研，帮助教师专业技能和水平得到提高。

4. 组织"微"主题，提升青年教师职业获得感和幸福感

幼儿园组织开展"食育"主题活动，让教师在不断创新中获得发展。"食育文化节""家庭厨神争霸赛""我是巧手小厨师""食育工坊""食育故事大王比赛"等都是以"体验式食育"为主题，让幼儿在"食育"的同时，通过幼儿日常"食育"带动家庭，扩大"食育"的辐射面，真正将"食育"落实到日常生活中，将好的饮食习惯带到千万家。这些活动创意与设想都是教师教育智慧的迸发和展现，让青年教师在不断创新中获得职业幸福感。在"食育"的研究中让我们看到了一支富有朝气、蓬勃向上，焕发着青春活力，在"食育"探索之路上奋发前行的青年教师队伍。

5. 抓住"微"契机，激励青年教师不断追逐事业成功与自信

随着课题的深入研究，组织教研展示、创优活动、论坛交流等，让教师获得成功与自信。为教师搭设舞台，激励更多的青年教师开始走出园所，走上展示的舞台。将他们的"食育"研究成果展示给更多的教师，从而也

成全了自己的专业发展。课题展示交流会上每一名教师走上台，去交流自己的研究困惑、研究经历、研究收获及成长，在交流的舞台上，他们有了各自新的收获和新的思考及目标。

三、研究存在的问题及下一步设想

课题研究的三年来，在"食育"研究中，不同入职阶段的青年教师在专业能力、专业素养、专业技能等方面有了长足的进步，但如何在"食育"研究中凸显每一名教师的个人优势，不断深化研究提供优质的教师资源都是本课题今后需要解决的问题，期待在课题延伸阶段能够有进一步的经验和体会，真正通过课题研究让教师获得思想和专业上的长足发展，造就一支优秀的教师队伍。

【参考文献】

[1] 李季湄, 冯晓霞.《3—6岁儿童学习与发展指南》解读 [M]. 北京：人民教育出版社 ,2013.

[2] 中华人民共和国教育部 .3—6岁儿童学习与发展指南 [M]. 北京：首都师范大学出版社 ,2012.

[3] 叶澜 . 教师角色与教师发展新探 [M]. 北京：教育科学出版社 ,2001.

[4] 蔡迎旗, 海鹰 . 自主学习：幼儿园教师专业发展的现实之需 [J]. 学前教育研究 ,2016(3):34–40,56.

[5] 刘曙峰 . 教师专业发展：从"技术兴趣"到"解放兴趣" [J]. 教师教育研究 ,2005(6):15–19.

生态教育理念下教师专业成长的研究

（中国学前教育研究会立项课题　课题编号：K20160591）

天津市北辰区引河里幼儿园　芦志新　张佩环

【摘要】引河里幼儿园作为生态型幼儿园，生态教育理念已渗透到教师心中。本文通过打造教师专业发展的生态环境和持续效能的生态主体两方面阐述了生态教育理念下教师专业发展的实施策略；通过建构园所生态文化系统、强化案例研究、开发园本课程等方面介绍了生态教育理念下教师专业发展的基本途径。文中还列举了生态教育理念下的教研模式，并在教师教育理念的转变、研究意识的增强、制度激励效果、教育教学成果等方面呈现了生态教育理念下教师专业成长的研究成果与成效。

【关键词】生态；生态教育；生态教育理念；教师；专业成长

一、课题研究的缘起

生态教育理念初步渗透，它的内涵极其深刻丰富，有很多内容等着我们去思考探索。教师专业化成长是幼教改革和发展的迫切需要。为了深入探讨如何在生态教育理念下，让教师的专业成长更快速，我园进行了本课题的研究。此研究对助推幼儿园的教研与课程园本化，有着积极的促进作用。为此，我们需要一个系统科学的引领，需要升华为哲学和自觉意识的高度，需要形成一种真正为促进教师专业成长、可持续的发展体系。

二、研究结果与分析

（一）"生态教育"内涵诠释

我们的生态型幼儿园是自然的、健康的、和谐的、开放的、真实的、参与的，这六大愿景与"三园"文化建设交融互通，共同融入我们的思想与行动中。

我们认为幼儿园"生态教育"是建构了生态化环境、生态式管理、生态化生活、生态型课程、生态化学习五维度体系的生态系统。

因此，在实践中我们越来越深刻地感受到："生态教育"思想应该是"育人为本、回归生活、回归自然"；生态教育的思想实践是"给儿童一百种发展的可能"；生态教育是顺应、激发和引导，是放手、支持和尊重，是鲜活、动态、唯美的。（如图1、图2所示）

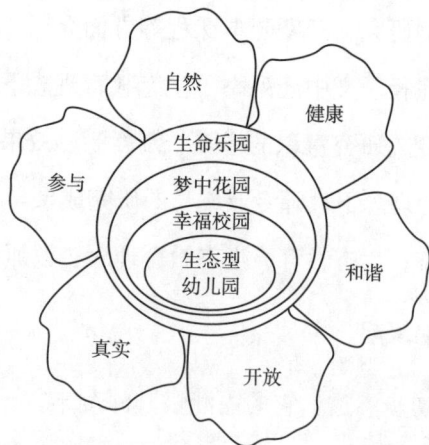

图1　"三园"文化与六大愿景

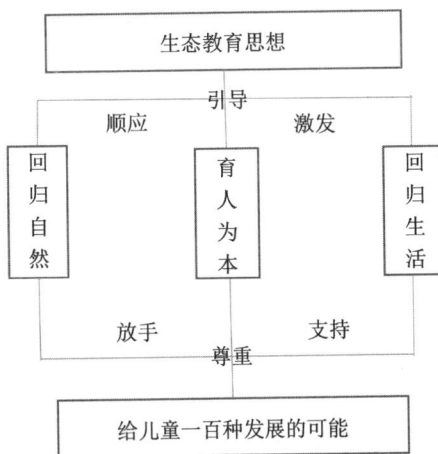

生态教育思想

引导

顺应　　　　激发

回归自然　　育人为本　　回归生活

放手　　　　支持

尊重

给儿童一百种发展的可能

图2　生态教育思想实践路径

（二）生态教育理念下教师专业发展的实施策略

我们打造幼儿教师专业发展的生态环境，培植一种校园文化，让对话机制逐步形成，为教师的经验交流、实践分享、专业研究、自我展示提供平台。

1.顶层设计与创新实践相结合

（1）激活效能的制度文化

教育生态文化的建立，我们以激活效能的制度文化为基础。

教师专业发展需要有力的制度保障，课题组结合办园理念及教师发展目标——发挥教代会、教大会、家委会、党团组织的民主监督作用，整理完善《走进引河我须知》第二辑，制定并完善《教师专业发展制度》《特色校本课程建设方案》等多元综合评估制度等13大项205小项的制度，流程及表格班班有人人知。重新梳理的层级责任网络图。完善师徒结对帮带机制，结合《引河里幼儿园青蓝互促工程》建立帮带奖励机制。通过《引河里幼儿园雏鹰争章》《引河里幼儿园星级教师培养工程》等机制，选拔优秀青年教师作为骨干教师的后备力量。以人为本服务发展，既讲标准性，又有适宜弹性。

（2）激发潜能的责任文化

生态教育理念下，教师发展的成长性、可持续性是至关重要的。

以激发潜能的责任文化为抓手——适度放权、团队合作、锤炼队伍。"环保季大型主题活动""毕业会""引河好声音""特色庆元旦"等每一个活动项目，都是智慧云集、团结协作的舞台，展示创意、个性彰显的平台，教师们在忙碌而充实、快乐而和谐的团队中，赏识他人，学习自律，良性竞争。我们重新梳理层级责任网络图，安全管理责任网络图张贴在每一个部门和办公室，责任到人、明确主动、智慧高效（如图3所示）。

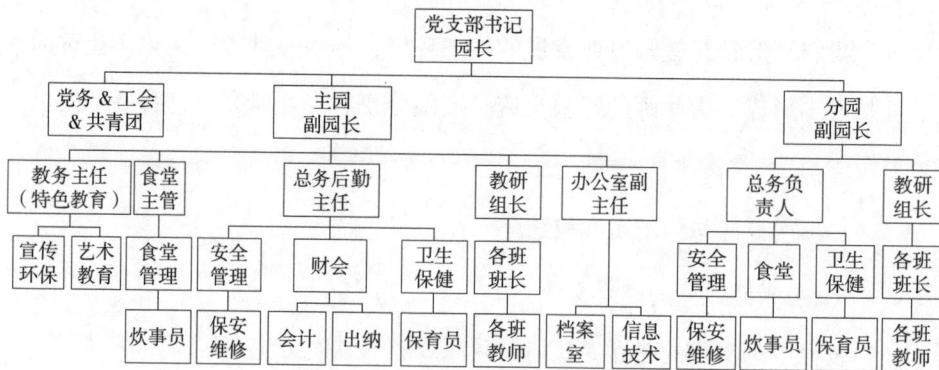

图3　引河里幼儿园层级管理网络图

（3）激趣生活的精神文化

教师发展的开放性、平衡性是生态教育理念下教师专业发展的典型特征。

以激趣生活的精神文化为主线，如三八妇女节的"知性与活泼、优雅与疯狂"魅力幼师活动，温馨音乐、温情贺卡和暖心寿面伴随的集体生日，春节慰问退休教师回顾与展望的信函，坚持每周五中、下午的工会活动，举办教职工足球赛、丽人行、舞动引河新年会等，引领教师关注生命质量，追求幸福生活；党团员示范岗的公示、清晨美丽教师的每天迎接、每年联欢会上的园长致辞等丰富多彩的展现幼师良好职业风貌的风景，无一不让教师们感受着激情与快乐、被欣赏与自信、被尊重与幸福。

2.专业情怀与追求自主发展相结合

教师发展，幸福是前提也是目的；生态取向的教师发展除了体现生命关怀，更强调"学习"，以积极的生命姿态，融入教师群体，协同发展，但是教师发展不是"急就章"，不可能一蹴而就，急着赶路，会"错过路边的风景"。

（1）倾听——源于专业情怀

教师倾听着孩子们"期待阅读区也能玩起来"，从而生成阅读马拉松、阅读大记录的探索；反映每个孩子阅读状况的"阅读马拉松""疯狂贪吃蛇""阅游祖国"对激发、激励幼儿阅读起到了极大的助推作用。教师们每天都不断地倾听和记录儿童的声音，放开手、闭上嘴、管住腿、乐倾听、愿接纳、支持与推动换来的是幼儿自由、多元的表达，教师的专业情怀在反思感悟和实践研究中与孩子们一起成长。

（2）欣赏——源于职业情怀

北方的冬天寒冷、阴凉，我们开展年级组"体能大循环"，为了让所有孩子全部参与，所有材料全部使用：大班的奔跑侦察兵，中班的熊出没，小班的森林小动物，促使幼儿发挥更大的热情，积极参与到每一个自主、自由、自发的活动中，教师们用赏识的视角，看到每一个孩子的潜能，看到酣畅淋漓和意犹未尽的投入。他们是推动教学进展的强大动力，同时让教师们找到属于自己的职业自信。

3.专家引领与教师行动研究相结合

课题组针对不同"问题"组织的各种活动，采用"请进来，专家引路"和"走出去，拓宽视野"两种"双向交流"的方式，寻找"问题"解决的支撑点。每学年初，课题组都根据还未解决的问题，定期聘请市、区级教育专家进行针对性的专题讲座、同课异构等活动，有助于教学问题尽快解决。课题组还分批、分时间段派送各年龄段教师带着问题到内蒙古、成都等地学习，外出学习的教师回园后做二级培训和分享交流，使全体教师在区域游戏、教学研究、课程观念、环境营造、教学评价等方面都产生新的思考，切实促进教师专业化发展的实效性。

（三）生态教育理念下教师专业发展的基本途径

1.建构园所生态文化系统

①精神文化生态的建构。

幼儿园的办园理念、学校精神、"三风一训"的形成，需要反复沉淀、甄选、提炼和内化，并被教师和家长们认可和信守，这是教师专业发展的理论基础。

办园理念：润泽生态教育，造就灵动童年。

办园目标：让每一个孩子的童年留住美好，让每一位教师的成长都有精彩，让每一天的园所生活享有品质。

培养目标：体态健康、心态阳光、自我管理、自主发展、富有灵气。

团队文化目标：姿态优雅、心态阳光、智慧担当、自主发展、具有大气。

于是体现生态精神的"三风一训"在研究中逐渐形成；

园训：生活求真、生命求善、生长求美。

园风：师乐于奉献，生乐于成长，亲乐于共育。

教风：臻美臻善、日进日新。

学风：乐学、多思、自主、自信。

②制度文化生态的建构。

③行为文化生态的建构。

④建构物质文化生态。

2. 强化微课题研究

以"小切口、短周期、重过程、有实效"为基本特征的微课题研究，在生态教育理念下，更加凸显"问题即课题、对策即研究、收获即成果"的基本理念。教师们热衷于研究"微问题"，用全新的教育观、儿童观去审视、研究和解决教育过程中的小问题、真问题。教师开展"微课题"的研究对专业发展的促进作用非常明显。

3. 强化案例研究

我们每学期都要开展"一次观察和一次放手""游戏计划与游戏故事"，主题案例分析交流如"玉玉和绥芬河""我的滑陀螺"，生成活动以及幼儿深度学习中的典型案例交流如"引河好声音"、"雪"、"丑橘泡澡"和"阅读马拉松"，五分钟视频案例分析与交流，期刊典型案例分析与交流，等等。

4. 开发园本课程

园本课程开发和教师专业发展是统一的整体，二者互为基础。教师的专业水平影响着园本课程的质量，开发课程的过程中，教师的课程意识及开发能力又在不断地得到培养和提高。

我们建立了"生活、生命、生长"的生态课程框架，完善了"自主、自发、自由"的洋溢着生命活力的"三位一体"的自然课程体系，园本课程开发为教师专业发展提供了契机。（如图4所示）

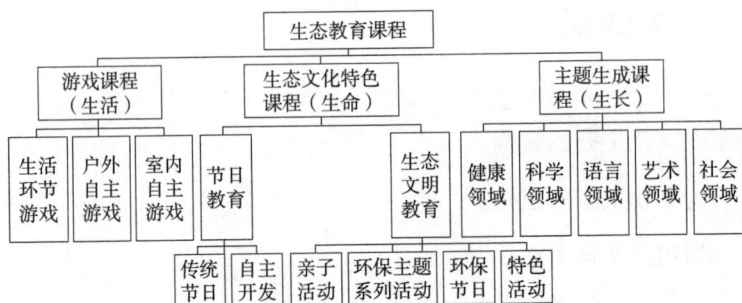

图4 生态教育课程框架

（四）生态教育理念下的教研模式研究

1.多种教研形式，是教师专业成长的加油站

走班式教研、随机式教研、蜗牛式教研、沙龙式教研、讲堂式教研、话筒式教研、实事式教研、磨课式教研、网络式教研、班组式教研，在各种教研活动中，重视"说"的权利，培植"说"的勇气，锻炼"说"的智慧。倡导教师各抒己见，面面俱到；观点交锋，讨论争鸣；不作结论，各取所需。

2.多种教研过程，是教师专业成长的助推器

轮流发言、点名发言、小组长发言、头脑风暴发言，教师专业发展的途径有很多种，各有特色，但无论哪种途径，以教师需求为基础，以解决教育教学及教师专业成长中的问题为目标的方式，更有利于促进专业发展快速提升。

三、研究的成果

（一）教师教育理念转变

1.教学价值观转变

以前教师习惯于整齐划一，因为这样便于管理。如今教师主张"闭上嘴、管住手、竖起耳朵往后退"，把更多的自主发展还给孩子。弹性计划是生态教育理念所大力提倡的，教师和孩子一起商量、共同制定一日生活的内容，如户外活动、游戏玩法、晨读、教育活动、自选活动等。教师根据幼儿在活动过程中的参与度和积极性等来判断活动的内容与方式是否适合孩子，并适时对活动目标、活动内容等进行调整。

2. 儿童观的转变

教师不再总是从自己的角度出发思考问题，而是相信孩子、肯定孩子、赏识孩子，放手让幼儿大胆地尝试，给予孩子支持和信任，在收获意外惊喜的同时收获了儿童观的转变。

3. 师幼关系的转变

把传统的教师主宰一切、教师支配幼儿、幼儿听从教师的师幼关系观，转变为师幼和谐相处、民主合作、教学相长的新师幼关系。

（二）教师研究意识增强

以区级微型课题研究为平台，通过教学"小现象"的研究，教师的研究意识、研究能力、教育策略都在不断提升。在实践过程中，教师们及时总结和反思，及时生成各种教育策略，不断挖掘来源于幼儿兴趣的新资源，动态生成主题课程。在实践中，教师改变以往只关注教案设计、完成教学任务就好的思路，让孩子成为活动的主人，鼓励家长一起参与，创造性地完成教育目标。

（三）制度激励效果显著

从考核制度上，实施《教师专业发展制度》《骨干教师评选方案》《特色园本课程建设方案》《绩效考核方案》《教师职称评定方案》等多元综合评估制度，加强教育教学的管理和研究，激发了教师的热情，鼓励了教师的创新意识和参与意识，让教师从敬业到乐业。

（四）专业发展氛围积极向上

装修图书馆，购置教育书籍，给教师正确向上的动力；请进来，专家一对一辅导教师，提高教师的理论水平，提升论文水平。在园所统一安排和专家的"点餐式"教学专题指导下，采用走班式观察、说课指导和评比、教学模式研究等小专题研讨，使园本教研内容专题化、过程精细化、共享及时化、提升快速化。专业引领改变以往的被动学习的尴尬，是由各年龄段教师先申请需要的学习主题或者亟待解决的问题，园所针对具体内容再邀请各路专家或名家，让教师不用走出校园就可以享受个性化的"点餐式"服务，这种专业引领的方式，能最大限度地激发自主学习和自主发展，为教育教学中出现的问题寻找到解决的支撑点。

（五）分层外出学习效果显著

制订有针对性、分层次的教师发展培训措施，丰富教师理论知识体系，共享校本培训及研修成果，激发教师主动发展动力。2017—2019年先后组织30余人次分赴北京、上海、内蒙古、厦门、青海、成都、重庆、河北等地参加不同类型外出学访考察及交流，关注教学改革、提升理论素养、拓展教学视野。

（六）教育教学成果突出

开展研究三年以来，多名教师获得诸多国家级、市级荣誉称号，三百余篇论文、若干教育活动获全国全市奖项，近20篇论文、案例发表在国家级刊物、书籍以及网站平台上；多人事迹报道在《天津教育报》《天津市幼儿园名师》《天津教育》刊登播报；承办天津市"幼教名师"区级半日活动开放观摩、京津冀三区市贯彻落实《3—6岁儿童学习与发展指南》现场会等大型观摩展示活动、"全国幼儿创新教育成果展（天津站）"

开放展示活动；接待甘肃省、青海省以及天津市滨海新区等全国各地的幼教同行来园观摩学访 30 余次，近 2000 人次的来访者对幼儿园的先进理念、研究氛围等都给予了高度赞赏，并且由衷肯定了师资队伍的精神面貌和专业素养。

总之，生态教育理念下的教师专业发展，是改变以往教师被动地学习、被动地接受、被动地内化、被动地应用的发展模式，而是主张教师将自身教学实践中出现的最棘手、最困惑或者是最难于解决的问题进行整理，归纳提炼出最有价值的研究问题，将问题专题化，并使专题方案化、方案行动化、行动阶段化、阶段反思化的专业发展方式。这种教师专业发展方式，是解决教师专业发展主动性的主要途径，同时是解决园本教研有效性的方法。

【参考文献】

[1] 教育部教师工作司 . 幼儿园教师专业标准 (试行) 解读 [M]. 北京 : 北京师范大学出版社 ,2010.

[2] 央广网 . 中共中央国务院关于全面深化新时代教师队伍建设改革的意见 [EB/OL].(2018-01-20)[2020-05-08].http://www.gov.cn/zhengce/2018-01/31/content_5262659.htm.

[3] 隋立国 , 王瑞雪 . 促进幼儿教师专业成长的实践策略 [J]. 文教资料 ,2008(30):114-115.

[4] 肖志 . 走进 "周末读书沙龙" : 中学生课外阅读形式新探 [J]. 企业家天地 (下旬刊),2010(3):102-103.

[5] 姜必亮 , 王伯荪 . 可持续发展的生态学透视 [J]. 生态科学 ,2000(1):65-69.

[6] 吴思孝 . 教师专业精神 : 内涵、价值与培养 [J]. 教育理论与实践 ,2013(34):39-43.

通过折纸活动促进幼儿综合素质发展的策略研究

（中国学前教育研究会立项课题　课题编号：K20160584）

天津市泰达保育院　陈淑曼

【摘要】通过折纸活动研究，课题组成员创建了"折纸语言"和"五步教学法"，在实践中对折纸教学内容规律进行探索、提炼与总结，出版了园本教材《带幼儿走进折纸世界》一书。

通过折纸活动，发展了幼儿观察力、想象力、创造力、艺术表现力以及审美能力等，培养了幼儿的自主探索、自主学习的能力，形成了积极主动、认真专注、不怕困难、勇于探究、同伴合作等良好的学习品质，促进了幼儿综合素质的发展，为幼儿终身学习与发展打下坚实的基础。

【关键词】折纸活动；幼儿综合素质发展；研究策略

一、研究背景及意义

党的十八大以来，习近平总书记围绕传承和弘扬中华优秀传统文化发表了一系列的重要阐述。文化是一个国家、一个民族的灵魂，中国的传统文化是中华民族屹立世界的基石，也是一个民族的核心价值。在幼儿园开展折纸教学活动，是弘扬和传承中国传统文化的重要途径。

《3—6岁儿童学习与发展指南》（以下简称《指南》）与《幼儿园教育指导纲要（试行）》（以下简称《纲要》）里指出，艺术是人类感受美、表现美和创造美的重要形式，也是表达自己对周围世界的认识和情绪态度的独特艺术。

苏联教育家苏霍姆林斯基曾说过："儿童的智慧在他的手指尖上，手是思想的镜子，是智力才能发展的刺激物，是意识的伟大培养者，是智慧的创造者。"20世纪50年代，在美国人罗伯特·朗的影响下，美国麻省理工学院专门开设折纸部门，研究折纸及折纸在科学界的应用。德国杰出的教育大师福禄培尔（Friedrich Froebel）认为折纸能够非常好地启迪智慧，并把折纸与自己的教育学说结合起来，在他创办的世界第一所幼儿园——勃兰登堡幼儿园中开设折纸课程，这种做法后来被推广到全世界。

二、研究目标与内容

（一）研究目标

（1）通过开展折纸活动的研究，幼儿可以了解折纸知识，探索折纸规律。培养幼儿良好的学习习惯、学习品质，发展幼儿的多种能力，为终身学习与发展打下坚实的基础。

（2）通过开展折纸活动的研究，引领教师探索促进幼儿综合素质发展的有效途径与策略。

（3）通过开展折纸活动的研究，培养出一支具有较强研究意识与研究能力的师资队伍，促进园本课程的发展，打造园所品牌。

（二）研究内容

（1）激发小班幼儿在温馨的折纸环境、折纸游戏中培养折纸兴趣。

（2）培养中班幼儿在自主探索的折纸环境中，学会看折纸步骤图，发现折纸规律。养成良好的学习习惯、学习品质，发展幼儿的多种能力。

（3）培养大班幼儿在合作的环境中，用主题活动、爱国教育等多种形式相结合进行艺术的再创作。培养幼儿良好的学习品质、审美能力与爱国精神。

三、研究方法

本研究采用文献研究法、行动研究法、经验总结法三种研究方法。学习现代教育理论，了解同类课题研究的相关情况。通过分析、比较、归纳筛选出有效的经验和个案，为本课题研究提供大量可以借鉴的资料，保证课题研究顺利、有效、深度地完成。通过有计划有目的培养幼儿，随时观察幼儿兴趣需要，观察幼儿在活动中的表现，教师在教育活动中的行为教育智慧，边实践边研究边修正。定期对研究的情况进行小结，逐步完善研究方案，收集整理研究的过程性资料，形成课题研究成果。

四、研究过程

（一）启动阶段：成立课题小组，制订研究计划

成立以园长王虹为主要负责人，以副园长陈淑曼为具体执行人，以骨干教师和青年教师为成员的课题研究小组。课题小组首先通过查阅资料、研究讨论等方式认真分析折纸教学中存在的问题，确立课题研究方向和方法。

（1）开展讨论研究：认真分析折纸教学中存在的问题，确立课题研究方向；收集相关文献资料，明确课题研究的意义、目标、研究策略，制

订了研究方案和实施计划。

（2）组织开题会：对课题组成员进行课题培训，了解课题研究的重要意义。

（二）实施阶段：探索有效的教学策略

1.探索不同年龄班幼儿折纸教学策略

（1）创设温馨环境，培养小班幼儿折纸兴趣

兴趣是最好的教师，是幼儿乐于学习、积极学习的动力。在小班创设温馨的折纸环境，采用游戏化的教学方法，培养幼儿的折纸兴趣。

A.折纸内容生活化，激发幼儿的学习兴趣。

小班折纸内容的选择，采用幼儿日常生活中常见的、喜爱的、简单易学的形象。如小花、小鱼、小猫、小狗、小鸟等，幼儿会更感兴趣，也可以配合着绘画组成一幅生动的画面。

B.折纸语言形象化，引导幼儿对折法的理解。

如何让幼儿很快地掌握折纸的方法，把复杂的知识简单化，教师就要用形象的语言进行引导。例如一次折双三角过程中，新的折叠方法对于初次接触的幼儿来说稍难一些，其中最后一个步骤是需要幼儿把大拇指伸进箭头处，往左右一拉就可以了。在折叠的过程中有几个幼儿不知道该怎样去做，教师灵机一动，引导幼儿："请小朋友把两个大拇指深入箭头处把这个小噘嘴左右一拉变成一个扁扁大嘴巴。"是真的吗？孩子们按着教师的方法去做果然一拉就变成了扁扁的大嘴巴。幼儿理解了、做到了，并从中体验了成功的乐趣。

C.折纸活动的游戏化，促进幼儿对折纸的探索。

幼儿初学折纸以培养兴趣为主，根据幼儿的年龄特点与心理特点，折

纸活动的开展以折纸游戏为主，使幼儿把看似枯燥的折纸当成一种游戏从中体验到乐趣。教师为幼儿搭建魔术"小舞台"，展示折纸奥秘。让折纸以小魔术的形式展示给幼儿，赋予折纸以生命和神秘感。例如：在四角向中心折的基本折法中，一个物体依次递进逐渐演变成另一个物体，例如：小桌子→小椅子→小衣服→小裤子→照相机→大公鸡。小桌子稍加改动就可以变成小椅子、小衣服、小裤子、照相机、大公鸡等形象。小小的折纸在教师手里折几下，就可以变成另一样东西，折纸好神奇啊！幼儿都希望自己也能成为小魔术师。

（2）寻找折纸规律，搭建中班幼儿自主学习平台

事物之间是相互联系又相互制约的，具有一定的规律性，幼儿的发展也是有一定的规律性。培养中班幼儿在自主探索的折纸环境中，发现折纸规律，学会看折纸步骤图，养成良好的学习习惯与学习品质，发展幼儿的多种能力。

A.学习"折纸语言"，引领幼儿走进折纸世界。

"折纸语言"由折纸符号、基本折法、折纸步骤图三方面组成。在折纸活动初期，教师首先与幼儿一起认识折纸符号，分析折纸步骤图，很快幼儿就走进了折纸世界。当幼儿通过自己的双手，折出一个个小作品时，那种成就感与收获的喜悦，是无法用语言来表达的。由此可见，幼儿的潜能是无限的，只要教师有足够的方法，孩子的发展总会给我们惊喜。

B.创设"五步教学法"，促进幼儿发展。

幼儿学习折纸的"五步教学法"是认识折纸符号→学习基本折法→学看折纸步骤图→寻找折纸规律→利用规律进行创作。培养了幼儿自主探究、自主学习的学习习惯。

C.发现折纸规律，激发幼儿探索折纸奥秘。

课题组研究人员不断探索折纸教学内容的规律性，提炼出 18 种基本折法和幼儿喜爱、具有内在规律联系的折纸内容 300 多个。首先，按照基本折法对折纸内容进行分类梳理。其次，在每一基本折法的基础上寻找折纸内容之间的规律和内在联系。最后，根据折纸内容由易到难的规律，分成不同阶段对幼儿进行循序渐进培养。

（3）保护创新意识，培养大班幼儿合作创新精神

在美术教育中创造力的培养是十分重要的，因为艺术创造本身就是幼儿进行思考、想象、尝试和发展的过程。

A.发挥教师教育智慧，捕捉教育价值。

在折纸活动中，运用启发式的提问，鼓励幼儿举一反三。例如引导幼儿发现折纸规律 1：猫头→狗头→兔子→蝉→猪头→纸杯→瓢虫→蝉→飞蝉→头盔→乌龟→燕鱼，还可以变成什么？规律 2：小灯笼→小桌子→小椅子→小衣服→小裤子→照相机→大公鸡，还可以变成什么？当幼儿发现了折纸之间的内在联系和折纸规律后，了解到一个物体稍加改动就会变成新的物体，并给予新的命名，这也正是幼儿艺术创作萌芽的开始。

B.开展多种形式的折纸活动。

在大班为幼儿创设合作的折纸环境，有益于幼儿合作学习折纸，在分享中体验折纸的乐趣，促进幼儿多种能力的发展。如开展"亲子共折美好时光""师生共折美好时光""幼儿分享折纸美好时光""小组性折纸""区域性折纸活动""亲子折纸创意大赛""教师折纸大赛"，教师录制"折纸微视频"等折纸活动。幼儿与幼儿、幼儿与家长、幼儿与教师之间多种形式的互动学习，更容易让幼儿体验折纸的乐趣。促进幼儿合作、分享、交流、学习等能力得到充分发展。

C. 折纸与爱国教育相结合。

大班孩子开展了爱国教育"国庆节"主题教育活动，教师与幼儿共同布置了主题互动的墙饰，孩子们画了 56 个民族娃娃，画了天安门，又折了和平鸽，来展现全国人民大团结，庆祝国庆节的热闹场面。

教师还把习近平总书记"一带一路"建设的重要思想融入教育中，让幼儿认识世界，了解世界，将孩子制作的"走遍中国"的手抄报和折纸骆驼，创设了丝绸之旅主题墙，让幼儿从小了解祖国的伟大，培养幼儿热爱祖国、热爱家乡的情怀。

D. 折纸与传统文化主题活动相结合。

折纸与主题活动的完美结合，赋予了折纸更多的内涵，是开展折纸活动的重要途径。幼儿喜欢折纸，在传统节日教育活动中，环境的布置、礼物的制作都用折纸的形式来完成。例如，元宵节活动，幼儿与教师一起折了灯笼，大大小小的灯笼，写上谜语，布置了猜灯谜的主题墙，幼儿边吃元宵边猜灯谜，体验节日乐趣；端午节活动，孩子们折了龙舟、粽子，布置了赛龙舟的主题墙，让幼儿了解了端午节的习俗，了解了端午节是纪念爱国诗人屈原的节日；清明节是踏青、扫墓、祭奠祖先的时节，教师会带领幼儿折纸花、折小树、折风筝，让幼儿不忘逝去的亲人；母亲节、父亲节活动，幼儿给爸爸、妈妈折了爱心和玫瑰花，以表达自己对父母的爱；中秋节孩子们折了兔子月饼，结合主题活动的开展，让幼儿体验中秋节家人吃月饼、赏月、团聚一堂。

E. 折纸与五大领域教育相结合。

每一次的折纸活动其实都是一个综合活动，幼儿用他灵巧的双手折出可爱的形象，贴在画册上用彩笔添画背景，小朋友之间相互分享折纸故事，这是一个非常幸福的过程。一本本的折纸画册，一个个栩栩如生的故事，一次次的分享，让五大领域教育目标渗透在折纸活动中，从而促进了幼儿综合素质的发展。

2.加强教师培训，提升科研能力与素养

（1）提升教师的研究能力和指导水平

本研究引领教师探索促进幼儿综合素质发展的有效途径与策略，课题组教师通过开展专题讲座、集体备课、活动观摩、研讨交流、理论学习等，提高了折纸技能，展示了折纸水平，拓展了思维方式，提高课题组教师的教学水平以及课题实践研究能力。

为了保证研讨课的质量，我们规定每次教研活动都要做到"四个要"：一要集体备课，二要全员听课，三要说课反思，四要重视评课。每节研讨课都采用个人构思—交流讨论—达成共识—形成教案（学案）的备课方式。教学设计要体现新课程理念，做到："一个突出"（突出幼儿是活动的主导者，教师是活动组织者、引导者与合作者）。

（2）促进了师幼互动的有效性

一次高效的师幼互动关键是在一个恰当的时机，给予幼儿恰到好处的指导。在集体教学中，教师关注幼儿在活动中的表现和反应，敏感地察觉他们的需要，及时以恰当的方式应答，形成合作探究式的师幼互动。在区域游戏中，教师有意识地增加幼儿同伴互动的机会，引导幼儿去寻求同伴的帮助，这样在幼儿掌握技能的同时，又能提高幼儿的交往能力。

（三）总结阶段：提炼课题研究成果

课题组成员在研究过程中，随时检验研究成果，注意收集活动方案、图片、案例等，定期召开课题组会议，梳理提炼课题研究成果。

（1）撰写课题研究的结题申请、结题报告、工作报告、论文。

（2）梳理折纸教学活动设计方案集。

（3）出版《幼儿折纸画册》。

（4）整理折纸教学活动实录，进行教学活动观摩，汇报教学成果，教学活动经验交流。

（5）出版园本教材《带幼儿走进折纸世界》一书，正在准备新书《折纸密码》的出版。

（6）教师折纸微视频。

五、研究创新点与成果

（一）研究创新点

1. 方法创新

（1）建立折纸语言。为了便于幼儿的学习，我们关注到了要想让幼儿学好折纸，必须建立"折纸语言"，这是折纸研究与学习的基础与保障。我们从大量的文献中提炼梳理出适合幼儿学习的 11 种"折纸符号"、18 种"基本折法"和选择绘画了 300 多张"折纸步骤图"。符号统一、名称统一、画法统一，三者有机结合，构成了系统、完整的折纸的语言体系。迄今为止，还没有任何一个国家和文献深入进行此研究，这也是我们研究折纸的第一个突破。

（2）创设幼儿折纸五步教学法。认识折叠符号→学习基本折法→学看折叠步骤图→寻找折纸规律→利用规律进行创作。

2. 实践创新

折纸教学内容规律性的探索与创新

按折纸共性与个性的问题，从 4000 多本折纸书籍中，筛选出适合 3—6 岁幼儿学习的 2000 多个折纸形象。对每个折纸形象进行解读，分析每一案例。提炼出幼儿喜爱、具有内在规律联系的折纸内容 300 多个，由浅入深地、循序渐进地对幼儿进行培养。幼儿利用折纸规律自主学习、自主发现、自主探索折纸奥秘，走进折纸世界，利用折纸规律进行艺术再创作。符合当今的教育理念，教师的角色是幼儿的引领者、支持者、合作者。幼儿的学习方式是自主探索、自主发现、自主学习，积极调动幼儿内在的、自发的学习动力。此课题研究，对幼儿学习折纸方法的探索、对学习内容规律的提炼，是此研究成果的第二大突破。

（二）研究成果

1. 幼儿成果

（1）通过开展丰富多彩的折纸活动，促进了幼儿综合素质的发展。

（2）幼儿精美折纸画册：幼儿每学期都会有一本自己制作的精美折纸画册。

2. 教师成果

（1）陈淑曼撰写的论文《指尖上的智慧，带幼儿走进折纸世界》获评"中国学前教育研究会 2016 年会"论文三等奖。

（2）刘爽老师撰写的论文《指尖上的智慧——带幼儿走进折纸世界》发表于泰达教育研究刊物、天津幼教杂志。

（3）石惠英撰写的论文《大班幼儿折纸教学策略与实践研究》获得《天津教研》编辑部第二届教育教学论文三等奖。

3. 园所成果

（1）教研成果《通过折纸促进幼儿综合素质发展》获评"研究学生发展实现教育价值"天津市 2018 年特色教研成果奖。

（2）我院被天津市传统文化产业发展协会、幼教文化促进会评为首批"优秀传统文化践行百家工程示范园"。

六、研究成效与推广

（一）研究成效

1.幼儿发展

通过丰富多彩的折纸活动，在锻炼幼儿双手的同时开发智力、启迪智慧，提高审美情趣。发展了幼儿观察力、想象力、创造力、艺术表现力以及审美能力等，培养了幼儿的自主探索、自主学习的能力，形成了积极主动、认真专注、不怕困难、勇于探究、同伴合作等良好的学习品质，促进了幼儿综合素质的发展，为幼儿终身学习与发展打下坚实的基础。

2.教师发展

通过折纸活动研究，培养出一支具有较强研究意识与研究能力的师资队伍，创建了"折纸语言"和"五步教学法"。教师在实践中对折纸教学内容规律的探索、提炼与总结，提炼出适合小、中、大班的有效学习内容与方法，出版了园本教材《带幼儿走进折纸世界》一书，形成了园所的特色，打造园所品牌。

（二）研究推广

（1）折纸教学成果全院推广使用：在全院12个教学班开展折纸教学研究成果的推广，发挥折纸教育的价值。每年12月开展全院的"亲子折纸创意大赛""教师折纸大赛"，既传承、发展了中国传统文化，又促进了幼儿全面的发展和亲子关系。

（2）成立折纸"1+X"发展共同体：借助滨海新区"1+X"发展共同体平台，定期为以上园所做折纸培训、交流展示。

（3）在大学里做折纸推广：在天津师范大学学前教育学院为在职教师和在校学生进行折纸培训，让中国传统文化得到更大的推广。

（4）通过我院折纸活动微信公众号的报道，得到教育同行、家长、社会的关注和认可。

【参考文献】

[1] 中华人民共和国教育部 . 幼儿园工作规程 [Z]. 北京 : 首都师范大学出版社 ,2016.

[2] 中华人民共和国教育部 .3—6 岁儿童学习与发展指南 [M]. 北京 : 首都师范大学出版社 ,2012.

[3] 肖玲玲 . 纸张创意与折纸大全 [M]. 北京 : 中国华侨出版社 ,2011.

[4] 高井弘明 . 大人和孩子的游戏教科书 : 一起动手做昆虫折纸 [M]. 郑州 : 河南科学技术出版社 ,2015.

[5] 笠原邦彦 . 动物折纸宝书 [M]. 郑州 : 河南科学技术出版社 ,2017.

[6] 川并知子 . 园长教你做 :60 款亲子入门折纸 [M]. 郑州 : 河南科学技术出版社 ,2012.

[7] 日本拼布通信社 . 可爱的小动物折纸 [M]. 郑州 : 河南科学技术出版社 ,2009.

[8] 渊本宗司 . 折纸宠物乐园 [M]. 郑州 : 河南科学技术出版社 ,2014.

[9] 日本靓丽出版社 . 儿童快乐折纸 57 款 [M]. 北京 : 煤炭工业出版社 ,2015.

在园本教研中促进教师专业成长的探索与实践

（中国学前教育研究会立项课题　课题编号：K20160532）

天津市武清区第六幼儿园　陈玉玲　赵娜

【摘要】幼儿教师专业发展是幼儿教师自我成长的重要途径，也是幼教质量提高的关键所在。为建设高素质幼儿园教师队伍，教育部 2012 年出台了《幼儿园教师专业标准（试行）》，并于 2006 年启动"以园为本教研制度建设"项目，我们以此为引领进行研究。历经 3 年的研究实践，我们的园本教研制度得到了丰富和强化，教师对活动内容的分析理解能力、对幼儿行为的诊断指导能力、对教育目标的渗透运用能力等均得到了提高，有效促进了教师的专业发展。

【关键词】教师；园本教研；专业成长

一、通过园本教研领域教学，提高新手教师对活动内容的分析理解能力

（一）语言领域教学中，重点挖掘教学内容载体蕴含的价值，精准把握目标，提高教学质量

教师对五大领域教育内容的分析理解能力明显提高，实现了教育目标出发点和归宿的本质定位。课题组首先以语言领域为切入点，对故事、儿歌、绘本等文学作品进行分析，通过对重点情节、角色特征、画面细节、核心主题的研究分析，最后确立教学目标并加以落实。比如，对绘本故事《我也要搭车》的分析，故事是借用几个小动物的行为和特点，将日常乘坐公共汽车的规则蕴含在故事情节中。如：蹦跳的兔子是提示幼儿在乘坐公共汽车时不可以乱蹦乱跳；浑身长刺的刺猬是在提示幼儿公共汽车上要为他人着想，不能光想着自己方便；淘气的狐狸是在提示幼儿不能在车里打闹；爱放屁的鼬提示幼儿文明乘车；长脖子的长颈鹿提示幼儿不可以把头伸向窗外；一群小松鼠是在提示幼儿乘坐公共汽车时要排队上车。只有挖掘出故事的真正内涵，教师才能够引导幼儿看懂绘本故事，充分发挥出绘本故事的教育价值。

（二）数学教学中，重点夯实教师对数学基本概念的理解，保证数学教学的科学性、系统性

教研数学领域活动中，重点夯实教师对排序、点数、按数取物、分类、数的组成、认识形体、理解量、时间、空间这九方面基本概念的理解，保证计算教学的科学性、系统性。如，什么是"排序"？排序是将两个以上物体按某种特征上的差异以一定的规则进行排列。排序是建立在对事物比较的基础上，它需要有一定的判断推理能力。幼儿学习排序的意义是什么？排序有助于巩固和加深对物体排列规律的认识，有助于幼儿思维能力的发

展 。排序的教学方法是什么？第一，按次序规则排序；第二，按物体数量多少进行排序；第三，按特定规则排序。把这几方面研究透彻之后，小中大各个年龄班再去找寻具有代表性的相应操作材料来准备教育活动，再继续研究如何制定教育活动的目标以及教育活动的准备和过程，预想教育过程中可能出现的问题，把这些点梳理清楚了幼儿就能获得系统的经验。

（三）教研社会领域活动中，注重引导教师关注幼儿的"真体验"

教研之前，教师们普遍对社会领域教育犯怵，感觉没有抓手，不知道该怎么组织。但是通过园本教研大家共同阅读《3—6岁儿童学习与发展指南》，知道了儿童是通过"直接感知、实际操作、亲身体验"来学习的。光有教师说教是不正确的，而是需要幼儿有真切的体验。我们课题组在社会性领域的探索中，设计出了"保护蛋宝宝"的真实体验活动，活动中每个孩子从早晨入园起，都要保护一个鸡蛋（生的）。这个鸡蛋就是孩子们的"宝宝"，一带就是一天，也就是一整天他都有保护蛋宝宝的义务，无论他在做什么，吃饭、游戏、午休、户外体育活动，他都要保护他的宝宝不受到伤害。这次教研成果的运用，很好地促进了幼儿换位思考的能力，并进一步体会了"爱"的内涵。

二、通过园本教研幼儿行为，促进青年教师对幼儿行为的诊断指导能力

青年教师已初步具备组织五大领域教育活动的能力，但面对幼儿的种种行为，能够第一时间给予适宜指导的能力还欠缺。通过课题组的研究，教师们能够有意识地去观察和记录幼儿的行为，并给予适宜的指导。

（一）正确使用观察记录表，提升教师的观察意识及观察能力

园本教研前，面对幼儿的种种行为，教师总是急于对幼儿的行为进行

干预。对幼儿行为的分析和解读不够透彻，就会造成干预时机把握不准、干预方式与方法运用不当，进而影响了幼儿诸多方面的发展。通过园本教研，我们针对"介入时机怎么把握"的问题进行了研讨，得出结论：首先要"耐心"，不能急于干预；其次分析幼儿行为背后的原因，准确分析后再做下一步的介入。

比如在观摩一次自选活动玩塑料圈时，孩子们每人手里各拿一个圈进行游戏。有个孩子把圈抛到了树枝上，教师看到后，立刻找保安叔叔帮忙，把塑料圈取下来。教研中，我们就此问题讨论，"到底应该什么时候介入？"研讨得出结论：应该先给孩子充分的时间想办法自己将塑料圈取下，即使需要请人帮助，也是引导幼儿主动请人帮助。

通过课题的研究，教师学会了如何观察幼儿的行为，如何用正确的教育理念来看待幼儿，而没有像以前遇到这种情景马上走到面前，直接帮助孩子把树上的圈取下来，而是慢慢地等待、静静地观察幼儿行为，给幼儿充足的时间思考，想办法解决问题，并在恰当的时机抛出问题："为什么这个办法不行，是什么原因？"引发孩子们产生新的思考。

（二）通过交流研讨，引导教师多维度考虑幼儿行为背后的成因，提升教育诊断能力

分析幼儿行为背后的原因，我们的切入点是分析各年龄段幼儿的年龄特点、教育目标、生活环境及生活经验，进而有计划、有针性对地进行指导。

每次教研活动，我们把观摩的教育活动录制成视频，针对视频中幼儿的表现进行分析、讨论，寻找行为背后的原因。例如在小班开学两周左右，小朋友们都慢慢适应了幼儿园的一日生活，能够独立地喝水、吃饭、睡觉，还能跟着教师快乐地游戏。可还是出现了问题，个别小朋友不在幼儿园大

便。然后，教师和小朋友们进行了一次简单的谈话，主要了解他们不喜欢来幼儿园的原因。经过谈话，得知原因大概有三个：第一，在家都是马桶，尤其是男孩，不会如何蹲着大便；第二，一部分男孩觉得蹲便是女孩小便的地方，男孩不能去；第三，情绪紧张，不想去，不敢去。找到了原因，接下来就找到了解决办法。现在，幼儿出现某一问题后，教师会进行全面分析，包括幼儿原有的生活经验及生活环境，提升了教育诊断能力。

（三）通过交流研讨，提升教师正确研判幼儿行为的能力，并能够给予有效回应和指导

教师能够准确分析幼儿行为背后的原因后，我们开始研究教师的指导行为，得出有效回应和指导的具体方法如下。

1. 理解接纳幼儿，做到支持中引导

我们都知道教师是幼儿的支持者、引导者、合作者，那么如何支持、引导，又如何在支持中引导呢？支持中引导即先支持、认同、接受幼儿的行为，再对其进行正面引导，进而保证实施教育的有效性。比如面对不愿午睡的幼儿，教师可能越是强制其入睡，越是适得其反，而先支持、接受，比如让他先看会儿书，累了或是困了再入睡，效果可能更好。

2. 适度"为难"幼儿，提升幼儿原有经验

设法给幼儿"出难题"，不仅可以调动幼儿原有经验，还能够促进幼儿动脑筋、想办法，进而将幼儿的原有经验得到再提升。如一次小班活动"去娃娃家中"，老师到娃娃家做客，幼儿请教师吃饺子，教师说饺子太烫，幼儿赶紧给吹一吹，老师尝了尝还说烫，幼儿想了想："那把饺子分开，凉得快一点儿"，说着就用勺子把饺子分开。老师又尝了一下说："嗯！好一点儿，可还是有一点儿热"，幼儿又想了想："我知道了！用凉水冲

一下就行了！"说着就拿着饺子到水龙头那里冲了一下。"您再试试。""嗯！这下好多了！可以吃了！真的谢谢你！为了让我吃到不烫的饺子想了这么多办法！谢谢！"幼儿小嘴一抿，笑了，而且很自豪的样子！

在这个互动中，教师有意给幼儿"出难题"，利用生活中吃饺子太烫怎么办的常识，把问题又抛给幼儿，让幼儿自己去想办法，去解决这个问题。第一次幼儿想到了吹一吹的方法，这样的确可以使饺子凉得更快，但教师并没有就这样结束这个问题，而是再次抛出问题："嗯，好一点儿，但还是有点热。"让幼儿再次想办法，这样就再次调动了幼儿的原有经验，直到最后问题顺利解决。

3."顺藤摸瓜"，丰富幼儿的游戏内容

课题组在研究中多次寻找案例，从中发现教师倘若能够肯定幼儿的想法，"顺藤摸瓜"引导幼儿将他们的游戏延续下去，获得新的游戏经验。

如张教师班的幼儿，每一次户外自选游戏后，孩子们都去旁边的花园里"寻宝"——找石头。今天他找两块，明天她找三块，孩子们几乎每天都去，进入教室后还在谈论关于石头的话题。由于石头存在安全隐患，张教师就让幼儿把他们的"宝贝"留在了教室外面的窗台上，没几天窗台上已满是石头。教师发现孩子们的兴趣很浓，于是顺着这根"藤"，带着幼儿一起开展了关于石头的游戏，同时结了好多"瓜"。

其间，教师"摸"着孩子们感兴趣的这根"藤"，围绕石头开展了各种游戏活动，孩子们都是主动、积极地参与其中。

三、通过园本教研生活活动，提升骨干教师对教育目标的渗透运用能力

一日生活皆教育，生活蕴含着多领域的丰富的教育内容，但生活各个环节流于形式，未得到教师的充分重视。于是我们在教研中引导骨干教师挖掘生活各环节的教育价值。经过两年的观摩研讨，我们找到了将教师的教育目标和教育理念渗透到生活各个环节中的有效策略。

提高教师教育渗透能力，关键点在于"心中有目标，眼中有孩子"。所谓"心中有目标"是讲教师要有大的目标意识，何为大目标，即影响幼儿终身发展的目标，比如有解决问题的能力，有适应变化的能力，有探究学习的乐趣。"眼中有孩子"是讲教师要看得到幼儿的行为，看得到幼儿的需求，看得到幼儿的能力发展，看得到教育的生长点。

（一）通过观摩研讨幼儿生活活动，提升教师教育渗透能力

允许幼儿自主解决生活中的问题是提高教师教育渗透能力的关键。观摩中，我们发现盥洗环节经常有幼儿向教师汇报或者寻求帮助："老师，卫生间没有纸巾了。""老师，能不能给我一张纸？""老师，纸巾放在哪里？"围绕这一现象课题组探讨了此时教师应该怎么做。听到了孩子们的声音，是直接递给孩子一卷纸就过去了吗？再听到幼儿这样的需求，再递一卷纸？此后重复去做这件事情？还是说应当把孩子的需求看在眼里，把幼儿当作生活的主人，主人应该参与到自己的生活中来啊！经过研讨，我们这样做：与幼儿们一起商讨"纸巾没有了去哪里拿？"最终幼儿一起决定，把班级所有的纸巾都放在储物柜的最下面一层，并且在柜门上贴一个纸巾卷的图案，这样任何一名幼儿都知道去这里拿纸巾。这样不仅方便了幼儿的生活，又让班级常规变得有序。

（二）通过环境的隐形作用提高教师教育渗透能力

如果说允许幼儿主动解决生活中的问题是提高教师教育渗透能力的关键点，那么发挥环境的隐形作用也很重要。比如喝水环节，总会有幼儿把水洒在桌子上，于是教师忙碌的身影就穿梭在教室里，擦完这边擦那边，

此时也不能够照顾到全班幼儿。经过课题组的研讨后：我们在墙上挂一块干抹布，并做好标记，当幼儿洒水时，他们就会自己去拿小抹布把桌子擦干净。于是喝水环节变得安静又有序，一块小抹布既服务了幼儿，又体现了教师教育的渗透能力。

再如盥洗环节，教师将洗手的步骤图依次贴在水池上方，幼儿洗手时就能够看到步骤图，并且主动地按照步骤认真洗手。教师精心制作的一日生活流程图，幼儿可以清楚地看到每个环节之后是什么活动，知道接下来自己该做什么，帮助幼儿建立初步的秩序感。还有喝水记录卡、大便记录卡都是利用了环境的隐形作用，帮助幼儿建立良好的常规习惯，体现了教师的教育渗透能力。

教师的专业成长是个多元化的课题，园本教研只是多样手段之一，今后，我们将延续本课题的思路，继续探索促进教师专业成长的方法、措施，将更多新理念转化为教师的教育行为，提高教育教学水平，进一步促进教师专业化发展。

【参考文献】

[1] 廖莉,吴舒莹,袁爱玲.幼儿园生活活动指导[M].福州:福建教育出版社,2015:116-119.

[2] 吴文艳.幼儿园一日生活过渡环节的组织策略[M].北京:中国轻工业出版社,2014:43-98.

[3]Eva Essa.幼儿问题行为的识别与应对[M].王玲艳,张凤,刘昊,译.北京:中国轻工业出版社,2010:23,24.

[4] 蔡春美,洪福财.幼儿行为观察与记录[M].上海:华东师范大学出版社,2013:223-227.

[5] Cohen D H,Stem V,Balaban N, 等 . 幼儿行为的观察与记录 [M]. 马燕 , 马希武 , 译 . 北京 : 中国轻工业出版社 ,2013:67–89.

[6] 王烨芳 . 学前儿童行为观察与分析 [M]. 南京 : 江苏教育出版社 ,2012:102–105.

[7] 车轶 , 刘昕 . 幼儿园语言教育资源 : 文学作品分析 [M]. 天津 : 天津大学出版社 ,2016:16–23.

第七篇　幼儿园信息技术的应用研究

"互联网+"背景下立体化教育资源开发与共享的研究

（中国学前教育研究会立项课题 课题编号：K20160599）

天津市河西区第一幼儿园 张立华

【摘要】本课题旨在探索"互联网+"背景下，围绕《河西一幼信息化发展五年规划》，通过加快幼儿园信息化基础保障建设，提升硬件设施建设水平；加快幼儿园信息化队伍建设，提升教师信息化实践能力；加快幼儿园信息化特色课程建设，提升师幼信息素养；加快幼儿园数字化整体环境建构，提升集团化办园高效管理等四方面教育资源建设策略，实现信息化建设服务中心工作水平整体提升，服务全园教师、幼儿信息化素养整体提升的研究目标。

【关键词】互联网+；立体化教育资源；开发与共享；信息化素养

"互联网+"概念是易观国际集团创始人于扬，在"2012易观第五届移动博览会"上首次提出的。习近平总书记在致国际教育信息化大会的贺信中，提出互联网、云计算、大数据等现代信息技术深刻改变着人类的思维、生产、生活、学习方式，深刻展示了世界发展的前景。应用信息技术的发展，推动教育变革和创新，建构网络化、数字化、个性化、终身化的教育体系，建设"人人皆学、处处能学、时时可学"的学习型社会，培养大批创新人才，是人类共同面临的重大课题。近几年，国家高度重视信息化建设。2012 年，教育部印发《教育信息化十年发展规划（2011—2020）》；2016 年，教育部印发《教育信息化"十三五"规划》；2017 年，党的十九大报告指出：要"办好网络教育"，这是党的全国代表大会报告首次对教育信息化做出部署和安排；2018 年，教育部印发《教育信息化 2.0 行动计划》；2019 年，中共中央、国务院印发《中国教育现代化 2035》。在"十三五"期间，我园积极思考"互联网 +"背后的价值，探索河西一幼集团化办园现有的设施设备、人力资源、教学资源、专业优势，探索"互联网 + 硬件 + 管理"的全新模式，向中国学前教育研究会申报了国家级课题"'互联网 +'背景下立体化教育资源开发与共享的研究"，获批准立项。

几年的课题实践，研究团队根据教育部、市教委等文件精神，先后制订了《河西一幼信息化发展五年规划》，通过建构优质高效的多园区管理模式，探索将推进信息技术与基础设施设备、人员配备和管理运行、特色课程建设、行政管理等有机融合，让信息技术成为提高全园工作效率、效果、效益的最佳工具。主要成果如下。

一、加快幼儿园信息化基础保障建设资源的开发与共享，提升硬件设施建设水平

信息化建设立体化教育资源的开发与共享，要加强提升硬件设施建设水平。我园始终重视信息化建设，不断寻找新的着力点，信息化水平逐年发展。"十五"至"十二五"期间，先后通过参加教育部"教育信息资源网络建设对策研究"重点课题；创建个性化河西一幼网站；建立电子园务的局域网管理系统；利用"新幼儿视频系统"，实现与园本课程教学软件互通互联；开通校信通和网上幼儿园，拓展家园沟通平台等多种渠道：一是将幼儿园信息化建设纳入教育科研轨道，二是建构了基础性数字化平台，三是形成了河西一幼信息化管理运行团队和组织管理机制，这些都是我园信息化建设循序渐进发展的基础和前提。

　　"十三五"期间，课题组针对集团园园区管理分散等问题，通过探索基站、PC 端、移动端、"云"端、手机 App 端组合式应用，加速基础网络扩容提速，建构云平台管理和教育资源，优化幼儿园网站和微信平台，运用"家园沟通 App"服务系统，升级智能接送系统及视频监控系统，着力多媒体录播教室创建和应用，深研多媒体教学和管理中应用信息化技术手段的运用等，大幅度提升了我园基础性设施设备和实用性软件资源的投入和使用率。如：我们以建构实用性强、适合多园区发展的硬件和软件网络平台为目标。集团园均实现了互联网宽带接入，整体院落、专用活动室和各教学班信息化设备基本普及，各园区均具备网络条件下的基本办公、教学和学习环境。为满足多园区办公和教育教学的需求，我园购置了视频会议终端设备（如图 1 所示），在总分园建立了录播教室（如图 2 所示）。这样，无论是行政会、全体会，还是日常培训讲座、教研科研、磨课评优等大型活动，均可采取园区间视频直播形式进行。视频会议系统的使用，实现了多园区同时参会、远程开展讨论，真正达到了信息的实时化。同时，教学班中的终端设备，可实现随意移动，可实时转播，开展移动教研，实现了学习交流共享化，促进了教师专业化成长。因此，快捷地共享信息，高效地协同工作，不仅避免了园区间的奔波之苦，节省了人力、物力、财力，更重要的是极大地提高了几个园区干部、教师办公和研修的效率，确保了园区间同步、联动、互动发展。

图1　视频会议终端设备

图2　多媒体录播教室

二、加快幼儿园信息化队伍建设资源的开发与共享，提升教师信息化实践能力

（一）信息化建设专业课题引领

信息化建设立体化教育资源的开发与共享，要加强提升教师信息化实践能力。我园重新认识信息化教育中的教师角色，意识到教师利用信息化手段进行教学资源拓展必将是教学常态。我们组建了行政、科研、信息化主管，以及有专长研究教师四层级信息化研究团队，依托中国学前教育研究会大课题，以及参与中央电教馆"家园共育"百所数字幼儿园试验园项目，建立起了国家、市、区、园级9个层级性"河西一幼'十三五'教育信息化研究课题系列"（如表1所示）将信息化建设、信息化管理日常维护、信息化教师实践能力培育等，从封闭状态转向开放状态，为实现数字化幼儿园向智慧化幼儿园转型，储备人才建设力量。

表1 "十三五"教育信息化研究课题系列

序号	课题名称	级别	立项单位
1	"互联网"背景下立体化教育资源开发与共享的研究	国家级	中国学前教育研究会
2	"互联网＋集团化幼儿园"背景下立体化教育资源开发与共享的研究	市级	天津市学前教育学会
3	信息化环境下幼儿园交互式电子白板教学的研究	市级	天津市幼儿教研室
4	幼儿园数字化课程资源库创建与共享的研究	区级	天津市河西区教科所
5	信息化环境下幼儿园课程互动式教学的研究	区级	天津市河西区教科所
6	微课程在家园共育中的应用研究	园级	天津市河西区第一幼儿园
7	利用微课程建构幼儿教师教研的行动研究	园级	天津市河西区第一幼儿园
8	多媒体信息化技术辅助艺术教学的策略研究	园级	天津市河西区第一幼儿园
9	家园共育信息化交流平台的应用现状及策略研究	园级	天津市河西区第一幼儿园

（二）信息化建设专业队伍培育

为了培育一支结构合理、分工明确、技术过硬，能提升园所信息化工作科学性和有效性的教育信息化技术和服务团队（如图3所示），我园通过以不同岗位要求为导向，采取园本培训与个人进修相结合，梯度推进全园教师信息技术应用能力与素养；通过建立以信息化建设实效为重点，以内容科学、程序规范的多维度评价考核为制度的管理模式，尝试以骨干教师示范引领、青年教师技术过硬、中年教师技术过关、老年教师尝试使用为考核标准，组织信息技术应用教学实践评比、展示、交流；通过精准把握，建立信息素养评价指标体系等实施策略，加快了幼儿园信息化队伍建设，提升了教师信息化实践能力。

图 3　教师信息化团队专业培训

三、加快幼儿园信息化特色课程建设资源的开发与共享，提升师幼信息素养

在研究信息化建设立体化教育资源的开发与共享中，我园以研发线上线下课程建设资源和提升师幼信息素养为目标，课题组积极研发信息化五大领域课程资源和信息化专项活动课程资源，通过创建运用立体化多彩发展课程资源平台，提升教师信息素养；融合研发幼儿信息化特色课程，提升幼儿信息素养；创新信息化教学手段，丰富信息化课程形式。

（一）五大领域课程资源

河西一幼具有优质的课程资源，《幼儿园多彩发展课程的实施与开发》课程成果获全国基础教育教学成果二等奖。在研究中，我们进一步以课程为载体梳理线索，以我园现有课程体系中的健康、语言、社会、科学、艺术等五大领域课程，以及文化、主题、区域、专项、社团等优质课程为基础，不断优化线上线下立体化多彩发展课程资源库，建立了我园线上立体化资源浏览、借阅、共享系统。研发了一套河西一幼信息化特色课程和家园共育信息化组织策略，从多角度为提升教师、幼儿和家长信息素养提供课程支持。研究小组还借助云存储技术，从课程的目标、内容、组织实施和幼儿发展评价四方面，创建了河西—幼"线上资源共享网络平台"和"线下立体化课程资源库（如图4所示）"课程资源平台，发挥了强大的教学服务功能。在资源平台中的每个领域经典课例均包含教学计划、活动视频、音频、图片、教具包等资源，教师可根据需要选择不同年龄班的五大领域经典课例进行自主研学。

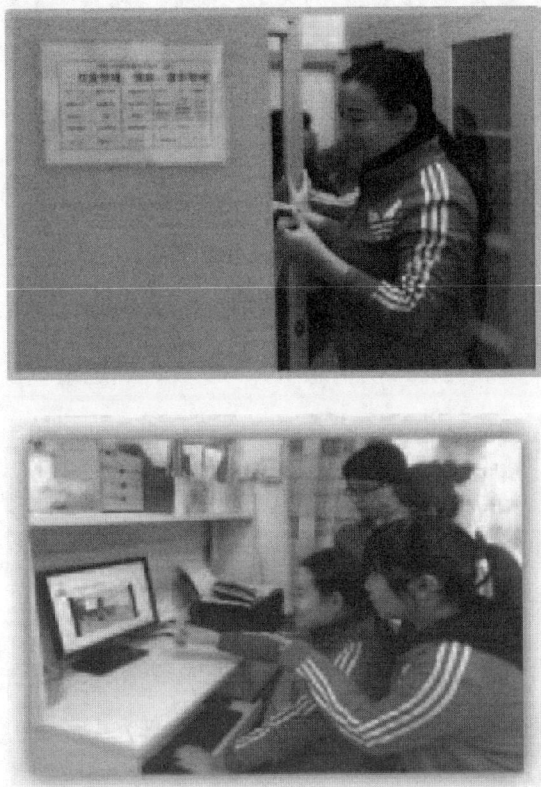

图4 线下立体化课程资源库

（二）信息化专项课程资源

课题组教师依据幼儿身心发展规律，从幼儿的兴趣、需要、认知特点出发，将教育信息化相关活动，纳入我园多彩发展课程。通过设置基于幼儿年龄发展特点的幼儿计算机课程（如图5所示）、电子小创客课程（如图6所示）、编程机器人课程（如图7所示）、贝板游戏课程等信息化专项课程，以及智慧触摸桌（如图8所示）、活动区中App的运用（如图9所示）等信息化自主游戏课程，真正让孩子们在玩中学，学中玩。幼儿通过在丰富多样的信息化游戏中，掌握了基础的信息技能，培养了一定的自主学习能力，提高了自身的信息资源探索能力与信息处理能力，为他们终身学习打下了良好的基础。

图5　幼儿计算机课程

图6　电子小创客课程

图 7　编程机器人课程

图 8　智慧触摸桌

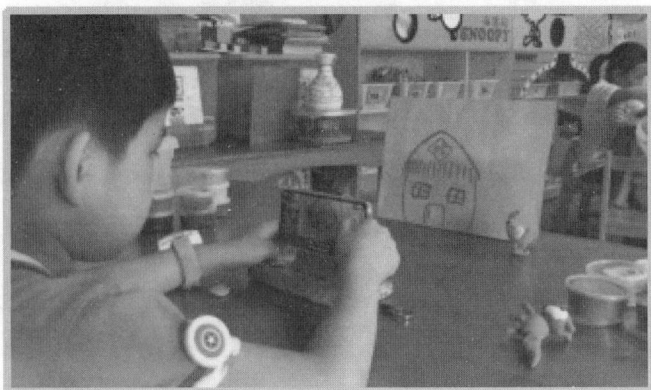

图 9　活动区中 App 小软件 stop motion 的运用

　　研究团队带领全园教师创新教学方式，丰富课程形式，提升师幼信息素养。尝试利用 Kisboard 软件中的投影、聚光灯、文理笔、动画、素材、益智、拖拽、克隆等功能（如图 10—12 所示），将传统教材赋予新生命。借助幼儿园厨艺、陶艺、彩绘、拼装、科技等 15 大智能活动室，通过智能课程助手，实现了规模化教育与个性化培养的有机结合。幼儿根据课程助手上的人数分布情况，可通过人脸和识别系统进行自主选择或自我调整。教师可通过课程助手的数据（如图 13—14 所示），统计孩子活动的情况，随时调整教育教学资源。我们还创设了人工智能体验室，利用 AI 场景，通过人机对弈、人机交互、虚拟现实、智能控制等人工智能游戏，让孩子们体验人工智能带来的科技魅力，享受智慧服务和智慧管理的生活方式。

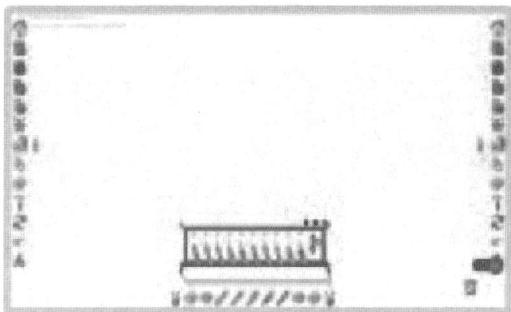

图 10　Kisboard 教学软件

图 11　实物投影仪观察叶子、养蚕

图 12　利用实物投影在室内开展丰富多彩的体育活动

图 13　智能课程助手自主选择智能室游戏

图 14　利用课程评价系统平台收集幼儿发展数据

四、加快幼儿园数字化整体环境建构资源的开发与共享，提升集团化办园高效管理

通过信息化建设，提升办园管理效能。我园运用"互联网＋硬件＋管理"的全新运营模式，对幼儿园各类行政文件、审批、共享，物资物品和资源，进行线上线下的统筹管理，使其更加规范化、标准化；将文化管理、师资培训、示范辐射等，一并融入这个立体化教育资源开发与共享的系统中来，增强了组织凝聚力，提升了管理效益和园所品牌效应。通过研究实践，河西一幼在信息化硬件系统建设基础上，以信息技术为基础，对幼儿园的基础设施、教学资源、管理活动进行数字化改造，建立了"智慧园区管理服务"和"河西一幼课程资源"两大平台，实现了日常各项工作信息化管理的常态化。教职工可以利用河西一幼 App 进行线上班级管理、日常办公；利用 App 中的个人学习空间，能进行选择性学习和自主研修。家长可以利用 App 了解园所动态、关注幼儿入离园情况、履行请假手续、与教师进行沟通交流等。在建设平台到促进管理、教学应用的过程中，实现从基础设施、资源到应用的数字化，建构了数字化幼儿园整体环境。我园还根据经费管理、教师专业发展、信息系统管理与应用、信息安全、资源管理等工作，制订了《经费投入制度》《信息化培训制度》《幼儿机房管理与使用制度》《录播教室、班级电子设备使用制度》《数据收集管理与使用制度》。同时，365 微信公众平台、网络家长问卷，以及将二维码植入幼儿园环境和日常教育活动等信息化管理策略的应用，让家园合作变得更加鲜活生动。

李克强总理在 2015 年的政府工作报告中提出"'互联网＋'行动计划"。这一举措顺应了互联网技术与应用的发展趋势，也使"互联网＋"理念得以迅速普及。我园通过本课题研究，紧跟国家信息化建设大格局，从建构适合集团化发展的基础网络平台，到借力新技术融合创新，从提升信息技术应用能力向提升信息素养转变,在全国形成了影响力。课题成果《融合创新信息技术 提高师幼信息素养》被评为全国基础教育信息化应用典型案例,《幼儿信息素养培养的有效策略研究》获天津市特色教研优秀成果奖。多位教师参加中央教科所等部门组织评选,获全国中小学创新课堂教学实践观摩活动、说课一等奖,论文、案例、微课、亲子案例评选,获得国家一、二、三等奖;并多次在中国学前教育研究会"理解儿童——儿童发展评价与教育学术研讨会"、天津市学前教育信息化建设大会上做经验分享,获得高度肯定与好评。下一步,河西一幼还将进一步推动人工智能在教学、管理、资源建设等方面全流程的应用。透过对大数据进行收集和分析后,勾勒出每个孩子的学习能力模型和数据画像,根据每个孩子的学习习惯和特点,为每个个体输出独一无二的"学习体检报告"和"学习解决方案",真正精准地做到"因材施教",努力架构和优化一个符合国家趋势的幼儿园信息化整体方案,为幼儿园的发展提供更加精准的服务。

【参考文献】

[1] 于超,时庆涛,王璐.计算机专业立体化教学资源平台构建[J].当代教育实践与教学研究,2017(11):19.

[2] 申小平,鞠晨明,周成.《现代制造工程基础实习》立体化教学资源建设[J].高教论坛,2017(3):54-56,61.

[3] 李德玉,李嘉薇,陈更林.《工程流体力学》课程的立体化教学体系建设[J].教育教学论坛,2017(8):150-151.

[4] 王思伟."互联网+"的应用与趋势[J].邮电经济,2016(2):17-20.

[5] 习近平.习近平致国际教育信息化大会的贺信[EB//OL].(2015-05-23)

[2020-06-08].http://www.xinhuanet.com/politics/2015-05/23/c_1115383959.htm.

[6] 政府工作报告——2015 年 3 月 5 日在第十二届全国人民代表大会第三次会议上 [EB/OL].(2015-03-16)[2020-06-08].http://www.gov.cn/guowuyuan/2015-03/16/content_2835101.htm.

集团化连锁幼儿园数字化教学资源共享的研究

（中国学前教育研究会立项课题课题编号：K20160598）

天津市河东区第一幼儿园　高歌今　杜慧婷

【摘要】在国家多次发文要大力发展学前教育、多种形式扩大教育资源、促进教育公平的时代背景下，我园进行了集团化连锁幼儿园的数字化教学资源共享的实践研究。通过建立一个基于互联网的教学资源共享平台及其配套的管理、激励、维护和长效运行机制，有效实现了集团化幼儿园内教学资源的共享。以此激励教师更新教育理念，树立终身学习的意识，不断地提高反思能力和教科研水平，促进教师专业化的持续发展。

【关键词】教学资源；资源共享；数字化资源库

一、研究缘起

（一）国家政策的引领及时代需求

近年来，国家在多个政策性文件中提及要把发展学前教育摆在更加重要的位置上，以多种形式努力扩大学前教育资源，采用多种途径加强幼儿教师队伍建设等。现代信息技术也为丰富学前教育资源，建设优质、共享的数字化学前教育资源提供了有力的技术保证。从系统科学的角度出发，信息化能够促进优质教育资源的共享，而优质教育资源的共享能够带动教育的良性发展。

（二）我园对数字化教学资源库的需求

河东一幼作为具有五个分园 38 个班级 100 多名教师的集团化连锁幼儿园，对于开展园内数字化教学资源共享的研究有着独特的优势和迫切需求。园所多年来进行了诸多教科研活动，形成了许多优秀的园本课程，但各分园往往被分配不同内容进行研究，最终的研究成果并没有在园所间形成有效的传播和应用。此外，园所内因教师的专业层次的不同导致的"新手上路"和"职业倦怠"等问题突出，新入职教师缺少快速学习通道，青年教师需要更多专业的提点和展示的空间，而老教师也需要在激励机制下更好地发挥带动作用。因此，将优质的教学资源整合、共享，并建立相应的激励机制推动其良性发展就成为当前亟须解决的问题。

通过对"河东一幼数字化教学资源共享需求及现状"的问卷调查发现，49.6% 的教师认为本园的网络在线课程资源丰富（23.4%）和较多（26.2%），超过一半的教师认为本园的多媒体素材资源丰富（25.2%）和较多（25.2%），这两种资源都是教师在日常教学中能够直接使用的资源。学科资源和多媒体素材资料是本园教师们需求最高的两种资源，选择需要和很需要的比例总共达到了 100%。对于其他类型的资源，也有超过 90% 的教师表示了很需要和需要。同时，大多数教师都具有共享的概念，不仅希望能从他人那里获得教学资源，而且希望将自己的资源分享给他人，但是，仍然缺乏有效和全面的共享机制来实现这种意愿。

由此可见，我园具有建立数字化教学资源共享平台的条件和迫切需求。

二、核心概念及界定

通过对专家定义的解读以及相关研究成果的理解，重新定义本研究中的下列核心概念。

（一）集团化连锁幼儿园

集团化连锁幼儿园是在多种形式扩大教育资源、促进教育公平、解决入园难的时代背景下产生的，它以提高学前教育办学质量为目的，以一园多址的形式，将一所具有优质教育影响力的幼儿园作为总园，新建园或改建园为分园。总园与分园统一办园理念、管理模式和教育教学等各方面的要求，各园所间人员可流动、资源可共享，优势扩大。

（二）数字化教学资源

教学资源指教师在教学活动中用到的各种资源，包括硬件设备和教学素材，如教材、课件等。与教育资源相比，教学资源更侧重于从学校教育的角度来理解。教学资源指在学校教育中，围绕教学活动开展，为了实现教学目标而被开发和利用的所有教学资料的总和。

数字化教学资源是指服务于教师日常教育教学活动的、有助于教师个人专业成长的所有资源经过数字化处理后，可在计算机或计算机网络上进行传播和呈现的信息资源的总和，具有园所特色性和区域共享性。

集团化连锁幼儿园的数字化教学资源库是能够体现园所特色的、服务于教师日常教育教学活动的、有助于教师专业成长而建立起来的一个在园所内共享、开放的资源平台。

三、研究意义

（一）理论意义

数字化的教学资源从本质上来说是一种教育信息，信息管理的目的是为了控制信息的效用，保证质量。数字化的教学资源共享需要依托于信息管理进行，通过对音频、视频、文本等信息符号进行管理，形成具备共享资质的信息存储平台。同时，依靠激励机制促进信息共享平台内的资料不断更新，其承载的数字化教学资源才能够持续发展并被更多的人利用，从而更好地服务于教育教学活动。

学前教育信息化起步较晚，该阶段数字化教育资源建设的相关文献和研究相对较少，如何在学前教育信息化的进程中解决共享过程中的各种问题，建立完善的共享机制则需要我们进一步深入地研究和实践。

（二）现实意义

在我园已有的"青蓝工程""秋实杯""希望杯"优秀教育活动展示等促进教师专业成长的活动基础上，希望通过本项研究，能够再次更新教师的教育理念，树立终身学习的意识，不断地提高教师的反思能力和教科研水平，促进教师专业化的持续发展。通过建立一个基于互联网的教学资源共享平台及其配套的管理、激励、维护和长效运行机制，实现集团化连锁幼儿园内的教学资源的共建与共享，最终促成教师专业化成长、促进园所发展。

四、研究过程

第一步，通过问卷调查形成需求报告，奠定课题研究的现实依据。在文献调研和对本园一线教师广泛访谈的基础上，通过预测与反馈、研究形成"关于园所内数字化教育资源共享需求及现状的调查问卷"。本园所有一线教师参与问卷调查，对结果进行信效度分析。分析问卷结果得到当前一线教师获取、使用教学资源的途径和方式，一线教师对数字化教学资源开发与技能的需要，教师贡献优质教学资源的激励源等数据，总结形成《河东一幼数字化教学资源共享需求及现状的调查报告》，为下一步研究储备资料。

第二步，确定资源库基本框架与各模块预期功能，分类整理现有资源。

第三步，河东一幼数字化教学资源库初步建成，在使用中调整部分模块功能。

第四步，进行教师技能培训并制定激励机制保证资源库长效运行。

五、研究成果

河东一幼数字化教学资源库初步建成，基本实现集团化连锁幼儿园内教学资源的共享。

（一）依需求分模块　方便用上手快

在河东一幼数字化教学资源库的建设中，其基本模块的设置并不是简单地划分为五大领域，而是充分考虑园所特色，设置了"优质教学资源""常规教学资源""教科研"以及"绘本资源库"几个模块（如图1所示）。

各模块功能设置如下：

"优质教学资源"模块不仅分领域收集了园所历年来积累的各种比赛获奖的教育活动课例，而且将"十二五"课题研究形成的园本课程《蒙童新读本》的内容一起纳入，预期"十三五"的研究成果也将归入其中。此外，在广泛征求一线教师意见的基础上，此模块还增加了"学前杂志精选"

的内容，由分管教学的业务园长定期筛选优质文章进行更新，帮助教师时刻保持业务的先进性和时代性（如图 2 所示）。

图 1　河东一幼教学资源库首页图

图 2　河东一幼教学资源库优质教学资源模块

"常规教学资源"模块。教师们可以将自己在平日工作中设计得较出色的领域活动、游戏活动、主题活动、玩教具以及工作心得上传，由每个分园具有"管理员"权限的教师审核通过后方可被所有教师共享。这样既

保证了上传至资源库中内容的质量，也能够不断丰富其中教学资源的内容。（如图3所示）

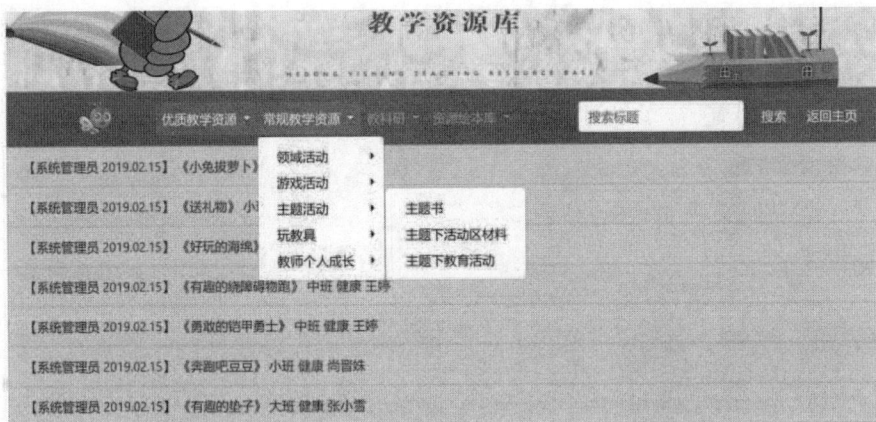

图3 河东一幼教学资源库常规教学资源模块

共享成功的每篇内容都设有"论坛"功能，方便教师交流使用后发表心得或提供建议。同时，"常规教学资源"模块实行积分制，上传、下载、被管理员推优等均获得或扣除相应积分，主页的"明星教师"一栏按积分显示贡献率高的教师，并将此纳入教师年度考核项目，以激励大家积极分享优质教学资源（如图4所示）。

根据我园教师使用数字化教学资源信息检索习惯和使用需求，资源库中活动课例的命名规则设定为"年龄班＋领域＋活动名称＋设计者"，例如"小班 科学《好听的声音》张燕"。教师在检索时只需输入其中任一关键字，便可检索到相应范围的资源内容。

"教科研"模块。该模块打破了各分园消息流通的地域障碍，由各分园具有"管理员"权限的教师负责，将园所当前开展的课题研究进展情况和每学期、每月的教研任务及分工等发布在此，以便全园教师共享教科研信息，学习并及时调整自己的工作方向。

图4 河东一幼教学资源库数据推优模块

"绘本资源库"模块。该模块收录了上千本优质绘本的高清电子书资源，由全园教师根据节日、节气、领域教学、心理健康、传统文化以及红色教育多个内容选取，经专业人士扫描录入，极大地方便了教师在平日工作中使用。

为帮助教师快速掌握资源库的使用方法，了解激励规则，课题组成员还撰写了"河东一幼数字化教学资源库使用说明书"，有效地支持了教师对资源库的使用。

（二）依教龄分权责 尽所长取所需

为促进需求不同的教师实现各自专业化发展的目标，在资源库的建设中充分考虑了不同工作阶段教师的专业水平和实际需求。以入职时间为起始点，入职两年内的教师不需要积分就可以浏览资源库内所有内容，帮助新入职教师快速便捷地吸取前辈经验，结合实践应用，快速成长；青年教师则需要不断地对资源库做出贡献以获得积分，进而分享更多的优质教学资源，最终实现自身专业水平的不断提高；骨干教师和有经验的老教师则需要在园所"青蓝工程"的协约下指导徒弟定期上传优秀教学资源，并充分利用论坛模块分享意见和建议，帮助青年教师成长进步。

按年龄分层次地设置权限和义务，有效地促进了教师们通过教学资源共享获得适宜自身的进步，最大限度地发挥资源共享的价值。

在资源库的管理方面设置了分园分层管理模式，每个分园都设有管理员负责审核上传的资料，更新动态数据，分园园长则负责各项使用数据的监督和统计，及时调整激励机制和教科研规划。

（三）以优质促提升　实现创新发展

实现优质教学资源共享的最终目标是更新教师的教育理念，树立教师终身学习的意识，不断地提高教师的反思能力和教科研水平，促进教师专业化地持续发展。因此，在教学资源库的建设中，并不是将其单纯地作为一个优质资源的"仓库"，而是在"优质教学资源"和"常规教学资源"模块都设置了"评论"及"创新使用"功能。教师在对原有教学资源有改进地使用后，可在评论区说明自己的建议，并将改进后上传的内容标题附在"创新使用"之后，作为升级版供之后的教师参考使用。如图5所示，杜慧婷老师下载了张小雪老师上传的中班数学活动"掷飞镖"的教案和课件，在使用的过程中改进了教案和课件，使用后将自己的感想发布在这一课例的评论区，同时上传改进后的课件和教案，并将超链接附在"创新使用"区域，供其他教师参考使用。

这一功能鼓励教师在借鉴的基础上推陈出新、一课多研，形成不断进步的优质资源。树立教师不断进取的教研意识，发挥资源共享更有意义的价值。

图5　河东一幼教学资源库创新使用模块

（四）依积分行考绩　保证长效运行

通过分析不同年龄及教龄的教师对资源库的使用率，课题组成员反复研讨有针对性的激励机制，形成了包括依据积分物质奖励、确立常规使用频率、纳入学期考核、以赛促研促使用、师徒互助使用协议等一系列保证该资源共享平台长期有效运行的方案。

此外，为提高教师们数字化教学资源的使用和开发水平，园所分层次对一线教师开展利用 PPT 及 smart notebook 等工具制作教学课件的培训，充分保证了数字化教学资源库的顺利运行。

随着数字化教学资源平台的建成和使用，园所内教师有意识地提高了数字化教学资源的创设与留存意识，优质的教学资源得以保存并在园所内部充分地被共享、学习、更新和改进，有针对性地帮助各层次的教师提升了教育教学能力和业务水平，幼儿园整体教学质量得以提高。

六、课题后续研究展望

首先，本项研究基本实现了集团化连锁幼儿园内部的教学资源共享，但数字化资源共享平台的管理、激励和维护等长效运行机制的建立还需要进一步深入、系统地研究。

其次，本项研究成果惠及河东一幼集团化连锁幼儿园内所有教师，可进一步探索园所间的教学资源共享，以获得更宽广的资源共享空间和内容，更大范围地实现学前教育资源的共享。

最后，本次研究仅限于集团化连锁幼儿园内的"教学资源"共享，在教育信息化的时代背景下，面向幼儿的、家长的更多优质资源也应该有其共享的必要，这就对我们进一步研究集团化连锁幼儿园内"教育资源"共享提出来需求。

【参考文献】

[1] 李熔明 . 共建共享下的学前教育数字化资源开发现状及策略研究 [D]. 开封 : 河南大学 ,2013.

[2] 田鹏 . 高校数字化教育资源共享过程激励研究 [D]. 西安 : 西安电子科技大学 ,2010.

[3] 刘珍芳 . 幼儿教师信息素养培养模式研究 [J]. 中国电化教育 ,2011(5):106–

108.

[4] 肖龙标 :ZX 网站中小学教育资源共享平台的建设研究 [D]. 昆明 : 昆明理工大学 ,2014.

[5] 王重润 , 李恩 , 赵冬暖 . 精品课程资源共享应用现状、问题及对策 [J]. 高教论坛 ,2010(2):20-23.

[6] 丁兴富 . 远程教育学 [M]. 北京 : 北京师范大学出版社 ,2001:152.

[7] 李克东 . 新编现代教育技术基础 [M]. 上海 : 华东师范大学出版社 ,2002:267-268.

[8] 朱瑾 , 李捍无 . 从大学城模式谈高校资源共享 [J]. 西安建筑科技大学学报 (社会科学版),2006,25(1):93-96,100.

[9] 金为民 . 试论网络环境下的教育资源共享 [J]. 中等职业教育 ,2007(20):14-15.

[10] 刘丹妹 , 王为民 . 教育资源的共建共享 , 相互促进 , 共同发展 [J]. 四川教育学院学报 ,2006,22(2):66-67.

[11] 顾明远 . 教育大辞典 [M]. 上海 : 上海教育出版社 ,1990.

[12] 何克抗 . 我国数字化学习资源建设的现状及其对策 [J]. 电化教育研究 ,2009(10):5-9.

[13] 李烁 , 冯秀琪 . 关于教育资源库建设的几点思考 [J]. 中国电化教育 ,2003(1):54-56.

[14] 刘曦葳 . 教育部印发《教育信息化十年发展规划 (2011—2020 年)》[J]. 中国教育信息化 : 基础教育 ,2012(7):17-22,54-56.

多媒体技术在幼儿园教学活动中的应用研究

（天津市学前教育学会立项课题　课题编号：SXH135GL016）

天津市河西区第十八幼儿园　刘方

【摘要】随着互联网时代的到来，多媒体技术对幼儿园教学活动具有重要的应用意义。本文以多媒体技术在幼儿园教学活动中的应用为主要内容，提出多媒体教学课件设计应遵循"以幼儿为主体""符合幼儿身心特点"等主要原则以及多媒体技术在幼儿园五大领域教学实践中的应用策略。

【关键词】多媒体技术；幼儿园教学

一、问题的提出

在 21 世纪的幼儿教育中，多媒体技术有着独特的需要和发展前景。随着幼儿教育改革不断深入，多媒体技术在幼儿园教学活动中被广泛应用，但使用多媒体技术进行教学，对于一线教师来说毕竟是一门新兴的教学技能，在应用的过程中的确存在一些问题，错误地使用多媒体技术或是使用不恰当的多媒体教学课件，不仅没有有效地发挥多媒体教学的特质和优势，甚至还会产生一些负面影响。

二、设计多媒体教学课件应把握的主要原则

（一）以幼儿为主体

以幼儿为中心的教学是一种主动式教学方式，是以培养幼儿兴趣、关注幼儿需求为主的现代教育的基本理念。在设计多媒体教学课件时，强调幼儿主体地位，就是重视幼儿的自身价值和自主学习的内驱力，以幼儿发展为目的，借助多媒体信息技术，在教学中充分体现对幼儿的尊重、支持和引导。

（二）符合幼儿身心特点

（1）文字。课件中要以图片、动画和声音为主，少用文字。如确需使用文字，文字的字号要大，以线条清晰的字体为主。

（2）图片。图片是课件中最常使用的，图片可选用具体的实物图片，如活泼可爱的小动物，也可选用动画人物等易于幼儿感知和接受的卡通图片。但因幼儿思维具有直观性特点，所以图片内容呈现不能太过复杂，颜色不宜太繁多，特别是作为背景使用的图片更不能选用太花哨的，不仅会分散孩子的注意力，还易造成用眼疲劳。

（3）视频动画。选用的动画节奏不能太快，素材不宜过多，否则也容易影响到幼儿的注意力。同时，动画的画面应生动逼真，色彩搭配应和谐明快，动作应自然流畅。每个动画的选用都要有目的性，不能单纯为装饰画面而用。

（4）声音。声音主要有解说、背景音乐和音响特效。解说能够起到承上启下、穿针引线的作用，因此要做到语言亲切、声音优美，以儿童化口语为主，也可设计一些问题与幼儿互动。背景音乐可以烘托气氛，达到

感染幼儿情绪的效果，因此音乐的节奏要与教学内容相符，重点内容处选择舒缓的音乐，过渡性的内容选择轻快的音乐，而且背景音乐要跟随解说的有无控制好音量。特殊音效的模拟声要真实自然，使幼儿产生一种身临其境的感觉。

（三）以教学目标为中心

教学活动都要有既定的教育目标，教学课件的设计和应用是为了帮助幼儿更好地理解和掌握知识技能，从而实现教学目标，不是简单的"黑板"变"白板"，虽然课件大都以图片、动画、视频或互动游戏等形式出现，但课件中的所有环节都要围绕教学目标合理编排，为解决教学重难点进行设计，并找到解决的方法，帮助幼儿理解较抽象的概念，化深为浅，化难为易，为实现教育目标提供有效的学习支架。

（四）满足实际教学需要

课件的选题应考虑实用性，许多教学内容一目了然，在幼儿生活中随处可见就没有必要一定设计制作课件，课件选题应从以下方面考虑。

（1）创设情境后，可激发幼儿兴趣。为了激发幼儿的学习兴趣，可适时通过多媒体课件，创设生动有趣的教学情境，充分调动幼儿视觉、听觉等多种感官，达到感性认识和理性认识的有机结合。

（2）传统教学媒体难以表达或不能表达的。在教学中，有一些比较抽象的、难以用图片实物等传统教育媒体展示的或是幼儿理解起来存在一定难度的可设计成教学课件，充分发挥现代教育技术的优势以弥补传统教学媒体的不足，可以产生良好的教学效果。

（五）与幼儿形成有效互动

交互性是多媒体课件最大优势，它有利于教师掌握幼儿的学习情况，以此调整学习内容，安排学习计划，促进幼儿自主学习。在交互式的教学课件设计中，要多设计一些提问和适合幼儿操作的小游戏。

（六）便于教师使用和操作

设计制作课件时，要注重突出课件操作的灵活性，以便教师在操作过程中，能根据教学需求随意控制和调整。比如画面出现的顺序，物体运动方向的改变，等等，操作程序的设计应不受课件内容的限制，使操作方法更加快速便捷。

三、多媒体技术在幼儿五大领域教学实践中的应用策略

（一）健康领域

在幼儿学习基本动作的时候，特别是一些较为复杂的、需要上下肢协调配合的动作，如肩上投掷、匍匐爬、跨跳等，教师的动作演示很难满足幼儿完全看清每一步的动作要领，但是使用多媒体技术，不仅能将最标准的动作记录下来，还可以通过"慢放"，将一个完整的动作进行分解，让幼儿看清"如何蹬地""如何转体""曲肘的方向"等细微动作，这些难于用语言来表述的动作要领，在一个"慢放"的视频微课中，被轻松地解决了。

（二）语言领域

在小班绘本《谁敢嘲笑狮子》的教学中，教师用PPT将故事的主要情节加以呈现，并通过动画、声效等，帮助幼儿比对"快与慢""高与矮""大与小"，并通过直观地比较，发现在每个小动物的身上都有着自己的强项，都能成为最棒的自己。绘本《晚安大猩猩》是一个情节幽默、充满温情的经典故事，深受幼儿喜爱。教师在进行故事教学中，将故事分为前后

两部分，故事的前半段讲述了夜晚动物园的管理员在下班前逐一与动物们说"晚安！"教师在教学 PPT 中，为管理员配上音效，没有刻意强调幼儿要跟读，但管理员充满温情的语句"晚安，×××！"很快就被幼儿所感知，每到这一情节时，幼儿便会与 PPT 的音效（管理员）一起说："晚安，×××！"在讲述故事的后半段时，教师有意识地在说"晚安！"这个情节暂定，请幼儿猜想"它们会说什么？"大部分幼儿会答出"晚安！"而忽略主语"×××"，这是教师演示 PPT 中的音效，并请幼儿仔细听"故事里是怎么说的？和我们说的有什么不同？"幼儿经过比对后，会发现故事中还说了小动物的名字，这时教师帮助幼儿提升语言经验，强调称谓在日常语言交流中是相互尊重的一种表现，并请幼儿仔细听动物园管理员与他的妻子是如何说"晚安"的。幼儿再次聆听 PPT 中的音效，听到"晚安，亲爱的！"这时教师继续丰富幼儿的语言经验，介绍称谓的多种表达方式，有的直呼其名"×××"，有的表示关系"奶奶""舅舅"，有的用昵称"亲爱的""宝贝"等，同时通过 PPT 播放一些人物图片，请幼儿进行语言练习："×××，晚安！"体会语言是情感交流的工具。夜晚，幼儿依偎在父母身边，互道"晚安"的画面感随之映入脑海。

戏剧是幼儿喜欢的游戏之一。我园的创意戏剧游戏将五大领域整合在一起，通过营造各种情境激发幼儿想象力、表现力。多媒体信息技术作为情境营造的重要手段，不同场景的动态图，如梦幻的城堡、潺潺的小溪、蝴蝶在飞舞、鸟儿在鸣叫都让幼儿找到了"身临其境"的感觉，同时为幼儿的戏剧表演增色不少，让幼儿体会到了表演的乐趣和舞台的成就感，大大地提升了幼儿的自信。

（三）社会领域

品德教育是幼儿社会领域发展的主要内容，但是良好品德的启蒙与培养不能仅仅停留于口头的说教，应更多地在社会实践中去感知，但是在实践—感知的过程中，成人以及同伴给出价值判断是幼儿品德形成的关键，在捕捉幼儿生活中的典型事例，再现典型事例、模仿典型事例等幼儿社会性行为养成的过程中，多媒体技术的视频录制、剪辑等功能，可以帮助教师实现"用幼儿身边的典型事例教育引导幼儿的"情境再现功能，如：再现幼儿在活动区游戏时如何专注地完成一项游戏任务；再现幼儿在与同伴交往中口语交流等，这些都能帮助幼儿将良好的社会行为积累下来，最终形成良好的品德。

（四）科学领域

1. 科学探究

相比传统教学中使用的图片，多媒体技术在幼儿园科学领域教学活动中的应用更能显示出超强的优势，比如，观察四季变化，教师通过快进和慢放等功能制作教学视频，将一年四季浓缩于短短几分钟的微课之中，幼儿能够在最短的时间内近距离地看到小草的破土、结冰的河水融化、花儿的绽放与凋谢、树叶的生长与飘落等自然界的神奇巨变，激发其对周围事物的好奇心。同时，教师可以通过动画等形式制作教学课件，将科学实验的步骤以及学习中的关键经验加以演示和再现，以便幼儿学习理解。如：在（小班）认识颜色的活动中，教师制作并使用教学课件《水果的新衣》帮助幼儿直观地进行比对从而认识不同颜色，并使用不同颜色的电子画笔给"水果穿上新衣"，通过互动式的游戏巩固对颜色认识；在（中班）认识颜色的活动中，教师制作并使用教学课件《小兔染花布》，用动画的形式再现了配色的方法，引导幼儿按照动画中的操作步骤，调配出多个新的颜色，并"染织出漂亮的画布"。

2.数学认知

多媒体技术在幼儿数学领域的教学活动中，应最大化地应用其互动功能。比如：教师可以利用触摸屏，制作"七巧板—图形组合""分果果—数量分解组合""排序—比较""分类概括"等教学课件，替代传统的贴绒板，在幼儿触点电子屏进行游戏时，看似人机互动的过程，其实完美地实现了"教"与"学"的有效互动。在大班幼儿初步尝试统计图表的学习活动中，教师预设以"我们的春游"为主题，通过教学课件演示，帮助幼儿学习柱状图的制作方法，直观的动画效果帮助幼儿理解统计数字与柱状图的关系，从而学会用数学的思维方式解决日常生活中的问题。

（五）艺术领域

1.音乐活动

在中班学唱歌曲《奶奶买菜》的教学活动中，教师用 PPT 制作歌曲图谱，格式化的图谱能够有效地帮助幼儿记忆歌词，当幼儿学习掌握后，教师进一步拓展教学内容，通过演示各种蔬菜、水果等生鲜食材的图片替换，引导幼儿改编歌曲，幼儿将不同图片填入歌词中的指定位置，不断变换的歌词，不仅引发幼儿反复演唱的兴趣，同时让幼儿在一次次的改编中体会到成功的快乐。

在节奏乐《森林狂想曲》教学活动中，教师精心设计了教学课件，用"大狮子"表示重音，用"小狮子"表示轻音，"大狮子"和"小狮子"的图片组合成节奏乐的图谱，幼儿在演奏时按照教学课件中所出现的大小不同的狮子图片演奏乐器，节奏有快有慢、有强有弱，演奏效果非常好。但是这种看似很奏效的教学课件真的很好吗？经过教师们的反复讨论，我们发现幼儿在演奏乐器时眼睛一直紧盯着教学课件所呈现的动画，根本没有听音乐，这就失去了节奏乐活动的教育价值。节奏乐活动主要的教育目标就是听辨音乐，教学课件将幼儿的注意力"由听变成了看"，尽管幼儿演奏的效果不错，但在学习过程中对音乐感知的经验积累并没有真正形成。

在音乐游戏的教学中，教师通过音频编辑软件为原曲进行再次加工，不仅增添了游戏的趣味性，也让幼儿在游戏的过程中，练习了听辨音乐的能力和遵守游戏规则。游戏"在汽车上"教师在开始部分，增加了"嘀嘀嘀"的喇叭声效，提示幼儿做好游戏准备；在结束部分，增加了"嗞……"延长音，提升幼儿汽车到站了，游戏结束了。同时，教师将乐曲的主旋律编辑成多次反复，为幼儿在游戏中扮演不同"乘车人"提供了足够的时长，让幼儿体会到游戏的满足感。游戏"小仙女和玩具兵"，教师在音乐 A 段和 B 段中增加了"钟声"作为提示音，帮助幼儿理解游戏规则，同时为幼儿听辨两段乐曲风格的不同提供了重点关注的"听力支持"，幼儿很快就听出了"钟声"前后的变化，并尝试用不同的身体动作加以表现，教学的重难点在一个提示音的帮助下，顺利突破了。

2. 美工活动

折纸步骤演示有些需要教师在桌面上完成，可是这样与教师平行对坐的幼儿很难看得清楚，这就为折纸教学带来了困难。通过演示台，教师将折纸的每一步通过大屏幕清清楚楚地得演示给幼儿，让坐在教室每一处的幼儿都能看得到，有效地解决了座位视角的问题。同时，有的教师还将折纸的步骤录制成微视频，并通过动画"辅助线"等方式，帮助幼儿理解，微视频在幼儿练习的过程中，反复循环播放，这样不仅幼儿可以根据自己的需求自主学习，还将教师的双手解放出来，以便为幼儿提供巡回指导和个别辅导。

美工活动中欣赏和观察是不可或缺的，特别是欣赏那些经典作品以及观察大自然中的万物，从而发现美，但是幼儿园的空间是有限的，而且观察的表象在幼儿的头脑中也是转瞬即逝的，要将观察到的表现出来，就需要教师通过教学电子白板加以呈现，这样幼儿不仅可以欣赏到世界名画、大师作品，宛如走进艺术的殿堂，还可以欣赏到大江南北、国内国外的自然风光，乃至宇宙星球等，并对细节部分、关键部分进行放大处理，以便幼儿能够进行细致观察、长时间观察和反复地欣赏比较，不断地发现生活中的美，从而通过自己的理解与加工，用美术的方式加以表达。

【参考文献】

[1] 周千雅.多媒体技术在幼儿园教学中的应用[J].基础教育研究,2018(22):97–98.

[2] 王秀萍.幼儿园教育教学中多媒体技术的应用策略[J].天津教育,2019(33):70–71.

[3] 高彩霞.多媒体教学在幼儿园教学中的应用探讨[J].课程教育研究,2014(22):48.

第八篇　幼儿园教育质量评估

幼儿园评估督导的现状、问题及对策研究

（天津市学前教育学会立项课题 课题编号：SXH135GL）

天津城市职业学院 刘淑红

【摘要】本课题通过行动研究法、案例分析法、描述统计法等对每年度评估指标的相关维度、权重和关键指标内容进行差异分析。结果显示：每年度评估指标在管理过程、课程等方面存在差异，其他方面差异不突出；多数评估指标关注的是园所设施、物质条件、教师师德、教育科研、家园共育等，对师幼互动、教育过程等逐年加大权重，对幼儿发展、教师评价等过程性质量因素关注度不明朗。

【关键词】幼儿园；教育质量评估；指标体系；发展

一、前言

评估是判定幼儿园办园质量优劣的基本形式，而评估的相关指标依据是开展办园质量评估的重要依据。目前，幼儿园办园质量评估主要以省、市及区域教育行政部门组织相关人员进行研究，以文件的形式出台相关标

准，开展办园质量评估工作。

国外有关幼儿园教育质量的资料认为，应当广泛吸收能促进幼儿发展的相关因素，从理论架构上入手，聚焦更广的因素来研判幼儿园质量，从而有效地对幼儿身心发展提供必要的保障。

研究发现：班级规模、师幼比例、教师资格（包括是否取得教师资格证、参加过的相关培训、学历构成等）、教师队伍的整体状况、开展师幼互动情况、幼儿园的设备更替、评估材料的准备、人均面积、幼儿膳食、幼儿卫生保健及工作人员的工作条件等均影响幼儿园的质量。

二、区域近十年开展办园质量评估的现状

近十年，幼儿园办园质量评估工作在形式上采用的多为能充分体现和说明一年来各幼儿园工作痕迹、工作常态和工作成绩的做法，如查看监控、现场巡视、访谈教师等。在内容上涵盖了天津市学前教育重要工作、区学前教育重要工作和幼儿园常态化工作，几项工作的合并，每年的评估工作呈现以下特点：量大、时长、园区多、节奏快、责任重。从时间和工作量上看，每年的评估工作要历时近 1 个月，近 800 小时，查阅资料千余卷（少的有四五十卷，多的达八十卷），访谈教师近百人，巡视班级百余个。

从评估结果上看，"依法　规范""科学　专业""内涵　优质"是一条主线，贯穿在整体评估工作中。一是在依法办园与规范办园方面。三项一级指标中都有涉及：在办园条件这级指标中，对规模控制，人员配备，各种设施设备，包括生活设备、保健室设备、厨房设备和消毒设备、安全设备和玩教具方面等都进行了明确的规定，配备的数量和质量都应当符合相关标准。在园所管理这级指标中，突出了依法办园、遵纪守法，对基本制度进行了明确的要求，在经费管理上，强调规范收支以及使用

和管理。在安全方面，对制度健全与完善和校方责任险等进一步明确了要求。在队伍建设中，对于人事聘用、教职工权益保障等方面明确了要求。从这些指标涉及的要点中，鲜明地指出依法和规范的两项基本要求是我们保证办园质量的根本，它既是一条需要我们筑牢的底线，也是一条我们不可逾越的防线。二是在"专业与科学"方面，如果只从指标的表述上，体现得并不明显。但如果细致深入地对标思考，我们会发现，有一些指标的要求是双重的，如设施设备、办园宗旨、运行机制和安全管理等既有对依法依规的要求，又有对专业与科学的要求。包括家委会工作、园所的交流合作、精细化管理和安全管理等。这几项工作的达标，是多年来一贯坚持的抓常态管理，重日常工作所积淀下来的成果。三是在"内涵与优质"方面，对照标准，同样在办园宗旨、职业素养和队伍培训等几项指标中涵盖了对内涵建设与优质发展的基本要求。在这几项指标中，包括各岗人员的基本素养、园长和班子的职业素养、家长满意度、各岗人员和骨干教师的培养培训等。

近几年，在区域教育质量评估指标体系中，幼儿园质量评估指标的一级指标为 6～8 个不等（如办园条件、园所管理、安全工作、卫生保健、教育教学、教研科研、家长工作、教师师德等）。二级指标每年会依据年度教育工作重点有调整，缺乏一定的系统性与连续性，同时，对于民办幼儿园的评估则采取另一套指标体系，普适性不足。

鉴于此，进一步研究区域幼儿园办园质量评估指标体系的科学性与普适性，以适合区域幼儿园高质量发展，是新时代提高幼儿园保教质量迫切需要解决的关键问题，并为修订与完善幼儿园保教质量评估指标体系提供参考与建议。

三、幼儿园质量评估标准现状的分析

（一）总体情况

1.幼儿园办园质量评估标准的适用范围分析

区域内基本是针对不同等级如示范园和一级园制订颁布教育质量评估指标体系，园所性质更加适用于公办幼儿园。如每年评估包括区域内示范幼儿园和区域内一级幼儿园，民办幼儿园参考民办标准。作为人口较为密集、公办与民办共同服务学前教育发展的区域，在制订幼儿园教育质量评估指标时可以适当扩大评估园所的范围，以利于各级各类幼儿园各项工作的分类管理。

2.幼儿园办园质量评估标准的制订与实施

幼儿园办园评估标准从 20 世纪末开始，历经 20 余年，制订依据基本以国家政策和文件精神为主，辅以区域幼儿园发展实际与现状；随着学前教育发展的新诉求、新需求和新要求的不断变化在逐年进行调整，评估标准制定过程中的关键问题，如指标制定主体、指标制定过程和指标体系等尚需思考。在实施前期，基本有广泛征求意见、修改完善环节，但在实施过程中及评估后对指标体系的整体应用与反馈的重视程度还应加大。

（二）幼儿园评估指标构成

1.评估指标整体情况分析

不同年度的一级指标在具体内容的呈现、梯度的呈现上均有差异，但"指导思想""管理结构""管理过程""开放办园""教学管理""教研科研""保育保健""保育常规"等方面相似度较高，充分体现自主管理的权重。由于评估指标的数量直接影响评估指标体系，如何在合理区间内尚需完善控制度。近十年，随着《3—6 岁儿童学习与发展指南》出台，

评估指标纳入了"幼儿发展",但对于幼儿情感、态度、习惯和能力等方面的评价很难用某种监测指标来评判,如何让这项指标在评估中起到实质作用且不流于形式,研究空间还较大。

2.评估指标的主要项目及权重分析

幼儿园办园质量评估标准的项目基本相同,分为"管理工作"、"教育教学"和"卫生保健"三大项目,不同年度中,项目所对应的评估标准均做调整,程度不一,项目总分值不变、各项指标调整前后所占比重变化不一,最终使用结果指向更好地将办园质量与新规和新需相适应。不同年度的评估指标对比中,"硬件设施""安全工作""常规规范"等方面的权重较大,师幼互动、幼儿发展和家长社区参与三个维度权重较低,还应当继续加大对师幼互动、幼儿发展等过程性要素的关注。

3.评估指标与评估要点分析

为了便于对幼儿园办园质量评估标准的准确把握,在不同年度的标准中都辅有评估要点,如在指标"深化幼儿园已形成的制度、环境、教师队伍等文化建设,初步建构园所课程文化并不断完善与丰富"中,对应的评估要点为"有关于课程文化建设的初步思考,并在教育教学中有体现,园所环境文化和制度文化等方面的建设成效在实际工作中能充分运用",评估要点能否全面准确地对评估指标进行诠释,如何更准确地定位软性指标并在实施中提高吻合度和覆盖面,有待商榷。

(三)代表性指标的分析

随着学前教育理念不断发展,高质量的学前教育更多地指向"教师素养"、"师幼互动"、"家长参与"和"幼儿发展"。

1. "教师素养"维度

教师素养具体划分为资质达标与学历情况、教师培训情况、日常考核和成绩取得四个部分。在依法办园的基本要求下，教师持证上岗权重较大，对教师的日常考核占其次，教师培训和教师取得的成绩权重偏低。随着新时代学前教育理念的不断发展，有资质、守准则已成为幼师的基本要求，而在教育岗位上教育责任的担当、教育能力的提高、教育手段的丰富对幼儿园保教质量的提升起重要作用。

2. "师幼互动"维度

师幼互动因素对幼儿的身心成长、学习发展至关重要。在办园质量评估体系中，历年的评估指标体系中都在逐渐丰富师幼互动的维度。以近两年为例，师幼互动的维度分别体现在教育教学的组织实施和环境创设中，环境创设中的权重较大，其次为教学的组织实施。这些维度的确定让师幼互动不仅体现在教师的教育教学活动组织中，也让师幼互动从幼儿进入幼儿园的那一刻就开始了，在一日生活各环节中，教师对幼儿的指导帮助和方法策略的运用，有效的环境创设、有效的观察幼儿、有效的接纳幼儿等行为上都在加大师幼互动的权重。这些权重的增加使保教质量的提高有了进一步的保障，需要思考的是如何在指标体系中纳入对师幼互动效果的评估是未来幼儿园保教质量评价的又一着眼点。

3. "家长参与"维度

在评估指标体系中，基本从开展家长学校、家长讲座、家长互动园地和家长问卷满意度等几个维度开展评价，《幼儿园教育指导纲要（试行）》中把家庭视为重要的合作伙伴，在支持与帮助家长更新教育理念，提高养育和教育能力的同时，更加注重平等与合作。从合作的角度看家长参与幼儿园教育，还应加大家长参与幼儿园教育、参与幼儿园课程建设等指标的权重，重视家长这一"独特的教育资源"的价值，开展更加深切的合作与共育，拓展新的维度，形成家园共育的全新提质点。

4."幼儿发展"维度

在评估指标体系中，幼儿发展的维度分别指向体能、生活卫生习惯、智力水平、审美情趣、社会性发展和心理品质等，其中权重较大的是良好的生活卫生习惯，但其他几方面的权重偏低，对幼儿身体素质的评价还尚待研究科学可行的方式与途径，在新时代的发展中，幼儿身体素质更加受到关注，同时幼儿心理品质的发展的重视程度越发凸显，如何有效地通过评估指标的确定，促进幼儿身心和谐发展依然是持续用力的关注点。

四、对策与启示

1.树立科学的保教质量观

一切幼儿园保教质量评价指标体系始终不能偏离幼儿发展的主旋律。一个保教质量评价体系如果要突出它的操作性和科学性，首先要紧跟时代的要求，深刻解读学前教育相关政策法规，深入思考幼儿园办园的根本目的，并进行充分的论证，不可急功近利，更不能背离初衷使命。牢固树立以评提质、评建互促的指导思想，精准挖掘和定位影响幼儿园保教质量的关键点，将外围因素、内在因素、静态因素、动态因素等有机结合，不断发挥幼儿园办园质量评估的研判、干预、指导和推动的作用，强化依法办园和规范办园，其首要任务是进一步强化办园者的教育质量意识，规范办园行为，明确幼儿园办园的相关指标，做好幼儿园全方位工作的质量监控，完善保教质量评价体系。

2. 不断加大幼儿园办园质量指标体系中的过程性因素

自实施学前教育三年行动计划以来，幼儿园的设施设备、办园条件等都得到了极大的改善，设施设备齐全、丰富，现代化设施的投入量不断提高，为办园质量的提高奠定了基础。但通过对评估指标的分析，对设施设备的有效利用、课程资源的开发、家园共育的维度、幼儿发展的程度等过程性的评价指标还应持续关注，科学确定动态评价的相关因素，合理调控动态评价的权重，为幼儿园办园质量的提高提供有力支撑。

3. 细化保教能力的评价指标

幼师的保教能力直接影响保教质量，在保教能力评价指标体系中，幼师的保教理论水平、政策法规的掌握程度、观察与评估幼儿的能力、组织开展保教活动的能力、促进幼儿身心和谐发展的能力等都直指保教水平的优劣。因此，细化相关评价指标，明确评价标准和要点，有助于幼师精准把握提高自身保教能力的方向，使幼儿园的环境氛围、教师发展、教研活动、教育策略、课程建设等都围绕保教质量提升这一核心，形成"数字量化指标结构"和"定性说明性指标结构"协调统一的评价指标体系，避免硬性指标过高、弹性指标不足的现象。

4. 提高幼儿园办园质量评估指标的普适性

既要让评价指标进行科学合理的研判和干预，又要突出评价指标的指导与促进作用，不断提高办园质量评估指标的适用范围，使各级各类型幼儿园都能在指标体系的监控与指导下，扩大办园质量的提升空间，依据评估指标体系查找办园能力和水平上的不足。同时要再建立一支人员稳定、精通业务、立足实践的评估团队，更好地平衡评估指标体系的应用、评估的视角、前后评估的联系性，不断建立更加符合学前教育发展的办园质量评估检测指标，对各级各类型幼儿园的发展施行指导性评价，促使幼儿园在原有水平上的持续发展，办园质量稳固提升。

【参考文献】

[1] 郭良菁,何敏.儿童发展水平应该作为幼儿园质量评价的标准吗? [J].
上海教育科研,2006(10):57-59.

[2] 杨莉君,贺红芳.幼儿园保教质量评估指标体系建构研究[J].教师教育
研究,2017(5):81-88.

[3] 中华人民共和国教育部.幼儿园教育指导纲要(试行)[M].北京:北京师
范大学出版社,2001.

后 记

　　天津市学前教育学会是专门从事学术活动的群众团体，围绕学前教育改革和发展组织广大会员开展学术研究活动，提供学术交流服务，创设沟通、合作、探讨、交流的机会和平台，是我们义不容辞的职责。"十三五"期间，广大学前教育工作者积极投身到教育科学研究工作中，在中国学前教育研究会立项了课题103项，其中包括滚动课题31项；在天津市学前教育学会立项了课题316项。各课题立项单位和个人按照申报书及课题管理要求，组织开题，深入研究，经过几年的实践探索，取得了累累硕果。

　　在此过程中，天津市学前教育学会领导班子高度重视课题的过程监管，结合我市的实际，确定了"加强领导、落实责任、以点带面、扎实推进、保证质量"的课题管理原则，将课题研究各项工作落到实处，制定了《天津市学前教育学会教育科研课题管理办法》，明确了工作思路与要求，建立了"学会推动、专家引领、典型示范"的良性工作机制和"专题培训、定期汇报、实践指导、答疑解惑"的常态化课题指导机制，全面推进课题的实施。

　　我们借助课题开题契机，举办了"十三五"课题培训会，具有借鉴和实操性的培训，促使各课题立项单位和个人更加清晰研究思路，为课题的顺利、规范开展奠定了理论基础，起到导引作用。

我们注重课题中期引领，在立项课题监管过程中，为保证课题如期完成并形成有价值的研究成果，组织召开了课题现场指导及咨询服务，帮助大家把握方向。在此基础上，借助典型案例分享活动，为大家提供了有益的启示与借鉴，促进了研究的深入推进。

我们加强课题结题指导，召开了结题培训会，帮助各课题负责人更好地总结归纳成果，具有针对性的指导为课题顺利结题奠定了基础。最终，中国学前教育研究会立项课题共结题 97 项，结题率为 94%；天津市学前教育学会立项课题共结题 309 项，结题率为 98%。专家实施面对面逐一指导的做法，为高质量地做好结题工作提供了强有力的专业引领和支持。

伴随着"十三五"时期探索与研究的收官，我们组织专家从国家和本市总共结题的 406 项课题中，遴选了优秀成果 60 篇结集出版，旨在充分发挥优秀课题成果在学前教育领域的辐射影响作用，为进一步提升幼儿园教师队伍的教科研水平和专业素养，提升各级各类幼儿园的办园水平及保教质量提供有益的启发和借鉴。

本书围绕着与幼儿园保教质量相关的部分要素，从八方面选取了具有代表性的课题研究成果予以推广。这些成果均是基于实践需要开展的具有科学性、创新性、前瞻性的研究，虽然有些还不够成熟、不够完善，但不乏远见卓识，体现了广大学前教育工作者在教育改革与发展中的深入思考及积极探索，是大家潜心研究的心血和实践智慧的展现。

借本书出版之机，诚挚感谢李季湄教授、虞永平教授、张晖教授、王瑜元老师、秦红与沙红星两位园长在"十三五"期间，接受天津市学前教育学会邀请，为广大课题单位和个人开展理论与实践相结合的培训；感谢徐军、白燕、韩映虹、王晓辉、康松玲、张凤敏、梁慧娟、孙贺群、王银玲、翟艳、于浩、王利明、李玉珍、许洪媛、张春丽、付莹、高歌今、董娟、唐晓岩、赵静等领导和老师们，在课题中期及结题指导、审核过程中，给予大家耐心细致的科学引领、专业指导和严谨把关；感谢侯莉敏教授对学会课题研究工作的鼓励并为本书作序；感谢各区负责人在课题组织管理过程中的大力支持与合作；感谢王利明、王鸿志两位老师在书稿编辑与校对工作中付出的辛苦劳动。

"路漫漫其修远兮，吾将上下而求索"，教育科学研究的道路上没有休止符。进入"十四五"时期，天津市学前教育学会将继续"坚持政治强会，提升引领力；坚持服务立会，提升贡献力；坚持学术兴会，提升研究力；坚持科学治会，提升保障力"，积极带领广大会员和教育工作者，广泛、深入地开展群众性教育学术研究，不断提高幼儿教师的专业水平，助推幼儿园保教工作质量的攀升，为实现"幼有优育"贡献绵薄之力。

本书如有不妥之处，敬请指正！

天津市学前教育学会会长 刘健

2021 年 5 月 6 日